定喜 [韩]　金重燮 [韩]　赵显龙 [韩]
芘淑 [韩]　崔恩贞 [韩]　韩仑廷 [韩]
秀姬 [韩]　郑成浩 [韩]　韩材旻 [韩]
崔理 [韩]　著

全红花
陈 晶 译

新标准韩国语
中级下

外语教学与研究出版社
北京

图书在版编目 (CIP) 数据

新标准韩国语：新版. 中级. 下 /（韩）李定喜等著；全红花，陈晶译. —— 北京：外语教学与研究出版社，2023.11
ISBN 978-7-5213-4905-4

I. ①新… II. ①李… ②全… ③陈… III. ①朝鲜语 - 教材 IV. ①H55

中国国家版本馆 CIP 数据核字 (2023) 第 224826 号

出 版 人　王　芳
项目策划　王　媛
责任编辑　王　媛
责任校对　高　静
封面设计　孙莉明　彩奇风
出版发行　外语教学与研究出版社
社　　址　北京市西三环北路 19 号（100089）
网　　址　https://www.fltrp.com
印　　刷　三河市北燕印装有限公司
开　　本　787×1092　1/16
印　　张　27.5
版　　次　2024 年 1 月第 1 版　2024 年 1 月第 1 次印刷
书　　号　ISBN 978-7-5213-4905-4
定　　价　78.00 元

如有图书采购需求，图书内容或印刷装订等问题，侵权、盗版书籍等线索，请拨打以下电话或关注官方服务号：
客服电话：400 898 7008
官方服务号：微信搜索并关注公众号"外研社官方服务号"
外研社购书网址：https://fltrp.tmall.com

物料号：349050001

编委会成员

总主编

[韩] 李定喜

韩国庆熙大学　对外韩国语教育专业　教授

副总主编

[韩] 金重燮

韩国庆熙大学　对外韩国语教育专业　教授

[韩] 赵显龙

韩国庆熙大学　对外韩国语教育专业　教授

编者

[韩] 池花淑

韩国庆熙网络远程教育大学　对外韩国语教育专业　讲师

[韩] 崔恩贞

韩国庆熙大学　对外韩国语教育专业　博士结业

[韩] 韩仑廷

韩国南首尔大学　教养学部　助理教授

[韩] 金秀姬

韩国庆熙大学　国际教育院　讲师

[韩] 郑成浩

韩国高丽大学　教养教育院　讲师

[韩] 韩材旻

韩国语—外国语双语语料库项目组　专职研究员

[韩] 徐维理

韩国庆熙大学　对外韩国语教育专业　博士结业

中文翻译

全红花

兴义民族师范学院　朝鲜（韩国）语专业　教师

陈晶

哈尔滨师范大学　东语学院朝鲜语系　讲师

插画

[韩] 李美京

2005年，外研社引进出版了"新标准韩国语"系列教材，该系列教材一经出版就受到了国内广大韩国语本专科院校、韩国语培训机构和自学者的一致好评。这套经典的韩国语教材历经十余年的磨砺，在广大韩国语学习者中树立了良好的口碑。随着时间的流逝，韩国语、韩国社会和韩国文化都发生了不同程度的变化，而优秀的韩国语教材应该与时俱进，紧密贴合韩国人现代生活，充分反映韩国各个领域的变化。因此，外研社在进行了充分的市场调研后，组织韩国庆熙大学具有丰富一线教学经验的韩国语教师、韩国语专家，秉承严谨的治学态度，融合先进的教学理念，以培养应用型人才为目标，精心策划编写了"新标准韩国语新版"系列教材。

"新标准韩国语新版"系列教材特点如下：

第一，系统全面、内容丰富。

本系列教材共十册，包括六册主教材和四册练习册。主教材分为初级、中级、高级三个级别，每个级别包括上下两册。每册主教材一般都包括八个单元（初级上：预备篇和七个单元），每个单元有一个交际主题，分为三课。主题丰富、内容充实、由浅入深、循序渐进。

第二，结构齐全、交际性强。

本系列教材拥有完整的知识和技能体系，结构合理，注重培养学生的语言实际应用能力。教材通过对韩国文化的介绍，促使学习者对课程主题产生兴趣，激发其学习欲望，并使其了解中韩文化差异。教材通过词汇、语法等进行知识输入，再通过练习、实践活动等进行语言输出，将语言知识融入各种实践活动中，引导学习者通过语言实践掌握外语知识和技能。最后，通过总结和自我评价，帮助学习者完成自我测评环节。

第三，讲解详细、资源丰富。

本系列教材考虑到零起点自学者学习韩国语的难点，在各个模块内容设置上，尽量做到内容充实，讲解详细，用语简练，语法例句列举充分。自学者可以通过本系列教材的学习，自学成才。

本系列教材努力为学习者打造高质量的纸质教材与丰富的数字资源相结合的立体化学习空间。为了方便学习者自学，我们用手机App代替了传统的MP3光盘，学习者可以通过

U校园手机App免费听音频、看文本、点读发音。我们将对话译文、听力文本及译文、韩国文化（韩文）、语法讲解（韩文）、音频文件等丰富的学习资料放在了外研社综合语种教育出版分社网站（mlp.fltrp.com）上，学习者可以登录该网站下载。

第四，寓教于乐、轻松学习。

本系列教材配有丰富的插图和实景图片，学习者对知识的获取更直接、更高效，便于强化认知、加强记忆。学习者在图文并茂的教材中能够轻松快乐地学习。

衷心地希望"新标准韩国语新版"系列教材能够为有志于赴韩留学、工作的学习者，韩国语爱好者，TOPIK韩国语能力考试备考者提供帮助。受编写时间和水平所限，教材中难免会有疏漏之处，恳请广大教师、专家和学习者批评、指正。

外语教学与研究出版社
2023年10月

中国和韩国于1992年正式建立外交关系以来，两国的友好关系在各个领域都取得了快速发展。随着两国在经济、政治、文化、教育等领域交流和合作的日益活跃，对韩国语感兴趣的学习者不断增加。在世界范围内的韩国语学习者中，中国学习者占据了很大的比重。

在中国学习韩国语的学习者缺少韩国语语境。一方面，在课堂教学中，从初级阶段开始就全程使用韩国语教学的情况并不多见；另一方面，学习者在日常生活中接触和使用韩国语的机会比较少。在这种情况下，韩国语教材的作用就显得尤为重要。韩国语教材不仅要满足课堂的需要，还要满足广大韩国语自学者的需求，因此我们以成人学习者为对象，结合多年一线教学的经验，参考院校和学习者对"新标准韩国语"系列教材的反馈意见，编写了"新标准韩国语新版"系列教材。

本系列教材以学习者为中心，以提高学习者的语言沟通能力、交际能力为主要目标，着重培养学习者听、说、读、写、译各方面的综合能力。教材内容主要围绕外国人在韩国学习、工作、生活时遇到的场景展开，语言使用现代标准韩国语——首尔话，规范地道。

本系列教材分为初级、中级、高级三个级别，每个级别包括上下两册。内容由易到难、由浅入深，有助于学习者分阶段、循序渐进地学习韩国语。教材内容丰富，讲解详细。通过本系列教材的学习，学习者可以在实际生活中准确地使用韩国语完成交际任务。

《新标准韩国语新版中级下》是该系列教材的第四册，对象为具有一定基础的中级学习者，全书包括八个单元，每个单元分三课，围绕一个交际主题展开。特点如下：

第一，结构齐全、自学自测

本教材每个单元均由单元导入、课前导入、词汇和句型、词汇和句型练习、对话、对话活动、语法、语法练习、写一写、总结和评价构成，结构齐全、体系完整。学习者可以全程自主学习，从明确每课具体的学习目标，学习对话内容，练习语法知识点，完成交际任务到最后的自我检测与评价，实现"学—测—评"学习的闭环。

第二，贴近生活、实用性强

贴近日常生活的对话、常用的交际用语及与对话内容相关的小贴士等，为学习者展现了生动、鲜活的韩国语学习场景。

第三，词汇分级、主题分类

本教材不仅编入了中级范围需要掌握的词汇，还补充了扩展词汇和实际生活中的高频词汇。词汇丰富，并按照主题分类，配有生动的插图。学习者不仅可以轻松愉悦地分级分主题学习词汇，还可以提高韩国语表达能力。

第四，语法详细、例句丰富

考虑到中国学习者学习韩国语的难点，本教材用简洁易懂的语言对语法的规则、接续方法等进行了详尽的说明，并且列举了丰富实用的例句，例句包括单句和对话。学习者通过例句不仅可以加深对语法的理解，还可以在日常生活中活学活用。

第五，融入文化、激发兴趣

本教材在每课课前导入部分融入了趣味十足的韩国文化讲解，包括韩国独特的文化现象、中韩文化差异、韩国民俗、韩国语言特点等。学习者通过文化导入开始一课的学习，加深对韩国文化的理解，对学习内容产生兴趣，并为跨文化交际打下基础。

第六，资源丰富、助力学习

本教材中的词汇和句型、对话、语法例句、听力文本等都配有中文翻译，帮助学习者准确地理解学习内容，轻松自学。

作为总主编，我衷心地希望学习者通过本教材的学习，能够加深对韩国、韩国语和韩国文化的了解，在实际生活中灵活熟练使用韩国语，达到语言输出的最终目的。相信学习者通过持之以恒的学习，一定能够说出标准流利的韩国语。

总主编：李定喜

2023年10月

　　《新标准韩国语新版中级下》是"新标准韩国语新版"系列教材的第四册，由八个单元构成。每个单元包括三课，均由单元导入、课前导入、词汇和句型、词汇和句型练习、对话、对话活动、语法、语法练习、写一写、总结和评价构成。具体介绍如下：

• 单元导入

想一想
列出与本单元主题相关的三个问题，引导学习者思考本单元所学主题，提前做好学习准备。

关键句型
列出本单元每课要学的重点语法、句型，使学习者可以快速了解每课的重点内容。

제1과 마흔에 직업을 바꾸겠다고 하면 주변 사람들은 반대하기 마련이죠

목표: 能谈论工作上的苦恼并给出建议
语法: 动词 기에는, 漢词 른(지), 漢词 기 마련이다
词汇: 个人能力和性格特点

适合个人性格特点的职业

유형에 맞는 직업

职业的种类很多，如果你能够在众多职业中，选择一个自己喜欢的职业，那么你在工作中会感受到快乐，也能更好地发挥自己的优势。

外倾型的人更适合从事在他人面前表现自己的职业，如艺人、政治家、讲师、律师等。内倾型的人更适合从事沟通少、独立性强的职业，如会计师、设计师、法务员、法务等。实感型的人更适合从事与他人互动较多的职业，如咨询师、教师、医生、药剂师等。直觉型的人更适合从事具有创造性的职业，如作家、作曲家、艺术家、电影导演、媒体内容制作者等。思考型的人可能更适合从事需要分析和决策的职业，如教授、顾问、检察官、法官、代理等。而情感型的人可能更适合从事需要感知和理解他人情感的职业，如作家、歌手、艺术家、心理学家、顾问、护士、创作者等。判断型的人更能从事做理性判断的职业，如导演、政治家、顾问、军人、公务员、法官、医生、个人财产管理师等。感知型的人可能更适合从事灵活性强的职业，如时尚设计师、艺术家、数字营销专员、个人形象顾问、文化营销人员等。

이야기해 봅시다
1. 개인의 성향이나 능력을 알아보는 검사 중에 알고 있는 것이 있어요?
2. 이런 검사를 해 본 적이 있어요? 검사 결과는 어떻게 나왔어요?

4

• 课前导入

目标 / 语法 / 词汇
提出本课学习的目标、语法和词汇。

韩国文化
包括韩国独特的社会文化现象、中韩文化差异、韩国风俗、调查报告等内容，并配有插图、图表等，激发学习者的学习兴趣，扩展学习者的文化视野。

问题
在课前导入部分设置了两个与本课主题和文化相关的问题，学习者可以通过问题加深对文化的理解，并将本课内容与自身情况相结合，更有效地学习本课内容。

• 词汇和句型

词汇
按照主题分类，标注中文释义。学习者可以直观准确地了解其含义，并按主题记忆词汇。

句型
在部分课中添加了一些比较实用的相关句型。

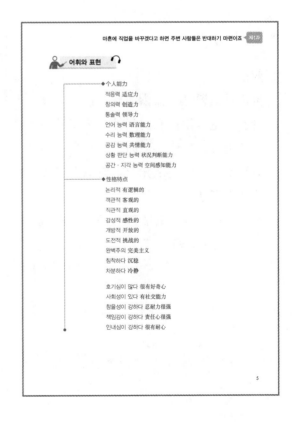

마흔에 직업을 바꾸겠다고 하면 주변 사람들은 반대하기 마련이죠 제1과

어휘와 표현

○ 个人能力
　적응력 适应力
　창의력 创造力
　통솔력 领导力
　언어 능력 语言能力
　수리 능력 数理能力
　공감 능력 共情能力
　상황 판단 능력 状况判断能力
　공간·지각 능력 空间感知能力

○ 性格特点
　논리적 有逻辑的
　객관적 客观的
　직관적 直观的
　감성적 感性的
　개방적 开放的
　도전적 挑战的
　완벽주의 完美主义
　침착하다 沉稳
　차분하다 冷静

　호기심이 많다 很有好奇心
　사회성이 있다 有社交能力
　침을성이 강하다 忍耐力很强
　책임감이 강하다 责任心很强
　인내심이 강하다 很有耐心

5

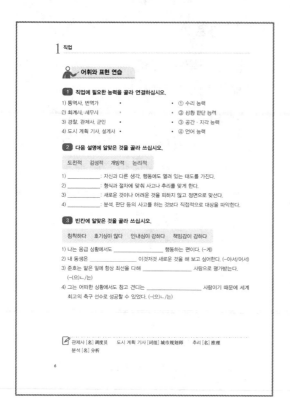

• 词汇和句型练习

针对本课所学的词汇、句型进行练习，练习内容与实际生活紧密相关，学习者可以快速地学以致用。练习题中出现的词汇，单独列出，便于学习者掌握。

词性简称如下：

名词[名] 依存名词[依名] 动词[动] 形容词[形] 数词[数] 代词[代] 副词[副] 助词[助] 叹词[叹] 冠词[冠] 词组[词组] 句子[句] 后缀[后缀] 俗语[俗] 缩略语[缩]

• 对话

对话

包括对话 **1**、对话 **2** 两段对话。对话内容注重实用性和交际性。为了让学习者更好地理解对话内容，在每段对话开始前，简要地介绍了对话背景，并且为了还原真实的语言场景，对在实际口语中常省略的部分语法要素适当地进行了省略。

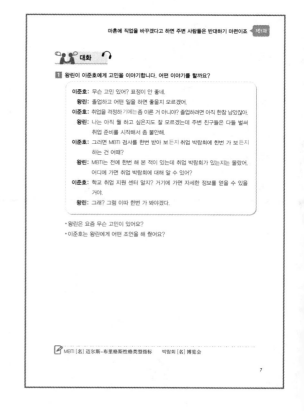

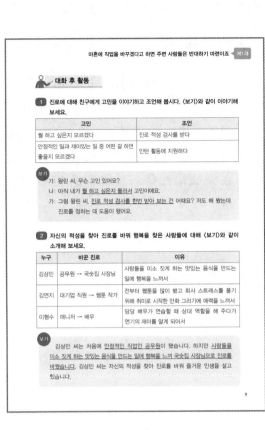

对话活动

以训练对话中出现的语言技能为主，提高学习者在实际语境中的交际能力。

语法

语法

用简洁易懂的语言，详细地讲解语法，并区分正式场合和非正式场合用语。助词、词尾等语法形态前加了"−"。

例句

每个语法都给出了丰富的例句，既有单句，也有对话。既有与本课主题相关的例句，也有日常生活中使用该语法点频率较高的例句。学习者可以在多种语境中灵活地使用该语法。

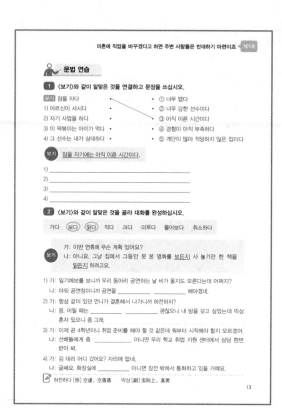

语法练习

练习题型丰富多样，包括听、说、读、写、译等各种练习形式，加强学习者对语法的理解和应用。把练习题中出现的词汇单独列出，帮助学习者在完成语法练习的同时，扩展词汇量。

写一写

写作部分主要包括两个题型：一是选择恰当的词尾，将给出的词句连成一个完整的句子；二是阅读文章，结合上下文，填写句子。

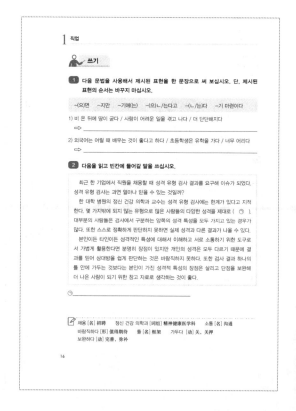

마흔에 직업을 바꾸겠다고 하면 주변 사람들은 반대하기 마련이죠 제1과

정리하기

이것만은 꼭 외웁시다!

1) 가: 이제 와서 하던 일을 그만두고 다시 공부를 시작해도 괜찮을까?
你现在辞掉工作，重新开始学习能行吗?
나: 그럼, 나이가 많든 적든 하려는 마음만 있다면 새로운 일을 시작할 수 있어.
当然可以，无论年龄大小，只要下定决心就可以开始做新的事情。

2) 가: 우리 애들은 한 살 차이라서 그런지 매일 싸워서 큰일이에요.
可能是我家的两个孩子只相差一岁的缘故，天天打架，我真的很头疼。
나: 애들은 싸우면서 크기 마련이니 너무 걱정하지 마세요.
孩子们本来就是边打架边长大的，所以不用太担心。

3) 가: 졸업하려면 아직 한참 남았는데 취업을 걱정하기에는 좀 이른 거 아니야?
离毕业还有很长一段时间呢，你现在就开始担心就业是不是太早了?
나: 주변 친구들이 다들 벌써 취업 준비를 시작해서 좀 불안해.
因为周围的朋友都已经开始准备就业了，所以我有点儿不安。

4) 가: 둘이 다 먹기에는 음식이 너무 많은 것 같아요.
这些菜两个人吃的话好像太多了。
나: 괜찮아요, 남은 음식은 포장해 가면 돼요.
没关系，剩下的菜可以打包带走。

핵심 어휘

名词
적응력 适应力   창의력 创造力   통솔력 领导力   논리적 有逻辑的   객관적 客观的
직관적 直观的   감성적 感性的   개방적 开放的   도전적 挑战的

形容词
침착하다 沉稳   차분하다 冷静

词组
호기심이 많다 很有好奇心   사회성이 있다 有社交能力
참을성이 강하다 忍耐力很强   책임감이 강하다 责任心很强
인내심이 강하다 很有耐心

자기 평가

		进入下一课!	
能够完成吗?	需再次复习	良好	优秀
能谈论工作上的苦恼吗?	无法完成	可以完成	非常好
能说出多少与性格特点相关的单词或词组?	0~3个	4~9个	10个以上
能灵活运用本课所学的语法吗?	无法完成	可以完成	非常好

17

• 总结和评价

一定要记住!

以对话的形式给出本课学习的主要句型。

核心词汇

按照词性，整理了本课与主题相关的核心词汇，以便学习者进行复习。

自我评价

量化评价标准，使学习者能够对所学的内容进行客观的自我评价。

13

教材结构

单元	课	韩国文化	词汇和句型
1 직업	제1과 마흔에 직업을 바꾸겠다고 하면 주변 사람들은 반대하기 마련이죠	·适合个人性格特点的职业	·个人能力和性格特点
	제2과 요즘 대학생들치고 공무원에 대해서 한번쯤 생각 안 해 본 사람 없을 거야	·受欢迎的、有前途的职业	·与职业相关的词汇
	제3과 연봉이 좀 적더라도 내가 배운 것을 활용해 실무 경력을 쌓고 싶어	·年轻人心中理想的工作	·与就业相关的词汇
2 소비 생활	제4과 게다가 4시 전에만 주문하면 하루 만에 배송해 준다고 하네	·提高生活质量的家电产品	·与网络购物相关的词汇，小型家电
	제5과 앞으로도 배려와 존중을 보여 주는 뉴스가 계속 이어지면 좋겠습니다	·快递服务的问题	·快递信息，使动词
	제6과 쇼핑한 거 정리하다가 보면 내가 물건을 샀는지 포장지를 샀는지 알 수가 없어	·韩国近来的消费类型	·与消费、消费者相关的词汇，消费倾向
3 정보	제7과 자취 생활 청소 꿀팁이래	·韩国人手机应用程序使用情况	·与信息相关的词汇，其词汇
	제8과 당신도 알다시피 나는 그런 쪽에 별로 관심이 없어서	·韩国20多岁年轻人去美术馆的目的	·与观赏相关的词汇，年代，与展览、演出相关词汇
	제9과 가짜 뉴스가 넘치는 탓에 이제 기사를 봐도 의심부터 하게 된다니까	·韩国的新闻传播情况	·与新闻相关的词汇
4 문화 차이	제10과 말 나온 김에 인터넷에서 한번 찾아볼까?	·韩国的肢体语言	·拟声词，拟态词，与肢语言相关的词汇
	제11과 장웨이 씨한테 같이 가자고 하려던 참이었어요	·在韩国不能做的事	·与禁忌相关的词汇
	제12과 오늘은 한국의 식문화에 대해서 이야기하고자 합니다	·韩国的职场礼仪	·与问候、饮食相关的词

对话	对话活动	语法	写作
谈论就业的苦恼 为大学生们做职业选择的演讲	· 谈一谈就业的苦恼 · 谈一谈别人的职业选择	· 动词 기에는 · 谓词 든(지) · 谓词 기 마련이다	· 用所给内容完成句子 · 阅读短文后填写句子
谈论感兴趣的职业 介绍学生们将来希望从事的职业	· 谈一谈选择职业时看重的条件 · 谈一谈热门职业受欢迎的原因	· 名词 치고 · 名词 에 따라(서) · 名词 에 따르면	· 用所给内容完成句子 · 阅读短文后填写句子
谈论就业时选择职业的标准 介绍MZ一代心目中好工作的条件	· 谈一谈选择职业的标准 · 谈一谈离职的苦恼，并给出建议。	· 双重否定 · 谓词 더라도 · 谓词 기만 하다	· 用所给内容完成句子 · 阅读短文后填写句子
谈论购买空气净化器 报道空气净化器虚假广告	· 谈一谈购买商品时的注意事项 · 完成购物前的对话	· 谓词 (으)ㄹ 리가 없다 · 名词 만에 · 谓词 고 해서	· 用所给内容完成句子 · 阅读短文后填写句子
与客服沟通快递问题 介绍小区为快递员准备的活动	· 谈一谈快递服务中的问题 · 谈一谈如何表达感谢	· 谓词 (으)ㄴ지/는지 · 动词 는 바람에 · 使动表达	· 用所给内容完成句子 · 写一篇对快递服务的评价
谈论在网上购买的商品 谈论消费倾向	· 谈一谈网上购物的方法 · 谈一谈伦理消费	· 动词 다(가) 보면 · 动词 (으)ㄹ 만하다 · 谓词 (으)ㄴ/는 데다가	· 用所给内容完成句子 · 阅读短文后填写句子
谈论生活中的清洁小妙招 谈论共享单车	· 和朋友谈一谈你的生活小妙招	· 间接引用的缩略形式 · 动词 (으)ㄴ/는 셈 치다 · 谓词 (으)면서도	· 用所给内容完成句子 · 阅读短文后填写句子
谈论无人机博览会 为庆祝首尔历史博物馆开馆20周年致辞	· 谈一谈你想去的博物馆等地 · 谈一谈你想去的展览	· 아무 名词 도 · 动词 다시피 · 谓词 (으)므로	· 用所给内容完成句子 · 阅读短文后填写句子
谈论虚假新闻 报道鉴别虚假新闻	· 谈一谈最近听到的新闻消息 · 谈一谈制造新闻的原因	· 谓词 (으)ㄴ/는 탓에 · 名词 조차 · 名词 에 관해(서)	· 用所给内容完成句子 · 阅读短文后填写句子
谈论韩国语中的"我们" 体育广播节目播放关于肢体语言的内容	· 谈一谈中韩两国肢体语言的不同	· 动词 (으)ㄴ 채(로) · 动词 (으)ㄴ/는 김에 · 谓词 (으)나	· 用所给内容完成句子 · 阅读短文后填写句子
谈论参加韩国婚礼送礼金 谈一谈韩国的禁忌	· 谈一谈在韩国和中国不能做的事情 · 谈一谈中韩两国的文化差异	· 动词 (으)려던 참이다 · 谓词 (으)ㄹ지도 모르다 · 谓词 는다거나/ㄴ다거나/다거나	· 用所给内容完成句子 · 阅读短文后填写句子
谈论问候的礼仪 体育广播节目播放关于韩饮食文化的内容	· 谈一谈中韩问候礼仪和饮食文化的不同	· 谓词 (으)ㄴ/는 척하다 · 动词 고자 · 谓词 듯(이)	· 用所给内容完成句子 · 阅读短文后填写句子

5 경제	제13과	심리적인 불만족 상태로 인해 나타나는 경우가 많은데요	· 韩国的线上二手商品交易	· 与经济相关的词汇
	제14과	행사를 통해서 신제품을 홍보하는 거지	· 节日营销	· 与单位、比例相关的词汇
	제15과	요리도 좀 배워 볼 겸 해서 도시락을 싸 다니려고요	· 大学生节省生活费的方法	· 俗语（成语、谚语）
6 주거 생활	제16과	다용도 공간은 사용하기 나름입니다	· 韩国和中国的住宅结构	· 与住宅相关的词汇
	제17과	마트가 좀 멀다고 해도 학교가 가까워서 괜찮을 것 같아	· 备受关注的新兴居住形式——共享住宅	· 由名词词缀-화构成的单词
	제18과	문제 있는 곳이 없는지 확인해 주신다고 하고서 다른 말씀이 없었거든요	· 日常生活赔偿责任险	· 由形容词词缀-스럽다构成的单词
7 사회 문제	제19과	정부에서 다자녀 가정에게 주는 특별 혜택이 찾아보면 꽤 있을걸	· 未婚男女眼中低生育率背后的原因	· 与生育、老龄化相关的词汇
	제20과	한국의 기후가 이렇게 급작스럽게 변해 버린 것은 지구 온난화와 밀접한 관계가 있습니다	· 韩国的气候变化	· 与天气、垃圾的原材料相关的词汇
	제21과	돈을 보냈는데도 물건을 보내지 않는 판매자들도 있대	· 年轻群体也会遭遇电信诈骗	· 与互联网相关的词汇
8 과학 기술	제22과	메타버스가 발전할지라도 실제 세상을 모두 대체하지 못할 것이라고 합니다	· 网络课程的优缺点	· 与网络科技时代相关的词汇，成语
	제23과	먼 미래의 일일 줄 알았는데 우리가 꿈꾸던 일이 현실이 되어 가고 있는 것 같습니다	· 未来之城——“智慧城市”	· 与科学技术相关的词汇，词缀"무-""최-"构成的单词
	제24과	AI 기술이 악용될 가능성도 있지 않을까 싶어요	· 自动化技术会减少就业吗？	· 与讨论相关的句型

谈论新手机 广播中播放解决听众烦恼的栏目	· 谈一谈你想卖的二手物品	· 动词 다가는 · 谓词 더니 · 名词 (으)로 인해(서)	· 用所给内容完成句子 · 阅读短文后填写句子
谈论便利店的促销活动 在营销部门会议上报告业绩情况	· 介绍一下你们国家的特殊节日	· 名词 을/를 통해(서) · 谓词 (으)ㄴ/는 셈이다 · 名词 에 달리다	· 用所给内容完成句子 · 阅读短文后填写句子
谈论节省餐费的方法 广播节目播放冬天节省暖气费的方法	· 谈一谈你的生活费使用情况	· 动词 (으)ㄹ 겸 (해서) · 谓词 (으)ㄴ/는 법이다 · 谓词 고말고(요)	· 用所给内容完成句子 · 阅读短文后填写句子
和房产中介咨询房子情况 介绍房子结构	· 谈一谈你对租房的要求 · 看图介绍一下房屋的结构	· 谓词 (으)ㄴ가/는가 하면 · 名词 만 하다 · 动词 기 나름이다	· 用所给内容完成句子 · 阅读短文后填写句子
谈论看中的房子的条件 介绍田园住宅	· 谈一谈不同类型房屋的优点 · 谈一谈中国目前的居住状态	· 谓词 ㄴ다고/는다고 해도 · 谓词 아서인지/어서인지 · 名词 마저	· 用所给内容完成句子 · 写一篇短文，介绍你对租房的要求
向搬家公司客服中心进行投诉 谈论搬家后物品的处理	· 谈一谈搬家过程中的不便 · 谈一谈对搬家服务的不满	· 动词 고서 · 谓词 길래 · 谓词 는다니요/ㄴ다니요/다니요	· 用所给内容完成句子 · 阅读短文后填写句子
谈论生育政策 报道老龄化社会和老年人问题相关新闻	· 谈一谈生育政策 · 谈一谈老龄化社会的问题和解决方法	· 动词 (으)ㄹ 정도로 · 谓词 (으)ㄹ걸(요) · 谓词 (으)ㄹ수록	· 用所给内容完成句子 · 阅读短文后填写句子
谈论使用湿巾的环保性 讲述全球变暖对韩国气候的影响	· 谈一谈使用一次性物品 · 谈一谈为防止地球变暖可以做些什么	· 动词 아/어 버리다 · 谓词 았더라면/었더라면 · 动词 는 한	· 用所给内容完成句子 · 阅读短文后填写句子
谈论网上二手货交易 介绍如何应对恶意留言	· 谈一谈二手货交易的优缺点 · 谈一谈建设健全的网络留言环境应该做什么	· 名词 은커녕/는커녕 谓词 기는커녕 · 谓词 (으)ㄴ데도/는데도 · 动词 는 통에	· 用所给内容完成句子 · 阅读短文后填写句子
谈论在网上预订演唱会的票 采访元宇宙专家	· 谈一谈网上各类活动的优缺点	· 谓词 더라니 · 动词 곤 하다 · 谓词 (으)ㄹ지라도	· 用所给内容完成句子 · 阅读短文后填写句子
谈论AI扬声器 采访无人驾驶汽车专家	· 谈一谈AI扬声器可以做的事情 · 谈一谈高科技产品的性能和优点	· 动词 아/어 내다 · 名词 에 의해서 · 谓词 (으)ㄹ 줄 알았다/몰랐다	· 用所给内容完成句子 · 阅读短文后填写句子
谈论AI主持人 就"机器人会取代人类的工作吗？"进行讨论	· 就"机器人会取代人类的工作吗？"进行讨论 · 就"AI生成的画作可以看作艺术作品吗？"进行讨论	· 谓词 지 않을까 싶다 · 谓词 (으)ㄴ 나머지 · 谓词 (으)ㄴ/는 만큼(2)	· 用所给内容完成句子 · 阅读短文后填写句子

主要人物

왕린 王琳(20岁)

中国留学生，酒店管理专业。王琳性格温和、诚实勤恳，喜欢看演唱会和各种演出，对K-pop非常感兴趣。

이준호 李俊浩(24岁)

韩国大学生，酒店管理专业。李俊浩既是王琳的大学学长，也是和王琳一起在便利店打工的同事。性格活泼开朗，喜欢旅行和足球，对中国文化很感兴趣。

장웨이 张伟(26岁)

中国人，公司职员。张伟是王琳的老乡，在韩国贸易公司上班。性格活泼爽朗，喜欢旅行和打游戏，对烹饪和健身很感兴趣。

김민지 金敏智(28岁)

韩国人，公司职员（代理）。金敏智是李俊浩的表姐，和张伟在同一家公司工作。性格内敛，富有责任感。喜欢看各种演出，对理财和房地产很感兴趣。

其他人物

최민준 崔民俊(10岁)

　　韩国人，小学三年级学生。崔民俊是王琳的汉语家教学生，富有好奇心，梦想是成为一名外交官。喜欢打游戏，对中国文化很感兴趣。

최동민 崔东旻(40岁)

　　韩国人，BARO贸易公司的部长。崔东旻是崔民俊的爸爸，性格木讷、内向。喜欢旅行、登山和打棒球。对政治、环保等问题很感兴趣。

박지현 朴智贤(38岁)

　　韩国人，经营一家理发店。朴智贤是崔民俊的妈妈，性格外向，喜欢结交朋友。喜欢看电视剧，对教育和健身很感兴趣。

정영숙 郑英淑(67岁)

　　韩国人，原来是一名小学教师，现已退休。郑英淑是崔民俊的奶奶。思想开明，对孩子较严厉。喜欢游泳，对保健和烹饪很感兴趣。

目 录

1 직업 ·· 2

    제1과   마흔에 직업을 바꾸겠다고 하면 주변 사람들은 반대하기 마련이죠

    제2과   요즘 대학생들치고 공무원에 대해서 한번쯤 생각 안 해 본 사람 없을 거야

    제3과   연봉이 좀 적더라도 내가 배운 것을 활용해 실무 경력을 쌓고 싶어

2 소비 생활 ··· 46

    제4과   게다가 4시 전에만 주문하면 하루 만에 배송해 준다고 하네

    제5과   앞으로도 배려와 존중을 보여 주는 뉴스가 계속 이어지면 좋겠습니다

    제6과   쇼핑한 거 정리하다가 보면 내가 물건을 샀는지 포장지를 샀는지 알 수가 없어

3 정보 ·· 92

    제7과   자취 생활 청소 꿀팁이래

    제8과   당신도 알다시피 나는 그런 쪽에 별로 관심이 없어서

    제9과   가짜 뉴스가 넘치는 탓에 이제 기사를 봐도 의심부터 하게 된다니까

4 문화 차이 ·· 138

    제10과   말 나온 김에 인터넷에서 한번 찾아볼까?

    제11과   장웨이 씨한테 같이 가자고 하려던 참이었어요

    제12과   오늘은 한국의 식문화에 대해서 이야기하고자 합니다

5 경제 ·· 186

제13과　심리적인 불만족 상태로 인해 나타나는 경우가 많은데요

제14과　행사를 통해서 신제품을 홍보하는 거지

제15과　요리도 좀 배워 볼 겸 해서 도시락을 싸 다니려고요

6 주거 생활 ····································· 232

제16과　다용도 공간은 사용하기 나름입니다

제17과　마트가 좀 멀다고 해도 학교가 가까워서 괜찮을 것 같아

제18과　문제 있는 곳이 없는지 확인해 주신다고 하고서 다른 말씀이 없었거든요

7 사회 문제 ····································· 278

제19과　정부에서 다자녀 가정에게 주는 특별 혜택이 찾아보면 꽤 있을걸

제20과　한국의 기후가 이렇게 급작스럽게 변해 버린 것은 지구 온난화와 밀접한 관계가 있습니다

제21과　돈을 보냈는데도 물건을 보내지 않는 판매자들도 있대

8 과학 기술 ····································· 324

제22과　메타버스가 발전할지라도 실제 세상을 모두 대체하지 못할 것이라고 합니다

제23과　먼 미래의 일일 줄 알았는데 우리가 꿈꾸던 일이 현실이 되어 가고 있는 것 같습니다

제24과　AI 기술이 악용될 가능성도 있지 않을까 싶어요

词汇索引··· 371

语法索引··· 393

参考答案··· 394

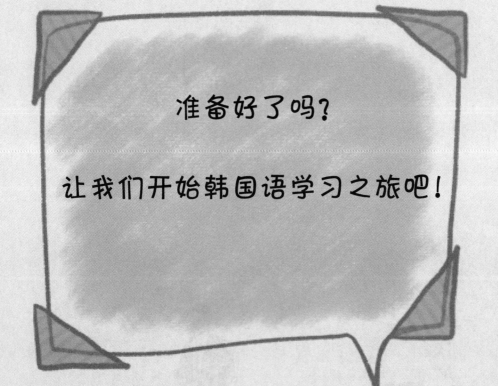

准备好了吗?

让我们开始韩国语学习之旅吧!

1

직업

✔ 여러분은 진로에 대해 고민해 본 적이 있습니까?

✔ 중국 학생들이 선호하는 직업은 무엇입니까? 한국 학생들은 어떤 직업을 선호할까요?

✔ 직업을 선택할 때 고려해야 할 조건에는 어떤 것들이 있습니까?

● 핵심 문장

제1과   마흔에 직업을 바꾸겠다고 하면 주변 사람들은 반대하기 마련이죠

- 졸업하면 취업하지 않고 대학원에 가든지 유학을 가든지 하려고요.
- 저 사람은 무슨 일을 맡든지 책임감을 가지고 열심히 한다.
- 마흔 살에 직업을 바꾸겠다고 하면 주변 사람들은 반대하기 마련인데 다행히 가족들이 반대하지는 않았어요.
- 잠을 잘 못 자면 일에 집중력이 떨어지기 마련이다.
- 아직 졸업까지 시간이 있으니 취업 걱정을 하기에는 좀 이르다.
- 학교가 걸어가기에는 좀 멀어서 자전거를 타고 다녀요.

제2과   요즘 대학생들치고 공무원에 대해서 한번쯤 생각 안 해 본 사람 없을 거야

- 부모치고 자식 걱정 안 하는 부모는 없다.
- 요즘 대학생치고 취업을 걱정하지 않는 학생은 없다.
- 적성이나 관심에 따라서 직업을 결정하지 않으면 나중에 후회할 것 같아.
- 우리 회사는 능력에 따라 연봉이 결정돼서 좋다.
- 기상청 예보에 따르면 다음 주에 기온이 크게 떨어져 첫눈을 볼 수 있다.
- 결과 보고서에 따르면 SNS 마케팅 반응이 가장 좋았습니다.

제3과   연봉이 좀 적더라도 내가 배운 것을 활용해 실무 경력을 쌓고 싶어

- 예전에는 연봉이 높기만 하면 업무 강도가 세거나 복지가 부족해도 괜찮다고 하는 사람이 많았다.
- 집에 사기만 하고 읽지 않은 책이 많아요.
- 연봉을 기준으로 회사를 정하는 사람들도 없지는 않다.
- 어떤 서류이든지 서명을 할 때는 내용을 꼼꼼히 살펴보지 않으면 안 된다.
- 나는 연봉이 조금 적더라도 배운 것을 활용해 실무 경력을 쌓고 싶어.
- 머리가 아무리 좋더라도 노력하지 않으면 성공할 수 없다.

제1과 마흔에 직업을 바꾸겠다고 하면 주변 사람들은 반대하기 마련이죠

目标： 能谈论工作上的苦恼并给出建议
语法： 动词 기에는, 谓词 든(지), 谓词 기 마련이다
词汇： 个人能力和性格特点

适合个人性格特点的职业

유형에 맞는 직업

외향형　내향형　감각형　직관형
사고형　감정형　판단형　인식형

　　职业的种类很多，如果你能够在众多职业中，选择一个自己喜欢的职业，那么你在工作中会感受到快乐，也能更好地发挥自己的优势。

　　外倾型的人更适合从事在他人面前表现自己的职业，如艺人、政治家、讲师、律师等。内倾型的人更适合从事沟通少、独立性强的职业，如会计师、设计师、研究员、法务等。实感型的人更适合从事与他人互动较多的职业，如咨询师、教师、医生、药剂师等。直觉型的人更适合从事具有创造性的职业，如作家、作曲家、艺术家、电影导演、媒体内容制作者等。思考型的人可能更适合从事需要分析和决策的职业，如教授、顾问、检察官、法官、代理等。而情感型的人可能更适合从事需要感知和理解他人情感的职业，如作家、歌手、艺术家、心理学家、顾问、护士、创作者等。判断型的人可能更适合从事需要理性判断的职业，如导演、政治家、顾问、军人、公务员、法官、医生、个人财产管理师等。感知型的人可能更适合从事灵活性强的职业，如时尚设计师、艺术家、数字营销专员、个人形象顾问、文化营销人员等。

이야기해 봅시다

1. 개인의 성향이나 능력을 알아보는 검사들 중에 알고 있는 것이 있어요?
2. 이런 검사를 해 본 적이 있어요? 검사 결과는 어떻게 나왔어요?

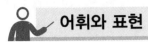 어휘와 표현

◆ 个人能力

적응력 适应力

창의력 创造力

통솔력 领导力

언어 능력 语言能力

수리 능력 数理能力

공감 능력 共情能力

상황 판단 능력 状况判断能力

공간·지각 능력 空间感知能力

◆ 性格特点

논리적 有逻辑的

객관적 客观的

직관적 直观的

감성적 感性的

개방적 开放的

도전적 挑战的

완벽주의 完美主义

침착하다 沉稳

차분하다 冷静

호기심이 많다 很有好奇心

사회성이 있다 有社交能力

참을성이 강하다 忍耐力很强

책임감이 강하다 责任心很强

인내심이 강하다 很有耐心

어휘와 표현 연습

1 직업에 필요한 능력을 골라 연결하십시오.

1) 통역사, 번역가 •   • ① 수리 능력

2) 회계사, 세무사 •   • ② 상황 판단 능력

3) 경찰, 관제사, 군인 •   • ③ 공간 · 지각 능력

4) 도시 계획 기사, 설계사 •   • ④ 언어 능력

2 다음 설명에 알맞은 것을 골라 쓰십시오.

> 도전적   감성적   개방적   논리적

1) _____: 자신과 다른 생각, 행동에도 열려 있는 태도를 가진다.

2) _____: 형식과 절차에 맞춰 사고나 추리를 맞게 한다.

3) _____: 새로운 것이나 어려운 것을 피하지 않고 정면으로 맞선다.

4) _____: 분석, 판단 등의 사고를 하는 것보다 직접적으로 대상을 파악한다.

3 빈칸에 알맞은 것을 골라 쓰십시오.

> 침착하다   호기심이 많다   인내심이 강하다   책임감이 강하다

1) 나는 응급 상황에서도 _____ 행동하는 편이다. (-게)

2) 내 동생은 _____ 이것저것 새로운 것을 해 보고 싶어한다. (-아서/어서)

3) 준호는 맡은 일에 항상 최선을 다해 _____ 사람으로 평가받는다.

   (-(으)ㄴ/는)

4) 그는 어떠한 상황에서도 참고 견디는 _____ 사람이기 때문에 세계 최고의 축구 선수로 성공할 수 있었다. (-(으)ㄴ/는)

관제사 [名] 调度员   도시 계획 기사 [词组] 城市规划师   추리 [名] 推理
분석 [名] 分析

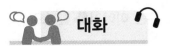 **대화** 🎧

1 왕린이 이준호에게 고민을 이야기합니다. 어떤 이야기를 할까요?

> **이준호:** 무슨 고민 있어? 표정이 안 좋네.
>
> **왕린:** 졸업하고 어떤 일을 하면 좋을지 모르겠어.
>
> **이준호:** 취업을 걱정하기에는 좀 이른 거 아니야? 졸업하려면 아직 한참 남았잖아.
>
> **왕린:** 나는 아직 뭘 하고 싶은지도 잘 모르겠는데 주변 친구들은 다들 벌써 취업 준비를 시작해서 좀 불안해.
>
> **이준호:** 그러면 MBTI 검사를 한번 받아 보든지 취업 박람회에 한번 가 보든지 하는 건 어때?
>
> **왕린:** MBTI는 전에 한번 해 본 적이 있는데 취업 박람회가 있는지는 몰랐어. 어디에 가면 취업 박람회에 대해 알 수 있어?
>
> **이준호:** 학교 취업 지원 센터 알지? 거기에 가면 자세한 정보를 얻을 수 있을 거야.
>
> **왕린:** 그래? 그럼 이따 한번 가 봐야겠다.

• 왕린은 요즘 무슨 고민이 있어요?
• 이준호는 왕린에게 어떤 조언을 해 줬어요?

✎ MBTI [名] 迈尔斯–布里格斯性格类型指标　　박람회 [名] 博览会

2 김상민 씨가 취업을 준비하는 대학생들에게 강연을 합니다. 무슨 이야기를 할까요?

> **진행자:** 마흔이라는 나이에 안정된 직업을 버리고 자신이 꿈꾸던 일을 시작하는 것은 아무나 할 수 있는 일이 아니죠. 공무원에서 성공한 국숫집 사장님이 되신 김상민 씨를 모시고 이야기 들어보겠습니다.
>
> **김상민:** 안녕하세요. 국숫집 대표 김상민입니다. 저는 어릴 때부터 모범생이었어요. 열심히 공부해서 좋은 대학교에 진학했고 졸업 후에는 바로 공무원이 되었습니다. 그때는 제 적성이 어떤 일에 맞는지 깊이 고민해 보지 못했어요. 그냥 저도 대다수의 사람들처럼 안정적인 직업을 가져야겠다는 생각만 했죠. 그런데 어느 날 우연히 들어간 식당이 제 운명을 바꿨습니다. 국수 맛이 저를 미소 짓게 할 정도로 좋았고 식당의 분위기도 활기차서 뭔가 흥분됐어요. 그때 저도 이런 일을 하고 싶다고 생각했어요. 나이 마흔에 직업을 바꾸겠다고 하면 주변 사람들은 반대하기 마련인데 제가 너무 신나서 얘기하니까 가족들이 반대하지는 않았어요. 그리고 지금 이렇게 저는 국숫집 사장이 되었습니다. 여러분도 주변 사람들의 말이나 사회 분위기에 휩쓸려 직업을 선택하지 마시고 자신이 신나는 일, 설레는 일이 무엇인지 한번 생각해 보시면 좋을 것 같습니다.

• 김상민 씨는 처음에 어떤 직업을 가졌어요?
• 김상민 씨는 학생들에게 어떤 조언을 했어요?

모범생 [名] 模范生　　국숫집 [名] 面条馆　　진학하다 [动] 升学
흥분되다 [动] 兴奋　　휩쓸리다 [动] 被……左右　　설레다 [动] 激动

대화 후 활동

1 진로에 대해 친구에게 고민을 이야기하고 조언해 봅시다. 〈보기〉와 같이 이야기해
보세요.

고민	조언
뭘 하고 싶은지 모르겠다	진로 적성 검사를 받다
안정적인 일과 재미있는 일 중 어떤 걸 하면 좋을지 모르겠다	인턴 활동에 지원하다

보기

가: 왕린 씨, 무슨 고민 있어요?

나: 아직 내가 뭘 하고 싶은지 몰라서 고민이에요.

가: 그럼 왕린 씨, 진로 적성 검사를 한번 받아 보는 건 어때요? 저도 해 봤는데
진로를 정하는 데 도움이 됐어요.

2 자신의 적성을 찾아 진로를 바꿔 행복을 찾은 사람들에 대해 〈보기〉와 같이
소개해 보세요.

누구	바꾼 진로	이유
김상민	공무원 → 국숫집 사장님	사람들을 미소 짓게 하는 맛있는 음식을 만드는 일에 행복을 느껴서
김연지	대기업 직원 → 웹툰 작가	전부터 웹툰을 많이 봤고 회사 스트레스를 풀기 위해 취미로 시작한 만화 그리기에 매력을 느껴서
이형수	매니저 → 배우	담당 배우가 연습할 때 상대 역할을 해 주다가 연기의 재미를 알게 되어서

보기

김상민 씨는 처음에 안정적인 직업인 공무원이 됐습니다. 하지만 사람들을
미소 짓게 하는 맛있는 음식을 만드는 일에 행복을 느껴 국숫집 사장님으로 진로를
바꿨습니다. 김상민 씨는 자신의 적성을 찾아 진로를 바꿔 즐거운 인생을 살고
있습니다.

 **문법**

1. 动词 기에(는)

　　"–기에(는)" 用于动词词干后，表示比较状况或状态，并以此作为判断的依据或标准。

 학교가 걸어가**기에는** 좀 멀어서 자전거를 타고 다녀요.
我步行去学校有点儿远，所以骑自行车上学。

이 영화는 아이들이 보**기에는** 폭력적인 장면이 좀 많네요.
这部电影暴力场面有点儿多，给孩子们看的话不太合适。

낚싯배를 운항하**기에는** 파도가 너무 셉니다.
海浪太大，无法开渔船。

이 책상은 혼자 옮기**기에는** 너무 커요.
这张桌子太大，一个人搬不动。

이 집은 계단이 있어서 나이가 많으신 분들이 살**기에는** 좀 불편하다.
这个房子有楼梯，上年纪的人生活不太方便。

이번 신제품 마케팅 프로젝트는 제가 맡**기에는** 너무 큰 일입니다.
这次新产品营销项目，我来负责的话，项目太大了。

가: 둘이 다 먹**기에는** 음식이 너무 많은 것 같아요.
　　这些菜两个人吃的话好像太多了。

나: 괜찮아요. 남은 음식은 포장해 가면 돼요.
　　没关系。剩下的菜可以打包带走。

가: 엄마, 나 주연 씨랑 결혼하고 싶어요.
　　妈，我想跟周妍结婚。

나: 결혼하**기엔** 너무 이르지 않아? 만난 지 두 달밖에 안 됐잖아.
　　现在谈婚论嫁是不是太早了？你们认识还不到两个月。

낚싯배 [名] 渔船　　　운항하다 [动] 航运，航海

2. 谓词 든(지)

"–든(지)"用于谓词词干后，表示在所罗列的选项中，任何一个都有可能被选中，可以与过去时制词尾 "–았/었–" 结合使用，但不可与将来时制词尾 "–겠–" 结合使用。常以 "–든지 –든지 하다" 的形式使用，既可以罗列同类事件，也可以罗列相互对立或相反的事件。常以 "–든지 –말든지" 的形式罗列正反疑问句。常与 "누구，언제，어디，무엇，얼마" 等疑问代词结合，用于 "누구든지，언제든지，어디든지，무엇이든지(뭐든지)，얼마든지" 的形式。

罗列相互对立、相反的内容或有疑问词时，后面常接 "–든지 –든지 간에" "–든지 –든지 상관없이"，以明确其意思。

저는 출근할 때 지하철에서 책을 읽**든지** 뉴스를 보**든지** 해요.
我上班时，在地铁上要么看书，要么看新闻。

졸업하면 취업하지 않고 대학원에 가**든지** 유학을 가**든지** 하려고요.
我毕业后不打算就业，要么考研究生，要么去留学。

사람이 많**든** 적**든** 개업 1주년 행사는 예정된 시간에 시작할 예정입니다.
不管人多人少，开业一周年活动要按照预定时间开始。

우리 가족은 좋은 일**이든** 나쁜 일**이든** 서로 다 이야기한다.
不管是好事，还是坏事，我们家人都会互相沟通。

어머니께서 해 주시는 음식은 뭐**든지** 맛있다.
妈妈不管做什么菜都很好吃。

저 사람은 무슨 일을 맡**든지** 책임감을 가지고 열심히 한다.
那个人不管做什么事情都很负责并努力完成。

준호가 뭐라고 했**든지** 그냥 화가 나서 한 말일 테니 마음에 담아 두지 마.
不管俊浩说了什么，他应该只是因为生气才说的，不要放在心上。

가: 오래 기다렸어? 미안해. 等了很久吗? 对不起。

나: 늦으면 전화를 하**든지** 아니면 문자라도 보내야지. 걱정했잖아.
你来晚了，要么打个电话，要么至少也该发条短信吧。我会担心的。

가: 이제 와서 하던 일을 그만두고 다시 공부를 시작해도 괜찮을까?
你现在辞掉工作，重新开始学习能行吗?

나: 그럼. 나이가 많**든** 적**든** 하려는 마음만 있다면 새로운 일을 시작할 수 있어.
当然可以。无论年龄大小，只要下定决心就可以开始做新的事情。

3. 谓词 기 마련이다

"−기 마련이다"用于谓词词干后，表示理所当然会出现某种结果，相当于汉语的"难免会……""都会……"，也常以"−게 마련이다""−(으)면 −기 마련이다"等形式使用。

 자주 보면 정이 들**기 마련이다.**
经常见面，难免会日久生情。

잠을 잘 못 자면 일에 집중력이 떨어지**기 마련이다.**
如果睡眠不好，难免工作时注意力会下降。

좋았던 사람도 오래 만나면 안 좋은 점이 보이**기 마련이**지.
即使是你很喜欢的人，如果相处时间久了，你也会发现他的缺点。

누구나 말하고 싶지 않은 비밀이 하나쯤은 있**기 마련이다.**
无论是谁都会有一个不想说的秘密吧。

많이 하던 일도 오랜만에 하면 낯설**기 마련이**에요.
即使是经常做的事情，长时间不做的话也难免会生疏。

몸이 아프면 신경이 날카로워지**기 마련이**지요.
身体不舒服时，人难免会变得敏感。

가: 학점도 괜찮고 자격증도 땄는데 취업이 잘 안 되네.
我学分也不错，也取得了资格证，但还是不太好就业。

나: 졸업한 지 얼마 안 됐잖아. 계속 도전하다 보면 기회는 오**기 마련이**야.
你刚毕业没多久嘛。继续努力的话，肯定会有机会的。

가: 우리 애들은 한 살 차이라서 그런지 매일 싸워서 큰일이에요.
可能是我家的两个孩子只相差一岁的缘故，天天打架，我真的很头疼。

나: 애들은 싸우면서 크**기 마련이**니 너무 걱정하지 마세요.
孩子们本来就是边打架边长大的，所以不用太担心。

✎ 날카롭다 [形] 敏锐，敏感

문법 연습

1 〈보기〉와 같이 알맞은 것을 연결하고 문장을 쓰십시오.

보기 잠을 자다 •　　　　　　• ① 너무 맵다

1) 어르신이 사시다 •　　　　　　• ② 너무 강한 선수이다

2) 자기 사업을 하다 •　　　　　　• ③ 아직 이른 시간이다

3) 이 떡볶이는 아이가 먹다 •　　　　• ④ 경험이 아직 부족하다

4) 그 선수는 내가 상대하다 •　　　　• ⑤ 계단이 많아 적당하지 않은 집이다

보기 <u>잠을 자기에는 아직 이른 시간이다.</u>

1) _____

2) _____

3) _____

4) _____

2 〈보기〉와 같이 알맞은 것을 골라 대화를 완성하십시오.

가다　(보다)　(읽다)　작다　크다　미루다　물어보다　취소하다

보기
가: 이번 연휴에 무슨 계획 있어요?
나: 아니요. 그냥 집에서 그동안 못 본 영화를 <u>보든지</u> 사 놓기만 한 책을 <u>읽든지</u> 하려고요.

1) 가: 일기예보를 보니까 우리 동아리 공연하는 날 비가 올지도 모른다는데 어쩌지?

　 나: 야외 공연장이니까 공연을 _____ _____ 해야겠네.

2) 가: 항상 같이 있던 언니가 결혼해서 나가니까 허전하지?

　 나: 응. 어릴 때는 _____ _____ 괜찮으니 내 방을 갖고 싶었는데 막상 혼자 있으니 좀 그래.

3) 가: 이제 곧 4학년이니 취업 준비를 해야 할 것 같은데 뭐부터 시작해야 할지 모르겠어.

　 나: 선배들에게 좀 _____ 아니면 우리 학교 취업 지원 센터에서 상담 한번 받아 봐.

4) 가: 김 대리 어디 갔어요? 자리에 없네.

　 나: 글쎄요. 화장실에 _____ 아니면 잠깐 밖에서 통화하고 있을 거예요.

허전하다 [形] 空虚，空落落　　　막상 [副] 实际上，真要

13

3 〈보기〉와 같이 알맞은 것을 골라 문장을 완성하십시오.

배우다 당황하다 떨어지다 생각나다 싫어지다

보기 아이들은 부모의 행동을 보고 <u>배우기 마련이다</u>.

1) 식사를 제대로 안 하면 면역력이 _____.

2) 운전을 오래 한 사람도 사고가 나면 _____.

3) 좋은 말도 너무 자주 하면 상대방이 듣기 _____.

4) 오늘같이 쌀쌀한 날에는 따뜻한 국물이 있는 음식이 _____.

4 다음을 듣고 물음에 답하십시오.

1) 성인의 진로 상담 내용으로 맞는 것을 고르십시오.

① 심한 입시 경쟁

② 전공에 맞춘 취업

③ 직무 관련 스트레스

④ 만족스럽지 않은 회사 급여

2) 들은 내용과 같은 것을 고르십시오.

① 예전부터 성인들도 진로 상담을 받았다.

② 여자가 상담하는 사람의 반 이상이 성인이다.

③ 대부분 적성과 흥미를 고려하여 직업을 선택했다.

④ 직업이 다양화되어 학생들을 위한 진로 지도가 필요해졌다.

3) 다음 중 진로 상담이 필요한 사람을 고르십시오.

① 생활이 무기력한 사람

② 돈을 벌어야 하는 사람

③ 치열한 경쟁에 지친 사람

④ 생활이 불만족스러운 사람

✏️ 면역력 [名] 免疫力   치열하다 [形] 激烈   세분화 [名] 细分，细化

탐색 [名] 摸索，探索   직무 [名] 职务

5 다음을 읽고 물음에 답하십시오.

여름 방학을 맞아 청소년 진로 탐색과 직업 체험을 위한 진로 체험 박람회가 열렸다. 진로·적성 상담관, 진로·직업 체험관, 미래 직업 체험관 등 다양한 부스가 마련되어 있어 대학 전공을 고민하는 학생이든 취업을 고민하는 학생이든 도움을 얻을 수 있을 것이다. 진로·직업 체험관에서는 드론 조종사, 승무원, 메이크업 아티스트 등을 체험할 수 있다. 미래 직업 체험관에는 홀로그램 전문가, 로봇 조종, 1인 미디어 크리에이터 등의 체험도 마련돼 있다. 학부모와 학생은 박람회에서 진로 교육 센터, 대입 정보 센터의 전문 상담사와 진로, 적성, 진학과 관련해 맞춤형 상담을 할 수도 있다. (㉠) 기업 견학과 전문 직업인 토크 콘서트 등도 마련됐다.

일부 행사, 직업·기업 소개는 온라인으로 동시에 볼 수도 있다. 이번 박람회는 청소년이 자신의 진로, 장래 직업 등을 비추어 보는 계기가 될 것으로 기대된다.

1) 이 글을 쓴 목적으로 알맞은 것을 고르십시오.

① 다양한 직업을 소개하기 위해서

② 진로 체험 박람회를 홍보하기 위해서

③ 박람회 참여 방법을 안내하기 위해서

④ 여름 방학 중 행사를 안내하기 위해서

2) ㉠에 들어갈 알맞은 것을 고르십시오.

① 단지　　　　　② 또한　　　　　③ 특히　　　　　④ 한편

3) 이 글의 내용과 같은 것을 고르십시오.

① 진로 상담사의 토크 콘서트를 볼 수 있다.

② 모든 프로그램은 온라인으로도 볼 수 있다.

③ 취업을 준비하는 대학생들을 위한 프로그램도 있다.

④ 원하는 학생은 부모님과 함께 진학 상담을 받을 수 있다.

부스 [名] 展台，展位　　　드론 [名] 无人机　　　홀로그램 [名] 全息图

대입 [名] 大学入学　　　맞춤형 [名] 针对性　　　토크 콘서트 [词组] 脱口秀

견학 [名] 观摩，参观学习　　　비추다 [动] 审视

쓰기

1 다음 문법을 사용해서 제시된 표현을 한 문장으로 써 보십시오. 단, 제시된 표현의 순서는 바꾸지 마십시오.

> -(으)면   -지만   -기에(는)   -(으)ㄴ/는다고   -(ㄴ/는)다   -기 마련이다

1) 비 온 뒤에 땅이 굳다 / 사람이 어려운 일을 겪고 나다 / 더 단단해지다

➡ _____

2) 외국어는 어릴 때 배우는 것이 좋다고 하다 / 초등학생은 유학을 가다 / 너무 어리다

➡ _____

2 다음을 읽고 빈칸에 들어갈 말을 쓰십시오.

> 최근 한 기업에서 직원을 채용할 때 성격 유형 검사 결과를 요구해 이슈가 되었다. 성격 유형 검사는 과연 얼마나 믿을 수 있는 것일까?
>
> 한 대학 병원의 정신 건강 의학과 교수는 성격 유형 검사에는 한계가 있다고 지적한다. 몇 가지밖에 되지 않는 유형으로 많은 사람들의 다양한 성격을 제대로 (㉠). 대부분의 사람들은 검사에서 구분하는 양쪽의 성격 특성을 모두 가지고 있는 경우가 많다. 또한 스스로 정확하게 판단하지 못하면 실제 성격과 다른 결과가 나올 수 있다.
>
> 본인이든 타인이든 성격적인 특성에 대해서 이해하고 서로 소통하기 위한 도구로서 가볍게 활용한다면 분명히 장점이 있지만 개인의 성격은 모두 다르기 때문에 결과를 믿어 상대방을 쉽게 판단하는 것은 바람직하지 못하다. 또한 검사 결과 하나의 틀 안에 가두는 것보다는 본인이 가진 성격적 특성의 장점은 살리고 단점을 보완해 더 나은 사람이 되기 위한 참고 자료로 생각하는 것이 좋다.

㉠_____

🖋 채용 [名] 招聘　　　정신 건강 의학과 [词组] 精神健康医学科　　　소통 [名] 沟通
바람직하다 [形] 值得期待　　　틀 [名] 框架　　　가두다 [动] 关，关押
보완하다 [动] 完善，弥补

 **정리하기**

이것만은 꼭 외웁시다!

1) 가: 이제 와서 하던 일을 그만두고 다시 공부를 시작해도 괜찮을까?
  你现在辞掉工作，重新开始学习能行吗？

  나: 그럼, 나이가 많든 적든 하려는 마음만 있다면 새로운 일을 시작할 수 있어.
  当然可以。无论年龄大小，只要下定决心就可以开始做新的事情。

2) 가: 우리 애들은 한 살 차이라서 그런지 매일 싸워서 큰일이에요.
  可能是我家的两个孩子只相差一岁的缘故，天天打架，我真的很头疼。

  나: 애들은 싸우면서 크기 마련이니 너무 걱정하지 마세요.
  孩子们本来就是边打架边长大的，所以不用太担心。

3) 가: 졸업하려면 아직 한참 남았는데 취업을 걱정하기에는 좀 이른 거 아니야?
  离毕业还有很长一段时间呢，你现在就开始担心就业是不是太早了？

  나: 주변 친구들이 다들 벌써 취업 준비를 시작해서 좀 불안해.
  周围的朋友都已经开始准备就业了，所以我有点儿不安。

4) 가: 둘이 다 먹기에는 음식이 너무 많은 것 같아요.
  这些菜两个人吃的话好像太多了。

  나: 괜찮아요. 남은 음식은 포장해 가면 돼요.
  没关系。剩下的菜可以打包带走。

핵심 어휘

名词

적응력 适应力 | 창의력 创造力 | 통솔력 领导力 | 논리적 有逻辑的 | 객관적 客观的
직관적 直观的 | 감성적 感性的 | 개방적 开放的 | 도전적 挑战的

形容词

침착하다 沉稳 | 차분하다 冷静

词组

호기심이 많다 很有好奇心 | 사회성이 있다 有社交能力
참을성이 강하다 忍耐力很强 | 책임감이 강하다 责任心很强
인내심이 강하다 很有耐心

자기 평가

能够完成吗？	需再次复习	进入下一课！	
		良好	优秀
能谈论工作上的苦恼吗？	无法完成	可以完成	非常好
能说出多少与性格特点相关的单词或词组？	0~3个	4~9个	10个以上
能灵活运用本课所学的语法吗？	无法完成	可以完成	非常好

제2과 요즘 대학생들치고 공무원에 대해서 한번쯤 생각 안 해 본 사람 없을 거야

> **目标:** 能说出受欢迎的职业和受欢迎的原因
> **语法:** 名词 치고, 名词 에 따라(서), 名词 에 따르면
> **词汇:** 与职业相关的词汇

受欢迎的、有前途的职业

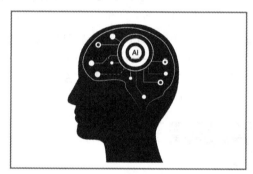

　　韩国就业信息院的调查结果显示，第四次工业革命推动了数字化转型和低碳时代的到来，与数字、环境等领域相关的职业将备受欢迎。在这些职业中，专家相对较少、业界需求激增的职业可能会成为未来受欢迎的、有前途的职业。

　　在数字领域，人工智能数据分析师、平台规划师、人工智能工程师、虚拟现实（VR）和增强现实（AR）内容策划员及无人驾驶汽车技术员等被预测为有前途的职业；在环境领域，智慧绿色城市规划师、环境大数据专家及可再生能源专家等被预测为有前途的职业。

이야기해 봅시다

1. 요즘 중국에서 인기 있는 직업은 뭐예요?

2. 앞으로는 중국에서 어떤 직업들이 전망이 밝을까요?

 어휘와 표현

 与职业相关的词汇

디지털 관련 직업 与数字相关的职业
데이터 분석가 数据分析师
IT 개발자 IT研发人员
정보 시스템 운영자 信息系统运营人员
사이버 보안 전문가 网络安全专家
디지털 장의사 数字信息处理员
가상 현실/증강 현실 콘텐츠 기획자 虚拟现实/增强现实内容策划员

환경 관련 직업 与环境相关的职业
신재생에너지 전문가 新能源专家
탄소 배출 관리자 碳排放管理员
폐기물 처리 기사 固体废物处理工程师
재활용 기술자 再生资源回收利用工程师

고령 인구 증가 관련 与人口老龄化相关的职业
요양 보호사 养老护理员
노년 플래너 养老规划师
노인 심리 상담사 老年人心理咨询师

그 외 다양한 직업 其他职业
크리에이터 网络主播
프로 게이머 电竞选手
드론 조종사 无人机操作员
생명 과학자 生命科学家
자율 주행차 기술자 自动驾驶工程师
도심 항공 모빌리티 전문가 城市空中交通专家
라이브 커머스 크리에이터 电商直播主播

어휘와 표현 연습

1 무엇과 관게 있는 직업인지 찾아서 쓰십시오.

> 데이터 분석가　　재활용 기술자　　신재생에너지 전문가　　정보 시스템 운영자

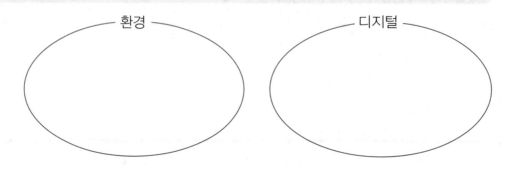

환경

디지털

2 다음 설명에 알맞은 것을 골라 쓰십시오.

> 노년 플래너　　사이버 보안 전문가　　크리에이터　　탄소 배출 관리사

1) _____ : 온라인 플랫폼에 올리는 콘텐츠를 제작하는 직업

2) _____ : 기업의 온실가스 배출 최소화를 위한 상담을 해 주는 직업

3) _____ : 해커들의 공격을 막고 공격 당한 시스템을 복구하거나 재정비하는 직업

4) _____ : 노인들이 건강하고 행복하게 남은 인생을 살아갈 수 있도록 계획을
세워 주는 직업

3 빈칸에 알맞은 것을 골라 쓰십시오.

> 요양 보호사　　드론 조종사　　디지털 장의사　　폐기물 처리 기사

1) 우리 집에는 나이가 많아 움직이기 불편하신 어머니의 생활을 돕기 위해 매일 _____
_____ 집에 온다.

2) 내가 올린 적이 없는 사진을 인터넷에서 발견하고 _____ 삭제를 의뢰했다.

3) 나는 드론으로 높은 곳에서 사진이나 영상을 촬영하는 _____ 되고 싶다.

4) 건설 현장이나 산업 현장에서 버려지는 것들은 환경오염이 되지 않도록 _____
소각 또는 재활용하는 등의 관리를 한다.

📝 복구 [名] 重建，修复　　재정비 [名] 再整顿　　건설 [名] 建设　　의뢰하다 [动] 委托
소각 [名] 销毁

 대화 🎧

1 왕린과 이준호가 이야기합니다. 무슨 이야기를 할까요?

> **이준호:** 한국에서는 공무원이 안정적이어서 20대들한테는 인기가 가장 많아. 아마 요즘 대학생들치고 공무원에 대해서 한번쯤 생각 안 해 본 사람 없을 거야.
>
> **왕린:** 중국에 있는 내 친구들도 공무원 준비를 많이 해. 오빠도 공무원에 관심 있어?
>
> **이준호:** 아니. 나는 공무원보다는 좀 더 적성에 맞는 일을 찾아보려고.
>
> **왕린:** 나도 그래. 적성이나 관심에 따라서 직업을 결정하지 않고 안정적인 것만 생각하면 나중에 후회할 것 같아.
>
> **이준호:** 맞아. 그래서 그런지 요즘 공무원을 그만두는 MZ 세대들이 적지 않다고 하더라. 안정적인 걸 생각해서 공무원이 됐는데 막상 해 보니 적성에 맞지 않는 거지.
>
> **왕린:** 맞아. 적성에 맞지 않는 일은 오래 하기 힘들지.
>
> **이준호:** 직업을 선택할 때 나에게 가장 중요한 게 뭔지를 먼저 잘 생각해 봐야 할 것 같아. 안정성인지 적성인지 돈인지.

• 요즘 한국의 20대들에게 가장 인기가 많은 직업이 뭐예요?

• MZ 세대들이 공무원을 그만두는 이유가 뭐예요?

✏️ MZ 세대 [词组] MZ世代

2 뉴스에서 학생들의 희망 직업에 대해 소개합니다. 무슨 이야기를 할까요?

> **앵커:** 교육부에서 오늘 초·중·고등학생들의 희망 직업 조사 결과를 공개했습니다. 매년 실시해 온 조사인데 올해는 좀 달라진 점이 있다고 합니다. 김주영 기자.
>
> **기자:** 올해 초등학생의 희망 직업은 1위 운동선수, 2위 의사, 3위 교사로 나타났습니다. 작년 조사에서는 1위 운동선수, 2위 교사, 3위 크리에이터였는데 전 세계적인 전염병의 영향으로 보건·의료 분야에 대한 관심이 높아지면서 의사가 교사와 크리에이터를 제치고 희망 직업 2위로 올라섰습니다.
>
> **앵커:** 그렇군요. 중고등학생들도 비슷한 변화가 있나요?
>
> **기자:** 조사 결과에 따르면 중학생의 희망 직업은 작년과 마찬가지로 경찰과 의사, 교사가 상위권에 올랐습니다. 하지만 고등학생들의 희망 직업에는 일부 변화가 있었습니다. 1위는 작년과 같이 교사가 차지했는데 컴퓨터 프로그래머 순위가 작년과 다르게 상위권에 올랐습니다. 최근 AI나 로봇 등에 대한 관심이 커지면서 미래 유망 직종으로 꼽히고 있기 때문인 것으로 보입니다.

- 요즘에는 초등학생들에게 어떤 직업들이 인기가 있어요?
- 학생들의 희망 직업에 어떤 변화가 있어요? 왜 그런 변화가 생겼어요?

교육부 [名] (韩国)教育部   공개 [名] 公开   전염병 [名] 传染病   보건 [名] 保健
제치다 [动] 超过   상위권 [名] 上游   차지하다 [动] 占据
유망 [名] 有希望，有发展   직종 [名] 工种，职务种类   꼽히다 [动] 被选为

대화 후 활동

1 직업을 선택할 때 중요하게 생각하는 것과 그에 맞는 직업을 이야기해 보세요.

중요하게 생각하는 것	직업
안정성	공무원/교사
돈	대기업 직원/펀드 매니저

보기

가: 직업을 선택할 때 중요하게 생각하는 게 뭐예요?

나: 저는 <u>안정성</u>이 가장 중요하다고 생각해요.

가: 그렇다면 <u>공무원이나 교사</u> 같은 직업이 좋겠네요.

2 인기 있는 직업과 그 이유에 대해서 이야기해 보세요.

누구에게	인기 있는 직업	이유
초등학생	프로게이머	좋아하는 게임을 하면서 돈을 많이 벌 수 있다.
대학생	공무원	어떤 상황에서도 안정적으로 정년까지 일자리와 수입이 보장된다.

보기

<u>초등학생</u>들에게 인기 있는 직업은 <u>프로게이머</u>입니다. <u>좋아하는 게임을 하면서 돈을 많이 벌 수 있기</u> 때문이에요.

 펀드 매니저 [词组] 基金经理

 **문법**

1. 名词 치고

"치고"是助词，用于名词后，表示全部包括，后半句主要用否定句型来表示强调。常以"치고는"的形式，表示例外的情况。

 요즘 대학생**치고** 취업을 걱정하지 않는 학생은 없다.
现如今，没有大学生不担心就业的。

지금까지 대학 수학 능력 시험을 보는 날**치고** 안 추운 날이 없었다.
到目前为止，韩国高考那天没有天气不冷的。

운동 선수**치고** 올림픽 출전을 꿈꾸지 않는 사람이 있을까?
作为运动员，谁不梦想着参加奥运会呢？

요즘 새로 출시되는 자동차**치고** 환경을 고려하지 않은 차는 없다.
目前新上市的汽车没有不考虑环保的。

우리 집 고양이는 고양이**치고는** 애교가 많은 편이에요.
我家的猫很会撒娇。

가을 날씨**치고는** 기온이 높고 흐린 날이 계속되고 있습니다.
虽然现在是秋天，但气温依然偏高，持续阴天。

가: 나도 이제 성인인데 우리 엄마는 잔소리가 너무 심해.
我现在已经是成年人了，但我妈妈太唠叨了。

나: 부모**치고** 자식 걱정 안 하는 부모가 어디 있겠어? 다 너 걱정해서 하시는 말씀일 거야.
作为父母，哪有不担心子女的呢？都是因为担心你才说的。

가: 너랑 밥 먹을 때마다 드는 생각인데 정말 이렇게 많이 먹는 거**치고는** 살이 별로 안 찌는 것 같아.
每次和你一起吃饭的时候，我都会想，你吃得这么多，却不怎么长胖。

나: 무슨 소리야. 내가 많이 먹기는 하지만 운동도 얼마나 열심히 하는데….
说什么呢。我虽然吃得多，但也很努力地运动啊……

대학 수학 능력 시험 [词组] 韩国高考   출전 [名] 出战   애교 [名] 撒娇

2. 名词 에 따라(서)

"–에 따라(서)" 用于名词后，表示根据某种情况、事实、标准采取某种行动，相当于汉语的 "根据……"。常用 "–에 따른" 的形式修饰后面的名词。

체질**에 따라서** 몸에 도움이 되는 음식이 다르다.
根据体质的不同，有益于身体的食物也不同。

이번 면접 결과**에 따라서** 최종 합격 여부가 결정된다.
最终合格与否取决于这次面试的结果。

스마트폰은 성능과 디자인**에 따라** 가격이 달라진다.
智能手机的价格取决于其性能和设计。

이 식당은 손님이 음식에 들어가는 재료를 취향**에 따라서** 고를 수 있다.
这家餐厅允许客人根据个人口味选择食物配料。

다른 조건도 중요하지만 적성**에 따라** 직업을 선택해야 후회하지 않는다.
虽然其他条件也很重要，但只有选择适合自己的职业，才不会后悔。

출생자와 사망자 수의 차이**에 따른** 인구 자연 감소는 역대 최대를 기록했다.
由于出生人数和死亡人数之间的差异，自然人口的减少达到了历史最高。

가: 여자 친구한테 화장품을 선물하려고 하는데 추천 좀 해 주세요.
我想送女朋友化妆品，给我推荐一下吧。

나: 피부 타입**에 따라** 추천 상품이 다른데 여자 친구 피부가 어떤 편이세요?
根据不同的皮肤类型推荐的产品不同，请问您女朋友的皮肤怎么样？

가: 이제 취직한 지 반년 정도 됐지? 어때? 다닐 만해?
你工作有半年了吧？怎么样？上班还好吗？

나: 응. 회사 분위기도 자유롭고 능력**에 따라** 연봉이 결정되니까 일하는 데 의욕도 생겨서 좋아.
嗯。公司的氛围比较自由，年薪也根据能力来定，所以我工作起来很有干劲，很不错。

 체질 [名] 体质　　출생자 [名] 出生人数　　사망자 [名] 死亡人数　　인구 [名] 人口

연봉 [名] 年薪　　의욕 [名] 意志，欲望

25

3. 名词 에 따르면

"-에 따르면"用于名词后，表示后面引用内容的依据、来源或出处。主要用于新闻、报道等书面语中，常与格式体一起使用。

정부의 발표**에 따르면** 다음달부터 서민 경제 지원 정책을 실시한다고 한다.
根据韩国政府发布的信息，从下个月开始将实施民生经济扶持政策。

한국은행**에 따르면** 내년부터 금리가 인상된다고 합니다.
据韩国银行透露，从明年开始将上调利率。

통계청에서 실시한 인구 주택 총조사 결과**에 따르면** 1인 가구가 전체의 31%로 가장 큰 비중을 차지한다고 합니다.
根据韩国统计局进行的人口住宅总调查结果，独居家庭占总体的31%，所占比重最大。

통계**에 따르면** MZ 세대가 중국 원두커피 소비의 절반을 차지하는 것으로 나타났다.
据统计，中国二三十岁年轻人消费的咖啡豆占到总量的一半。

고대 중국의 사상가 공자**에 따르면** 지나침은 모자란 것만 못하다고 했습니다.
中国古代思想家孔子曾说：“过犹不及。”

경제 전문가를 대상으로 한 설문조사**에 따르면** 51.3%가 내년 부동산 가격이 하락할 것이라고 전망했다.
针对经济专家展开的问卷调查显示，有51.3%的人认为明年房价将会下跌。

가: 이번 신제품 마케팅은 SNS를 중심으로 진행한다고요?
听说这次的新产品营销将以社交网络（SNS）为主进行？

나: 네. 작년 마케팅 결과 보고서**에 따르면** SNS 마케팅 반응이 가장 좋았습니다. 그래서 이번에는 미디어 광고보다 SNS 쪽에 중심을 두었습니다.
是的。根据去年的营销报告，社交网络的营销效果最好。所以这次比起媒体广告，更侧重于社交网络的宣传了。

가: 기상청 예보**에 따르면** 다음 주에 눈이 온다고요?
根据气象局的预测，下周会下雪吗？

나: 네. 다음 주에 기온이 크게 떨어지면서 예년보다 일찍 첫눈을 보실 수 있게 될 것입니다.
是的。下周气温会大幅下降，估计能比往年更早看到初雪。

정부 [名] 政府　　서민 [名] 市民，百姓　　통계청 [名] 统计局
인구 주택 총조사 [词组] 人口住宅总调查　　비중 [名] 比重　　고대 [名] 古代
사상가 [名] 思想家　　하락 [名] 下跌　　전망 [名] 展望，前景　　기상청 [名] 气象局

문법 연습

1 〈보기〉와 같이 문장을 바꿔 쓰십시오.

> 보기　한국 사람은 모두 가수 '애나'를 안다.
> ⇨ <u>한국 사람치고 가수 '애나'를 모르는 사람은 없다.</u>

1) 모든 직장인은 퇴근 시간을 기다린다.

　⇨ _____

2) 현대인은 모두 스트레스를 받는다.

　⇨ _____

3) 꾸준히 운동하는 사람은 모두 건강하다.

　⇨ _____

4) 졸업을 앞둔 학생은 모두 진로에 대해 고민한다.

　⇨ _____

2 〈보기〉와 같이 알맞은 것을 골라 문장을 완성하십시오.

> (날씨)　재료　　하는 일　　가는 장소　　검사 결과

> 보기　<u>날씨에 따라서</u> 먹고 싶은 음식이 달라진다.

1) _____ 받는 월급이 달라진다.

2) _____ 음식 맛이 달라진다.

3) 이번 _____ 치료 방법이 결정될 것이다.

4) 회사, 학교, 결혼식 등 _____ 옷차림이 다르다.

✎ 앞두다 [동] 眼前

3 〈보기〉와 같이 알맞은 것을 연결하고 문장을 쓰십시오.

보기 도로 교통법 •
1) 통계청 자료 •
2) 목격자 진술 •
3) 설문 조사 결과 •
4) 우체국 관계자 •

• ① 범인은 30대로 보이는 키가 큰 남성이다
• ② 전동 킥보드를 탈 때도 헬멧을 착용해야 한다
• ③ 모바일 쇼핑 거래가 작년에 비해 16% 증가했다
• ④ 명절을 앞두고 택배 물량이 평소 대비 60% 이상 늘었다
• ⑤ 응답자의 84%가 직업을 바꾸고 싶어하는 것으로 나타났다

보기 도로 교통법에 따르면 전동 킥보드를 탈 때도 헬멧을 착용해야 한다고 한다.

1) _____
2) _____
3) _____
4) _____

4 다음을 듣고 물음에 답하십시오.

1) 설문 조사를 한 목적으로 알맞은 것을 고르십시오.
   ① 어린이들의 순수함을 알리기 위해서
   ② 직업 체험 프로그램 구성에 참고하기 위해서
   ③ 시대의 변화와 직업의 관계를 살펴보기 위해서
   ④ 어린이들이 사회를 이해하는 정도를 알아보기 위해서

2) 조사 결과를 듣는 남자의 반응으로 알맞은 것을 고르십시오.
   ① 우려하고 있다   ② 의심하고 있다   ③ 감탄하고 있다   ④ 당황하고 있다

3) 들은 내용과 같은 것을 고르십시오.
   ① 로봇 공학자가 근소한 차이로 1위를 차지하였다.
   ② 어린이치고 춤과 노래를 좋아하지 않는 어린이는 없다.
   ③ 어린이들은 인공 지능 로봇 시장이 커질 것이라고 보았다.
   ④ 어린이들은 학교에서 코딩을 선택 과목으로 배울 수 있다.

───────────────────────────────

도로 교통법 [词组] 道路交通法   헬멧 [名] 安全帽，头盔   목격자 [名] 目击者
물량 [名] 数量，分量   관계자 [名] 相关人员   응답자 [名] 应答者   코딩 [名] 编程
순수하다 [形] 单纯，纯粹   우려하다 [动] 担忧，顾虑   공학자 [名] 工程师
근소하다 [形] 很少，极少   인공 지능 [词组] 人工智能

5 다음을 읽고 물음에 답하십시오.

> 한국 정부는 4차 산업 혁명으로 인한 디지털 대전환과 탄소 중립 대응 등을 위해 노력해 오고 있다. (㉠) 한국고용정보원에서 디지털·저탄소 시대의 유망 직업을 선정하였는데 전문가들이 아직 많지 않고 업계의 수요가 빠르게 늘고 있는 직종이 주로 꼽혔다.
>
> 한국고용정보원에 따르면 디지털 관련 분야에서는 데이터·네트워크·인공 지능(AI)과 비대면 인프라 쪽이 유망한 것으로 나타났다. 먼저 데이터·네트워크·인공 지능(AI) 분야에서는 데이터 분석가, 플랫폼 기획자, AI전문가가, 비대면 인프라 분야에서는 가상 현실(VR)·증강 현실(AR) 콘텐츠 기획자, 라이브 커머스 크리에이터 등이 선정됐다. 환경 관련 분야에서는 재생에너지 전문가와 도심항공 교통 전문가 등이 유망한 것으로 나타났다. 이 외에도 스마트 그린 도시 기획가와 환경 빅데이터 전문가 등도 유망 직종으로 꼽혔다.
>
> 디지털 대전환과 저탄소 시대를 맞이하여 정부에서 실시하는 여러 정책과 시대 변화로 인해 앞으로 관련 분야의 자리가 많이 창출될 것으로 보이며 이로 인한 경제 발전도 기대해 본다.

1) 이 글의 제목으로 알맞은 것을 고르십시오.

① 디지털·저탄소 시대의 유망 직종

② 시대 변화에 따른 유망 직종의 변화

③ 디지털 대전환과 저탄소 시대에 필요한 것

④ 한국 정부의 4차 산업 혁명 대응을 위한 노력

2) ㉠에 들어갈 것을 고르십시오.

① 이에   ② 또한   ③ 특히   ④ 한편

3) 이 글의 내용과 같은 것을 고르십시오.

① 데이터 분석가 수가 빠르게 증가했다.

② 4차 산업 혁명으로 인해 환경이 안 좋아질 것이다.

③ 비대면 인프라 분야에서는 인공 지능 전문가가 유망하다.

④ 정부 정책으로 디지털 관련 일자리가 많이 늘어날 것이다.

✎ 탄소 중립 [词组] 碳中和   비대면 [名] 非面对面   인프라 [名] 基础设施

창출되다 [动] 创造

쓰기

1 다음 문법을 사용해서 제시된 표현을 한 문장으로 써 보십시오. 단, 제시된 표현의 순서는 바꾸지 마십시오.

> –던   –치고는   –에 따르면   –에 따라서   –(으)ㄴ/는다   –(으)ㄴ/는 편이다

1) 오늘 경기 결과 / 온 국민이 바라다 / 우리 나라의 월드컵 본선 진출이 결정되다

   ⇨ _____

2) 이 회사 관계자 / 유명 대기업 / 올해 공개 채용 경쟁률이 낮다

   ⇨ _____

2 다음을 읽고 빈칸에 들어갈 말을 쓰십시오.

> 한국 직입 사진에 따르면 현재 한국에는 약 12,800개 이상의 직업이 있다고 한다. 이 중에는 (㉠) 있다. 먼저 한국 사람들이 가장 중요하게 생각하는 음식인 '밥'맛을 구별하는 '밥 소믈리에'가 그것이다. 이 직업을 갖고 있는 사람은 현재 약 70여 명 정도인데 이들은 쌀과 밥맛에 대한 전문적인 연구와 개발을 하고 있다. 최근 한 편의점에서는 밥 소믈리에가 평가한 쌀로 만든 도시락을 만들어 화제가 되기도 했다. 또 다른 한국의 특이 직업은 바로 '목욕 관리사'이다. 때를 미는 한국의 독특한 목욕 문화로 인해 대신 때를 밀어 주는 목욕 관리사라는 직업이 생겼다.

㉠_____

본선 [名] 决赛   진출 [名] 进入   소믈리에 [名] 品酒师   때를 밀다 [词组] 搓澡

정리하기

이것만은 꼭 외웁시다!

1) 가: 나도 이제 성인인데 우리 엄마는 잔소리가 너무 심해.

我现在已经是成年人了，但我妈妈太唠叨了。

　　나: 부모치고 자식 걱정 안 하는 부모가 어디 있겠어? 다 너 걱정해서 하시는 말씀일 거야.

作为父母，哪有不担心子女的呢？都是因为担心你才说的。

2) 가: 이제 취직한 지 반년 정도 됐지? 회사는 다닐 만해?

你工作有半年了吧？上班还好吗？

　　나: 응. 회사 분위기도 자유롭고 능력에 따라 연봉이 결정되니까 일하는 데 의욕도 생겨서 좋아.

嗯。公司的氛围比较自由，年薪也根据能力来定，所以我工作起来很有干劲，很不错。

3) 가: 여자 친구한테 화장품을 선물하려고 하는데 추천 좀 해 주세요.

我想送女朋友化妆品，给我推荐一下吧。

　　나: 피부 타입에 따라 추천 상품이 다른데 여자 친구 피부가 어떤 편이세요?

根据不同的皮肤类型推荐的产品不同，请问您女朋友的皮肤怎么样？

4) 가: 기상청 예보에 따르면 다음 주에 눈이 온다고요?

根据气象局的预测，下周会下雪吗？

　　나: 네. 다음 주에 기온이 크게 떨어지면서 첫눈을 보실 수 있게 될 것입니다.

是的。下周气温会大幅下降，应该能看到初雪。

핵심 어휘

词组

데이터 분석가 数据分析师	IT 개발자 IT研发人员
사이버 보안 전문가 网络安全专家	요양 보호사 养老护理员
심리 상담사 心理咨询师	자율 주행차 기술자 自动驾驶工程师
신재생에너지 전문가 新能源专家	탄소 배출 관리자 碳排放管理员

자기 평가

能够完成吗?	需再次复习	进入下一课!	
		良好	优秀
能说出受欢迎的职业和受欢迎的原因吗?	无法完成	可以完成	非常好
能说出多少与职业相关的单词或词组?	0~5个	6~14个	15个以上
能灵活运用本课所学的语法吗?	无法完成	可以完成	非常好

제3과 연봉이 좀 적더라도 내가 배운 것을 활용해 실무 경력을 쌓고 싶어

> **目标:** 能说明自己对应聘公司的要求
> **语法:** 双重否定，谓词 더라도，谓词 기만 하다
> **词汇:** 与就业相关的词汇

年轻人心中理想的工作

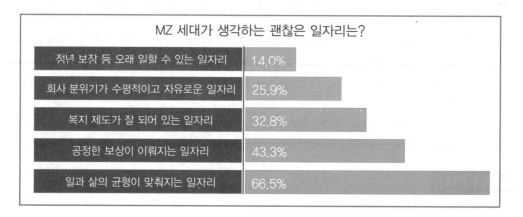

MZ 세대가 생각하는 괜찮은 일자리는?

항목	비율
정년 보장 등 오래 일할 수 있는 일자리	14.0%
회사 분위기가 수평적이고 자유로운 일자리	25.9%
복지 제도가 잘 되어 있는 일자리	32.8%
공정한 보상이 이뤄지는 일자리	43.3%
일과 삶의 균형이 맞춰지는 일자리	66.5%

　　某机构对1000名二三十岁的年轻人进行的就业调查结果显示，这一代人更看重工作和生活的平衡。在"不错的工作岗位的标准"这一多选问题中，66.5%的人选择了"能够平衡工作和生活的工作岗位"。其次是"能够得到公正待遇的工作岗位"（43.3%）、"福利制度完善的工作岗位"（32.8%）、"实行扁平化管理且氛围自由的工作岗位"（25.9%）等，只有14.0%的人选择了"有退休保障的稳定的工作岗位"。通过此次调查，我们可以看出年轻一代在追求工作与生活平衡的同时，也看重公正的待遇。此外，他们对就业的观念已经不再局限于传统的稳定工作和维持生计。

이야기해 봅시다

1. 세대에 따라 좋은 일자리라고 판단하는 기준이 어떻게 다를까요?
2. 여러분은 어떤 일자리가 좋은 일자리라고 생각해요?

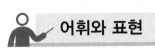 **어휘와 표현**

与就业相关的词汇

급여
工资

연봉 年薪
월급 月薪
시급 时薪
성과금 绩效工资

근무 제도
工作制度

복지 제도 福利制度
업무량 工作量
근무 시간 上班时间
기업 문화 企业文化

고용 형태
聘用形式

정규직 正式员工
계약직 合同工
시간제 钟点工
프리랜서 自由职业者

근무 형태
工作方式

재택근무 居家办公
유연 근무제 弹性工作制

기타
其他

위치 位置
안정성 稳定性

어휘와 표현 연습

1 다음 설명에 알맞은 것을 골라 쓰십시오.

계약직　시간제　정규직　프리랜서

1) _____ : 일정 근무 기간이 정해진 형태
2) _____ : 계약 기간 없이 정년까지 고용이 보장되는 형태
3) _____ : 한 회사에 소속되지 않고 특정 일에 대해 계약을 하고 일하는 형태
4) _____ : 정해진 날과 시간 동안만 근무하며 급여를 시간으로 계산해서 받는 형태

2 빈칸에 알맞은 것을 골라 쓰십시오.

업무량　근무 시간　기업 문화　복지 제도

1) _____ 좀 많아도 내가 진짜 좋아하는 일이면 할 수 있다.
2) 자기계발비 지원, 점심 식사 제공 등 _____ 좋은 회사가 인기가 많다.
3) _____ 길지 않아 개인 시간을 충분히 가질 수 있는 회사에서 일하고 싶다.
4) 구성원 모두가 소통하며 일하는 _____ 정착되어야 할 것이다.

3 알맞은 것을 연결하십시오.

1) 연봉　　　•
2) 성과급　　•
3) 재택근무　•
4) 유연 근무제 •

• ① 출근과 재택을 병행해 근무
• ② 출근하지 않고 집에서 근무
• ③ 일 년 동안 받는 급여의 총액
• ④ 일의 성과나 실적에 따라 받는 것

정년 [名] 退休年龄　　소속 [名] 所属, 所在　　자기 계발 [词组] 自我提升
구성원 [名] 成员　　　정착되다 [动] 安定, 固定　병행하다 [动] 并行
총액 [名] 总额　　　　실적 [名] 业绩

 **대화** 🎧

1 장웨이와 후배가 회사를 고르는 기준에 대해 이야기합니다. 어떤 이야기를 할까요?

> **후배:** 선배, 취직했다고 들었는데 축하드려요.
>
> **장웨이:** 고마워. 요즘 취업이 너무 어렵다 보니까 처음에는 몇 번 떨어져서 좀 힘들었어. 그런데 다행히 마지막에 원하던 곳에 취업이 됐어.
>
> **후배:** 선배는 회사 고를 때 중요하게 생각한 게 뭐였어요? 저도 곧 취업 준비를 시작해야 하는데 아직 어떤 회사를 목표로 해야 할지 잘 모르겠어요.
>
> **장웨이:** 글쎄. 나는 전공을 살려서 일할 수 있으면서 워라밸이 좋은 회사를 찾았어.
>
> **후배:** 그래요? 하지만 연봉 같은 것도 중요하지 않아요?
>
> **장웨이:** 물론 연봉을 기준으로 회사를 정하는 사람들도 없지는 않지. 하지만 나는 연봉이 조금 적더라도 내가 배운 것을 활용해 실무 경력을 쌓고 싶었어. 그리고 취업 후에도 내 취미 생활들을 계속 하고 싶었고.
>
> **후배:** 그렇군요. 저도 저한테 중요한 게 뭔지 좀 더 고민을 해 봐야겠네요.
>
> **장웨이:** 너는 아직 시간이 좀 있으니까 천천히 잘 생각해 봐.
>
> **후배:** 네, 선배. 고맙습니다.

• 장웨이의 후배는 요즘 무슨 고민이 있어요?

• 장웨이가 회사를 고르는 기준은 무엇이었어요?

📝 워라밸 [名] 工作与生活的平衡　　실무 [名] 实际工作

2 뉴스에서 MZ 세대가 말하는 좋은 직장의 조건에 대해 소개합니다. 무슨 이야기를 할까요?

> **앵커:** 1980년대부터 2000년대 초에 태어난 '밀레니얼 세대'와 1990년대 중반부터 2000년대 초반에 태어난 'Z 세대'를 합쳐서 MZ 세대라고 하죠. 요즘 이 MZ 세대의 이직률이 점점 늘고 있고 이직하는 회사에 대한 조건도 예전과는 많이 다르다고 합니다. 자세한 이야기를 들어 보겠습니다. 김주영 기자.
>
> **기자:** 이제 평생 직장은 옛말이 되었습니다. 한 취업 포털에서 직장인들을 대상으로 설문 조사를 한 결과 약 60% 정도가 이직을 희망하거나 계획하고 있는 것으로 나타났습니다.
>
> **앵커:** 예전의 조사와는 좀 다른 것 같은데요. MZ 세대가 이직을 희망하는 이유는 뭔가요?
>
> **기자:** 10년 전 조사에서는 연봉이 높기만 하면 업무 강도 세거나 복지가 부족해도 괜찮다고 했는데요. 그런데 이제는 워라밸을 중요시하는 시대가 되었기 때문입니다. 작년에는 일과 개인 생활 중 무엇이 더 중요한지에 대해 조사한 결과 처음으로 '개인 생활도 중요하다'는 대답이 '일이 먼저'라는 답보다 많이 나왔고 올해는 좋은 직장의 조건에 대해 조사한 결과 MZ 세대는 워라밸과 복지, 근무 환경을 최우선으로 꼽았습니다. 입사한 회사에서 이에 만족하지 못한 MZ 세대들의 이직 희망률이 높아진 것입니다.

· 10년 전과 현재의 이직의 조건은 어떻게 달라졌어요?
· MZ 세대의 이직이 많은 원인이 뭐예요?

이직 [名] 离职   강도 [名] 强度

대화 후 활동

1 회사 선택하는 기준에 대해서 〈보기〉와 같이 이야기해 보세요.

기준1	기준2
연봉이 높다	근무 시간이 길지 않다
규모가 크다	작아도 분위기가 자유롭다

 저는 연봉이 높은 곳보다는 근무 시간이 길지 않은 회사에 다니고 싶어요.

2 〈보기〉와 같이 이직에 대한 고민을 이야기하고 조언해 보세요.

이직하려는 이유	조언
월급이 적다	복지가 잘되어 있다
승진이 힘들다	안정적이다

 가: 이 회사는 월급이 적어서 다른 회사로 이직을 고민 중이야.
나: 월급도 중요하지만 복지가 잘되어 있는 회사인지도 중요하니까 잘 알아봐.

문법

1. 双重否定

　　　双重否定是通过重复使用否定形式强调肯定意思的一种用法。主要以 "안 –(으)면 안 되다, –지 않으면 안 되다" "안 –(으)ㄹ 수(가) 없다, –지 않을 수(가) 없다" "–이/가 없으면 안 되다" "없는 –이/가 없다" "모르는 –이/가 없다" 等形式使用。

운전을 할 때 학교 근처에서는 속도를 줄이**지 않으면 안 된**다.
开车时，路过学校附近必须减速（不减速不行）。

돈은 우리가 살아가는 데 **없으면 안 되**는 것이지만 가장 중요한 것은 아니다.
钱是我们生活中不可或缺的，但不是最重要的。

어떤 서류이든지 서명을 할 때는 내용을 꼼꼼히 살펴보**지 않으면 안 된**다.
签署任何文件都不得不仔细阅读内容。

유학을 가면 모든 것이 낯서니까 **안 힘들 수가 없**어요.
去留学的话，一切都很陌生，所以不可能不累。

오랜만에 운동을 했더니 몸이 **안 아픈 데가 없**어요.
我好久没运动了，身体没有不疼的地方。

왕린은 여러 나라를 다녀봐서 그런지 **못 먹는 음식이 없**는 것 같다.
可能是因为王琳去过很多国家，所以好像没有她不能吃的。

가: 요즘 생활비도 부족하다면서 어제 택시를 타고 집에 왔어?
你不是说最近生活费不够用了吗？昨天怎么还打车回家？

나: 막차가 끊겨서 택시를 **안 탈 수가 없**었어.
末班车没了，不得不坐出租车。

가: 준호 씨, 우리 과 교수님도 아닌데 저 교수님은 어떻게 알아요? 준호 씨는 정말 **모르는 사람이 없**네요.
俊浩，那位又不是我们系的教授，你怎么认识他？真是没有你不认识的人。

나: 아, 제가 전에 저 교수님 수업을 들은 적이 있거든요.
啊，我以前听过那位教授的课。

2. 谓词 더라도

　　"–더라도"用于谓词词干后，表示即使承认或假设前面的情况会发生，也不会影响后面事情的发生，相当于汉语的"即使……也……"。常与"아무리""비록"等副词搭配使用，表示强调。

부모님께서 반대하시**더라도** 가수의 꿈을 포기하지 않을 거예요.
即使父母反对，我也不会放弃当歌手的梦想。

휴대폰 보험에 가입하면 휴대폰을 잃어버리**더라도** 보상을 받을 수 있다.
如果买了手机保险，即使手机丢了也能得到补偿。

저는 유명한 맛집은 아무리 멀**더라도** 꼭 찾아가 봐요.
有名的美食店即使再远，我也一定会去。

눈이 쌓여 있**더라도** 산 정상까지 올라갈 것이다.
即使山上积雪了，我也要爬到山顶。

머리가 아무리 좋**더라도** 노력하지 않으면 성공할 수 없다.
即使再聪明的人，如果不努力也不会成功。

비용이 많이 들**더라도** 친환경 에너지 개발에 힘써야 합니다.
即使成本再高，也应该致力于开发环保能源。

가: 다른 일정과 겹쳐서 이번 행사에 참석할 수 있을지 모르겠어요.
　　因为和其他日程冲突了，我不确定能不能参加这次活动。

나: 늦**더라도** 꼭 참석해 주시면 감사하겠습니다.
　　即使来晚一些，也请您一定要来参加，谢谢。

가: 지난번 경기에서 당한 부상이 심하다고 들었는데 이번 경기에 출전하시나요?
　　听说您在上次比赛中受了重伤，还能参加这次比赛吗?

나: 네. 이번이 결승전이기 때문에 통증이 심하**더라도** 끝까지 최선을 다하겠습니다.
　　能。因为这是决赛，即使伤痛严重，我也会全力以赴。

 보상 [名] 赔偿　　정상 [名] 山顶　　겹치다 [动] 重合　　결승전 [名] 决赛

3. 谓词 기만 하다

"-기만 하다"用于谓词词干后，表示只做出一种行为，未做出其他行为，或者只存在一种情况或状态，没有其他情况或状态。以 "-기만 하면 되다" 的形式使用时，表示只需满足最重要的条件或完成剩下的最后一件事。

 아기가 아픈지 먹지도 않고 울**기만 해**요.
孩子可能生病了，不吃东西，一直在哭。

겨울인데 날씨가 춥**기만 하**고 눈은 안 오네요.
虽然现在是冬天，但天气只是很冷，却没有下雪。

친구가 화가 났는지 내가 보낸 메시지를 읽**기만 하**고 답이 없다.
朋友可能是生气了，只读了我发的信息，却没有回复。

처음 한국에 왔을 때는 한국어 말하기에 자신이 없어서 다른 사람들 이야기를 듣**기만 했**어요.
刚来韩国的时候，我对说韩语没什么自信，所以只听别人讲。

교통이 좋**기만 하면 되**는데도 집 구하기가 쉽지 않다.
我找房只要求交通便利，但找起来还是很不容易。

비행기 표도 예약했고 짐도 다 쌌으니 이제 떠나**기만 하면 된**다.
我已经预订了飞机票，也已经打包好了行李，现在只需要出发就行了。

가: 집에 책이 참 많네요. 이 많은 책을 다 읽었어요?
你家里书真多啊。这些书你都读过了吗?

나: 아니요. 사**기만 하**고 읽지 않은 책도 많아요.
没有。很多书只是买了，但还没有读。

가: 특별히 찾으시는 제품이 있으세요?
您有什么特别要找的产品吗?

나: 노트북 좀 보려고요. 가지고 다닐 거라서 가볍**기만 하면 돼**요.
我想看看笔记本电脑。因为要随身携带，所以只要轻便一些就行。

문법 연습

1 〈보기〉와 같이 대화를 완성하십시오.

> **보기**
> 가: 무슨 일 있어요? 왜 이렇게 집에 일찍 가요?
> 나: 오늘 어머니 생신이라 집에 일찍 <u>가지 않으면 안 돼요</u>.

1) 가: 신청서는 꼭 본인이 접수해야 하나요?

　　나: 네. 본인이 _____.

2) 가: 준호 씨는 운동을 참 꾸준히 하네요.

　　나: 체력을 유지하려면 _____.

3) 가: 요즘 돈을 왜 그렇게 아껴 써요?

　　나: 이번 달에 경조사비가 많이 나가서 돈을 _____.

4) 가: 사장님, 일요일에는 손님도 별로 없는데 가게 문을 여세요?

　　나: 일부러 찾아 오시는 손님들이 있어서 _____.

2 〈보기〉와 같이 알맞은 것을 골라 문장을 완성하십시오.

> 맡다　　있다　　걸리다　　(아니다)　　실패하다

> **보기** 주인공이 <u>아니더라도</u> 매력적인 역할이라면 출연하겠습니다.

1) 미리 포기하기보다는 _____ 도전해 볼 것이다.

2) 타고난 재능이 _____ 노력하지 않는다면 성공할 수 없다.

3) 무슨 일이든지 시간이 좀 _____ 제대로 하는 것이 중요하다.

4) 그 사람은 성실하고 똑똑하니 무슨 일을 _____ 잘할 것이다.

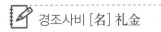
경조사비 [名] 礼金

3 〈보기〉와 같이 알맞은 것을 골라 문장을 완성하십시오.

많다 (보다) 자다 흐리다 통과하다

보기 백화점에 갔는데 생각보다 비싸서 사지는 않고 <u>보기만 했어요</u>.

1) 비는 안 오고 날이 계속 _____. (–기만 하다)

2) 너무 피곤해서 지난 일요일에 아무것도 안 하고 _____. (–기만 하다)

3) 저는 업무량이 많아도 월급이 _____. (–(으)면 되다)

4) 필기 시험은 합격했으니 이제 면접을 _____. (–(으)면 되다)

4 다음을 듣고 물음에 답하십시오.

1) 남자가 생각하는 회사의 단점이 아닌 것을 고르십시오.

① 딱딱한 조직 문화가 있다.

② 회식에 빈드시 참석해야 한다.

③ 상사의 의견에 반대할 수 없다.

④ 상사들은 퇴근 시간이 되기도 전에 나간다.

2) 들은 내용과 같은 것을 고르십시오.

① 남자는 1년 정도 취업 준비를 했다.

② 남자는 지금 연봉에 만족해 하고 있다.

③ 이 회사는 개인 생활을 보장 받을 수 있다.

④ 요즘은 대기업에 들어가려는 사람이 많지 않다.

3) 여자의 태도로 알맞은 것을 고르십시오.

① 남자를 응원하고 있다.

② 남자를 부러워하고 있다.

③ 남자의 결정에 반대하고 있다.

④ 남자의 상황을 안타까워하고 있다.

✎ 통과하다 [动] 通过   조직 [名] 组织

5 다음을 읽고 물음에 답하십시오.

대부분은 자신이 흥미를 느끼는 분야에서 열정적으로 일하길 희망한다. 지루해 보이는 사무실 업무에서 벗어나 제빵사가 되거나, 게임 회사에서 신나는 업무를 맡는 건 멋지고 재미있게 느껴질 수 있다. 좋아하는 일이기만 하면 다른 건 다 어느 정도 참을 수 있을 거라고 생각하기도 한다. 그러나 이러한 '심장이 뛰는 일'이 언제나 장밋빛 인생을 만들어 주는 것은 아니다. 꿈에 그리던 직업이나 분야가 (㉠) 일반 회사보다 조건이 나쁘거나 과한 업무량이 뒤따라오는 경우도 종종 있다. 일부 직종은 때때로 낮은 급여를 유지하기 위해 노동자들의 열정에 의존하기도 한다.

충분히 노력했고 생활의 변화를 원한다면 자신이 좋아하던 분야를 떠나 전혀 다른 분야로의 이직을 결정하는 것도 나쁘지 않다. 한 사람의 정체성은 직업만으로 결정되는 것이 아니고 '덜 재미있는' 직업을 택한다고 자신의 흥미와 열정을 버려야 하는 것도 아니다. 지금보다 좋은 근무 조건의 직장에서 일하며 저녁과 주말에 자신이 좋아하는 활동을 열정적으로 즐길 수 있는 시간을 확보할 수 있다면 생활의 만족도가 높아질 것이다.

1) 이 글의 주제로 알맞은 것을 고르십시오.

① 좋아하는 분야에서 일해야 생활의 만족도가 높다.

② 좋아하는 일을 하기 위해서는 참을성이 필요하다.

③ 급여를 적게 주는 회사에서는 만족을 느낄 수 없다.

④ 꿈꾸던 일을 하는 것이 반드시 좋은 것만은 아니다.

2) ㉠에 들어갈 알맞은 것을 고르십시오.

① 특히   ② 오히려   ③ 유난히   ④ 차라리

3) 이 글의 내용과 같은 것을 고르십시오.

① 직업이 곧 나의 정체성을 결정한다.

② 좋아하는 분야로의 이직은 삶의 만족도를 높인다.

③ 사람들의 꿈과 열정에 기대어 월급을 적게 주는 곳도 있다.

④ 일에 대한 흥미와 열정을 버리면 개인 시간을 확보할 수 있다.

열정적 [名] 热情   제빵사 [名] 面包师   심장 [名] 心脏

장밋빛 [名] 玫瑰色   과하다 [形] 过度，过分   뒤따라오다 [动] 跟着

정체성 [名] 本质，本性   확보하다 [动] 确保

쓰기

1 다음 문법을 사용해서 제시된 표현을 한 문장으로 써 보십시오. 단, 제시된 표현의 순서는 바꾸지 마십시오.

-(으)ㄴ/는   -지만   -더라도   -아서/어서   -지 않을 수 없다   -기만 하면 되다

1) 그 선수는 계속 뛰고 싶어하다 / 다리 상태가 좋지 않다 / 말리다

_____

2) 예상하지 못하다 / 일이 생기다 / 정신을 차리고 있다

_____

2 다음을 읽고 빈칸에 들어갈 말을 쓰십시오.

기성세대들은 사회생활 초반에는 개인적인 삶을 희생하더라도 자신의 분야에서 자리를 잡고 경제적인 여유도 생기면 나중에 직장과 개인 삶에서 균형과 조화를 이룰 수 있다고 믿어 왔다. 하지만 새로운 시대에 사는 Z세대는 (㉠) 더 분명한 경계를 원하고, 좋은 근무 환경의 기업을 적극적으로 찾아 나선다. 개인의 삶에서 일과 직업이 갖는 의미와 역할을 새로운 관점으로 보기 시작한 것이다. Z세대들은 무엇보다도 출근해서 오랫동안 일해야 생산성이 높아진다는 기존의 인식을 깨기 위해 노력하고 있다. 그리고 이에 반응하는 기업도 늘어 요즘은 야근을 없애고 재택근무와 출근이 결합된 형태, 또는 유연 근무제를 도입하는 새로운 업무 형태를 제시하는 기업들이 늘고 있다. 미래도 중요하지만 현재의 생활 만족도도 중요하다는 Z세대의 생각이 기업 문화를 바꾸고 있는 것이다.

㉠_____

✎ 기성세대 [名] 老一代   경계 [名] 界限   관점 [名] 观点
  생산성 [名] 生产效率   기존 [名] 现存，现有   인식 [名] 认识

정리하기

이것만은 꼭 외웁시다!

1) 가: 집에 책이 참 많네요. 이 많은 책을 다 읽었어요?

   你家里书真多啊。这些书你都读过了吗?

   나: 아니요. 사기만 하고 읽지 않은 책도 많아요.

   没有。很多书只是买了,但还没有读。

2) 가: 특별히 찾으시는 제품이 있으세요?

   您有什么特别要找的产品吗?

   나: 노트북 좀 보려고요. 가지고 다닐 거라서 가볍기만 하면 돼요.

   我想看看笔记本电脑。因为要随身携带,所以只要轻便一些就行。

3) 가: 다른 일정과 겹쳐서 이번 행사에 참석할 수 있을지 모르겠어요.

   因为和其他日程冲突了,我不确定能不能参加这次活动。

   나: 늦더라도 꼭 참석해 주시면 감사하겠습니다.

   即使来晚一些,也请您一定要来参加,谢谢。

4) 가: 회사를 정할 때 중요하게 생각하는 게 뭐예요?

   你在找工作的时候最看重什么?

   나: 연봉을 기준으로 회사를 정하는 사람들도 없지는 않지만 나는 연봉이 조금 적더라도 배운 것을 활용할 수 있는 일을 하고 싶어.

   虽然有人以年薪为标准来找工作,但即使年薪稍低,我也希望我的工作能用到我所学的专业。

핵심 어휘

名词

급여 工资	연봉 年薪	월급 月薪
정규직 正式员工	계약직 合同工	프리랜서 自由职业者
재택근무 居家办公	안정성 稳定性	

词组

근무 제도 工作制度	복지 제도 福利制度	기업 문화 企业文化
유연 근무제 弹性工作制		

자기 평가

能够完成吗?	进入下一课!		
	需再次复习	良好	优秀
能说出自己对应聘公司的要求吗?	无法完成	可以完成	非常好
能说出多少与就业相关的单词或词组?	0~5个	6~14个	15个以上
能灵活运用本课所学的语法吗?	无法完成	可以完成	非常好

2

소비 생활

✔ 온라인 쇼핑을 자주 해요? 얼마나 자주 해요?

✔ 택배 서비스를 이용하면서 불편했던 적이 있어요?

✔ 물건을 고를 때 어떤 것을 가장 중요하게 생각해요?

● 핵심 문장

제4과 게다가 4시 전에만 주문하면 하루 만에 배송해 준다고 하네

● 아직 추운데 벌써 꽃이 폈을 리가 없다.

● 운동을 시작하고 나흘 만에 그만뒀어요.

● 어머니가 해 주신 음식인데 맛이 없을 리가 없지.

● 그 회사가 연봉도 더 높고 해서 이직하기로 했어.

● 한국어 공부를 시작한 지 6개월 만에 한국으로 유학을 갔어요.

● 감기에 걸려서 컨디션도 안 좋고 해서 오늘 수업에는 못 갈 것 같아요.

제5과 앞으로도 배려와 존중을 보여 주는 뉴스가 계속 이어지면 좋겠습니다

● 밖에 바람이 얼마나 세게 부는지 창문이 다 흔들린다.

● 등교 시간을 늦췄는데 오히려 지각하는 학생이 늘었어.

● 개가 갑자기 달려드는 바람에 깜짝 놀라서 뒤로 넘어졌어.

● 전화번호를 잘못 눌렀는지 없는 번호라는 안내가 나오던데요.

● 관객석의 에어컨 시설이 망가지는 바람에 공연이 중단되었다.

● 저는 한국 사람들에게 중국 문화를 알리는 활동을 하고 싶습니다.

제6과 쇼핑한 거 정리하다가 보면 내가 물건을 샀는지 포장지를 샀는지 알 수가 없어

● 낯선 음식도 먹다가 보면 익숙해지기 마련이다.

● 책이 두꺼운 데다가 내용도 어려워서 읽기가 쉽지 않다.

● 바로무역이 이번 상반기에도 주목할 만한 성과를 보였다.

● 중고차를 한 대 사려고 하는데 믿을 만한 곳이 어디 없을까요?

● 바빠서 정신없이 지내다가 보면 시간이 어떻게 가는지 모르겠어.

● 손님, 재료가 다 떨어진 데다가 곧 마감 시간이라 추가 주문은 어렵습니다.

제4과

게다가 4시 전에만 주문하면 하루 만에 배송해 준다고 하네

目标：能提出意见并说明理由，能和对方交换意见
语法：谓词 (으)ㄹ 리가 없다，名词 만에，谓词 고 해서
词汇：与网络购物相关的词汇，小型家电

提高生活品质的家电产品

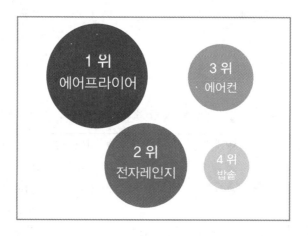

1 위
에어프라이어

3 위
에어컨

2 위
전자레인지

4 위
밥솥

　　某机构对300名20岁至30岁独自生活的年轻人进行了使用家电情况的调查，其中，18%的人认为空气炸锅是能提升生活质量的首选家电产品。空气炸锅是一种通常不需要使用油，通过加热空气来加热食物的烹饪家电。空气炸锅由于不产生油烟，便于烹饪少量食物而备受欢迎。尤其对独自生活的人来说，点外卖经常吃不完，处理剩菜很麻烦，他们觉得用空气炸锅来加热剩菜很方便。

이야기해 봅시다

1. 에어프라이어는 어떤 점에서 편리해요?
2. 여러분이 혼자 산다면 어떤 가전제품이 가장 필요할 것 같아요?

어휘와 표현

 与网络购物相关的词汇

장바구니 购物车

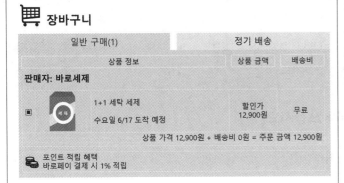

장바구니 购物车
정기 배송 定期配送
상품 정보 商品信息
상품 금액 商品金額
판매자 卖家
할인가 折扣价
포인트 적립 积分累积
혜택 优惠

결제 정보 结算信息

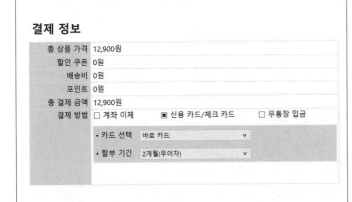

결제 정보 结算信息
할인 쿠폰 折扣券
결제 방법 结算方法
계좌 이체 转账
신용 카드 信用卡
체크 카드 借记卡
무통장 입금 无折存款
할부 기간 分期付款期限
무이자 无息，免息

 小型家电

정수기 净水机	식기세척기 洗碗机	의류 건조기 衣物烘干机	가습기 加湿器

어휘와 표현 연습

1 **알맞은 것을 연결하십시오.**

1) 계좌에 있는 돈을 다른 계좌로 옮겨서 결제하는 방법 •

2) 상품이나 서비스를 먼저 구입하고 돈은 나중에
   지불할 수 있는 카드 •

3) 계좌를 사용하지 않고 돈을 보내서 결제하는 방법 •

4) 계좌에 있는 돈만큼만 사용할 수 있는 카드 •

• ① 체크 카드

• ② 신용 카드

• ③ 무통장 입금

• ④ 계좌 이체

2 **빈칸에 알맞은 것을 골라 쓰십시오.**

> 적립   혜택   판매자   장바구니

1) 이 카드를 사용하면 매달 사용 금액의 3%가 추가 ＿＿＿＿＿＿＿ 된다고 한다.

2) 요즘은 비닐 봉투도 돈을 주고 사야 하니까 마트 갈 때 ＿＿＿＿＿＿＿ 필수이다.

3) 세탁기와 의류 건조기를 같이 사면 할인 ＿＿＿＿＿＿＿ 있다고 해서 한꺼번에 샀다.

4) 인터넷으로 주문한 물건이 오지 않아서 ＿＿＿＿＿＿＿ 직접 문의를 했지만 아직도
   답이 없다.

3 **빈칸에 알맞은 것을 골라 쓰십시오.**

> 가습기   의류 건조기   무선 청소기   식기세척기

1) 가: 요즘 ＿＿＿＿＿＿ 필수라고 하던데 가격이 비싸서 살지 말지 고민이야.

   나: 나도 고민했는데 밥 먹고 설거지를 안 해도 되니까 너무 편하더라. 진작 살 걸 그랬어.

2) 가: 겨울이 되니까 너무 건조해. 자고 일어나면 목이 너무 아프더라.

   나: ＿＿＿＿＿＿ 사는 건 어때? 아니면 젖은 수건을 널어 두는 것도 좋다고 하던데.

3) 가: ＿＿＿＿＿＿ 하나 사려고 하는데 어떤 걸 골라야 될까?

   나: 코드 없이 사용하는 거니까 무엇보다 배터리 성능이 제일 중요해. 사용한 지 얼마
      되지도 않았는데 꺼져 버리면 안 되니까.

4) 가: ＿＿＿＿＿＿ 사고 나니까 삶의 질이 달라졌어. 정말 편하더라.

   나: 그래? 안 그래도 장마철이라 빨래가 안 말라서 스트레스인데 나도 사 볼까?

✎ 비닐 [名] 塑料   코드 [名] 电源, 电线

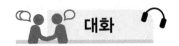 대화

1 최동민과 박지현이 공기청정기를 사려고 합니다. 무슨 이야기를 할까요?

최동민: 여보! 어제 마트에서 봤던 그 공기청정기는 홈페이지에 없네.

박지현: 없을 리가 없는데. 제대로 찾아본 거 맞아?

최동민: 근데 그 모델 좀 비싼 것 같아서 인터넷 찾다 보니까 싸고 성능이 좋은 게 정말 많더라. 이 검정색 모델은 소음이 좀 있다고는 하는데 가격은 반값이야! 게다가 4시 전에만 주문하면 하루 만에 배송해 준다고 하네.

박지현: 그런데 색이 좀 별로야. 거실에다 둘 건데 이왕이면 예뻤으면 좋겠어.

최동민: 그럼 이건 어때? 조금 비싼데 필터 청소도 쉽고 색도 하얀색이고 해서 우리 집에 잘 어울릴 것 같아.

박지현: 그래. 좋다. 그리고 여기 후기에 보니까 바퀴 있는 게 진짜 편한가 봐. 우리도 바퀴 달린 거치대 추가하자.

최동민: 그래. 여기저기 옮기면서 사용할 때 편할 것 같아. 결제는 할부로 할까?

박지현: 응. 무이자 할부가 되는 카드 있어. 이거 포인트도 사용할 수 있으니까 이걸로 결제하자.

• 박지현과 최동민은 어떤 색 공기청정기를 샀어요?
• 박지현은 공기청정기를 어떻게 결제했어요?

 소음 [名] 噪音　　이왕이면 [副] 既然如此　　필터 [名] 滤芯　　후기 [名] 评价
거치대 [名] 置物架

2 공기청정기의 광고에 대한 뉴스입니다. 어떤 기사를 보도할까요?

> **앵커:** 얼마 전 미세 먼지를 99.9% 제거해 준다는 공기청정기가 출시된 지 일주일 만에 모두 팔려서 화제가 되었는데요. 하지만 이 공기청정기의 광고가 과장 광고인 것으로 밝혀져 논란이 되고 있습니다. 김주영 기자에게 자세한 이야기를 들어보겠습니다.
>
> **기자:** 네. 해당 업체는 소비자의 일반적인 생활 환경과는 전혀 다른 조건에서 실험을 하고 그 결과를 가지고 공기청정기를 광고했다고 합니다. 실험은 밀폐된 공간에서 6시간 동안 진행됐는데요. 전문가들은 이런 환경이라면 어떤 경우라도 미세 먼지를 거의 제거할 수 있다고 이야기했습니다.
> 이외에도 소비자원은 지난 한 달 동안 공기청정기 광고를 집중적으로 점검했습니다. 그 결과에 따르면 공기청정기에 대해 거짓으로 광고하거나 과장하여 광고한 사례가 51건이나 되는 것으로 나타났습니다. 소비자원은 과장 광고를 한 업체에 광고 내용을 수정할 것을 요청했으며 앞으로도 지속적으로 감시할 계획이라고 밝혔습니다.

- 과장 광고를 한 업체는 어떤 환경에서 실험을 했어요?
- 소비자원은 과장 광고를 한 업체에 어떤 것을 요청했어요?

미세 먼지 [词组] 雾霾，微尘　　제거하다 [动] 去除　　화제 [名] 话题
해당 [名] 相关，有关　　업체 [名] 企业　　실험 [名] 试验　　밀폐되다 [动] 被密封
집중적 [名] 集中的　　요청 [名] 要求　　지속적 [名] 持续的　　감시 [名] 监视

대화 후 활동

1 물건을 구매할 때 어떤 것을 생각해요? 빈칸을 채워 보세요.

	1)	2)
물건	공기청정기	_____
특성	• 소음이 적다. • 흰색이고 디자인이 단순하다. • 필터 청소가 쉬워서 관리하기 쉽다. • 바퀴가 달린 거치대가 있어서 옮기가 쉽다. • _____	• _____ • _____ • _____ • _____ • _____

2 〈보기〉와 같이 물건을 사기 전에 나눌 수 있는 대화를 만들어 보세요.

보기

 공기청정기 사려고 하는데 뭘로 주문해야 할지 모르겠어. 한번 봐 줄래?

이 검정색 모델 어때? 가격도 싸고 후기도 괜찮은 거 같아.

 그래? 근데 후기를 보니까 소음이 좀 있다고 하네.
가격이 아무리 싸도 소음이 큰 건 사지 말자.

그건 또 그렇네. 하루 종일 켜 놓을 건데 소음이 크면 좀 그렇지.

 ……

 문법

1. 谓词 (으)ㄹ 리가 없다

　　"-(으)ㄹ 리가 없다"用于谓词词干后，表示确信前面的情况不可能发生，相当于汉语的"不可能"。有收音的谓词词干后接"-을 리가 없다"，无收音的谓词词干、"이다，아니다"后接"-ㄹ 리가 없다"。主要用于口语中，有时可省略"없다"。

은정 씨처럼 똑똑한 사람이 사기를 당**할 리가 없**어요.
像恩静这么聪明的人不可能被骗。

출시한 지 얼마 안 된 모델인데 이렇게 싸게 **팔 리가 없**어.
这是才上市没多久的型号，不可能卖这么便宜。

어머니가 해 주신 음식인데 맛이 없**을 리가 없**지.
这是妈妈给做的饭，不可能不好吃。

밀폐된 환경에서 일하는데 건강이 좋**을 리가 없**다.
在密闭的环境里工作，身体肯定好不了。

평소 예의 바르고 모범적이었던 사람인데 범인**일 리가 없**다.
他平时是彬彬有礼的模范人物，不可能是犯人。

아직 추운데 벌써 꽃이 폈**을 리가 없**다.
现在天气还很冷，花不可能这么早就开了。

쓰레기통을 비운 지 얼마 되지도 않았는데 벌써 꽉 찼**을 리가 없**어.
我刚清空了垃圾桶没多久，不可能这么快就满了。

가: 은정이가 생일이라고 맛있는 거 사준다고 했으니까 시간 비워 놔.
　　恩静说过生日请吃饭，把时间空出来。

나: 뭐? 걔가 밥을 **살 리가 없**어. 얼마나 짠순이인데.
　　什么？她不可能请吃饭。她可是个小气鬼。

가: 지금 텔레비전에 나오는 저 사람, 민지 오빠라며?
　　现在电视里出现的这个人，听说是敏智的哥哥？

나: **그럴 리가**! 민지는 오빠가 없어.
　　怎么可能！敏智没有哥哥。

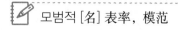 모범적 [名] 表率，模范

2. 名词 만에

"만에" 用于时间名词后，表示某事从发生到结束或再次发生时的一段时间。

 운동을 시작하고 나흘 **만에** 그만뒀어요.
我开始锻炼后只坚持了4天就放弃了。

가게가 문을 열고 나서 한 시간 **만에** 품절이 됐다.
商店开门一个小时后就售罄了。

서울은 26년 **만에** 최저 기온을 기록했다고 합니다.
说是创下了首尔26年来最低气温的纪录。

고등학교를 졸업한 지 10년 **만에** 친구를 만났어요.
我高中毕业10年后，再次见到了朋友。

한국어 공부를 시작한 지 6개월 **만에** 한국으로 유학을 갔어요.
我学习了6个月韩语后，就去韩国留学了。

바로제약은 신약 개발을 시작한 지 10여년 **만에** 최초의 위암 치료제를 개발하였다.
BARO制药公司研发新药10余年，终于最先研制出治疗胃癌的药。

가: 이 동네는 그대로네. 예전이랑 똑같아.
这个小区还是老样子，和之前一模一样。

나: 그러게. 이사하고 나서 5년 **만에** 온 건데 변한 게 없어.
是啊。我搬走5年了，这里没有任何变化。

가: 어제 수영 경기에서 한국 선수가 결승에 진출했다고 하던데. 봤어?
你看昨天的游泳比赛了吗? 韩国选手进入了决赛。

나: 응. 65년 **만에** 처음이라고 하더라.
嗯。据说是65年来第一次。

✎ 품절 [名] 售罄　　최저 [名] 最低　　신약 [名] 新药　　위암 [名] 胃癌
치료제 [名] 药剂，治疗剂　　그대로 [名] 原样

3. 谓词 고 해서

"–고 해서"用于谓词词干后，表示前面的内容是后面事情发生的原因之一，也可以表示某种状态或结果产生的原因，其中含有还存在其他原因的意思。常用于口语中，无论谓词词干是否有收音都用"–고 해서"，"이다, 아니다"后也接"–고 해서"。

무이자 할부도 되고 마침 할인도 하**고 해서** 품절되기 전에 샀지.
可以无息分期付款，正好也在打折，我就在售罄之前买了。

그 회사가 연봉도 더 높**고 해서** 이직하기로 했어.
那家公司的年薪也更高，所以我就决定辞职了。

요즘 경제가 어렵**고 해서** 기부하는 사람이 많이 줄었다고 합니다.
据说最近经济困难，所以捐款的人也少了很多。

감기에 걸려서 컨디션도 안 좋**고 해서** 오늘 수업에는 못 갈 것 같아요.
我感冒了，状态也不太好，今天好像不能去上课了。

하고 싶은 일도 있**고 해서** 다음 학기는 휴학하려고 해.
因为我还有想要做的事情，所以下学期我想休学。

동생이 먼저 잘못하긴 했는데 제가 언니**고 해서** 먼저 사과했어요.
妹妹有错在先，但是因为我是姐姐，所以我先道歉了。

가: 우와! 웬 빵이야?
哇！怎么买了面包？

나: 우리 집 앞에 유명한 빵집이 있는데 오는 길에 마침 네 생각도 나**고 해서** 사 왔어.
我们家前面有一家很有名的面包店，来的路上想起了你就买了。

가: 아무리 주말이라고 해도 차가 너무 막히네.
虽然是周末，路也太堵了。

나: 그러게. 연휴**고 해서** 다들 놀러 가나 봐.
是啊。可能因为是假期，大家都出来玩儿了吧。

이직하다 [动] 离职

문법 연습

1 〈보기〉와 같이 빈칸에 알맞은 것을 골라 쓰십시오.

> (알다) 가볍다 멀쩡하다 제거하다 합격하다

> **보기** 이런 일을 겪어 보지도 않은 네가 내 마음을 <u>알 리가 없다</u>.

1) 너무 긴장해서 면접에서 한마디도 못 했는데 _____.

2) 아무리 좋은 공기청정기라도 미세 먼지를 100% _____.

3) 가족을 두고 유학을 떠나는 발걸음이 _____.

4) 사용한 지 20년이나 된 전자레인지가 _____.

2 〈보기〉와 같이 문장을 바꾸어 쓰십시오.

> **보기**
> 한국에 3년 전에 왔다. 그리고 오늘 한국에 다시 왔다.
> ⇨ <u>3년 만에 한국에 왔다.</u>
> 서울에서 부산까지 KTX로 2시간 40분 정도 걸린다.
> ⇨ <u>서울에서 부산까지 KTX로 2시간 40분 만에 갈 수 있다.</u>

1) 4년 전에 세계 태권도 대회를 개최했다. 그리고 올해 다시 개최한다.

   ⇨ _____

2) 유명 배우 이형수 씨가 6년 전에 방송에 나왔다. 그리고 오늘 다시 나왔다.

   ⇨ _____

3) 이 반찬은 요리법이 간단해서 만드는 데 10분 정도 걸린다.

   ⇨ _____

4) 뮤지컬이 인기가 많아서 표가 매진되기까지 1분이 걸렸다.

   ⇨ _____

🖋 멀쩡하다 [形] 健全，完好   발걸음 [名] 脚步，步伐   개최하다 [动] 举办，举行

3 〈보기〉와 같이 알맞은 것을 연결하고 문장을 쓰십시오.

보기 입맛도 없고 시간도 없다 ●————● ① 점심을 거르기로 했다

1) 청소기가 오래됐고 유선인 것도 ● ● ② 이번 기회에 무선 청소기로
   불편하다 바꾸려고 한다

2) 길도 복잡하고 약속 시간에도 늦다 ● ● ③ 그만 포기하고 내려가기로 했다

3) 비도 오고 정상까지 아직 멀다 ● ● ④ 해외여행을 갈까 한다

4) 오랜만에 연휴이다 ● ● ⑤ 택시를 타려고 한다

보기 입맛도 없고 시간도 없고 해서 점심을 거르기로 했다.

1) _____

2) _____

3) _____

4) _____

4 다음을 듣고 물음에 답하십시오.

1) 들은 내용과 다른 것을 고르십시오.

   ① 중고 거래 플랫폼에서 고가의 상품은 거래할 수 없다.

   ② 온라인 중고 거래를 이용하는 이유는 싼 가격 때문이다.

   ③ 개인 간의 거래가 금지된 물건은 중고 거래를 할 수 없다.

   ④ 온라인에서 중고 거래가 금지된 제품을 팔면 벌금을 낸다.

2) 여자가 말하는 방식으로 가장 알맞은 것을 고르십시오.

   ① 온라인 중고 거래의 개념을 정의하고 있다.

   ② 온라인 중고 거래 방법을 순서대로 설명하고 있다.

   ③ 온라인 중고 거래 플랫폼이 발달한 이유를 나열하고 있다.

   ④ 온라인 중고 거래의 금지 품목을 예를 들어 설명하고 있다.

3) 온라인 중고 거래가 금지된 품목의 예를 모두 쓰십시오.

   _____

✎ 거르다 [动] 落下，跳过   품목 [名] 品种，种类   벌금 [名] 罚款
  유산균 [名] 乳酸菌   건강식품 [名] 保健食品

5. 다음을 읽고 물음에 답하십시오.

간편 결제란 신용 카드 정보를 스마트폰에 미리 등록해 놓고 생체 정보나 비밀번호를 이용해서 간편하게 결제하는 방식을 말한다. 간편 결제 서비스의 발달로 요즘은 스마트폰만 있으면 인터넷 쇼핑몰뿐만 아니라 실제 매장에서도 쉽고 편리하게 물건을 구매할 수 있다. 간편 결제 방식은 기존에 사용하던 복잡한 인증 절차가 없이 단 몇 초 만에 결제를 할 수 있기 때문에 소비자들의 반응이 좋다. 그러나 이런 간편함이 단점이 되기도 한다. 스마트폰에 이미 정보가 등록되어 있어서 간편 결제 시스템의 비밀번호만 알면 별다른 절차 없이 누구나 결제를 할 수 있기 때문이다. (㉠) 최근 한 간편 결제 시스템의 개인 정보가 도용되어 8명의 고객 명의로 약 1,000만 원이 결제되는 사고가 일어났다. 이에 간편 결제 서비스를 운영하는 기업은 이러한 피해가 재발하지 않도록 높은 안전성을 보장하는 기술 개발에 힘쓰고 있다. 하지만 사용자들은 여전히 해킹과 피싱, 개인 정보 유출 같은 수많은 보안 사고에 노출되어 있기 때문에 비밀번호를 주기적으로 바꾸는 등 개인의 노력도 필요하다.

1) 간편 결제 서비스에 대한 내용으로 <u>다른</u> 것을 고르십시오.
① 미리 등록된 금융 정보를 사용해서 결제한다.
② 온라인이나 오프라인에 상관없이 이용이 가능하다.
③ 복잡한 인증 절차가 없어 소비자들에게 인기가 많다.
④ 스마트폰의 비밀번호만 설정하면 쉽게 결제할 수 있어 편하다.

2) ㉠에 들어갈 알맞은 것을 고르십시오.
① 따라서   ② 실제로   ③ 이처럼   ④ 적어도

3) 이 글의 중심 생각으로 알맞은 것을 고르십시오.
① 기술의 발달로 사람들의 삶이 더욱 편리해졌다.
② 기업은 소비자에게 간편한 서비스를 제공해야 한다.
③ 안전한 서비스 이용을 위해서는 개인도 노력해야 한다.
④ 보안 사고를 막기 위해서는 기술 개발에 최선을 다해야 한다.

비밀번호 [名] 密码   인증 [名] 认证   별다르다 [形] 特别   개인 정보 [词组] 个人信息
도용 [名] 盗用   명의 [名] 名义   보장하다 [动] 保障, 保证   해킹 [名] 黑客
피싱 [名] 网络诈骗   유출 [名] 泄露   보안 [名] 保密, 安保

 **쓰기**

1 다음 문법을 사용해서 제시된 표현을 한 문장으로 써 보십시오. 단, 제시된 표현의 순서는 바꾸지 마십시오.

–고 해서 –기 때문에 –(으)려다가 –(으)ㄹ까 봐 –(으)ㄹ까 하다 –(으)ㄹ 리가 없다

1) 운동을 가다 / 밖에 비도 오다 / 오늘은 쉬다

_____

2) 지난번처럼 택배를 잘못 보내다 / 주소를 두세 번씩 확인했다 / 잘못 썼다

_____

2 다음을 읽고 빈칸에 들어갈 말을 쓰십시오.

최근 실시간 방송으로 상품을 판매하는 방식이 주목을 받고 있다. 이 판매 방식은 방송을 하는 동안 제품을 판매한다는 점에서는 홈 쇼핑과 유사하다. 하지만 판매자와 소비자가 실시간으로 (㉠)는 점에서 차이가 있다. 판매자는 판매 제품에 대해 설명하면서 채팅창에 올라오는 소비자의 댓글을 바로 읽고 대답해 줄 수 있다. 소비자는 주로 제품에 대해 궁금한 점을 질문하는데 정확한 정보를 빠르게 얻을 수 있고 해서 반응이 좋은 편이다. 무엇보다 방송을 하는 동안 다양한 이벤트가 진행되는데 크게 할인을 하거나 사은품을 더 주기도 해서 소비자들에게 인기가 많다.

㉠_____

📝 주목을 받다 [词组] 受关注   채팅창 [名] 对话框   홈 쇼핑 [词组] 电视购物
   주목 [名] 瞩目

 **정리하기**

이것만은 꼭 외웁시다! 🎧

1) 가: 어제 마트에서 봤던 그 공기청정기는 홈페이지에 없네.

　　昨天在商场看到的那个空气净化器网站上没了。

　　나: 없을 리가 없는데. 제대로 찾아본 거 맞아?

　　不可能没有啊。你好好找了吗?

2) 가: 이 검정색 모델은 소음이 좀 있다고는 하는데 가격은 반값이야! 게다가 4시 전에만 주문하면 하루 만에 배송해 준다고 하네.

　　这款黑色的虽然都说有点儿噪音,但是价格却是那款的一半! 而且说如果在4点之前下单的话,隔天就能送到。

　　나: 그런데 색이 좀 별로야. 거실에다 둘 건데 이왕이면 예뻤으면 좋겠어.

　　可是颜色不太好看。要放在客厅的,最好买个颜色漂亮的。

3) 가: 그럼 이건 어때? 조금 비싼데 필터 청소도 쉽고 색도 하얀색이고 해서 우리 집에 잘 어울릴 것 같아.

　　那这个怎么样? 价格有点儿贵,但是清洗滤芯很方便,颜色是白色的,和咱们家很搭配。

　　나: 그래. 좋다.

　　好啊。不错。

4) 가: 아무리 주말이라고 해도 차가 너무 막히네. 虽然是周末,路也太堵了。

　　나: 그러게. 연휴고 해서 다들 놀러 가나 봐. 是啊。可能因为是假期,大家都出来玩儿了吧。

핵심 어휘

名词

장바구니 购物车 | 판매자 卖家 | 할인가 折扣价 | 혜택 优惠 | 무이자 无息,免息

词组

정기 배송 定期配送	상품 정보 商品信息	상품 금액 商品金额
포인트 적립 积分累积	결제 정보 结算信息	할인 쿠폰 折扣券
결제 방법 结算方法	계좌 이체 转账	신용 카드 信用卡
체크 카드 借记卡	무통장 입금 无折存款	할부 기간 分期付款期限

자기 평가

能够完成吗?	需再次复习	进入下一课!	
		良好	优秀
能提出意见并说明理由吗?	无法完成	可以完成	非常好
能说出多少与网络购物相关的单词或词组?	0~4个	5~9个	10个以上
能灵活运用本课所学的语法吗?	无法完成	可以完成	非常好

앞으로도 배려와 존중을 보여 주는 뉴스가 계속 이어지면 좋겠습니다

目标: 能向客服中心咨询快递服务问题
语法: 谓词 (으)ㄴ지/는지, 动词 는 바람에, 使动表达
词汇: 快递信息, 使动词

快递服务的问题

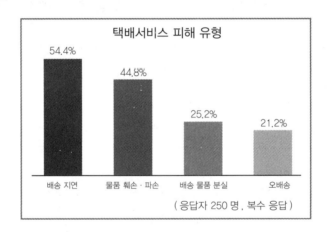

택배서비스 피해 유형

- 배송 지연 54.4%
- 물품 훼손·파손 44.8%
- 배송 물품 분실 25.2%
- 오배송 21.2%

(응답자 250 명, 복수 응답)

随着网络购物和电视购物逐渐成为人们日常生活中重要的一部分，使用快递服务的人数也在不断增加。由于快递业务量的激增，因快递服务造成的损失也在逐年增加。因此，韩国消费者协会对消费者进行了快递服务满意度的调查。这项问卷调查共有1000人参与。其中，250人表示在使用快递服务过程中曾经遭受过损失，占比达到了25%。另外，54.4%的人对"延迟配送"表示不满。调查还显示，"物品损坏或破损（44.8%）""快递丢失（25.2%）""送错快递（21.2%）"等相关受损事件的发生率也很高。韩国消费者协会已公开了此次调查结果，并提出了改善快递服务质量的建议。

이야기해 봅시다

1. 소비자들은 택배 서비스를 이용할 때 어떤 부분에서 가장 큰 불만을 느껴요?

2. 여러분은 택배 서비스를 자주 이용해요? 어떤 점이 좋고 어떤 점이 불편해요?

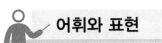 어휘와 표현

 快递信息

구매자

이름	이준호
이메일	juno@shin.net
휴대폰 번호	010-1234-5678

받는 사람 정보

이름	이준호
배송지	서울시 표준로 24 139번지
연락처	010-1234-5678
배송 요청 사항	☐경비실에 맡겨 주세요. ☐택배 보관함에 넣어 주세요. ☐직접 입력

배송 1건 중 1

도착 예정일 6월 17일
상품명: 1+1 세탁 세제

구매자 买家，购买人

요청 사항 配送要求

택배 보관함 快递保管箱

배송지 收货地址

경비실 警卫室，保安室

도착 예정일 预计到达日期

使动词

먹다 吃 ➡️ 먹이다 喂

아이가 약을 아무리 먹기 싫어해도 빨리 낫기 위해서는 꼭 먹여야 한다.

不管孩子有多么讨厌吃药，为了让他快点儿好起来，我们也一定要喂他吃。

입다 穿 ➡️ 입히다 给……穿

오늘 오후에는 날이 추워진다고 해서 아이에게 두꺼운 옷을 입혔다.

我听说今天下午天气会转凉，所以给孩子穿上了厚衣服。

끓다 沸腾, 煮开 ➡️ 끓이다 煮, 烧

엄마 생신이라서 아침에 일찍 일어나서 미역국을 끓였다.

因为是妈妈的生日，所以我早上很早起来煮了海带汤。

식다 凉 ➡️ 식히다 冷却

죽이 뜨거워서 식혀 먹지 않으면 혀를 데기 쉽다.

粥很烫，不放凉了再喝很容易烫到舌头。

울다 哭 ➡️ 울리다 弄哭

신인 가수의 감동적인 노래 실력이 여러 사람들을 울렸다.

新人歌手令人感动的歌曲唱哭了很多人。

웃다 笑 ➡️ 웃기다 逗笑, 可笑

나를 항상 웃길 수 있는 사람이 내 이상형이다.

总能逗我笑的人是我喜欢的类型。

살다 活着, 生活 ➡️ 살리다 救活

시든 식물을 살리기 위해 물을 듬뿍 주었더니 오히려 죽어 버렸다.

我为了挽救那棵枯萎的植物，给它浇了大量的水，没想到反而把它浇死了。

씻다 洗 ➡️ 씻기다 被洗掉, 被洗干净

강아지를 산책 시킨 후에는 꼭 발을 씻겨야 한다.

带小狗散步以后，一定要给它洗爪子。

깨다 醒 ➡️ 깨우다 唤醒, 弄醒

오늘 아침에 중요한 약속이 있으니 일찍 깨워 달라고 부탁했다.

我今天早上有一个重要的约会，所以我拜托他们早点儿叫我起来。

낮다 低 ➡️ 낮추다 降低, 压低

젖은 수건으로 목 뒤를 차갑게 해 주면 금방 체온을 낮출 수 있다.

把凉凉的湿毛巾放在脖子后面，可以迅速降低体温。

크다 长大, 长成 ➡️ 키우다 养大, 培养

반려 동물을 키우는 일에는 큰 책임이 따른다.

养宠物需要承担很大的责任。

늦다 晚, 迟 ➡️ 늦추다 推迟, 延后

시계를 3분 정도 늦췄더니 시간이 딱 맞는다.

我将表调慢了3分钟，时间刚刚好。

어휘와 표현 연습

1 동사에 알맞은 사동사를 쓰십시오.

1) 늦다 → _____

2) 살다 → _____

3) 씻다 → _____

4) 깨다 → _____

2 빈칸에 알맞은 것을 골라 쓰십시오.

> 끓이다   낮추다   먹이다   입히다

1) 가: 비가 이렇게 많이 오는데 강아지 데리고 나가려고?

   나: 강아지용 우비가 있으니까 그거 _____ 괜찮을 거야. (-(으)면)

2) 가: 교실이 너무 더운 것 같아요.

   나: 그럼 에어컨 온도를 좀 _____? (-(으)ㄹ까요)

3) 가: 배고픈데 뭐 먹을 거 없어?

   나: 라면이 있는데 그거라도 _____ 먹을래? (-아서/어서)

4) 가: 민준이가 야채를 잘 안 먹는 것 같아서 걱정이네.

   나: 그래도 너무 억지로 _____ 하지 마. 오히려 거부감이 생길 수도 있잖아.

   (-(으)려고는)

3 빈칸에 알맞은 것을 골라 쓰십시오.

> 배송지   요청 사항   도착 예정일   택배 보관함

1) _____ 잘못 적어서 택배가 엉뚱한 곳으로 가 버렸다.

2) 택배 _____ 어제였는데 아직도 도착하지 않았어요.

3) 제가 지금 밖에 있어서 그러는데요. 택배를 _____ 좀 넣어 주세요.

4) 배송과 관련하여 원하는 것이 있으면 _____ 적어 주시기 바랍니다.

✎ 우비 [名] 雨衣   거부감 [名] 反感   엉뚱하다 [形] 毫不相关，离谱

 대화

1 이준호가 배송 문제로 고객 센터에 전화를 했습니다. 이준호는 상담원에게 무슨 이야기를 할까요?

> **이준호:** 여보세요, 배송 때문에 문의 좀 드리려고요.
>
> **상담원:** 네. 안녕하세요. 어떤 것 때문에 그러세요?
>
> **이준호:** 지난주 수요일에 컵을 몇 개 주문했는데요. 택배 기사님이 잘못 배송하셨는지 주문한 거랑 전혀 다른 게 들어 있어서요. 상자에 적힌 주소도 다르고요.
>
> **상담원:** 고객님, 죄송합니다. 배송에 착오가 생긴 것 같습니다. 상자를 다시 포장해서 문 앞에 두시면 저희가 수거하도록 하겠습니다.
>
> **이준호:** 네. 그럼 제가 주문한 물건은 언제쯤 도착하는지 알 수 있을까요? 주문한 지 일주일이 넘었는데요.
>
> **상담원:** 네. 고객님. 지난주부터 주문이 폭주하는 바람에 배송이 많이 지연된 상태인데요. 고객님께서 주문하신 물건은 오늘 출발할 예정입니다.
>
> **이준호:** 아, 그럼 아직 출발 안 한 거지요? 혹시 컵 색깔을 좀 변경할 수 있을까요?
>
> **상담원:** 지금 상품의 옵션을 변경하시면 배송이 하루 늦어질 수 있는데 괜찮으시겠어요?
>
> **이준호:** 네. 괜찮아요. 빨간색 하나를 노란색으로 바꿔 주세요.
>
> **상담원:** 네. 알겠습니다. 변경 도와드리도록 하겠습니다. 불편을 드려 죄송합니다.

- 이준호가 주문한 물건은 왜 늦게 도착해요?
- 이준호는 컵 색깔을 뭘로 바꿨어요?

착오 [名] 错误，失误　　수거하다 [动] 回收，收回　　폭주하다 [动] 集中，聚集
지연되다 [动] 延迟　　옵션 [名] 选项

2 **뉴스에서 택배 기사들을 위한 프로젝트를 소개합니다. 어떤 프로젝트일까요?**

> **앵커:** 서울의 한 아파트에서 택배 기사를 위해 얼음 생수를 지원하고 있습니다. 입주민들의 편의를 위해 애쓰는 택배 기사들에게 고마움을 표시하기 위한 프로젝트라고 하는데요. 김주영 기자가 취재했습니다.
>
> **기자:** 지난달 말, 서울의 한 아파트 정문 경비실에 더위에 지친 택배 기사들을 위한 작은 공간이 마련되었습니다. 이 공간은 한 입주민의 제안으로 만들어졌는데요. 얼음물뿐만 아니라 간식도 있어서 아파트에 출입하는 택배 기사들이 잠시 쉬어 갈 수 있습니다.
>
> 처음으로 이 의견을 제안한 입주민은 평소에 택배 기사님들 덕분에 편하게 물건을 받아 볼 수 있어 감사한 마음을 전하고 싶었다고 하는데요. 택배 기사님들도, 입주민도 모두가 만족하는 것 같아서 기쁘다고 소감을 밝혔습니다.
>
> **앵커:** 네. 잘 들었습니다. 택배 이용률이 크게 증가하고 있는 요즘, 택배와 관련된 사건과 사고 소식도 끊이지 않는데요. 오랜만에 마음이 따뜻해지는 소식이었습니다. 앞으로도 배려와 존중을 보여 주는 뉴스가 계속 이어지면 좋겠습니다.

- 택배 기사들을 위한 공간에는 뭐가 있어요?
- 택배 기사들을 위한 공간을 만든 이유가 뭐예요?

 입주민 [名] 居民　　　편의 [名] 方便，便利　　　마련하다 [动] 准备，筹备
이용률 [名] 使用率　　　존중 [名] 尊重

대화 후 활동

1 택배 서비스를 이용하며 불편했던 점이 있어요? 〈보기〉와 같이 고객 센터에 문의해 보세요.

	불편했던 점	문의할 내용
1)	다른 사람과 택배가 바뀌었어요.	잘못 온 택배를 어떻게 해요?
2)	주소를 잘못 적었어요.	_____
3)	_____	_____

보기

 제가 주문한 것과 다른 물건이 와서 전화를 드렸는데요.

싱자에 적힌 운송장 번호 좀 불러 주시겠어요?

 010-1234-5678입니다. 그런데 제가 받은 물건은 어떻게 하면 될까요?

 ......

2 우리 주변에 고마운 사람이 있어요? 그 사람을 어떻게 고마움을 전할 수 있어요? 〈보기〉와 같이 말해 보세요.

택배 기사　소방관　환경미화원　경찰관

보기

　택배 기사분들에게 고마운 마음을 전하고 싶습니다. 아무리 직업이라고 해도 하루에 몇 백 개의 택배를 배달하는 것은 힘들 것 같습니다. 하지만 그 일을 해 주시는 택배 기사분들 덕분에 집에서 편하게 물건을 받아 볼 수 있어서 정말 감사합니다. 다음에 마주치게 된다면 감사 인사와 함께 시원한 물이라도 한 병 드려야겠습니다.

운송장 번호 [词组] 快递单号　　마주치다 [动] 相遇，遇到

 문법

1. 谓词 (으)ㄴ지/는지

"–(으)ㄴ지/는지"用于谓词词干后，表示前面推测的内容是后面进行判断的原因、依据。动词词干无论有无收音都接 "–는지"，有收音的形容词词干后接 "–은지"，无收音的形容词词干后接 "–ㄴ지"。

 밖에 바람이 얼마나 세게 부**는지** 창문이 다 흔들린다.
外面风刮得太猛了，窗户都晃了。

휴가를 간 사람이 많**은지** 출근하는 지하철에 평소보다 사람이 적다.
可能是大家都去度假了，上班时间地铁上的人比平时少。

환율이 많이 올랐**는지** 주가가 좀 떨어졌어요.
可能是汇率大幅升高，股价有点儿下跌了。

전화번호를 잘못 눌렀**는지** 없는 번호라는 안내가 나오던데요.
可能是我按错了电话号码，说是号码不存在。

그는 들으면 안 되는 말을 듣기라도 했**는지** 얼굴이 하얗게 질렸다.
不知道他是不是听到了他不该听到的话，脸都吓白了。

이전보다 관객 수가 줄었**는지** 문을 닫은 소극장이 많다.
可能是和之前相比观众少了，很多小剧场都关门了。

가: 최근 채식에 대한 관심이 **큰지** 채식 제품을 찾는 사람들이 많다고 하더라.
可能是最近对素食感兴趣的人多了，据说很多人在买素食产品。

나: 맞아. 그래서 마트에서도 쉽게 찾을 수 있고 종류도 다양해진 것 같아.
对。所以在超市素食产品随处可见，种类也很多。

가: 오늘 사무실이 왜 이렇게 조용해요?
今天办公室为什么这么安静？

나: 이 앞에서 사고라도 났**는지** 다들 조금 늦는다고 하던데요.
不知道前面是不是出事故了，大家都说要迟到一会儿。

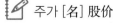 주가 [名] 股价　　질리다 [动] 惊恐，害怕

2. 动词 는 바람에

"–는 바람에"用于动词词干后，表示前面的内容是造成后面负面结果或意想不到的结果的原因，相当于汉语的"因为，由于"。无论动词词干有无收音都接"–는 바람에"，不可与"–았/었–""–겠–"一起使用。

회사 서버가 마비되는 **바람에** 한 시간 동안 아무것도 하지 못했어요.
由于公司的服务器瘫痪了，我一个小时什么都没做成。

은행 앞 사거리에서 큰 사고가 나는 **바람에** 길이 꽉 막혀 있다.
由于银行前面的十字路口发生了重大事故，路被堵死了。

관객석의 에어컨 시설이 망가지는 **바람에** 공연이 중단되었다.
由于观众席的空调设备坏了，演出中断了。

덜 익은 음식을 먹는 **바람에** 장염에 걸려서 고생을 했어.
我因为吃了没熟透的食物，得了肠炎，吃了点儿苦头。

개가 갑자기 달려드는 **바람에** 깜짝 놀라서 뒤로 넘어졌어.
狗突然扑过来，我被吓了一跳，向后摔倒了。

휴대폰을 잃어버리는 **바람에** 중요한 전화를 받지 못했다.
我手机丢了，结果没有接到重要的电话。

가: 어제 운동 끝나고 전화하기로 하고 왜 안 했어?
昨天说好运动结束后打电话的，为什么没打?

나: 휴대폰이 먹통이 되는 **바람에** 급하게 새로 사느라고 연락을 못 했어.
因为我的手机突然坏了，我急着去买新手机，所以没能跟你联系。

가: 이번 공연 티켓팅도 치열했다던데. 성공했어?
听说这场演出的票很难抢，你抢到了吗?

나: 아니. 시간을 착각하는 **바람에** 시도도 못 했어.
没有。因为我记错了时间，抢都没抢上。

서버 [名] 服务器　　　　　　마비되다 [动] 瘫痪，麻痹　　　망가지다 [动] 坏掉，毁坏
달려들다 [动] 扑过来，冲上去　먹통이 되다 [词组] 失灵　　티켓팅 [名] 售票，抢票

3. 使动表达

使动表达是指谓语动词具有 "使……" 的意思。主语使得别的人或事物产生某种动作或状态，即主语并不直接参与到动作过程中，而是间接地影响或者导致了动作的发生。韩国语中的使动词主要由词缀 "-이-，-히-，-리-，-기-，-우-，-추-" 派生而来，或由 "-게 하다" 来实现。

어학연수에 대한 내용을 게시판에 **붙여** 놨으니까 확인하세요.
我已经把有关语言研修的内容贴在公告板上了，请您确认一下。

등교 시간을 **늦췄**는데 오히려 지각하는 학생이 늘었어.
我们推迟了上学时间，但是适得其反，迟到的学生反而增加了。

좋은 인상을 **남길** 수 있는 방법이 뭐가 있을까?
给别人留下好印象的方法都有什么呢？

어린이들의 상상력을 **키우**려면 다양한 책을 읽**게 하**는 것이 좋다.
如果想培养儿童的想象力，可以让他们阅读各种各样的书。

저는 한국 사람들에게 중국 문화를 **알리**는 활동을 하고 싶습니다.
我想从事向韩国人传播中国文化的工作。

상가 앞 도로를 **넓히**는 문제로 시위가 한창이다.
因为要拓宽商店门前的路，群众示威很激烈。

가: 사장님, 차를 이렇게 **세우**면 어떡합니까? 빨리 빼 주세요.
先生，怎么能这样停车呢？请您赶快挪走。

나: 네. 죄송합니다. 금방 빼 드릴게요.
好的。对不起。我马上就挪走。

가: 노트북 새로 바꿨어?
你换了新的笔记本电脑？

나: 아니. 이거 동생 거야. 내 노트북은 수리를 **맡겨**서 오늘 하루 빌렸어.
没有。这是我弟弟的。我的笔记本电脑送去修了，我跟他借了一天。

✏️ 등교 시간 [词组] 上学时间

문법 연습

1 〈보기〉와 같이 알맞은 것을 연결하고 문장을 쓰십시오.

| 보기 | 이제 여름이 다 지났다 | | ① 발 뒤꿈치가 다 까졌어요 |

보기 이제 여름이 다 지났다 •   • ① 발 뒤꿈치가 다 까졌어요

1) 옆집에서 파티라도 하다 •   • ② 해가 짧아졌어요

2) 장웨이 씨가 무슨 안 좋은 일이라도 있다 •   • ③ 초인종을 눌러도 대답이 없더라고요

3) 집에 아무도 안 계시다 •   • ④ 기운이 없네요

4) 새로 산 신발이 사이즈가 좀 작다 •   • ⑤ 밤새 시끄러워서 잠을 한 숨도 못 잤어요

보기 이제 여름이 다 지났는지 해가 짧아졌어요.

1) _____

2) _____

3) _____

4) _____

2 〈보기〉와 같이 알맞은 것을 연결하고 문장을 쓰십시오.

보기 친구가 약속 시간을 어기다 •————• ① 버스를 놓쳤다

1) 갑자기 손님들이 너무 많이 오다 •   • ② 당황해서 아무런 대답도 못 했다

2) 면접관이 생각하지도 못한 질문을 하다 •   • ③ 도로가 통제돼서 차가 엄청나게 밀리고 있다

3) 폭우로 다리가 물에 잠기다 •   • ④ 가장 중요한 장면을 놓쳤다

4) 영화를 보다가 깜빡 졸다 •   • ⑤ 물 한 모금도 못 마시고 바쁘게 일했다

보기 친구가 약속 시간을 어기는 바람에 버스를 놓쳤다.

1) _____

2) _____

3) _____

4) _____

뒤꿈치 [名] 脚后跟   까지다 [动] 脱落，磨破   초인종 [名] 门铃

통제되다 [动] 管制   폭우 [名] 暴雨   모금 [依名] （一）口（水）

3 〈보기〉와 같이 빈칸에 알맞은 것을 골라 쓰십시오.

감다   보다   식다   울다   (타다)

보기 퇴근 시간도 늦고 해서 대리님이 지하철역까지 <u>태워</u> 주셨다. (−아/어)

1) 책에 나온 주인공 커플의 감동적인 사랑 이야기가 내 마음을 ＿＿＿＿＿＿.
   (−았다/었다)
2) 친구가 여행지에서 찍은 사진을 인화해서 내게 ＿＿＿＿＿＿ 주었다. (−아/어)
3) 어제 잠을 설치는 바람에 눈이 저절로 ＿＿＿＿＿＿. (−는다/ㄴ다)
4) 머리를 ＿＿＿＿＿＿ 공원을 좀 걷다가 들어왔다. (−(으)려고)

4 다음을 듣고 물음에 답하십시오.

1) 남자와 여자는 무엇에 대해 이야기하고 있습니까?
   ① 드론의 자율 비행 시스템
   ② 드론에 적용된 최신 기술
   ③ 드론을 활용한 배달 서비스
   ④ 드론을 활용한 영상 촬영 기법

2) 들은 내용과 <u>다른</u> 것을 고르십시오.
   ① 드론 기술의 발달로 영상 촬영이 가능하게 되었다.
   ② 호기심에 드론 배달 서비스를 이용해 보는 사람이 있다.
   ③ 드론 전용 앱을 통해 드론 배달 서비스를 이용할 수 있다.
   ④ 드론은 사람이 접근하기 어려운 장소까지 상품을 배달할 수 있다.

3) 이어질 내용으로 알맞은 것을 고르십시오.
   ① 드론 배달 서비스의 문제점
   ② 배달 앱을 상용화 할 수 있는 방법
   ③ 드론 배달 서비스의 기술을 발전시킬 방법
   ④ 소비자의 만족도를 높일 수 있는 배달 방법

인화하다 [动] 冲洗(照片)   만족도 [名] 满意度   접근 [名] 接近

5 다음을 읽고 물음에 답하십시오.

게시일 2022. 8. 3. 조회수 1001

질문

　얼마 전 온라인으로 원피스를 구매했는데 실제 색상과 소매, 단추 모양 등이 사이트에서 봤던 것과 너무 달라서 환불 요청을 했습니다. 그런데 그 쇼핑몰에서는 환불은 안 된다고 미리 알렸다면서 환불을 거부했습니다. 그래서 다시 확인해 보니 작은 글씨로 '환불 불가'라고 써 있었습니다. 상품도 사진과 다르고 공지도 제대로 하지 않았는데 정말 환불이 불가능한 것인가요?

답변

　안녕하세요? 소비자 상담 센터입니다. 소비자 보호에 관한 법에 따르면 온라인 거래에서도 물건이 마음에 들지 않거나 광고 내용과 다르다면 정해진 기간 내에 교환 및 환불이 가능합니다. 하지만 물건을 되돌려 보내는 데 필요한 비용은 소비자가 낼 수도 있습니다.

　다만 소비자의 잘못으로 상품이 망가진 경우, 소비자가 이미 사용하여 다시 판매할 수 없는 경우에는 교환이나 환불이 어렵습니다. 그런데 실문자님의 경우는 (　㉠　). 쇼핑몰 규정에 환불 불가라는 내용이 있어도 해당 서류에 소비자가 직접 서명을 한 것이 아니기 때문에 쇼핑몰은 소비자의 환불 요청을 거부할 수 없습니다.

1) 질문자가 이 글을 쓴 목적으로 알맞은 것을 고르십시오.

① 새로 산 물건을 환불하려고

② 쇼핑몰의 환불 규정에 대해 항의하려고

③ 구매한 물건을 환불할 수 있는지 문의하려고

④ 환불할 때 필요한 비용이 얼마인지 물어보려고

2) ㉠에 들어갈 알맞은 것을 고르십시오.

① 쇼핑몰의 잘못으로 보기 어렵다.

② 위의 환불 불가 사유에 해당하지 않다.

③ 환불에 필요한 비용을 지불할 필요가 없다.

④ 소비자 보호에 관한 법에 보호를 받을 수 없다.

3) 이 글의 내용과 <u>다른</u> 것을 고르십시오.

① 질문자는 다시 쇼핑몰에 환불 요청을 할 것이다.

② 질문자는 쇼핑몰의 규정이 합리적이지 않다고 생각한다.

③ 질문자는 원피스를 구매할 때 '환불 불가' 안내를 확인했다.

④ 질문자가 원피스를 환불하는 이유는 기대와 다르기 때문이다.

✎ 소매 [名] 袖子, 衣袖　　답변 [名] 答复, 回答　　되돌리다 [动] 退回　　합리적 [名] 合理的

 쓰기

1 다음 문법을 사용해서 제시된 표현을 한 문장으로 써 보십시오. 단, 제시된 표현의 순서는 바꾸지 마십시오.

-(으)면   -아도/어도   -는 바람에   -(으)ㄴ지/는지   -았어요/었어요   -는/ㄴ다고 해요

1) 어제 밤에 날씨가 많이 추웠다 / 수도가 얼다 / 세수도 못하다

_____

2) 실제로 경험하지 않다 / 아이에게 책을 많이 읽히다 / 사회성 발달에 도움이 되다

_____

2 택배 서비스를 이용하면서 불편했던 적이 있습니까? 고객 센터에 문의하는 글을 〈보기〉와 같이 쓰십시오.

	〈보기〉
이메일	juno@shin.net
유형	배송 확인/배송 지연/반품 확인/반품 지연/(오배송)/칭찬/불친절/기타
물품명	오리 머그컵
제목	물건이 잘못 배달되었습니다.
내용	지난주 수요일에 컵을 주문했는데 제가 주문한 것과 다른 것이 왔습니다. 택배 상자에 적혀 있는 주소도 저희 집 주소가 아닙니다. 저희 집은 103동인데 102동의 택배가 잘못 배달된 것 같습니다. 이 경우엔 어떻게 해야 되나요?

	1)
이메일	_____@_____
유형	배송 확인/배송 지연/반품 확인/반품 지연/오배송/칭찬/불친절/기타
물품명	
제목	
내용	

사회성 [名] 社会性   오배송 [名] 配送错误

정리하기

이것만은 꼭 외웁시다!

1) 가: 지난주 수요일에 컵을 몇 개 주문했는데요. 택배 기사님이 잘못 배송하셨는지 주문한 거랑 전혀 다른 게 들어 있어서요.
上周三我买了几个杯子。不知道是不是快递员送错了，送来的杯子跟我买的杯子完全不一样。

　　나: 고객님, 죄송합니다. 배송에 착오가 생긴 것 같습니다. 상자를 다시 포장해서 문 앞에 두시면 저희가 수거하도록 하겠습니다.
对不起。应该是配送错了。请您重新打包后放在门口，我们会去收回的。

2) 가: 제가 주문한 물건은 언제쯤 도착하는지 알 수 있을까요? 주문한 지 일주일이 넘었는데요. 请问我买的东西什么时候能到？已经下单一周多了。

　　나: 고객님. 지난주부터 주문이 폭주하는 바람에 배송이 많이 지연된 상태인데요. 고객님께서 주문하신 물건은 오늘 출발할 예정입니다.
好的。从上周开始订单激增，所以配送延迟了很多。您购买的商品今天会发出的。

3) 가: 사장님, 차를 이렇게 세우면 어떡합니까? 빨리 빼 주세요.
先生，怎么能这样停车呢？请您赶快挪走。

　　나: 네. 죄송합니다. 금방 빼 드릴게요. 好的。对不起。我马上就挪走。

4) 가: 노트북 새로 바꿨어? 你换了新的笔记本电脑？

　　나: 아니. 이거 동생 거야. 내 노트북은 수리를 맡겨서 오늘 하루 빌렸어.
没有。这是我弟弟的。我的笔记本电脑送去修了，我跟他借了一天。

핵심 어휘

名词

| 구매자 买家，购买人 | 배송지 收货地址 | 경비실 警卫室，保安室 |

词组

| 요청 사항 配送要求 | 택배 보관함 快递保管箱 | 도착 예정일 预计到达日期 |

动词

먹이다 喂	끓이다 煮，烧	입히다 给……穿
식히다 冷却	울리다 弄哭	살리다 救活
웃기다 逗笑，可笑	씻기다 被洗掉，被洗干净	깨우다 唤醒，弄醒
키우다 养大，培养	낮추다 降低，压低	늦추다 推迟，延后

자기 평가

能够完成吗？	需再次复习	进入下一课！	
		良好	优秀
能向客服中心咨询快递服务问题吗？	无法完成	可以完成	非常好
能说出多少与快递信息相关的单词或词组？	0~3个	4~6个	7个以上
能灵活运用本课所学的语法吗？	无法完成	可以完成	非常好

제6과
쇼핑한 거 정리하다가 보면 내가 물건을 샀는지 포장지를 샀는지 알 수가 없어

目标：能说出消费的原因并推荐给别人
语法：动词 다(가) 보면，动词 (으)ㄹ 만하다，谓词 (으)ㄴ/는 데다가
词汇：与消费、消费者相关的词汇，消费倾向

韩国近来的消费类型

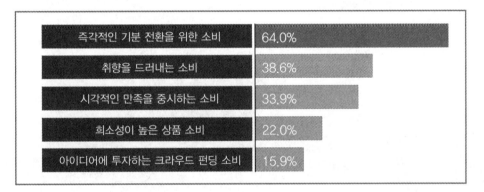

즉각적인 기분 전환을 위한 소비	64.0%
취향을 드러내는 소비	38.6%
시각적인 만족을 중시하는 소비	33.9%
희소성이 높은 상품 소비	22.0%
아이디어에 투자하는 크라우드 펀딩 소비	15.9%

　　以前人们在消费时更关注商品的价格和实用性，而现在人们更关注商品能带来的个人满足感。

　　某机构对19~34岁的韩国成年人的消费类型进行了调查，在过去的三个月中，75.7%的人都购买过带来个人满足感的商品。调查结果显示，为了改变心情进行的消费占64.0%，排第一；其次是满足个人爱好的消费占38.6%，这包括为喜欢的艺人或角色进行的消费，还有出于支持动物保护理念而进行的消费，消费类型多种多样；随后是满足视觉享受的消费（33.9%）、对稀缺商品的消费（22.0%）和创意性众筹消费（15.9%）。

이야기해 봅시다

1. 나에게 가치 있는 소비의 유형에는 어떤 것들이 있어요?
2. 여러분의 소비 성향은 어때요? 친구들과 이야기해 보세요.

어휘와 표현

与消费相关的词汇

소비가 줄다/늘다 消费减少/消费增加

소비가 감소하다/증가하다 消费减少/消费增加

소비를 줄이다/늘리다 降低消费/提高消费

−을/를 소비하다 消费……   −이/가 소비되다 消费

与消费者相关的词汇

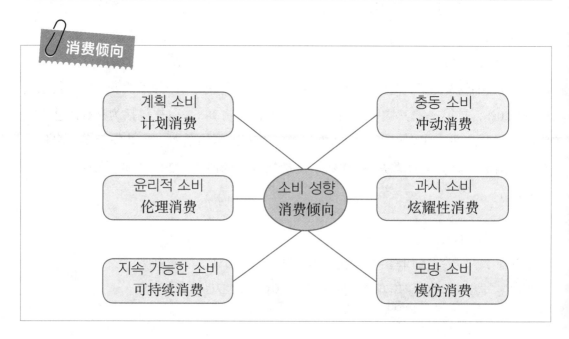

消费倾向

어휘와 표현 연습

1 빈칸에 알맞은 것을 골라 쓰십시오.

> 늘다   줄이다   소비되다   소비하다

1) 한국에서 가장 많이 _____ 육류는 돼지고기이다. (-(으)ㄴ/는)

2) 시간을 어떻게 _____에 따라 삶의 질이 달라질 수 있다. (-(으)ㄴ/는지)

3) 물가는 올랐는데 월급은 오르지 않아서 소비를 _____. (-(으)ㄹ 수 밖에 없다)

4) 최근 배달 음식 시장이 성장하면서 자연스럽게 탄산음료의 소비도 _____.
   (-았다/었다)

2 빈칸에 알맞은 것을 골라 쓰십시오.

> 소비자 가격   소비자 물가   소비자 보호   소비자의 권리

1) 물건을 사는 데 필요한 정보를 제공 받는 것은 _____ 중 하나이다.

2) 운동화를 만드는 재료의 가격이 비싸지면서 운동화의 _____ 올랐다.

3) 장마로 인해 채소 가격이 크게 상승하면서 _____ 6개월 만에 최고치를
   기록했다.

4) 정부는 최근 온라인 거래에서 발생하는 소비자의 피해를 최소화하기 위한 _____
   ____ 방안을 마련하고 있다.

3 빈칸에 알맞은 것을 골라 쓰십시오.

> 과시 소비   계획 소비   모방 소비   지속 가능한 소비

1) _____ : 유행에 따라 하는 소비

2) _____ : 돈을 어떻게 쓸지 미리 생각하고 하는 소비

3) _____ : 자원 사용을 줄이고 쓰레기 배출을 줄여 환경을 보호할 수 있는 소비

4) _____ : 구입한 상품이 경제적·사회적 지위를 보여 준다는 생각을 가지고 하
   는 소비

✎ 탄산음료 [名] 碳酸饮料   최고치 [名] 最高值   자원 [名] 资源   배출 [名] 排出，排放
   경제적 [名] 经济的   사회적 [名] 社会的   지위 [名] 地位

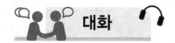 대화

1 이준호가 온라인으로 물건을 구매했습니다. 구매한 물건에 대해 어떤 이야기를 할까요?

김민지: 이게 다 뭐야? 방이 왜 이렇게 지저분해?

이준호: 인터넷으로 전구를 하나 샀는데 이렇게 쓰레기가 많이 나왔어.

김민지: 그래? 깨지기 쉬운 물건이라 그런가 봐.

이준호: 쇼핑한 거 정리하다가 보면 내가 물건을 샀는지 포장지를 샀는지 알 수가 없어. 그리고 이 스티로폼이랑 뽁뽁이는 재활용도 어려운데 낭비가 심한 것 같아.

김민지: 그래서 친환경 소재로 만든 포장지만 사용한다고 광고하는 기업도 있더라. 포장지 사용도 최대한 줄이고.

이준호: 이제는 포장지도 광고를 하는구나. 하긴 어제 뉴스를 보니까 조금 비싸더라도 친환경적인 제품을 사는 사람이 많냐고 하더라.

김민지: 맞아. 그러니까 포장지도 광고할 만해. 요즘 사람들은 물건 하나를 사도 그것만 보는 게 아니라 그 제품이 사회적으로 어떤 의미가 있는지도 신경을 쓰니까.

이준호: 그래. 이왕 사는 거 사회에 도움이 되면 좋지. 나도 다음부터는 신경 좀 써야겠어.

- 이준호가 구매한 물건은 뭐예요?
- 기업이 친환경 소재로 만든 포장지를 광고하는 이유가 뭐예요?

지저분하다 [形] 乱七八糟   전구 [名] 电灯泡   스티로폼 [名] 泡沫塑料

뽁뽁이 [名] 气泡膜   낭비 [名] 浪费   포장지 [名] 包装纸   친환경 [名] 环保

2 뉴스에서 최근의 소비 경향에 대해 이야기합니다. 요즘 사람들은 어떤 소비 경향을 보일까요?

> **앵커:** 요즘 사회에 좋은 영향력을 미치는 이른바 윤리적 소비를 하는 사람들이 늘어나고 있는데요. 오늘은 윤리적 소비의 의미와 그 사례를 알아보겠습니다. 김주영 기자, 윤리적 소비가 정확하게 무엇을 의미하는 거지요?
>
> **기자:** 단순히 필요한 물건을 사는 행위에서 벗어나 환경, 이웃, 세계, 지역 등 다양한 사회적 가치를 고려한 소비를 윤리적 소비라고 합니다. 신발 한 켤레를 구입하면 다른 한 켤레를 어려운 환경의 아이들에게 기부할 수 있는 브랜드 여러분들도 한번쯤 들어 보신 적이 있을 텐데요. 아이들을 돕기 위해 이 브랜드의 신발을 구매하는 것이 바로 윤리적 소비의 대표적인 사례입니다.
>
> 또 다른 사례로 유기견을 후원하는 상점이 있습니다. 이 상점에서는 귀여운 강아지가 그려진 컵이나 텀블러, 에코백 같은 생활용품을 판매하는데요. 판매하고 있는 제품이 귀여운 데다가 후원하는 금액도 커서 사람들에게 인기가 많습니다.

- 윤리적 소비의 의미가 뭐예요?
- 윤리적 소비의 대표적인 사례로는 뭐가 있어요?

영향력 [名] 影响力　　가치 [名] 价值　　기부하다 [动] 捐献　　브랜드 [名] 品牌，商标
유기견 [名] 流浪狗　　텀블러 [名] 保温杯　　에코백 [名] 环保袋

대화 후 활동

1 온라인으로 쇼핑에 성공할 수 있는 여러분만의 방법이 있어요? 〈보기〉와 같이
이야기해 보세요.

보기

 같은 상품명이라도 실제 상품은 다른 경우가 있기 때문에 후기를
꼼꼼하게 읽어 봐야 한다. 그래서 후기가 많은 상품일수록 좋다.

가격 비교를 할 때는 상품 가격뿐만 아니라 배송비와 할인 쿠폰,
포인트도 모두 고려해야 한다. 또 신용카드 할인도 잘 확인해야 한다.

상의를 구매할 때는 허리를 가리지 않은 정면 사진을 봐야 옷을
입었을 때의 정확한 느낌을 알 수 있다.

2 여러분이 실천할 수 있는 윤리적 소비에는 뭐가 있어요? 〈보기〉와 같이
이야기해 보세요.

〈윤리적 소비〉

· 환경을 위해 친환경 포장지를 사용한 상품을 구매한다.
· 조금 비싸더라도 상품을 구매하면 이익의 일부가 기부가 되는 상품을 구매한다.
· 동물을 보호하기 위해 진짜 가죽이 아니라 합성 소재로 만든 상품을 구매한다.
· _____

 쇼핑한 것을 정리하다가 보면 포장지 때문에 쓰레기가 많이 나온다. 대부분
포장지가 재활용도 안 되는 것들이라 그대로 버리면 환경이 오염될 것이다.
그래서 환경을 생각해서 재활용이 가능한 포장지를 사용한 상품을 구매한다.

 **문법**

1. 动词 다(가) 보면

"–다(가) 보면"是惯用型，用于动词词干后，表示如果前面的动作持续进行的话，后面的状况就会发生变化或出现某种结果。无论动词词干有无收音都接 "–다가 보면"。"–다가 보면" 也可省略 "가"，用作 "–다 보면"。

낯선 음식도 먹**다가 보면** 익숙해지기 마련이다.
不常吃的东西，吃着吃着也会习惯的。

이 길을 따라 쭉 걷**다가 보면** 버스 정류장이 하나 나올 거예요.
顺着这条路一直走的话，就能看到一个汽车站。

사투리가 처음엔 이해하기 어려운데 듣**다가 보면** 익숙해질 거예요.
刚开始听方言可能很难听懂，听着听着就熟悉了。

처음 해 보는 일도 열심히 하**다가 보면** 실력이 늘기 마련이다.
即使第一次尝试做某事，只要努力去做，能力也一定会提高的。

바빠서 정신없이 지내**다가 보면** 시간이 어떻게 가는지 모르겠어.
我忙得晕头转向的，都不知道时间是怎么过去的。

오랜 시간을 함께 하**다 보면** 상대방의 새로운 모습을 발견할 수 있다.
在一起久了，你就能发现对方新的一面。

가: 죄송합니다. 아이가 음료를 다 쏟았어요.
　　对不起。孩子把饮料都弄洒了。

나: 괜찮습니다. 제가 치워 드릴게요. 아이가 놀**다가 보면** 그럴 수도 있죠.
　　没关系。我来收拾吧。孩子玩着玩着就会这样的。

가: 평일에는 일하고 주말에 봉사 활동까지 하면 피곤하지 않아요?
　　你平时上班，周末还要做志愿者活动，不累吗?

나: 봉사 활동을 하**다가 보면** 피곤한 건 잘 모르겠더라고요.
　　志愿者活动持续做下去的话，就感觉不到累了。

2. 动词 (으)ㄹ 만하다

"–(으)ㄹ 만하다"是惯用型，用于动词词干后，表示值得做某事。有收音的动词词干后接" 을 만하다"，无收音的动词词干后接"–ㄹ 만하다"。

 보기

소설이 어렵지 않고 재미있어서 읽**을 만하**네요.

小说不难，很有意思，值得一读。

중고차를 한 대 사려고 하는데 믿**을 만한** 곳이 어디 없을까요?

我想买一台二手车，有可信赖的地方吗？

바로무역이 이번 상반기에도 주목**할 만한** 성과를 보였다.

BARO贸易公司上半年也取得了令人瞩目的成绩。

전통 시장에 다녀왔는데 구경거리가 많아서 가 **볼 만하**더라고요.

我去了传统市场，可看的东西很多，值得一去。

인턴 생활은 힘들긴 했어도 한번 해 **볼 만했**다.

实习生活虽然很累，但是也值得一试。

주말에 플리 마켓에 갔는데 조금 늦게 도착했더니 **쓸 만한** 물건은 다 팔렸더라.

我周末去了跳蚤市场，去的有点儿晚了，能用的东西都卖完了。

가: 집에 먹**을 만한** 게 없는데 오늘은 외식할까?

家里没什么吃的了，今天我们出去吃啊？

나: 좋지. 집 앞에 새로 생긴 식당에 가 보자.

好啊。我们去家附近新开的饭店吧。

가: 미국에서 유명한 햄버거 가게가 한국에 들어왔대요.

听说美国知名的汉堡店开到韩国了。

나: 제가 지난 주말에 가 봤는데 조금 비싸긴 해도 한번 먹어 **볼 만하**던데요.

我上周末去了，虽然有点儿贵，但是值得一吃。

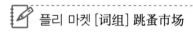

플리 마켓 [词组] 跳蚤市场

3. 谓词 (으)ㄴ/는 데다가

"-(으)ㄴ/는 데다가" 用于谓词词干后，表示在原有情况或事实的基础上程度加深。表示现在时态时，无论动词词干有无收音都接 "-는 데다가"，有收音的形容词词干后接 "-은 데다가"，无收音的形容词词干后接 "-ㄴ 데다가"；表示过去时态时，有收音的谓词词干后接 "-은 데다가"，无收音的谓词词干和 "名词＋이다" 后接 "-ㄴ 데다가"。

개인 컵을 가지고 다니면 일회용품 사용도 줄일 수 있**는 데다가** 카페에서 할인까지 받을 수 있다.
带着自己的杯子，不仅可以减少使用一次性杯子，还可以享受咖啡店的折扣。

자전거로 출퇴근하면 운동도 되**는 데다가** 교통비도 아낄 수 있으니까 일석이조야.
骑自行车上下班不仅能运动，还能节省交通费，一箭双雕。

경기가 좋지 않**은 데다가** 가뭄노 심해지는 바람에 농민들이 걱정이 많다.
经济不好再加上干旱严重，农民们很担心。

새로 나온 식기세척기를 지금 사면 무이자 할부도 가능**한 데다가** 포인트도 두 배로 적립해 준다고 해.
现在买新出的洗碗机不仅可以无息分期付款，还可以得双倍积分。

책이 두꺼**운 데다가** 내용도 어려워서 읽기가 쉽지 않다.
书很厚不说，内容也很难，读起来不容易。

손님, 재료가 다 떨어**진 데다가** 곧 마감 시간이라 추가 주문은 어렵습니다.
顾客，食材都用完了，又马上到结束营业的时间了，不能加菜了。

가: 연휴**인데다가** 날씨가 좋아서 그런지 식당에 자리가 없네.
可能因为放长假，天气又好，饭店都没有位置。

나: 그러게. 저기 저 김밥집에라도 갈까?
是啊。要不我们去那个紫菜包饭店吧？

가: 대리님, 요즘도 주말마다 등산하세요?
代理，最近每个周末都去登山吗？

나: 아뇨. 요즘 날도 추**운 데다가** 몸도 좀 안 좋아서 쉬고 있어요.
没有。最近天气很冷，我身体也不太好，正在休息。

📝 일석이조 [名] 一箭双雕　　경기 [名] 经济状况　　가뭄 [名] 干旱

📣 문법 연습

1 〈보기〉와 같이 알맞은 것을 연결하고 문장을 쓰십시오.

보기 운동은 처음 시작이 힘들지만 하다 •———• ① 습관이 돼서 괜찮다

1) 해결이 안 될 것 같은 일도 생각하다 •   • ② 한 푼도 모으지 못할 것이다

2) 돈을 아무 계획 없이 쓰다 •   • ③ 방법이 보이기도 한다

3) 여기저기 여행을 다니다 •   • ④ 주변 소리가 안 들릴 때가 있다

4) 집중해서 책을 읽다 •   • ⑤ 숨겨진 명소를 찾을 때가 종종 있다

보기 운동은 처음 시작이 힘들지만 하다가 보면 습관이 돼서 괜찮다.

1) _____

2) _____

3) _____

4) _____

2 〈보기〉와 같이 빈칸에 알맞은 것을 골라 쓰십시오.

나다   (보다)   삼다   대접하다   만족하다

보기 영화가 아주 감동적이어서 여러 번 볼 만하다.

1) 이 식당은 가격은 좀 비싸지만 깔끔하고 분위기가 고급스러워서 손님을 _____.

2) 세 사람이 길을 가면 반드시 스승으로 _____ 사람이 있다는 말처럼 주변을 잘 관찰해 보면 배울 점이 있는 사람이 있을 것이다.

3) 처음부터 _____ 결과를 내기 어렵겠지만 노력하다 보면 언젠가는 좋은 결실을 맺을 수 있다.

4) "아니 땐 굴뚝에 연기 나랴?"라는 말은 모든 소문에는 그런 소문이 _____ 원인이 있다는 말이다.

📝 푼 [依名] 分   아니 땐 굴뚝에 연기 나랴? [句] 无风不起浪

3 〈보기〉와 같이 알맞은 것을 연결하고 문장을 쓰십시오.

보기 요즘 광고하는 가방인데 친환경 소재로 만들다 •　　• ① 가성비도 나쁘지 않다

1) 바로호텔은 시내와 가까워서 접근성이 좋다 •　　• ② 디자인도 예뻐서 인기가 많다

2) 면허를 딴 지 얼마 안 돼서 운전이 서툴다 •　　• ③ 칼로리도 낮아서 찾는 사람들이 많다

3) 학교 앞 빵집에서 파는 빵은 설탕이 적게 들어간다 •　　• ④ 팀장님도 그만둬서 분위기가 어수선하다

4) 회사가 어려운 시기이다 •　　• ⑤ 날도 어두워서 예상보다 더 늦게 집에 도착했다

보기 요즘 광고하는 가방인데 친환경 소재로 만드는 데다가 디자인도 예뻐서 인기가 많다.

1) _____

2) _____

3) _____

4) _____

4 다음을 듣고 물음에 답하십시오.

1) 여자는 무엇에 대해 이야기하고 있습니까?
　① 채식에 대한 전망　　　　② 채식의 다양한 유형
　③ 채식의 일반적인 정의　　④ 채식 인구의 증가 이유

2) 들은 내용과 다른 것을 고르십시오.
　① 채식을 통해서 동물의 권리를 보호할 수 있다.
　② 동물을 사육할 때 생각보다 큰 환경 오염이 발생한다.
　③ 지난 10년간 채식을 하는 한국인이 10배 이상 늘었다.
　④ 최근 종교, 건강 등의 이유로 채식을 하는 사람들이 늘고 있다.

3) 여자가 말하는 방식으로 가장 알맞은 것을 고르십시오.
　① 채식의 장점과 단점을 비교하고 있다.
　② 육식으로 환경이 오염되는 과정을 요약하고 있다.
　③ 온실가스 배출 증가로 인한 결과를 묘사하고 있다.
　④ 환경 오염과 채식의 관계를 예시를 통해 설명하고 있다.

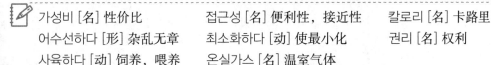

가성비 [名] 性价比　　　　　접근성 [名] 便利性，接近性　　칼로리 [名] 卡路里
어수선하다 [形] 杂乱无章　　최소화하다 [动] 使最小化　　　권리 [名] 权利
사육하다 [动] 饲养，喂养　　온실가스 [名] 温室气体

5 다음을 읽고 물음에 답하십시오.

최근 '대체육'에 대한 관심이 증가하고 있다. 대체육이란 말 그대로 고기를 대체하는 식품을 의미하는데 동물에서 얻는 고기가 아니라 인공적으로 만들어 낸 고기인 '인공육'과 밀이나 콩 등을 이용해 고기와 비슷한 식감과 맛을 내는 '식물성 고기' 등이 있다.

가짜 고기라고도 할 수 있는 대체육에 대한 관심이 증가하고 있는 이유는 환경 보호에 대한 관심이 날이 갈수록 커지고 있기 때문이다. 농업용 지역 중 77%가 고기 생산을 위해 사용되는데 생산 과정에서 나오는 폐기물과 오물이 토지를 오염시키고 있다. 또한 토지 오염으로 인한 비위생적인 환경은 바이러스를 만들고 이것이 인간에게 직접적인 피해를 끼치기도 한다. 따라서 (㉠) 이와 같은 환경 오염 문제를 줄일 수 있는 데다가 농지를 더 효율적으로 사용할 수 있다. 게다가 최근 기술의 발달로 대체육이 실제 고기와 거의 유사한 맛과 식감을 재현해 내면서 대체육의 수요는 점차 더 증가할 전망이다.

1) 이 글의 제목으로 알맞은 것을 고르십시오.
① 대체육 시장의 전망　　　　② 대체육의 인기 비결
③ 효율적인 토지 이용 방법　　④ 토지 오염을 막을 수 있는 방법

2) ㉠에 들어갈 알맞은 것을 고르십시오.
① 대체육에 대한 관심을 늘린다면
② 진짜 고기 대신 대체육을 소비한다면
③ 대체육이 고기의 완벽한 식감을 재현한다면
④ 대체육 생산 과정을 위생적으로 관리한다면

3) 이 글의 내용과 <u>다른</u> 것을 고르십시오.
① 인공육과 식물성 고기는 모두 대체육에 포함된다.
② 진짜 고기 소비는 토지뿐만 아니라 인간에게도 피해를 끼친다.
③ 대체육에 대한 관심이 많은 사람들은 환경 보호에도 관심이 많다.
④ 대체육은 진짜 고기와 식감과 맛이 다르기 때문에 가짜 고기라고 부른다.

✎ 대체육 [名] 替代肉　　인공육 [名] 人造肉　　식감 [名] 口感　　폐기물 [名] 废弃物
오물 [名] 垃圾，污物　　비위생적 [名] 不卫生的　　재현하다 [动] 再现，重现

쓰기

1 다음 문법을 사용해서 제시된 표현을 한 문장으로 써 보십시오. 단, 제시된 표현의 순서는 바꾸지 마십시오.

-(으)니까　-다가 보면　-아서/어서　-아요/어요　-(으)ㄹ 만해요　-(으)ㄴ/는 데다가

1) 매일 가계부를 쓰다 / 어디에 돈을 많이 썼는지 알 수 있다 / 돈을 절약하기에 좋다

⇨ _____

2) 이 식당은 다른 가게보다 가격도 싸다 / 색다른 메뉴가 있다 / 한번쯤 가 보다

⇨ _____

2 다음을 읽고 빈칸에 들어갈 말을 쓰십시오.

　　최근 소비 성향은 가성비와 가심비 두 가지로 양극화되고 있다. 가성비는 싼 가격과 높은 실용성을 중요하게 생각하는 소비이고 가심비는 가격이 (⑦) 심리적인 만족도가 높은 것을 추구하는 소비이다. 이러한 소비 성향은 백화점이나 마트의 명절 선물 세트 구성에도 영향을 미쳤다. 일부 백화점에서는 가성비를 선호하는 소비자들을 위해 저가 선물 세트를 작년보다 30% 더 늘린 한편, 질이 좋은 것으로만 선별하여 구성한 고가의 선물 세트도 선보였다. 실용적인 상품과 고급스러운 상품을 모두 준비해서 모든 소비자들을 만족시키겠다는 전략인 것이다.

⑦ _____

📝 양극화되다 [动] 两极化　　실용성 [名] 实用性　　선보이다 [动] 展示, 亮相
　　전략 [名] 策略, 战略

 정리하기

이것만은 꼭 외웁시다!

1) 가: 인터넷으로 전구를 하나 샀는데 이렇게 쓰레기가 많이 나왔어.

   我在网上买了个灯泡，就多了这么多垃圾。

   나: 그러게. 쇼핑한 거 정리하다가 보면 내가 물건을 샀는지 포장지를 샀는지 알 수가 없어.

   我在收拾买回来的东西时，有时甚至分不清我买的是东西还是包装纸。

2) 가: 어제 뉴스를 보니까 조금 비싸더라도 친환경적인 제품을 사는 사람이 많다고 하더라.

   昨天新闻上说虽然环保产品的价格贵一些，但是用的人还是很多的。

   나: 맞아. 포장지도 광고할 만해. 요즘 사람들은 물건 하나를 사도 그것만 보는 게 아니라 그 제품이 사회적으로 어떤 의미가 있는지도 신경을 쓰니까.

   对啊。所以包装纸也值得做广告。现在人们买东西的时候，不会只看商品本身，还会考虑商品具有怎样的社会意义。

3) 가: 연휴인데다가 날씨가 좋아서 그런지 식당에 자리가 없네.

   可能因为放长假，天气又好，饭店都没有位置。

   나: 그러게. 저기 저 김밥집에라도 갈까?

   是啊。要不我们去那个紫菜包饭店吧？

4) 가: 대리님, 요즘도 주말마다 등산하세요?

   代理，最近每个周末都去登山吗？

   나: 아뇨. 요즘 날도 추운 데다가 몸도 좀 안 좋아서 쉬고 있어요.

   没有。最近天气很冷，我身体也不太好，正在休息。

핵심 어휘

词组

소비자 가격 零售价	소비자 물가 消费者物价	소비자 보호 消费者保护
소비자의 권리 消费者权利	계획 소비 计划消费	윤리적 소비 伦理消费
지속 가능한 소비 可持续消费	충동 소비 冲动消费	과시 소비 炫耀性消费
모방 소비 模仿消费		

자기 평가

能够完成吗？	需再次复习	进入下一课！	
		良好	优秀
能说出消费的原因并推荐给别人吗？	无法完成	可以完成	非常好
能说出多少与消费相关的单词或词组？	0~3个	4~6个	7个以上
能灵活运用本课所学的语法吗？	无法完成	可以完成	非常好

3

정보

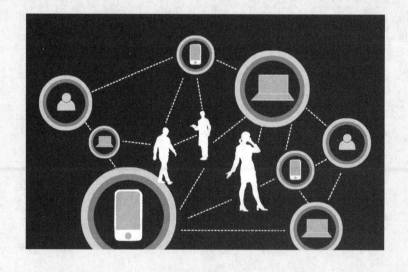

생각해 봅시다

✔ 여러분은 주로 어떤 매체를 통해 정보를 찾습니까?

✔ 여러분은 박물관이나 미술관에 자주 갑니까?

✔ 가짜 뉴스에 대한 여러분의 생각은 어떻습니까?

핵심 문장

제7과 자취 생활 청소 꿀팁이래

- 자취 생활 청소 꿀팁이래.
- 섬유 유연제가 없을 때 따뜻한 물 200ml에 린스를 풀어서 넣어 주면 같은 효과가 있대.
- 쉽게 할 수 있는 거라서 속는 셈 치고 해 봐도 좋을 것 같아.

- 공공 자전거는 정부나 지역 내 민간단체가 대여와 반납 체계를 갖춰 해당 지역의 주민 또는 방문객에서 빌려주는 자전거입니다.
- 공공 자전거는 가격이 저렴하면서도 장점이 많아 인기가 높습니다.
- 서울시 공공 자전거의 경우 앱을 설치하고 회원 가입한 후에 이용권을 구매해서 사용하면 됩니다.

제8과 당신도 알다시피 나는 그런 쪽에 별로 관심이 없어서

- 이번 휴가 때는 아무 데도 못 가니까 드론 박람회에 가 볼까 하고 찾아보는 중이야.
- 당신도 알다시피 나는 그런 쪽에 별로 관심이 없어서.
- 최첨단 드론들을 볼 수 있고 시간 맞춰서 가면 드론 쇼도 볼 수 있대.

- 오늘 시민 여러분들과 내외빈을 모시고 개관 20주년 축사를 하게 된 것을 영광으로 생각합니다.
- 각종 체험과 문화 행사들이 풍성하게 마련되어 있으므로 꼭 방문하셔서 60년 서울의 역사와 서울 사람들의 이야기를 생생하게 느껴 보시기 바랍니다.
- 지난 20여년 동안 시민 여러분이 보내 주신 애정에 감사드리며 앞으로도 변함없는 관심과 성원 부탁드립니다.

제9과 가짜 뉴스가 넘치는 탓에 이제 기사를 봐도 의심부터 하게 된다니까

- 가짜 뉴스가 넘치는 탓에 이제 기사를 봐도 의심부터 하게 된다니까.
- 내용이 너무 자극적이거나 SNS랑 동영상 사이트로만 전달되는 뉴스는 의심해 봐야 한대.
- 이제 뉴스조차 사실인지 아닌지 확인해야 하는 거야?

- 가짜 뉴스가 너무 감쪽같은 경우가 많아서 진짜와 가짜를 구별하는 게 점점 어려워집니다.
- 어떤 게 가짜 뉴스일 거 같은지 여러분들이 한번 머릿속으로 생각해 보세요.
- 정보들에 관해서 의문을 갖고 미디어를 읽어 내는 것은 우리 모두에게 필요한 능력이 되고 있습니다.

제7과 자취 생활 청소 꿀팁이래

目标： 能向他人转述自己听到的信息
语法： 间接引用的缩略形式，动词 (으)ㄴ/는 셈 치다，谓词 (으)면서도
词汇： 与信息相关的词汇，其他词汇

韩国人手机应用程序使用情况

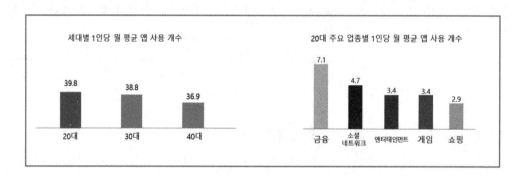

세대별 1인당 월 평균 앱 사용 개수

20대	30대	40대
39.8	38.8	36.9

20대 주요 업종별 1인당 월 평균 앱 사용 개수

금융	소셜 네트워크	엔터테인먼트	게임	쇼핑
7.1	4.7	3.4	3.4	2.9

　　某机构对韩国人每月平均使用的手机应用程序的个数和时间进行了调查，其结果显示，20~30岁的人每月平均使用的手机应用程序最多，达到39.8个，30~40岁的人为38.8个，40~50岁的人为36.9个。20~30岁的人每月平均使用手机应用程序的时间最长，达到147.8小时，他们每月平均使用的手机应用程序类型按数量排序分别为金融（7.1个）、社交（4.7个）、娱乐（3.4个）、游戏（3.4个）、购物（2.9个）等。从手机应用程序的使用时间来看，娱乐类最高，达到46.4小时，其次是社交、游戏、金融、购物、餐饮等。

이야기해 봅시다

1. 20대들이 가장 많은 시간을 쓰는 앱은 무엇입니까?
2. 여러분의 휴대폰에는 어떤 종류의 앱이 있습니까?

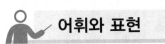 어휘와 표현

 与信息相关的词汇

팁 窍门，建议　　　꿀팁 妙招，秘诀　　　검색 检索，搜索　　　링크 链接

정보가 새롭다/다양하다/유용하다 信息很新/信息多样/信息有益

정보를 찾다/얻다/공유하다/제공하다 查找信息/获得信息/分享信息/提供信息

링크를 공유하다 分享链接

 其他词汇

공유 경제 共享经济　　　　　　　구독 경제 订阅经济

대여 出借，租赁　　　　　　　　구독료 订阅费

반납 交还，退回　　　　　　　　무제한 无限，不限制

공유하다 共享，共有　　　　　　구독하다 订阅

제공하다 提供　　　　　　　　　지불하다 支付

어휘와 표현 연습

1 빈칸에 알맞은 것을 골라 쓰십시오.

검색　꿀팁　링크　정보화

1) 해외 여행할 때 숙박비 줄이는 저만 아는 _____ 있는데 알려 드릴까요?

2) 홈페이지에 바로 가기 _____ 되어 있어서 편리하게 정보를 찾을 수 있다.

3) 컴퓨터에 있는 파일을 빠르게 찾고 싶을 때는 파일 _____ 프로그램을 이용하면 좋다.

4) _____ 사회란 정보가 중요한 자원이 되어 사회나 경제가 운영되고 발전되는 사회를 말한다.

2 빈칸에 알맞은 것을 골라 쓰십시오.

대여　반납　구독료　무제한　공유하다　구독하다　제공하다　지불하다

공유 경제	구독 경제

3 빈칸에 알맞은 것을 골라 쓰십시오.

얻다　공유하다　유익하다　제공하다

1) 가: 그런 정보들은 어디에서 봐요?

　나: 뉴스레터에서요. 최신 정보들을 무료로 _____ 곳들이 꽤 있어요. (−는)

2) 가: 유학 생활과 관련한 정보들을 볼 수 있는 곳이 있을까요?

　나: 이 앱 깔아 봐요. 유학 생활에 _____ 정보들을 한눈에 볼 수 있어요. (−(으)ㄴ)

3) 가: 해외 취업 정보를 _____ 싶은데 어디에서 찾아보면 될까요? (−고)

　나: 국가에서 운영하는 사이트가 있던데 잠시만요.

4) 가: 다음 달 워크숍 일정 좀 팀원들에게 _____. (−아/어 주다)

　나: 네, 알겠습니다.

뉴스레터 [名] 新闻简讯　　깔다 [动] 铺, 下载

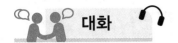 **대화** 🎧

1 왕린과 이은정이 자취 생활 청소 꿀팁에 대해 이야기하고 있습니다. 두 사람은 무슨 이야기를 할까요?

> **왕린:** 뭘 그렇게 보고 있어?
>
> **이은정:** 자취 생활 청소 꿀팁이래. 유익한 생활 정보가 많아서 자주 보는 블로그인데 처음 들어 보는 게 많네.
>
> **왕린:** 그런 거 효과 있어? 꿀팁이래서 따라 해 보면 잘 안되던데.
>
> **이은정:** 설명대로 안 한 거 아니야? 자, 들어 봐. 화장실이나 싱크대 배수구에 동전을 3~5개 정도 넣어 놓으면 냄새나 세균, 물때를 예방할 수 있대. 동전이 검게 변하면 콜라로 씻어서 재사용하면 되고. 나는 처음 알았는데 너 이런 거 알았어?
>
> **왕린:** 아니. 나도 처음 들어봐. 별로 어렵지도 않네. 또 있어?
>
> **이은정:** 그리고 섬유 유연제가 없을 때 따뜻한 물 200ml에 린스를 풀어서 넣어 주면 같은 효과가 있대.
>
> **왕린:** 그런 팁은 좋은데? 집에 있는 걸로 쓰면 되니까.
>
> **이은정:** 그리고 욕실 청소할 때 린스나 치약을 묻혀서 닦으래. 냄새도 없애 주고 찌든 때 제거하는 데 좋대. 치약은 내가 해 봤는데 효과 있어.
>
> **왕린:** 나는 아예 몰랐어. 화장실 청소할 때마다 냄새 때문에 고민이었는데 당장 해 봐야겠다.
>
> **이은정:** 이거 말고도 도움되는 내용이 많네. 내가 링크 공유할 테니까 한번 읽어 봐. 쉽게 할 수 있는 거라서 속는 셈 치고 해 봐도 좋을 것 같아.

• 섬유 유연제가 없을 때 대신 사용할 수 있는 것은 뭐예요?

• 욕실 청소는 어떻게 하는 것이 좋아요?

✏️ 싱크대 [名] 厨房水槽　　배수구 [名] 排水口　　세균 [名] 细菌　　물때 [名] 水垢，水锈
재사용하다 [动] 再用，重新利用　　섬유 유연제 [词组] 衣物柔顺剂　　린스 [名] 护发素
묻히다 [动] 沾上　　찌들다 [动] 浸渍，浸染　　때 [名] 污垢　　아예 [副] 根本，完全

2 다음은 공공 자전거에 대한 이야기입니다. 무슨 이야기를 할까요?

> 여러분 공공 자전거에 대해 잘 알고 계신가요?
>
> 공공 자전거는 정부나 지역 내 민간단체가 대여와 반납 체계를 갖춰 해당 지역의 주민 또는 방문객에게 빌려주는 자전거입니다. 주민들의 편의와 교통체증, 대기 오염 문제를 해결하기 위해 제공하는 것으로 이러한 공공 자전거 대여 제도를 '자전거 공유 서비스', 또는 '자전거 공유 시스템'이라고 합니다.
>
> 공공 자전거는 유럽에서 처음 시작되었고 2000년대 이후 전세계로 확산되었습니다. 현재 중국, 프랑스, 캐나다, 미국 등 여러 나라에서 운영되고 있습니다.
>
> 공공 자전거는 가격이 저렴하면서도 장점이 많아 인기가 높습니다. 대여, 반납 장소도 자유롭고 빌리는 횟수에도 제한이 없습니다. 서울시 공공 자전거의 경우 앱을 설치하고 회원 가입한 후에 이용권을 구매해서 사용하면 됩니다. 지방 소도시의 경우 관광지마다 대여소가 있고 무료로 운영되는 곳도 있어서 여행객들이 많이 이용한디고 합니다.
>
> 아직 이용해 보지 않으셨다면 이번 주말 공공 자전거를 타 보시는 건 어떨까요?

• 공공 자전거가 뭐예요?
• 서울시 공공 자전거를 이용하려면 어떻게 해야 해요?

민간단체 [名] 民间团体　　　방문객 [名] 访客　　　횟수 [名] 次数　　　제한 [名] 限制
이용권 [名] 使用券　　　소도시 [名] 小城市　　　대여소 [名] 租借处

대화 후 활동

1 자신이 들은 생활 정보 꿀팁에 대해 친구에게 전달해 보세요.

	들은 정보
집안일	· 옷에 땀자국이 생겼을 때는 땀자국 위에 레몬즙을 바른 후 2시간 뒤에 세탁하면 된다. ·
미용	· 아침에 얼굴이 부었을 때 냉수와 온수를 번갈아 가며 세안하면 좋다. ·
일상 생활	· 스마트폰으로 음악 들을 때 머그잔에 폰을 넣고 음악을 들으면 소리가 크게 들린다. ·

2 위 내용을 참고해서 〈보기〉와 같이 대화를 만들어 보세요.

	〈보기〉	1)	2)
㉠	날씨가 갑자기 더워져서 작년에 입었던 여름 옷을 꺼냈는데 땀자국이 노랗게 생기다.	아침마다 얼굴이 왜 이렇게 붓는지 모르겠다.	스마트폰으로 음악을 자주 듣는데 소리가 너무 작다.
㉡	땀자국 위에 레몬즙을 바른 후 2시간 뒤에 세탁하면 된다.	냉수와 온수를 번갈아 가며 세안하면 좋다.	머그잔에 스마트폰을 넣고 음악을 들으면 소리가 크게 들리다.

보기

가: ㉠날씨가 갑자기 더워져서 작년에 입었던 여름 옷을 꺼냈는데 땀자국이 노랗게 생겼어.

나: 그럴 때는 ㉡땀자국 위에 레몬즙을 바른 후 2시간 뒤에 세탁하면 된대.

가: 그래? 효과가 있을까?

나: 내가 해 봤는데 효과가 있더라고. 속는 셈 치고 한번 해 봐.

땀자국 [名] 汗渍　　세안하다 [动] 洗脸　　레몬즙 [名] 柠檬汁　　머그잔 [名] 马克杯

 **문법**

1. 间接引用的缩略形式

间接引用的缩略形式主要用于口语中。陈述句的缩略形式为 "-는대요/ㄴ대요/대요"，动词词干后接 "-는대요/ㄴ대요"，形容词词干后接 "대요"，"名词＋이다" 后接 "-래요"。疑问句的缩略形式为 "-내요"，共动句的缩略形式为 "-재요"，命令句的缩略形式为 "-(으)래요"。表示邀请或请求的 "-아/어 달라고 하다" 的缩略形式为 "-아/어 달래요"，但是请求对第三者产生影响时用 "-아/어 주래요"。

 이번 회의는 사장님도 오셔서 과장님께서 직접 진행하**신대요**.
这次会议总经理也会来，所以课长说他要亲自主持会议。

왕린은 대학원에 가서 한국어 공부를 더 해 보고 싶**대요**.
王琳说想读研，继续学习韩国语。

요즘 청년들에게 가장 인기가 많은 직업은 공무원이**래요**.
据说现在最受年轻人欢迎的职业是公务员。

엄마가 너 이따 저녁에 몇 시에 들어올 거**냬**.
妈妈问你晚上几点回来。

민지가 오랜만에 다 같이 자기 집에서 모이**재**.
敏智说好久没聚了，大家一起在她家聚聚。

내일은 할 일이 많으니까 다들 일찍 나오**래**.
明天要做的事情很多，让大家都早点儿来。

가: 이거 언제 묻었지? 볼펜 자국이라 안 지워지겠다.
　　这是什么时候画上的? 这是圆珠笔的笔迹，应该洗不掉了。

나: 볼펜 자국은 물파스로 문질러서 빨면 지워**진대**. 집에 가면 해 봐.
　　据说圆珠笔的笔迹用药水揉搓一下，渗透进去了就能洗掉。你回家试试吧。

가: 어제 오랜만에 은정이랑 통화했는데 너 잘 지내**냬**.
　　很久没联系了，昨天我和恩静通了电话，她问你过得怎么样。

나: 그래? 은정이 본 지 좀 됐는데. 연락 한번 해야겠네.
　　是吗? 好久没见到恩静了，我得跟她联系一下。

물파스 [名] (消炎)药水　　문지르다 [动] 揉，搓

2. 动词 (으)ㄴ/는 셈 치다

　　"–(으)ㄴ/는 셈 치다" 是惯用型，用于动词词干后，表示假定，即事情虽不是那样，但把此事认为或推定为那样，相当于汉语中的"就算，就当作"。用于动词词干后时，现在时态接 "–는 셈 치다"， 过去时态接 "–(으)ㄴ 셈 치다"。"–(으)ㄴ/는 셈 치다" 可用于形容词 "없다" 之后。

아까는 화가 나서 한 말이니까 못 들**은 셈 쳐**.
我刚才是在气头上说的话，你就当作没听到吧。

잃어버린 돈은 다른 일에 **쓴 셈 치**고 잊어버리세요.
丢了的钱就当用在别的地方了，忘了吧。

공부를 많이 못해서 이번 시험은 연습하**는 셈 치**려고요.
我没怎么复习，这次考试就当作练习了。

출장이지만 여행 가**는 셈 치**고 즐겁게 다녀와요.
虽然是出差，但就当去旅行了，旅途愉快。

월급의 반은 없**는 셈 치**고 꾸준히 저축해 보세요.
你就当工资减半了，要坚持储蓄。

졸업 전에 미리 사회 경험 쌓**는 셈 치**고 회사에서 실습을 해 보고 있어요.
我就当作毕业之前提前积累社会经验了，正在公司实习呢。

가: 오늘 도와줘서 고마웠어요. 저녁은 제가 살게요.
　　感谢您的帮助，我请您吃晚饭。

나: 아니에요. 별로 한 것도 없는데요. 저녁은 먹**은 셈 칠**게요.
　　不用了，也没做什么。我就当吃过晚饭了。

가: 이 화장품 요즘 광고 많이 하던데 진짜 미백에 효과 있나?
　　这个化妆品最近广告做得很多，真的有美白效果吗？

나: 후기는 좋더라. 속**는 셈 치**고 한번 사 봐.
　　我看商品评价挺好的，就算没效果，也不妨买来试试。

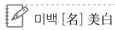
미백 [名] 美白

3. 谓词 (으)면서도

　　"–(으)면서도"是连接词尾，用于谓词词干后，表示转折，即同时出现两种相对立的行为或状态，相当于汉语中的"……的同时却……"。有收音的谓词词干后接"–으면서도"，无收音的谓词词干后接"–면서도"，"名词＋이다"后接"–면서도"。

친구와는 가까이 살**면서도** 서로 바빠서 자주 만나지 못해요.
虽然我和朋友住得很近，但是因为我们都很忙，所以也不能经常见面。

비슷하**면서도** 완전히 다른 의미를 가진 단어들이 존재한다.
有些单词看着很像，但是意思却完全不一样。

이 코트는 얇**으면서도** 따뜻해서 요즘 인기가 많대요.
这件大衣虽然薄，但是非常暖和，据说最近非常受欢迎。

그 사람에 대해 잘 모르**면서도** 안다고 말했어요.
我虽然不怎么认识那个人，但还是说了认识他。

동생은 자기가 잘못했**으면서도** 아니라고 계속 우겨요.
妹妹自己做错了还硬说没错。

가: 왜 그러세요? 무슨 일 있으세요?
　　怎么了？有什么事吗？

나: 아까 이 대리가 나를 봤**으면서도** 인사를 안 하더라고. 내가 뭐 실수했나?
　　刚才李代理见到我了却没跟我打招呼。是我做错了什么吗？

가: 드라마 촬영이 오랜만이신데 힘들지 않으셨나요?
　　您很久没拍电视剧了，这次拍摄很辛苦吧？

나: 연기를 어떻게 할지 고민이 컸는데 그 과정이 힘들**면서도** 너무 재미있었습니다.
　　我一直在考虑如何演这个角色，这个过程虽然很累，但也非常有意思。

우기다 [动] 硬要，硬来

문법 연습

1 〈보기〉와 같이 문장을 바꾸어 쓰십시오.

보기
장웨이: 제가 일찍 출근해서 회의 준비를 해 놓았어요.
⇨ 장웨이 씨가 일찍 출근해서 회의 준비를 해 놓았대요.

1) 직원: 저쪽에 있는 대기석에서 기다려 주세요.

⇨ _____

2) 동생: 지금 좀 바쁘니까 나중에 다시 통화하자.

⇨ _____

3) 왕린: 미리 모임 날짜는 정하는 건 어때?

⇨ _____

4) 의사 선생님: 이 회복 속도면 다음 주에 퇴원할 수 있습니다.

⇨ _____

2 〈보기〉와 같이 빈칸에 알맞은 것을 골라 쓰십시오.

보다 속다 없다 배우다 기부하다

보기
가: 내가 영화 보자고 해 놓고 예매하는 걸 깜박했어. 미안해.
나: 괜찮아. 영화는 본 셈 치고 밥이나 사.

1) 가: 이번 광고 대회에 작품 낸다면서? 방학인데 놀지도 못하겠네.

나: 응. 8월 말까지 제출해야 해서 방학은 _____ 준비해 보려고.

2) 가: 이 귀여운 토끼 달력은 뭐예요?

나: 버려진 토끼를 후원하는 달력이에요. _____ 해마다 사고 있어요.

3) 가: 마우스 바꿨어요? 모양이 독특하네요.

나: 손목 통증에 효과 있대서 _____ 사 봤는데 좋은 것 같아요.

4) 가: 너 요즘 센터에서 통역 봉사한다면서?

나: 응. 내 꿈이 통역사잖아. 미리 통역 일 _____ 즐겁게 하고 있어.

대기석 [名] 等待席   버려지다 [动] 被扔掉，被抛弃   토끼 [名] 兔子
후원하다 [动] 后援，支援

3 〈보기〉와 같이 알맞은 것을 연결하고 문장을 쓰십시오.

보기 요즘은 가격이 저렴하다 •   • ① 바빠서 안 하게 되다

1) 여자 친구는 옷이 많다 •   • ② 요리에는 통 관심이 없다

2) 엄마가 부르는 소리를 듣다 •   • ③ 늘 입을 옷이 없다고 하다

3) 제 친구는 먹는 걸 좋아하다 •   • ④ 품질이 좋은 전자 제품이 많다

4) 운동이 건강에 좋다는 걸 알다 •   • ⑤ 못 들은 척하고 대답을 안 하다

보기   요즘은 가격이 저렴하면서도 품질이 좋은 전자 제품이 많아요.

1) _____

2) _____

3) _____

4) _____

4 다음을 듣고 물음에 답하십시오.

1) 무엇에 대해 이야기하고 있습니까?

   ① 전자책의 인기 요인   ② 종이책의 활용 방법

   ③ 전자책과 종이책의 장단점   ④ 전자책과 종이책의 학습 효과 차이

2) 들은 내용과 <u>다른</u> 것을 고르십시오.

   ① 종이책은 다른 책과 함께 보거나 메모하기에도 좋다.

   ② 뇌와 눈은 전자파에 오래 노출되면 피로감을 느낀다.

   ③ 단시간 안에 정보를 습득하는 데는 전자책이 더 좋다.

   ④ 시각뿐만 아니라 촉각, 청각 등의 감각도 기억을 하는 데 필요하다.

3) 이 이야기의 중심 내용으로 맞는 것을 고르십시오.

   ① 전자 기기의 발달로 전자책을 읽는 사람들이 늘고 있다.

   ② 오래 기억을 하기 위해서는 전자책보다 종이책을 읽는 것이 좋다.

   ③ 정보를 습득할 때는 다른 정보와 연관시키면 기억하는 데 유리하다.

   ④ 전자책을 오래 보면 전자파로 인해 피로감을 느껴 집중력이 떨어진다.

뛰어나다 [形] 出众，卓越

5 다음을 읽고 물음에 답하십시오.

구독 서비스가 유행이다. 구독 서비스는 일정 금액을 지불하고 정기적으로 원하는 상품을 제공 받는 것을 의미한다. 예전에는 신문이나 잡지, 우유 배달 등 한정적인 분야에서 주로 이용되어 왔지만 최근 들어 구독의 대상과 영역이 확대되고 있다. 식음료 구독 서비스의 경우 와인에서부터 제철 나물, 빵 등과 같이 다양한 종류가 있는데 최근에는 개인의 취향을 분석해 적절한 제품을 추천해 주는 서비스 모델이 인기가 많다. 또 생활 용품과 같이 지속해서 소비가 필요한 상품을 제공받는 서비스도 있다. 그리고 또 다른 구독 서비스의 종류는 콘텐츠이다. 이 서비스는 영화·드라마·게임·전자책·음악 스트리밍처럼 디지털 플랫폼을 통해 무제한으로 제공하는 것으로 가장 많이 이용되고 있다. 이 외에도 자동차·명품 의류·기구 등의 상품을 원하는 만큼만 빌려 쓰는 것도 구독 서비스에 해당한다.

구독 서비스가 유행하는 배경에는 급속한 기술의 발전과 (㉠) 달라진 소비 트렌드가 있다. 구독 서비스의 핵심은 '상품을 사는 것'에서 '서비스를 경험하는 것'으로의 전환이라고 할 수 있다.

1) 구독 서비스가 유행하는 이유로 알맞은 것은 무엇입니까?

① 소비 트렌드가 달라져서

② 콘텐츠 이용을 많이 해서

③ 개인의 취향을 분석해 제품을 추천해 줘서

④ 지속적으로 소비하는 상품을 제공받고 싶어서

2) 이 글의 내용과 <u>다른</u> 것을 고르십시오.

① 최근 들어 구독 서비스가 다양해지고 있다.

② 콘텐츠 구독 서비스는 가장 많이 이용되고 있는 분야이다.

③ 구독 서비스가 유행하는 이유는 소비 트렌트가 달라졌기 때문이다.

④ 생활 용품 구독 서비스의 경우 취향을 분석해 적절한 제품을 추천해 준다.

3) ㉠에 들어갈 알맞은 것을 고르십시오.

① 게다가   ② 더불어   ③ 오히려   ④ 심지어

한정적 [名] 限定的，有限的   확대되다 [动] 扩大   식음료 [名] 饮料
제철 [名] 应季，当季   적절하다 [形] 合适，恰当   스트리밍 [名] 流媒体
트렌드 [名] 趋势，倾向   전환 [名] 转换   심지어 [副] 甚至

쓰기

1 다음 문법을 사용해서 제시된 표현을 한 문장으로 써 보십시오. 단, 제시된 표현의 순서는 바꾸지 마십시오.

-(으)면   -아야/어야   -(으)면서도   -(으)ㄴ/는 셈 치다   -대요   -아요/어요

1) 요즘 사람들을 보다 / 친구나 가족과 함께 있다 / 휴대폰을 보는 경우가 많다

   ⇨ _____

2) 월급의 10%는 없다 / 투자를 하다 / 노후 대비를 할 수 있다

   ⇨ _____

2 다음을 읽고 빈칸에 들어갈 말을 쓰십시오.

국가에서 시행하는 정책이나 정보 등에 관심을 가지는 젊은이들이 많지 않지만 실제로 우리에게 도움이 되는 것들이 의외로 꽤 많다. 그 중 하나가 정책 주간지 〈K-공감〉이다. 〈K-공감〉은 다양한 분야의 정책부터 일상 정보까지 다채로운 이야기를 담은 만화 잡지로 우리 생활에 도움이 되는 정부 정책을 알기 쉬우면서도 재미있게 전달하는 주간 잡지이다. 정부의 (㉠) 문화, 예술, 여행, 요리 등 다양한 일상생활 정보나 생활 속 꿀팁도 함께 볼 수 있어 유용하다. 〈K-공감〉은 무료로 배포되는 잡지로 관공서나 KTX 객실 내에 비치되어 있는데 〈K-공감〉이 운영하는 디지털 채널에서도 무료로 구독이 가능하다.

㉠_____

투자 [名] 投资   노후 대비 [词组] 养老准备   시행하다 [动] 实施，施行
정책 [名] 政策   의외로 [副] 意外地，出人意料地   주간지 [名] 周刊，周报
배포되다 [动] 发行，分发   비치되다 [动] 摆放，安置

정리하기

이것만은 꼭 외웁시다!

1) 가: 뭘 그렇게 보고 있어?

   你在看什么呢?

   나: 자취 생활 청소 꿀팁이래.

   说是独自生活的清扫妙招。

2) 가: 화장실 청소할 때마다 냄새 때문에 고민이었는데 당장 해 봐야겠다.

   每次打扫洗手间的时候，如何去除异味都是我的烦恼，我得马上试试。

   나: 쉽게 할 수 있는 거라서 속는 셈 치고 해 봐도 좋을 것 같아.

   都是很容易做的，就算不管用，也不妨试一下。

3) 가: 공공 자전거가 왜 인기가 많아요?

   共享单车为什么受欢迎呢?

   나: 가격이 저렴하면서도 장점이 많아 인기가 높아요.

   价格很便宜，优点很多，所以很受欢迎。

4) 가: 공공 자전거는 어떻게 이용할 수 있어요?

   怎样使用共享单车呢?

   나: 앱을 설치하고 회원 가입한 후에 이용권을 구매해서 이용하면 돼요.

   下载软件后，注册会员，购买使用券后就可以使用了。

핵심 어휘

名词

구독료 订阅费	꿀팁 妙招，秘诀	링크 链接
무제한 无限，不限制	정책 政策	

动词

공유하다 共享，共有	구독하다 订阅	재사용하다 再用，重新利用
제공하다 提供	지불하다 支付	시행하다 实施，施行

词组

링크를 공유하다 分享链接	노후 대비 养老准备

자기 평가

能够完成吗?	需再次复习	进入下一课!	
		良好	优秀
能向他人转述听到的信息吗?	无法完成	可以完成	非常好
能说出多少与信息相关的单词或词组?	0~3个	4~6个	7个以上
能灵活运用本课所学的语法吗?	无法完成	可以完成	非常好

제8과 당신도 알다시피 나는 그런 쪽에 별로 관심이 없어서

目标: 能说明美术馆或博物馆的展览信息
语法: 아무 名词 도, 动词 다시피, 谓词 (으)므로
词汇: 与观赏相关的词汇, 年代, 与展览、演出相关的词汇

韩国20多岁年轻人去美术馆的目的

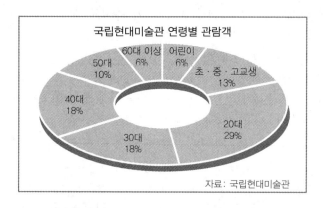

去年, 韩国国立现代美术馆对274万名参观者的年龄段进行了调查分析, 其结果显示, 20多岁的参观者占全体参观者的29%, 位居第一, 30多岁的参观者占18%, 40多岁的参观者占18%, 小学生、中学生和高中生总共占13%。20多岁的参观者不仅参观展览, 还将美术馆作为与朋友或恋人见面的场所。去年10月, 韩国国立现代美术馆和盖洛普调查机构以20多岁的男生和女生为对象, 对其去美术馆的目的进行了问卷调查(多选)。男生的调查结果为: 参观展览(87.1%)、联谊及见面场所(22.5%)、利用咖啡厅和图书馆等场所(16.2%)、拍摄SNS照片(9.5%)、参与文化活动(9.5%)等；女生的调查结果为: 参观展览(88.2%)、联谊及见面场所(23.5%)、利用咖啡厅和图书馆等场所(17.7%)、参与文化活动(17.7%)、拍摄SNS照片(5.9%)等。

이야기해 봅시다

1. 여러분은 박물관이나 미술관에 자주 가는 편이에요?
2. 한국의 20대들이 미술관에 자주 가는 이유는 뭐예요?

 与观赏相关的词汇

구경하다 观看，欣赏
집을 구경하다 看房子
벚꽃을 구경하다 赏樱花
시장을 구경하다 逛市场

감상하다 欣赏，赏玩
영화를 감상하다 看电影，观赏电影
음악을 감상하다 听音乐，欣赏音乐
그림을 감상하다 观赏画

관광하다 观光，游览
서울을 관광하다 游览首尔
베이징을 관광하다 游览北京

관람하다/재관람하다 观看/再观看
연극을 관람하다/재관람하다 观赏/再次观赏话剧
영화를 관람하다/재관람하다 观赏/再次观赏电影
전시회를 관람하다/재관람하다 观赏/再次观赏展览

관전하다 观战，观看
스포츠 경기를 관전하다 观看体育赛事

참관하다 参观，观摩
회의에 참관하다 参会
수업을 참관하다 观摩教学

年代

고대(기원전 4000년~5세기) 古代（公元前4000年~5世纪）

중세(5~15세기) 中世纪（5~15世纪）

근대(15~20세기) 近代（15~20世纪）

현대 (20세기~현재) 现代（20世纪到现在）

与展览、演出相关的词汇

구경꾼 看客，看热闹的人　　관광객 游客

관람객/재관람객 参观者，观众/再次参观者，再次观看者

참관인 参观人　　　　　　박람회 博览会　　　　　　전시회 展示会

연주회 演奏会　　　　　　시사회 首映式

어휘와 표현 연습

1 빈칸에 알맞은 것을 골라 쓰십시오.

> 구경하다   관람하다   관전하다   참관하다

1) 어제 야구 경기를 끝까지 ＿＿＿＿＿＿＿＿ 거의 자정에 집에 들어갔어요. (-느라고)

2) 저는 해외 여행을 가면 꼭 시장에 가는데 ＿＿＿＿＿＿＿＿ 재미가 쏠쏠해요. (-는)

3) 아이 학교 수업을 처음 ＿＿＿＿＿＿＿＿ 생각보다 수업 태도가 좋아서 기특했어요.
   (-(으)ㄴ/는데)

4) 영국 런던에는 수영복 차림으로 풀장에 들어가 음식을 먹으면서 영화를 ＿＿＿＿＿＿
   수 있는 영화관이 있습니다. (-(으)ㄹ)

2 빈칸에 알맞은 것을 골라 쓰십시오.

> 관광객   관람객   박람회   시사회

1) 가: 평일인데도 ＿＿＿＿＿＿ 꽤 있네. 젊은 사람들도 많고.

   나: 이 전시 SNS에서 요즘 엄청 인기잖아. 그래서 젊은 사람들이 많은 것 같아.

2) 가: 다음 주에 펫 ＿＿＿＿＿＿ 있는데 관심 있으면 같이 갈래? 반려동물 동반
   입장도 가능하대.

   나: 좋지. 거기 가면 다 사고 싶은 거 아닌가 모르겠다.

3) 가: 이탈리아에 있다는 이 마을 알아요? 4,000명이 사는 마을인데 한 해 찾아오는
   ＿＿＿＿＿＿ 300만 명이래요.

   나: TV에서 본 적 있어요. 동화 속 풍경 같아서 저도 가 보고 싶더라고요.

4) 가: 영화 ＿＿＿＿＿＿ 초대권이 생겼는데 전 일이 있어서 못 갈 것 같은데 혹시
   가실 수 있으세요?

   나: 와, 너무 좋지요. 개봉하면 보려고 했거든요.

✎ 쏠쏠하다 [形] 凑合，还可以   풀장 [名] 游泳池   펫 [名] 宠物
　동반 [名] 伴随，共同   동화 [名] 童话

3 빈칸에 알맞은 것을 골라 쓰십시오.

> 고대   근대   중세   현대

> 서양사의 시대 구분에 대해서는 다양한 의견이 존재하지만 보통 다음과 같이 네 시대로 구분한다. 먼저 _____ 시대는 역사가 시작된 시기로 기원전 4,000년 전부터 476년까지를 말한다. _____ 시대는 476년 이후부터 1453년까지를 말한다. _____ 시대는 15세기 르네상스에서 출발하여 20세기까지를 말한다. _____ 시대는 20세기부터 현재까지를 말한다.

서양사 [名] 西方史   르네상스 [名] 文艺复兴

 **대화** 🎧

1 최동민과 박지현이 드론 박람회에 대해 이야기하고 있습니다. 두 사람은 무슨 이야기를 할까요?

> **최동민:** 아까부터 왜 그렇게 휴대폰만 보고 있어? 뭐 재미있는 거라도 있어?
>
> **박지현:** 곧 있으면 민준이 방학이잖아. 당신도 나도 바빠서 이번 휴가 때는 아무 데도 못 가니까 드론 박람회에 가 볼까 하고 찾아보는 중이야.
>
> **최동민:** 드론 박람회? 그런 것도 있어?
>
> **박지현:** 작년부터 시작한 건데 괜찮은가 봐. 드론 쇼도 굉장히 화려하고 멋있어서 기사도 많이 났었어.
>
> **최동민:** 그래? 몰랐네. 당신도 알다시피 나는 그런 쪽에 별로 관심이 없어서.
>
> **박지현:** 민준이가 지난 학기에 문화 센터에서 드론 수업 들었었잖아. 요즘 부쩍 관심 있어 해서 가 보면 좋을 것 같아.
>
> **최동민:** 그래서 볼 만한 것들이 좀 있어?
>
> **박지현:** 최첨단 드론들을 볼 수 있고 시간 맞춰서 가면 드론 쇼도 볼 수 있대. 드론을 날려 보는 체험도 있는데 관람객이 많아서 미리 신청하면 좋대.
>
> **최동민:** 어디 봐 봐. 꽤 재미있겠는데? 다음 주에 반차 낼 수 있는데 나도 같이 갈까?
>
> **박지현:** 세 식구 같이 가면 더 좋지. 사전 등록을 하면 무료로 입장이 가능하다니까 내가 미리 등록해 놓을게.

- 드론 박람회에서는 무엇을 볼 수 있어요?
- 드론 박람회에 무료로 입장을 하려면 어떻게 해야 해요?

📝 부쩍 [副] 猛然，一下子　　최첨단 [名] 最先进，最尖端　　반차 [名] 半天假
사전 등록 [词组] 提前注册

2 서울 역사 박물관 개관 20주년을 맞이하여 박물관장이 축사를 합니다. 무슨 이야기를 할까요?

> 존경하는 시민 여러분!
>
> 오늘 단풍으로 곱게 물든 서울의 가을 하늘 아래서 시민 여러분들과 내외빈을 모시고 개관 20주년 축사를 하게 된 것을 영광으로 생각합니다.
>
> 2002년에 처음 문을 연 서울 역사 박물관은 지난 20여 년 동안 서울의 역사와 문화를 시민에게 알리고 서울을 대표하는 문화 공간으로서의 역할을 해 왔습니다. 그리고 서울 역사 박물관은 도시 서울의 조선 시대부터 현대까지의 역사를 담은 세계에서 유일한 박물관으로 잊혀져 가는 우리의 전통문화 유산을 분야별로 수집하고 보존해 왔습니다. 우리 박물관은 올해로 개관 20주년을 맞이하여 다양한 행사를 통해 그동안의 결실을 시민 여러분과 공유하려고 합니다. 특별히 어린이와 가족, 어른들을 위한 각종 체험과 문화 행사들이 풍성하게 마련되어 있으므로 꼭 방문하셔서 600년 서울의 역사와 서울 사람들의 이야기를 생생하게 느껴 보시기 바랍니다.
>
> 앞으로도 우리 박물관은 서울의 소중한 역사와 문화가 담긴 자료들을 수집하여 다음 세대에 전승하는 데 보다 적극적인 노력을 기울이겠습니다. 지난 20여 년 동안 시민 여러분이 보내 주신 애정에 감사드리며 앞으로도 변함없는 관심과 성원을 부탁드립니다.
>
> 감사합니다.

- 서울 역사 박물관은 어떤 박물관이에요?
- 서울 역사 박물관에서 다양한 행사를 마련한 이유는 뭐예요?

물들다 [动] 染上，沾染上　　내외빈 [名] 国内外来宾　　축사 [名] 祝词，贺词
서울 역사 박물관 [词组] 首尔历史博物馆　　유산 [名] 遗产　　보존하다 [动] 保存
개관 [名] 开馆　　결실 [名] 成果，果实　　생생하다 [形] 生动，鲜明
전승하다 [动] 传承，继承　　애정 [名] 情感　　성원 [名] 鼓舞，激励

대화 후 활동

1 여러분이 가 보고 싶은 미술관이나 박물관, 전시회에 대해 이야기해 보세요.

가 보고 싶은 곳	이유
베이징 고궁 박물관	세계 최대 규모의 궁궐이어서
루브르 박물관	모나리자를 실제로 보고 싶어서

2 가고 싶은 전시회에 대해 〈보기〉와 같이 대화를 만들어 보세요.

	〈보기〉	1)	2)
㉠	예술의 전당에서 〈반고흐전〉을 하다	국립 중앙 박물관에서 〈이집트전〉을 하다	
㉡	반고흐는 교과서에도 나오다	피라미드는 알다	
㉢	또 언제 할지 모르는 전시회이다	전부터 보고 싶었던 전시회이다	

보기

가: 다음달에 ㉠예술의 전당에서 〈반고흐전〉을 한다는데 같이 갈래?

나: 글쎄. 너도 알다시피 나는 그런 쪽에 별로 관심이 없어서.

가: 잘 몰라도 ㉡반고흐는 교과서에도 나오잖아. ㉢또 언제 할지 모르는 전시회라서 꼭 가 보고 싶어.

나: 알았어. 그럼 같이 가.

고궁 [名] 故宫　　규모 [名] 规模　　궁궐 [名] 宫殿，宫阙　　루브르 [名] 卢浮宫
예술의 전당 [词组] 艺术的殿堂　　　　　　　반고흐전 [名] 凡·高展
국립 중앙 박물관 [词组] (韩国)国立中央博物馆　　이집트전 [名] 埃及展
피라미드 [名] 金字塔

문법

1. 아무 名词 도

"아무"不特指某一个人或物，相当于汉语中的"什么""任何"。"아무 ……도"后只接否定句。"아무도"表示"任何人都"，"아무것도"表示"任何东西都"，"아무 데도"表示"任何地方都"。"아무 ……도"主要与"약속(约定)，계획(计划)，일(事情、工作)，말(话)，소식(消息)，연락(联系、联络)，정보(信息)"等名词搭配使用。

지금은 **아무도** 만나고 싶지 않다.
我现在谁也不想见。

집에 먹을 게 **아무것도** 없는데 뭐 좀 사 갈까?
家里什么吃的都没有了，买点儿什么回去吗？

휴가 때는 **아무 데도** 안 가고 그냥 집에서 쉴 거예요.
放假的时候，我哪儿也不去，就想在家休息。

아무 일도 안 하면서 불평만 하는 사람이 제일 싫어요.
我最讨厌什么事都不做只会发牢骚的人。

자료를 좀 찾아야 하는데 **아무 정보도** 없어서 막막해요.
我得查一些资料，什么信息都没有，很茫然。

이 일은 비밀이니 **아무한테도** 말하지 마세요.
这件事是个秘密，请不要对任何人说。

가: 강의실에 **아무도** 없던데 오늘 휴강이에요?
　　教室里一个人都没有，今天停课了吗？

나: 강의실이 바뀌어서 단체 문자를 보냈는데 못 받으셨어요?
　　换教室了，发了群消息，你没有收到吗？

가: 검사 전날 저녁 9시 이후에는 **아무것도** 드시면 안 됩니다.
　　体检的前一天晚上9点以后请不要吃任何东西。

나: 네. 그럼 9시 전에는 먹어도 되는 거죠?
　　好的。那9点前吃东西是可以的吧？

불평 [名] 不满，不平　　막막하다 [形] 茫然

2. 动词 다시피

    "–다시피"是连接词尾，常用于"알다，보다，느끼다，짐작하다"等动词后，表示正如听者所感知的那样，相当于汉语中的"正如……一样"。也可以用于一般动词后，使用"–다시피 하다"的形式，表示虽然实际上不是那样，但基本上就像做该动作或行为一样，相当于汉语中的"就像……一样""基本上跟……一样"。"–다시피 하다"前还可以接"있다，없다"。

보시**다시피** 이 디자인이 깔끔하고 예뻐서 많이 팔려요.
如你所见，这款产品的设计干净、漂亮，所以卖得很好。

모두 아시**다시피** 경기 침체로 올해 매출이 많이 감소했습니다.
众所周知，由于经济不景气，今年的销量减少了很多。

전에 말씀드렸**다시피** 그것은 사실이 아닙니다.
就像之前跟您说的那样，那不是事实。

한때는 게임을 좋아해서 PC방에서 살**다시피 했**시.
我一度特别喜欢打游戏，那时几乎就像住在了网吧一样。

내일 회의 준비를 하느라 거의 밤을 새우**다시피 했**어요.
我为了准备明天的会议，昨晚几乎熬了通宵。

가뭄이 심해 저수지의 물이 말라서 거의 없**다시피 했**다.
干旱严重，蓄水池里的水都干了，几乎没有了。

가: 여러분도 알**다시피** 다음 주부터 시험이 시작되니 준비 잘하세요.
如大家所知，考试从下周开始，请大家好好准备。

나: 네, 알겠습니다.
好的。知道了。

가: 요즘 김 교수님 뵙기가 어려운 것 같아요. 많이 바쁘신가 봐요.
最近很难见到金教授。他好像很忙。

나: 연구실에서 거의 살**다시피 하**셔서 연락이 잘 안 되실 거예요.
金教授几乎就像是住在研究室一样，估计很难联系到他。

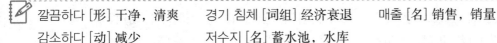

깔끔하다 [形] 干净，清爽   경기 침체 [词组] 经济衰退   매출 [名] 销售，销量
감소하다 [动] 减少   저수지 [名] 蓄水池，水库

3. 谓词 (으)므로

　　"–(으)므로"是连接词尾，用于谓词词干后，表示原因、根据，相当于汉语中的"因为"。有收音的谓词词干后接"–으므로"，无收音的谓词词干、"名词＋이다"后接"–므로"。多用于报告、论文、报纸等书面文章中，或者使用在广播通知、发表、新闻报道等正式场合的发言中，不能用于祈使句和共动句中。

위 학생은 성적이 우수하고 타인의 모범이 되**므로** 이 상을 수여합니다.
以上学生成绩优异，是其他学生的榜样，特此颁发奖状。

전기 주전자 바닥에 물이 닿으면 고장의 원인이 되**므로** 주의해야 한다.
电水壶壶底沾水是导致故障的原因，得多注意。

전시물에 영향을 미치**므로** 조명을 이용한 사진 촬영을 하지 마십시오.
因为会对展品有影响，拍照时请不要使用闪光灯。

인간은 사회적 동물이**므로** 사회를 떠나서는 살 수 없다.
人类是社会性动物，所以离开社会是无法生存的。

이곳은 소방차 전용 구역이**므로** 주차하시면 안 됩니다.
这个地方是消防车专用区域，所以不能停车。

경기에 졌지만 최선을 다했**으므로** 아쉬움은 없습니다.
我虽然输了比赛，但是已经尽了全力，没什么可遗憾的。

타인 [名] 他人，别人　　　　모범 [名] 模范，榜样　　　수여하다 [动] 授予，颁发

전시물 [名] 展品，展览品　　소방차 [名] 消防车　　　전용 [名] 专用

 **문법 연습**

1 〈보기〉와 같이 빈칸에 알맞은 것을 골라 쓰십시오.

> 아무도　　아무것도　　아무 데도　　(아무한테도)　　아무 소리도

보기　회사 일이 바빠서 아직 <u>아무한테도</u> 청첩장을 주지 못했어요.

1) 사람이 _____ 살지 않는 섬을 무인도라고 합니다.

2) _____ 들리지 않는데 무슨 소리가 난다는 거예요?

3) 저는 이쪽 분야의 일은 _____ 모르는데 제가 도움이 될까요?

4) 여기는 길이 복잡하니까 _____ 가지 말고 여기에서 기다리고 있어요.

2 〈보기〉와 같이 빈칸에 알맞은 것을 골라 쓰십시오.

> 듣다　　알다　　(보다)　　만나다　　새우다

보기　가: 이 자전거 지난주에 여기에서 구입했는데 <u>보시다시피</u> 덜그럭덜그럭 소리가 나요.
　　　　나: 수리가 가능한지 한번 확인해 볼 테니 두고 가시겠어요?

1) 가: 일찍 가도 도서관에 자리가 없겠죠?

　　나: 네. _____ 지금 시험 기간이잖아요. 그래도 혹시 모르니 일찍 가 봐요.

2) 가: 어제 _____ 내일 회식에는 모두 참석해 주세요.

　　나: 네, 알겠습니다.

3) 가: 발표 준비 때문에 잠을 못 잤나 보네요. 피곤해 보여요.

　　나: 네. 발표 준비하느라고 밤을 _____ 했어요.

4) 가: 어제도 여자 친구 만났다고 하더니 오늘 또 만나?

　　나: 응. 요즘 거의 매일 _____ 해.

✎ 청첩장 [名] 请帖，请柬　　무인도 [名] 荒岛，无人岛　　분야 [名] 领域，方面
덜그럭덜그럭 [副] 咯噔咯噔

3 〈보기〉와 같이 알맞은 것을 연결하고 문장을 쓰십시오.

보기 공연이 곧 시작되다 • • ① 적당히 하는 것이 좋다

1) 이웃집에 피해를 주다 • • ② 휴대폰을 꺼 주시기 바라다

2) 중국에서는 빨간색이 행운을 뜻하다 • • ③ 대중교통을 이용하시기 바라다

3) 과한 운동은 몸에 무리를 주다 • • ④ 저녁에는 청소기를 돌리지 말다

4) 폭설로 인해 교통 혼잡이 예상되다 • • ⑤ 축하의 마음을 전할 때 빨간색 봉투를 사용하다

보기 공연이 곧 시작되므로 휴대폰을 꺼 주시기 바랍니다.

1) _____

2) _____

3) _____

4) _____

4 다음을 듣고 물음에 답하십시오.

1) 여자가 전시회에 자주 가는 이유는 무엇입니까?

① 특색 있고 재미있어서

② 그림에 대해 잘 알아서

③ 미술 감상하는 게 좋아서

④ 전시회 분위기가 편안해서

2) 들은 내용과 다른 것을 고르십시오.

① 각종 전시 일정을 알려 주는 앱이 있다.

② 여자는 작업실이 전시장인 전시회에 다녀왔다.

③ 남자는 그림은 잘 모르지만 전시회에 자주 간다.

④ 이 전시회에서는 그림뿐만 아니라 미술 관련 책도 볼 수 있다.

3) 전시회에 대한 남자의 생각으로 알맞은 것을 고르십시오.

① 낙관적이다　　② 부정적이다　　③ 친화적이다　　④ 현실적이다

무리 [名] 超负荷，吃不消　　혼잡 [名] 混乱，杂乱　　작업실 [名] 工作室

도구 [名] 工具，道具　　수집하다 [动] 收集

5 다음을 읽고 물음에 답하십시오.

> 미술관이나 박물관은 오랫동안 사진 촬영이 금지되었던 대표적인 공간이었다. 미술관의 경우 카메라 플래시가 작품을 훼손할 위험이 있다는 이유 때문이었다. 그러나 2014년부터 메트로폴리탄 미술관이나 루브르 박물관 등 해외의 많은 유명 미술관들과 박물관들이 사진 촬영을 허가하기 시작했다. 이에 프랑스 문화부도 2014년 7월부터 '프랑스의 모든 미술관 및 박물관, 기념 시설에서 사진을 찍을 수 있다'는 내용의 조례를 제정했다. (㉠) 파리 오르세 미술관의 경우 문화부의 이러한 결정에 반대해 사진 촬영을 계속 금지했는데 문화부의 조례는 의무 사항이 아니므로 강제할 수 없었다. 이듬해 프랑스 문화부 장관은 오르세 미술관을 방문해 유명한 그림 앞에서 사진을 찍었고 이를 SNS에 올렸는데 이 사진이 큰 논란을 일으켰다. 일반 관람객들은 사진을 찍을 수 없는데 장관이 사진을 찍어 올린 것은 특혜라는 주장이 쏟아지며 오르세 미술관의 입장이 곤란해진 것이다. 며칠 뒤 오르세 미술관은 작품을 훼손시키지 않는 선에서 사진 촬영을 허용한다는 발표를 했고 이때부터 사진 촬영이 가능해졌다.

1) 이 글은 무엇에 대해서 이야기하고 있습니까?
   ① 프랑스 문화부의 조례 제정 배경
   ② 프랑스 문화부 장관의 오르세 미술관 방문
   ③ 오르세 미술관이 사진 촬영을 허가하게 된 과정
   ④ 미술관이나 박물관에서 사진 촬영을 금지한 이유

2) 이 글의 내용과 같은 것을 고르십시오.
   ① 프랑스 문화부의 조례는 반드시 따라야 하는 의무 사항이다.
   ② 지금도 해외 많은 유명 미술관과 박물관들은 사진 촬영을 금지하고 있다.
   ③ 2014년에 프랑스 문화부는 미술관 및 박물관에서 사진 촬영을 허가한다는 내용의 조례를 제정했다.
   ④ 프랑스 문화부 장관이 오르세 미술관의 그림 앞에서 사진을 찍은 것은 오르세 미술관이 특별히 사진 촬영을 허가했기 때문이다.

3) ㉠에 들어갈 알맞은 것을 고르십시오.
   ① 결국   ② 그리고   ③ 따라서   ④ 하지만

플래시 [名] 闪光灯   훼손하다 [动] 损坏，破坏   메트로폴리탄 [名] 大城市，大都会
문화부 [名] (韩国)文化部   조례 [名] 条款，规定   제정하다 [动] 制定
사항 [名] 事项   강제하다 [动] 强制，强迫   장관 [名] 部长，长官
특혜 [名] 特惠   선 [名] 线，范围

 **쓰기**

1 다음 문법을 사용해서 제시된 표현을 한 문장으로 써 보십시오. 단, 제시된 표현의 순서는 바꾸지 마십시오.

| –다시피 | –(으)므로 | –(으)ㄴ/는 | –(으)ㄹ 때 | –기 바라다 | ㅂ니다/습니다 |

1) 보다 / 이 그림은 누구나 알다 / 유명한 그림을 패러디한 것이다

⇨ _____

2) 이 역은 승강장과 열차 사이가 넓다 / 내리고 타다 / 조심하다

⇨ _____

2 다음을 읽고 빈칸에 들어갈 말을 쓰십시오.

전시는 잘 알고 기는 사람도, 이무것도 모르고 접하는 사람도 어렵다. 그래서 전시를 보러 갈 때는 도슨트 프로그램을 신청해 (㉠) 유용하다. 도슨트는 '가르치다' 라는 라틴어에서 유래한 말로 주로 미술관이나 박물관에서 작품을 설명하는 사람을 의미한다. 도슨트는 1835년 영국에서 처음 생긴 뒤 세계 각국으로 확산되었고 한국에는 1995년에 도입되었다. 예전에는 작품 이해의 도우미 정도로 인식되었으나 최근 들어 일부 관람객과 잘 소통하며 작품을 쉽고 재미있게 설명하는 일부 도슨트들이 SNS로 유명해지면서 홍보 전면에 도슨트를 내세우는 전시 기획사들도 늘고 있다.

㉠ _____

패러디하다 [动] 模仿　　　도슨트 [名] 讲解员　　　라틴어 [名] 拉丁语
도우미 [名] 帮手, 讲解员　　　소통하다 [动] 交流, 沟通　　　전면 [名] 首位, 前面
내세우다 [动] 推出, 打出

정리하기

이것만은 꼭 외웁시다!

1) 가: 이번 휴가 때는 아무 데도 못 가니까 드론 박람회에 가 볼까 하고 찾아보는 중이야.
  这个假期哪儿都去不了，我想要不要带他去无人机博览会看看，正在查呢。

  나: 드론 박람회? 그런 것도 있어?
  无人机博览会？还有这样的地方？

2) 가: 작년부터 시작한 건데 괜찮은가 봐.
  从去年开始的，好像还不错。

  나: 그래? 몰랐네. 당신도 알다시피 나는 그런 쪽에 별로 관심이 없어서.
  是吗？我都不知道。你也知道，我对这些不怎么感兴趣。

3) 가: 서울 역사 박물관에서 개관 20주년 행사를 한다는데 같이 갈래?
  首尔历史博物馆有开馆二十周年活动，你想一起去看看吗？

  나: 좋지. 그렇지 않아도 뉴스에서 보고 가 보고 싶었어.
  好啊。我在新闻上看到了，你不说我也正想去呢。

4) 가: 박물관에서 특별히 준비한 행사가 있습니까?
  博物馆里有什么特别的活动吗？

  나: 네. 어린이와 가족, 어른들을 위한 각종 체험과 문화 행사들이 풍성하게 마련되어 있으므로 꼭 참가해 주시기 바랍니다.
  是的。为亲子家庭、成人等准备了丰富的体验活动，请大家一定来参加。

핵심 어휘

名词

개관 开馆	구경꾼 看客，看热闹的人	관광객 游客
관람객 参观者，观众	박람회 博览会	시사회 首映式
전시회 展示会	전시물 展品，展览品	축사 祝词，贺词

动词

관람하다 观看	관전하다 观战，观看	참관하다 参观，观摩

形容词

생생하다 生动，鲜明

자기 평가

能够完成吗?	需再次复习	进入下一课!	
		良好	优秀
能说明美术馆或博物馆的展览信息吗？	无法完成	可以完成	非常好
能说出多少与观赏相关的单词或词组？	0~8个	9~17个	18个以上
能灵活运用本课所学的语法吗？	无法完成	可以完成	非常好

제9과 가짜 뉴스가 넘치는 탓에 이제 기사를 봐도 의심부터 하게 된다니까

目标: 能理解新闻报道中的信息
语法: 谓词(으)ㄴ/는 탓에, 名词 조차, 名词 에 관해(서)
词汇: 与新闻相关的词汇

韩国的新闻传播情况

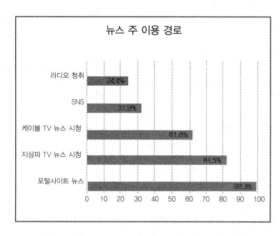

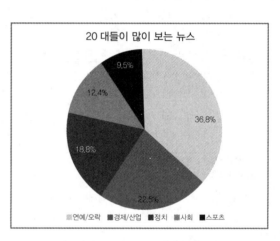

　　某机构以1000名成人智能手机使用者为对象，对新闻的传播情况进行了问卷调查。对新闻传播途径的调查结果显示（多选），通过门户网站浏览新闻的人数最多，占99.3%，其次是通过无线电视台（81.5%）、有线电视台（61.6%）、社交媒体（31.9%）和广播（24.4%）等。另外，还有通过订阅报纸或登录媒体、电视台的网站获取新闻的情况。对新闻类型的调查结果显示（单选），20多岁的年轻人比较喜欢看娱乐新闻，占36.8%，其次是经济/产业（22.5%）、政治（18.8%）、社会（12.4%）、体育（9.5%）。

이야기해 봅시다

1. 여러분은 어떤 매체를 통해 뉴스를 봐요?
2. 여러분이 즐겨 보는 뉴스 분야는 뭐예요?

 어휘와 표현

与新闻相关的词汇

기사 新闻报道	녹음 录音	녹화 录像
동영상 视频	미디어 媒体，传媒	신문사 报社
신문지 报纸	언론 媒体，舆论	발행 发行
보도 报道	영상 图像，影像	화면 画面，屏幕
출처 出处，来源		

구별하다 区分，辨别	넘치다 充满，溢出	알려지다 传开，得知，出名
인용하다 引用	조작하다 操作，操纵	전파되다 传播，传入
퍼지다 传开，扩散	유포하다 散布，流传	

허위 댓글 虚假回复，虚假评论

근절 대책 根治措施，根除措施

가짜 뉴스가 넘치다/퍼지다/전달되다 虚假新闻泛滥/传开/传播

가짜 뉴스를 유포하다/퍼뜨리다 散布虚假新闻

소문이 확산되다 传闻扩散

🧑‍🏫 어휘와 표현 연습

1 알맞은 것을 연결하십시오.

1) 정보를 전송하는 매체 • • ① 출처

2) 어떠한 사실을 알리는 글 • • ② 보도

3) 사물이나 말 등이 생기거나 나온 근거 • • ③ 기사

4) 대중 매체를 통해 사람들에게 새로운 소식을 알림 • • ④ 미디어

2 빈칸에 알맞은 것을 골라 쓰십시오.

구별하다	알려지다	인용하다	조작하다

1) 다른 사람의 글을 _____ 때는 반드시 출처를 밝혀야 한다. (-(으)ㄹ)

2) 일부 선수들이 돈을 받고 경기 승부를 _____ 것이 드러났다. (-(으)ㄴ)

3) 정보의 홍수 속에서 진짜 정보와 가짜 정보를 _____ 안목이 필요하다. (-는)

4) 저녁에 사과를 먹으면 건강에 좋지 않다는 것은 잘못 _____ 사실이다. (-(으)ㄴ)

3 빈칸에 알맞은 것을 골라 쓰십시오.

확산	허위	넘치다	유포되다

> 가짜 뉴스가 _____ 시대이다. (-는) 상업적 이익을 위해 혹은 남을 해할 목적으로 만들어진 정보들이 마구 _____ 있다. (-고) 공인이나 연예인뿐만 아니라 일반 개인의 사생활까지도 공개되는 요즘, 누구나 가짜 뉴스의 피해자가 될 수 있다. 가짜 뉴스나 이런 글에 달리는 _____ 댓글로 인해 피해를 입는 사례도 허다하니 이런 시대에 어떻게 살아남아야 할지 심각하게 고민해야 한다. 이런 가짜 뉴스의 _____ 전 세계적인 현상이지만 그 피해가 갈수록 심각해지고 있으므로 정부 차원의 가짜 뉴스 근절 대책 마련이 시급하다.

📝 혹은 [副] 或者   상업적 [名] 商业性的   마구 [副] 大肆，厉害

허다하다 [形] 许多，很多   살아남다 [动] 生存下来   차원 [名] 层面，维度

시급하다 [形] 紧急，紧迫

 **대화** 🎧

1 김민지와 친구가 가짜 뉴스에 대해 이야기하고 있습니다. 무슨 이야기를 할까요?

> **김민지:** 며칠 전에 지하철에서 여자가 쓰러졌는데 아무도 안 도와줬다는 글 때문에 난리였잖아. 그게 가짜 뉴스였대.
>
> **친구:** 며칠 동안 그 기사 때문에 거기 있었던 사람들 엄청 욕 먹었잖아.
>
> **김민지:** 맞아. 각종 포털 사이트에서 보도되면서 더 난리였지.
>
> **친구:** 근데 그게 가짜 뉴스였던 거야?
>
> **김민지:** 그렇대. 그때 지하철에서 119에 여자가 쓰러졌다고 신고했던 사람이 인터넷에 글을 올리면서 사실이 밝혀진 것 같더라고. 역무원이 CCTV 를 확인했는데 그 현장에 있던 모든 사람들이 쓰러진 여자를 돕는 분위기였대.
>
> **친구:** 그럼 누가 쓴 지도 모르는 글을 확인도 안 하고 기자들이 인용해서 기사를 쓴 거네.
>
> **김민지:** 그런 거지. 그런 식의 가짜 뉴스가 넘치는 탓에 이제 기사를 봐도 의심부터 하게 된다니까.
>
> **친구:** 얼마 전에 봤는데 내용이 너무 자극적이거나 SNS랑 동영상 사이트로만 전달되는 뉴스는 의심해 봐야 한대. 출처가 분명한지도 확인해야 하고.
>
> **김민지:** 이제 뉴스조차 사실인지 아닌지 확인해야 하는 거야?
>
> **친구:** 그렇지. 가짜 뉴스의 잘못된 정보 때문에 피해를 입는 사람들이 생기니까 뉴스를 구별하는 안목도 길러야 할 것 같아.

- 어떤 가짜 뉴스가 있었어요?
- 가짜 뉴스를 구분하는 방법은 뭐예요?

🖉 쓰러지다 [动] 昏倒, 晕倒　　욕(을) 먹다 [词组] 挨骂　　밝혀지다 [动] 被查明, 真相大白
난리 [名] 乱成一团, 混乱　　자극적 [名] 刺激性的, 挑逗性的　　역무원 [名] 站务员
현장 [名] 现场

2 다음은 가짜 뉴스 구별 교육에 관한 뉴스입니다. 무슨 이야기를 할까요?

> **앵커:** 뉴스와 정보가 넘치는 시대, 가짜 뉴스가 너무 감쪽같은 경우가 많아서 진짜와 가짜를 구별하는 게 점점 어려워집니다. 최근 각종 미디어의 정보를 읽어 내는 능력이 중요해지면서 이와 관련된 교육이 국내에서도 확대되고 있습니다. 김주영 기자가 전해 드립니다.
>
> **기자:** 한 중학교의 수업 시간입니다. 학생들이 컴퓨터로 가짜 뉴스를 만들어 보는 실습을 하고 있습니다.
>
> **강사:** 이 중에 가짜 뉴스가 숨어 있습니다. 어떤 게 가짜 뉴스일 거 같은지 여러분들이 한번 머릿속으로 생각해 보세요.
>
> **기자:** 간단한 프로그램으로 글자와 사진을 바꿨을 뿐인데 화면에서 접하는 뉴스는 진짜와 가짜를 구별하기 어렵습니다. 직접 뉴스를 만들어 보면서 학생들은 일상에서 접하는 정보들이 가짜일 수 있다는 의문을 갖게 됐다고 말합니다. 가짜 뉴스가 범람하는 시대에 이처럼 정부들에 관해서 의문을 갖고 미디어를 읽어 내는 것은 우리 모두에게 필요한 능력이 되고 있습니다. 올해 60여 개 중학교에서 진행됐던 이 교육은 내년에 전국 600여 개 학교로 확대될 예정입니다.

- 지금 학생들은 어떤 실습을 하고 있어요?
- 가짜 뉴스가 넘쳐나는 시대에 우리에게 필요한 능력은 뭐예요?

감쪽같다 [形] 以假乱真，出神入化　　실습 [名] 练习，实习
머릿속 [名] 头脑里，脑海中　　접하다 [动] 接触到，得到　　의문 [名] 疑问，疑点
범람하다 [动] 泛滥，充斥

대화 후 활동

1 최근에 들은 소문에 대해 〈보기〉와 같이 이야기해 보세요.

소문
최근에 드라마에 함께 출연했던 남녀 주인공이 곧 결혼하다.

> 보기   그 소문 들었어? <u>최근에 드라마에 함께 출연했던 남녀 주인공이 곧 결혼한대.</u>

2 소문이 만들어지는 원인에 대해 〈보기〉와 같이 대화를 만들어 보세요.

〈보기〉	1)	2)
새롭고 자극적인 탓에 사람들이 좋아하다	주목 받고 싶은 욕구가 있기 때문이다	

> 보기
>
> 가: 요즘 연예인과 관련된 소문이 정말 많은 것 같아. 대체 그런 소문은 왜 만드는 걸까?
>
> 나: <u>새롭고 자극적인 탓에 사람들이 좋아한대.</u>
>
> 가: 요즘은 그런 소문에도 명예 훼손으로 대응하는 경우가 많으니 조심해야 할 것 같아.

✎ 출연하다 [动] 出演，扮演   욕구 [名] 欲望，欲求   명예 훼손 [词组] 损害名誉，诽谤
대응하다 [动] 对应，应对

 **문법**

1. 谓词 (으)ㄴ/는 탓에

　　"-(으)ㄴ/는 탓에"是惯用型，用于谓词词干后，表示前面的内容是出现后面不好的结果的原因或理由，相当于汉语中的"由于""因为"。动词词干后接"-는 탓에"，有收音的形容词词干后接"-은 탓에"，无收音的形容词词干、"名词＋이다"后接"-ㄴ 탓에"，名词后接"탓에"。

 　여기는 도로가 좁**은 탓에** 출퇴근 시간에는 교통이 매우 혼잡해요.
　　由于此处道路狭窄，上下班时间交通非常拥堵。

　면접에서 너무 긴장**한 탓에** 제대로 실력을 발휘하지 못했어요.
　　我面试的时候太紧张了，没发挥出实力。

　제 동생은 성격이 급**한 탓에** 실수를 자주 하는 편이에요.
　　我弟弟的性格太急躁，所以总是出错。

　계획 없이 소비를 하**는 탓에** 생활비가 늘 부족해요.
　　我由于花钱无计划，所以生活费总是不够。

　저는 소심한 성격 **탓에** 남의 말에 쉽게 상처받아요.
　　由于我性格拘谨，很容易因别人的话受到伤害。

　추위가 빨리 찾아**온 탓에** 농작물 수확량이 작년에 비해 감소했다.
　　由于冷空气过早到来，农作物的产量比去年减少了很多。

가: 왜 이렇게 늦었어? 행사 준비할 게 많으니 빨리 오라고 했잖아.
　　为什么迟到了？活动要准备的东西很多，我不是让你早点儿来了嘛。

나: 미안해. 빨리 오려고 했는데 유미가 늑장을 부리**는 탓에** 늦었어.
　　抱歉。我本来想早点儿来的，裕美一直磨磨蹭蹭的，所以晚了。

가: 주말에 야구 경기는 잘 보고 왔어요?
　　周末看棒球比赛了吗?

나: 아니요. 비가 많이 내**린 탓에** 경기가 취소됐어요.
　　没有。因为下雨，比赛取消了。

혼잡하다 [形] 拥挤，混乱　　발휘하다 [动] 发挥　　농작물 [名] 农作物，庄稼
수확량 [名] 产量，收成　　늑장을 부리다 [词组] 磨蹭，拖拉

2. 名词 조차

"–조차"是助词，用于名词后，表示包含，相当于汉语中的"就连……都……" "甚至……也……"。"–조차"常用于否定句或极端的情况中。

침**조차** 삼키기 힘들 정도로 목이 많이 부었어요.

我嗓子肿得连咽唾沫都很难受。

어제는 퇴근하고 너무 피곤해서 세수**조차** 못하고 그냥 잤어요.

我昨天下班太累了，都没洗漱就直接睡觉了。

졸업한 지 오래돼서 친구들의 이름**조차** 기억이 나지 않는다.

毕业太久了，我连同学们的名字都想不起来了。

여자 친구**조차** 날 못 믿는다고 하니 어떻게 해야 할지 모르겠어요.

就连我女朋友都说不相信我，我不知道我该怎么办了。

이번 시험에 떨어질 거라고는 상상**조차** 못했어요.

我完全没想到这次考试会落榜。

숨**조차** 크게 쉴 수 없을 정도로 요즘 사내 분위기가 안 좋아요.

最近公司的氛围非常不好，我连大气都不敢喘。

가: 다음 주 프레젠테이션 준비는 다 했어요?

下周的广告计划书都准备好了吗?

나: 하던 일을 다 못 끝내서 아직 시작**조차** 못했어요.

我之前做的事还没弄完，现在还没开始做呢。

가: 너 대학 때 생각나? 우리 과에서 제일 인기 많았던 애한테 고백했었잖아.

你还记得大学的时候吗? 那个时候你不是跟咱们系里最受欢迎的女生告白了嘛。

나: 그 얘길 왜 해. 바로 거절당한 게 너무 창피해서 그 일은 기억**조차** 하기 싫어.

怎么还提那件事。直接被拒绝了，太丢人了，我连想都不愿想起那件事。

숨 [名] 呼吸   사내 [名] 公司内部，公司里   거절당하다 [动] 被拒绝，遭到拒绝

3. 名词 에 관해(서)

"–에 관해(서)"用于名词后，表示其前面的名词是后面内容提及的对象，相当于汉语中的"关于"。常以"–에 관한"的形式修饰其后的名词。

연구 과정에서 나타난 여러 문제**에 관해서** 논의가 필요합니다.
关于研究过程中出现的各种问题，我们需要进行讨论。

이번 시간에는 주식**에 관해서** 이야기해 보려고 합니다.
我打算借着这个时间说一说关于股票的事情。

어제 발생한 화재 사건**에 관해서** 자세한 설명 부탁드립니다.
关于昨天发生的火灾事故，请做一个详细的说明。

올림픽 기간이라서 그런지 온통 스포츠**에 관한** 이야기뿐이네요.
可能是因为正在开奥运会，到处都是关于体育的话题。

전화번호나 주소 등의 개인 정보**에 관한** 내용은 알려 드릴 수 없습니다.
我无法告知您电话号码或地址等与个人信息相关的内容。

이 책은 사라지는 언어들**에 관한** 내용을 담고 있다.
这本书写的是关于消失的语言的内容。

가: 전공이니까 마케팅 기법**에 관해서** 잘 알겠네요?
既然是你学的专业，那么你应该很清楚营销的技巧吧?

나: 남들보다 조금 더 알지만 아주 잘 아는 건 아니에요.
比起其他人我稍微懂一些，但是也不是特别懂。

가: 뭘 그렇게 보고 있어?
你在看什么呢?

나: 영화 〈왕의 사랑〉**에 관한** 리뷰인데 재미있네. 너도 한번 읽어 봐.
关于电影《王之爱》的评论，很有意思。你也看看吧。

연구 [名] 研究　　화재 [名] 火灾　　사라지다 [动] 消失　　기법 [名] 技巧，技法

문법 연습

1 〈보기〉와 같이 알맞은 것을 연결하고 문장을 쓰십시오.

보기 날씨가 건조하다 •   • ① 실망도 크다
1) 시험 준비 기간이 짧다 •   • ② 쇼핑을 전혀 하지 못하다
2) 강연에 대한 기대가 크다 •   • ③ 합격할 수 있을지 모르겠다
3) 여행 일정이 너무 빡빡하다 •   • ④ 수출 감소 현상이 계속되고 있다
4) 환율이 지속적으로 하락하다 •   • ⑤ 전국적으로 산불이 발생하고 있다

보기 <u>날씨가 건조한 탓에 전국적으로 산불이 발생하고 있다.</u>

1) _____
2) _____
3) _____
4) _____

2 〈보기〉와 같이 빈칸에 알맞은 것을 골라 쓰십시오.

시간   (이름)   상상   원인   출처

보기 가: 저 사람 잘 알아요?
나: 아니요. 같이 수업은 몇 번 들었는데 아직 <u>이름조차</u> 몰라요.

1) 가: 요즘 인터넷에 떠도는 가짜 뉴스가 너무 많은 것 같아요.
   나: 그러게요. _____ 알 수 없는데 그걸 믿는 사람들도 많대요.

2) 가: 어머니 건강은 좀 어떠세요? 나아지셨어요?
   나: 여러 병원을 다니면서 검사를 받으셨는데 아직 병의 _____ 찾지 못하고 있어요.

3) 가: 요즘 바쁜가 봐. 통 연락도 없고.
   나: 미안해. 퇴사한 직원 업무까지 대신하느라 화장실 갈 _____ 없었어.

4) 가: 이제 스마트폰으로 현관문도 열 수 있다는데 정말 신기해요.
   나: 네. 스마트폰만 있으면 모든 게 가능하니 옛날에는 _____ 못 했던 일들이
      점점 현실이 되는 것 같아요.

🖉 강연 [名] 演讲   하락하다 [动] 下落，下降   떠돌다 [动] 流传，传出
   현관문 [名] 玄关门   현실 [名] 现实

3 〈보기〉와 같이 빈칸에 알맞은 것을 골라 쓰십시오.

> (일) 대책 문제 주식 주의사항

> (보기) 저는 그 <u>일에 관해서</u> 아는 것이 없습니다.

1) 청년 실업 해결 _____ 조만간 정부의 발표가 있을 예정입니다.
2) 수술 후 _____ 간호사 선생님이 알려 주실 테니 잘 들으세요.
3) 제가 최근 투자에 관심이 생겨서 좀 해 보고 싶은데 _____ 잘 아세요?
4) 요즘 개인 정보 유출 문제가 심각한데 이번 시간에는 이 _____ 이야기해
   보도록 하겠습니다.

4 다음을 듣고 물음에 답하십시오.

1) 두 사람의 공통 관심사는 무엇입니까?

   ① 재테크   ② 뉴스레터   ③ 해외 주식   ④ 포털 사이트 기사

2) 들은 내용과 <u>다른</u> 것을 고르십시오.

   ① 여자는 포털 사이트 기사만 읽는다.
   ② 남자는 해외 주식 거래 경험이 없다.
   ③ 여자는 해외 주식 투자 방법을 잘 알고 있다.
   ④ 남자가 구독 중인 뉴스레터는 언론사에서 만든 것이다.

3) 남자가 이어서 할 행동으로 알맞은 것을 고르십시오.

   ① 해외 주식 투자를 할 것이다.
   ② 포털 사이트 기사를 읽을 것이다.
   ③ 경제 관련 뉴스레터를 찾아볼 것이다.
   ④ 여자에게 뉴스레터 링크를 보내 줄 것이다.

🖉 실업 [名] 失业

5 다음을 읽고 물음에 답하십시오.

최근 들어 인공 지능을 이용하여 사람의 얼굴이나 특정 부위를 합성해 가공, 제작하는 영상 기술이 각광을 받고 있다. 예전에는 인기 연예인 등 유명인의 얼굴을 합성한 동영상이나 정치인들이 사실과 다른 이야기를 하는 가짜 뉴스 등을 만드는 등의 악용 사례가 많은 탓에 나쁜 기술이라는 인식이 컸다. 그러나 이제 사실 이 기술은 여러 분야에서 활용되고 있다. 복제 인간을 다루었던 한 영화의 경우 주인공의 20대 시절을 CG가 아닌 이 영상 기술을 통해 완벽하게 재현해 냈다. 또 고인이 된 가족이나 위인 등의 생전의 사진이나 그림 등을 활용해 고인의 모습을 재현해 낸 것도 화제가 되었다. (㉠) 실종 아동 찾기에서도 세계적으로 활용되는 추세인데 실종 아동의 현재 모습을 재현하는 등의 공익적 목적으로 활용하는 경우도 많다. 이처럼 이 기술은 다방면에서 인간에게 새로운 가능성을 줄 수 있으므로 안전성과 신뢰성이 바탕이 되어 더욱더 발전해야 한다.

1) 이 글의 제목으로 알맞은 것을 고르십시오.
① 인공 지능을 이용한 영상 기술의 활용
② 인공 지능을 이용한 영상 기술의 인기 요인
③ 인공 지능을 이용한 영상 기술의 악용 사례
④ 인공 지능을 이용한 영상 기술의 발전 가능성

2) 이 글의 내용과 <u>다른</u> 것을 고르십시오.
① 과거에는 인공 지능을 이용한 영상 기술에 대한 인식이 부정적이었다.
② 위인의 생전 사진이나 그림이 있으면 생전의 모습을 재현할 수 있다.
③ 인공 지능을 이용한 영상 기술을 공익적 목적으로 많이 활용하고 있다.
④ 복제 인간을 다룬 영화에서 CG로 주인공의 20대 시절을 완벽하게 나타냈다.

3) ㉠에 들어갈 알맞은 것을 고르십시오.
① 그러나　　　　② 그래서　　　　③ 그리고　　　　④ 그러므로

부위 [名] 部位	합성하다 [动] 合成	가공 [名] 加工
각광 [名] 注目，关注	악용 [名] 恶意利用	복제 인간 [词组] 克隆人
실종 [名] 失踪	추세 [名] 趋势	공익적 [名] 公益性的
다방면 [名] 多方面	안전성 [名] 安全性	신뢰성 [名] 可靠性，可信性

쓰기

1 다음 문법을 사용해서 제시된 표현을 한 문장으로 써 보십시오. 단, 제시된 표현의 순서는 바꾸지 마십시오.

–느라고   –(으)ㄴ/는 탓에   –다면   –에 관해(서)   –아/어 버리다   ㅂ니다/습니다

1) 창업 / 더 많은 정보를 얻고 싶다 / 박람회에 가 보는 것도 좋다

⇨ _____

2) 해외 여행을 다녀오다 / 집을 오래 비우다 / 화초들이 다 죽다

⇨ _____

2 다음을 읽고 빈칸에 들어갈 말을 쓰십시오.

미고의 한 대학원 연구팀에시 온라인상의 진짜 뉴스 및 허위 정보 획신에 관한 연구를 진행했다. 연구 결과 진짜 뉴스가 1,500명에게 전달되는 데 걸린 시간은 60시간인 반면에 허위 정보가 1,500명에게 전달되는 데 걸린 시간은 10시간으로 허위 정보의 전파 속도가 6배 더 빨랐다. 이러한 결과에 대해 심리학자들은 부정적인 정보는 그에 대처할 필요가 있기 때문에 정보 가치가 더 높고 확산도 빠르다고 말한다. 또 소문을 퍼뜨리는 심리는 사람들이 '확실한 얘기는 아닌데…'라고 하면서도 상대가 모르는 정보를 알고 있고 새로운 정보를 알려 준다는 쾌감이 작용하는 것이라고 한다. 그리고 자신과 직접적 이해관계가 없는 데도 소문을 인터넷에 퍼 나르는 (㉠) 조회수나 댓글 등으로 주목 받고 싶어 하는 욕구가 작용한다고 보고 있다.

㉠_____

창업 [名] 创业   비우다 [动] 空着, 空出   화초 [名] 花草   전파 [名] 传播
심리학자 [名] 心理学家   대처하다 [动] 应对, 对待   쾌감 [名] 快感
이해관계 [名] 利害关系

정리하기

이것만은 꼭 외웁시다!

1) 가: 가짜 뉴스가 넘치는 탓에 이제 기사를 봐도 의심부터 하게 된다니까.
   由于虚假新闻泛滥，以至于现在大家看到新闻报道就会先怀疑其真实性。

   나: 맞아. 내용이 너무 자극적이거나 SNS랑 동영상 사이트로만 전달되는 뉴스는
   의심해 봐야 한대.
   对啊。如果是内容过激或只在社交媒体和视频网站上传播的新闻，我们就得先怀疑一下其真实性。

2) 가: 이제 뉴스조차 사실인지 아닌지 확인해야 하는 거야?
   现在连新闻都得确认真假了吗?

   나: 그렇지. 가짜 뉴스인지 아닌지 구별하는 안목도 길러야 할 것 같아.
   是啊。我们需要有一双辨别新闻真伪的慧眼。

3) 가: 이 중에 가짜 뉴스가 숨어 있는데 어떤 게 가짜 뉴스인 거 같아요?
   这里暗藏着假新闻，你觉得哪个像是假新闻?

   나: 와, 다 진짜 같아요. 哇，都像是真的。

4) 가: 정보를 구별하는 능력이 왜 필요할까요? 为什么需要辨别信息真伪的能力呢?

   나: 넘치는 정보들 중 올바른 정보를 구별할 수 있어야 하기 때문입니다.
   因为要在泛滥的信息中辨别出正确的信息。

핵심 어휘

名词

미디어 媒体，传媒 ┊ 발행 发行 ┊ 보도 报道 ┊ 언론 媒体，舆论 ┊ 출처 出处，来源

动词

구별하다 区分，辨别 ┊ 넘치다 充满，溢出 ┊ 유포하다 散布，流传
조작하다 操作，操纵 ┊ 퍼지다 传开，扩散

形容词

감쪽같다 以假乱真，出神入化

词组

늑장을 부리다 磨蹭，拖拉 ┊ 욕(을) 먹다 挨骂

자기 평가

能够完成吗?	需再次复习	进入下一课!	
		良好	优秀
能理解新闻报道中的信息吗?	无法完成	可以完成	非常好
能说出多少与新闻相关的单词或词组?	0~8个	9~17个	18个以上
能灵活运用本课所学的语法吗?	无法完成	可以完成	非常好

4

문화 차이

✔ 중국에는 어떤 의성어, 의태어, 몸짓 언어가 있습니까?

✔ 중국에는 어떤 상황에서 하면 안 되는 행동이 있습니까?

✔ 중국에는 어떤 인사 문화와 식문화가 있습니까?

◉ 핵심 문장

제10과 말 나온 김에 인터넷에서 한번 찾아볼까?

● 어제 깜빡하고 창문 열어 놓은 채로 잤거든요.

● 말 나온 김에 인터넷에서 한번 찾아볼까?

● 동양인에게는 상대방과 눈을 마주치지 않는 것이 자연스러우나 서양인에게는 그렇지 않습니다.

● 눈을 똑바로 뜬 채로 상대방의 눈을 바라보는 것이 어떤 상황에서는 실례가 될 수 있다.

● 문득 생각난 김에 한동안 연락이 끊겼던 친구에게 전화를 걸었다.

● 상대방은 아무 말도 하지 않았으나 몸짓 언어를 통해서 그 사람의 생각을 읽을 수 있다.

제11과 장웨이 씨한테 같이 가자고 하려던 참이었어요

● 장웨이 씨한테 이 대리님 결혼식에 같이 가자고 하려던 참이었어요.

● 빨간색으로 이름을 쓰면 불길한 일을 당할지도 모른다는 말이 있다.

● 공연장에서는 사진을 찍는다거나 휴대폰을 사용한다거나 하면 안 됩니다.

● 친구한테 마침 연락하려던 참이었는데 길에서 마주쳤다.

● 오후에 비가 올지도 모르니까 우산 챙겨 가.

● 우울증 예방을 위해서 규칙적으로 운동을 한다거나 사람들과 적극적으로 어울린다거나 하는 것이 좋다.

제12과 오늘은 한국의 식문화에 대해서 이야기하고자 합니다

● 대리님을 못 본 척하고 지나가면 실례인 거 같아서요.

● 오늘은 한국의 식문화에 대해서 이야기하고자 합니다.

● 한국인은 밥심으로 산다는 옛말이 있듯이 오래 전부터 밥에 대한 사랑이 대단했습니다.

● 아까 길에서 넘어졌는데 너무 창피해서 괜찮은 척했어.

● 요즘 소비자의 시선을 끌고자 기업의 이색 마케팅이 한창이다.

● 사람의 외모와 성격이 다양하듯이 지구상에는 수많은 문화가 존재한다.

제10과　말 나온 김에 인터넷에서 한번 찾아볼까?

目标: 能说明韩国的语言文化特征，并与中国的语言文化进行比较
语法: 动词 (으)ㄴ 채(로), 动词 (으)ㄴ/는 김에, 谓词 (으)나
词汇: 拟声词，拟态词，与肢体语言相关的词汇

韩国的肢体语言

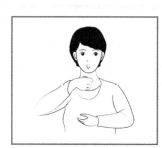
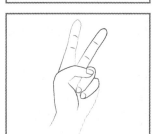

　　人类不仅通过语言和文字，还通过肢体语言表达自己的意思。其中，最具代表性的肢体语言是手势。在韩国，竖起大拇指表示称赞，弯曲小指表示约定。表示吃饭时会做出拿勺子吃饭的动作。此外，还会用食指和中指做出V字形，既可以表示数字2，也常用于拍照。双手的食指像牛角一样竖在头的两侧，表示生气。将食指竖起来放在嘴前，表示要求对方保持安静。

이야기해 봅시다

1. 한국의 몸짓 언어 중에서 어떤 동작이 중국과 같아요? 또 어떤 동작이 중국과 달라요?
2. 여러분이 일상생활에서 자주 사용하는 몸짓 언어는 뭐예요? 그 동작은 어떤 의미가 있어요?

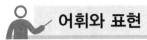 어휘와 표현

 拟声词

쿵 哐	펑 砰	똑똑 咚咚

멍멍 汪汪	야옹 喵喵	엉엉 哇哇，呜呜

찰칵 咔嚓	꼬르륵 咕噜咕噜	콜록콜록 咳咳

拟态词

뻘뻘
哗哗（流汗）

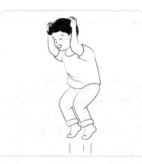

껑충
蹦蹦跳跳

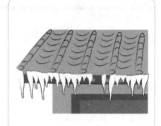

꽁꽁
（冻得）硬邦邦

쑥쑥
嗖嗖地，噌噌地

활짝
舒展，张开

꾸벅꾸벅
打盹儿，打瞌睡

반짝반짝
闪烁，亮晶晶

엉금엉금
慢吞吞

허겁지겁
慌慌张张，狼吞虎咽

与肢体语言相关的词汇

몸짓 언어 肢体语言	동작 动作	손짓 手势	발짓 脚上的动作
시선 视线	표정 表情	자세 姿势，姿态	

어휘와 표현 연습

1 알맞은 것을 연결하십시오.

1) 고양이가 우는 소리 •   • ① 껑충

2) 강아지가 짖는 소리 •   • ② 멍멍

3) 토끼가 힘 있게 뛰는 모양 •   • ③ 야옹

4) 거북이가 느리게 기어 가는 모양 •   • ④ 엉금엉금

2 빈칸에 알맞은 것을 골라 쓰십시오.

꽁꽁   똑똑   뻘뻘   활짝

1) 기상청은 올해 서울이 벚꽃이 4월 중순쯤에 _____ 필 것으로 전망했다.

2) 회의실 문을 _____ 두드리는 노크 소리에 부장님께서 잠시 말씀을 멈추셨다.

3) 새해 첫날부터 폭설로 인하여 도로가 _____ 얼어붙어서 사람들이 불편을 겪었다.

4) 올림픽을 대비하여 국가 대표 선수들이 땀을 _____ 흘리면서 훈련에 최선을 다하고 있다.

3 빈칸에 알맞은 것을 골라 쓰십시오.

발짓   손짓   시선   표정

1) 강의실에 먼저 도착한 친구가 자기 옆자리에 앉으라고 조용히 _____ 했다.

2) 최종 면접에 합격됐다는 소식에 동생은 기쁜 _____ 감추지 못했다.

3) 축구 선수들의 _____ 하나하나에 경기를 관람하는 모든 사람들이 울고 웃었다.

4) 며칠 전에 싸운 친구와 길에서 마주치자마자 얼른 _____ 피했다.

짖다 [动] 叫，吠   거북이 [名] 乌龟   기다 [动] 爬，爬行

중순 [名] 中旬   피다 [动] (花)开，绽放   두드리다 [动] 敲，打

노크 [名] 敲门   얼어붙다 [动] 冻，冻结   올림픽 [名] 奥运会

대비하다 [动] 应对   훈련 [名] 训练   옆자리 [名] 邻座，旁边的位置

감추다 [动] 藏，隐藏   하나하나 [名] 一个一个

143

 대화

1 왕린과 이은정이 한국어 표현에 대해서 이야기를 합니다. 두 사람은 무슨 이야기를 할까요?

> **왕린:** 에취.
>
> **이은정:** 응? 너 감기 걸렸어?
>
> **왕린:** 그런 거 같아. 어제 깜빡하고 창문 열어 놓은 채로 잤거든.
>
> **이은정:** 아이고. 요즘 날씨가 쌀쌀해졌는데 조심해야지. 어제 우리 엄마도 감기에 걸렸다고 하더라고.
>
> **왕린:** 그렇구나. 참, 한국 사람들은 '우리'를 많이 사용하는 거 같아. 방금도 네가 '우리 엄마'라고 했잖아.
>
> **이은정:** 음, '우리 엄마', '우리 가족'이라고 말하면 외국 사람들은 이상하게 생각할 수 있겠네. 중국에서는 이렇게 말 안 하지?
>
> **왕린:** 응. 중국에서는 '내 엄마', '내 가족'이라고 하지. 그래서 처음에는 한국 사람들이 '우리 집'이라고 말할 때 좀 어색했어. 집에서 같이 사는 것도 아니잖아.
>
> **이은정:** 네 말을 듣고 보니까 정말 이상하네.
>
> **왕린:** 그렇지? 한국 사람들은 왜 이렇게 말해?
>
> **이은정:** 나도 이유는 한 번도 생각해 본 적이 없네. 갑자기 엄청 궁금해졌어.
>
> **왕린:** 그럼 말 나온 김에 인터넷에서 한번 찾아볼까?

• 왕린은 한국 사람의 언어 습관 중에서 어떤 점이 이상했어요?

• 두 사람은 대화가 끝나고 뭘 할 거예요?

에취 [副] 阿嚏

2 라디오 교양 프로그램에서 몸짓 언어를 주제로 방송을 하고 있습니다. 라디오 진행자는 무슨 이야기를 할까요?

> **진행자:** 교수님, 이번 시간에는 몸짓 언어의 하나인 시선에 대해서 이야기해 볼까요?
>
> **게스트:** 네. 우리는 흔히 대화는 말로만 한다고 생각합니다. 그런데 대화에 말만 필요하다면 굳이 상대방을 쳐다볼 이유는 없겠지요. 사실 대화는 온몸으로 하는 것입니다. 우리는 대화할 때 상대방의 말뿐만 아니라 시각적인 정보를 얻기 위해서 상대방을 바라봅니다. 상대방의 표정이나 제스처는 대화를 이해하는 데에 도움이 많이 되기 때문입니다.
>
> **진행자:** 그런데 문화에 따라서 상대방을 바라보는 방법이 좀 다르지 않을까요?
>
> **게스트:** 그렇지요. 동양인의 경우 대화할 때 눈을 잘 안 마주치는 편입니다. 눈을 똑바로 뜬 재로 상대방의 눈을 바라보는 것이 어떤 상황에서는 실례가 되는 행동이기 때문이지요. 이렇게 동양인에게는 상대방과 눈을 마주치지 않는 것이 자연스러우나 서양인에게는 그렇지 않습니다. 오히려 상대방의 시선을 피하는 것은 불만의 표현, 혹은 예의가 없는 행동으로 보일 수 있습니다. 따라서 다른 문화권의 사람들과 의사소통을 할 때, 시선에 관한 문화적 차이가 있을 수 있다는 것을 항상 생각해야 합니다. 그리고 그러한 차이 때문에 오해가 생기지 않도록 상대방의 문화에 대한 이해가 필요할 것입니다.

- 보통 대화할 때 상대방을 쳐다보는 이유는 뭐예요?
- 동양인과 서양인이 상대방을 바라보는 방법에는 어떤 차이가 있어요?

🖊 게스트 [名] 嘉宾　　　　흔히 [副] 常常，经常　　　굳이 [副] 非要，一定
쳐다보다 [动] 看，仰望　　시각적 [名] 视觉上的　　동양인 [名] 东方人
서양인 [名] 西方人　　　　문화권 [名] 文化圈　　　의사소통 [名] 沟通，交流

대화 후 활동

1 한국어의 단어나 표현, 한국의 몸짓 언어 중에서 중국(어)와 다른 것이 있어요? 아래의 표를 완성해 보세요.

구분		한국(어)	중국(어)
단어 및 표현	우리	'우리 가족', '우리 집'과 같은 표현을 쓸 수 있다.	'우리' 대신에 '내 가족', '내 집'이라는 표현을 사용해야 한다.
	의성어	강아지가 짖는 소리는 '멍멍', 고양이가 우는 소리는 '야옹'이라고 한다.	1)
몸짓 언어	숫자 9	열 개의 손가락 중에 하나의 엄지만 접는다.	2)
	화가 나다	양쪽 검시를 뿔저럼 머리 위에 세운다.	3)

2 위 표에 쓴 내용을 바탕으로 〈보기〉와 같이 이야기해 보세요.

> **보기**
>
> 한국 사람들은 '우리'라는 단어를 자주 사용합니다. 상대방이 자신의 가족이 아니거나 한집에서 같이 살지 않아도 '우리 가족', '우리 집'이라는 표현을 사용하나 중국어에서는 그렇게 쓰지 않습니다. 중국어에서는 '우리' 대신에 '내 가족', '내 집'이라는 표현을 사용해야 합니다.

손가락 [名] 手指　　엄지 [名] 拇指　　　접다 [动] 折, 叠, 收起

검지 [名] 食指　　뿔 [名] (动物的)角　　한집 [名] 一栋房；一家人

 **문법**

1. 动词 (으)ㄴ 채(로)

"–(으)ㄴ 채(로)"是惯用型，用于动词词干后，表示保持着前面行为所形成的状态做后面的行为，助词"–로"可以省略。强调前面动作结束的状态时，可用"–아/어 놓은 채(로)""–아/어 둔 채(로)"的形式。有收音的动词词干后接"–은 채(로)"，无收音或收音为"ㄹ"的动词词干后接"–ㄴ 채(로)"。

> **보기** 나는 종종 눈을 감**은 채로** 깊은 생각에 빠질 때가 있다.
> 我常闭着眼睛陷入沉思。
>
> 창문을 열어 놓**은 채로** 에어컨을 켜면 에너지 낭비예요.
> 开着窗户开空调，就是浪费资源。
>
> 어제 피곤해서 화장도 못 지**운 채로** 잠이 들었어요.
> 我昨天太累了，连妆都没卸就睡着了。
>
> 화가 **난 채로** 운전을 하면 교통사고의 위험성이 높아진다.
> 生气的时候开车会增加交通事故的危险性。
>
> 대회에서 우승한 선수들이 트로피를 **든 채** 활짝 웃고 있다.
> 在大赛中获胜的选手正拿着奖杯开心地笑着。
>
> 10년 만에 간 고향은 하나도 변하지 않**은 채로** 그대로였다.
> 我时隔十年回到家乡，家乡没有一点儿变化还是老样子。
>
> 가: 무슨 일 있어? 안색이 안 좋아 보여.
> 怎么了？你的脸色看起来不太好。
>
> 나: 아까 고기를 제대로 안 익**힌 채** 먹었더니 배탈이 난 거 같아.
> 我刚才吃了没熟的肉，有点儿拉肚子。
>
> 가: 네 이어폰 고장 났어? 산 지 얼마 안 됐잖아.
> 你的耳机坏了吗？不是才买了没多久嘛。
>
> 나: 아, 깜빡하고 이어폰을 옷에 넣어 **둔 채로** 세탁해 버렸어.
> 啊，我忘记把耳机从衣服兜里拿出来，直接给洗了。

깊다 [形] 深，深沉　　화장 [名] 化妆　　교통사고 [名] 交通事故　　위험성 [名] 危险性
트로피 [名] 奖杯，奖牌

2. 动词 (으)ㄴ/는 김에

"-(으)ㄴ/는 김에"是惯用型，用于动词词干后，表示借着做某事的机会，做了其他的事，相当于汉语中的"顺便""趁……机会"。前后句的主语要一致，而时态可以一致也可以不同。前句的行为在发生之前或在进行中时接"-는 김에"，行为已经结束时接"-(으)ㄴ 김에"。该惯用型前不能接先语末词尾"-았/었-""-겠-"。

 세탁소에 옷 찾**는 김에** 내 것도 찾아 줄래?
你去洗衣店取衣服的时候，顺便把我的也拿回来行吗？

제주도로 출장 가**는 김에** 휴가 내서 며칠 더 있다가 올까 해요.
我在想趁着去济州岛出差，要不要顺便请个假多待几天再回来。

이사하면서 짐 정리하**는 김에** 안 쓰는 물건들을 중고로 팔았다.
我搬家整理行李的时候，顺便把不用的东西都卖掉了。

금연하기로 마음을 먹**은 김에** 오늘 당장 시작하기로 했다.
反正我已经下决心要戒烟了，干脆就从今天立刻开始执行。

문득 생각**난 김에** 한동안 연락이 끊겼던 친구에게 전화를 걸었다.
我突然想起很久没联系的朋友，就顺便给他打了个电话。

모처럼 모**인 김에** 회의 끝나고 저녁 식사나 같이 할까요?
难得聚在一起，会议结束后我们顺便一起吃个晚饭怎么样？

가: 너 옷 샀어? 잘 어울리네.
你买衣服了？很适合你。

나: 응. 어제 백화점에서 부모님 선물 사**는 김에** 내 것도 하나 샀어.
嗯，我昨天去商场给父母买礼物，顺便给自己也买了一件。

가: 나 올해부터 공무원 시험 준비하기로 했어.
我决定从今年开始准备公务员考试了。

나: 그래? 이왕 하**는 김에** 열심히 해 봐.
是吗？既然下定决心了就努力吧。

마음을 먹다 [词组] 下定决心   문득 [副] 顿时，忽然   모처럼 [副] 难得，好不容易
이왕 [副] 既然

3. 谓词 (으)나

"–(으)나"是连接词尾，用于谓词词干后，表示转折或对立，即前后句的内容是相反的，相当于汉语中的"但是""可是"。"–(으)나"与"–지만"意思相似，很多情况下可以互换使用，但"–(으)나"更常用于演讲、访谈、会议等正式场合或书面语中。有收音的谓词词干后接"–으나"，无收音或收音为"ㄹ"的谓词词干后接"–나"，"名词＋이다"后接"–나"。可与先语末词尾"–았/었–""–겠–"结合使用。

정부는 기술력은 있**으나** 자본이 부족한 기업에 대한 투자를 약속했다.
政府决定给有一定技术实力但资本不足的企业投资。

좋은 약은 입에 쓰**나** 몸에 이롭다.
良药苦口利于病。

이 영화에 대한 해외의 반응은 매우 긍정적**이나** 국내에서는 큰 주목을 받지 못했다.
这部电影虽然在海外的反响很热烈，但是在国内并没有受到什么关注。

해당 부서에 여러 번 이메일을 보**냈으나** 아무 답변노 받시 못했습니다.
我给相关部门发了很多次邮件，但是没有收到任何回复。

오늘 불꽃 축제가 개최될 예정**이었으나** 갑작스러운 폭우로 연기됐다.
原计划今天举办的烟花节，由于突如其来的暴雨延期了。

내일 중부 지방은 대체로 맑**겠으나** 남부 지방은 한때 비가 오겠습니다.
明天中部大部分地区天气晴朗，但是南部地区时有降雨。

가: 이번 화재 사건의 원인 무엇입니까?
这次火灾的原因是什么?

나: 아직까지는 정확한 원인을 알 수 없**으나** 자연재해가 아닌 것은 분명합니다.
现在还不清楚具体的原因，但是可以确定不是自然灾害。

가: 올해 우리나라의 수출 규모는 어떻습니까?
今年韩国的出口规模如何?

나: 네. 작년에 비해 자동차는 5% 증가**했으나** 전자 제품은 10% 감소했습니다.
同比去年，汽车出口增加了5%，但电子产品出口却下降了10%。

기술력 [名] 技术实力 | 자본 [名] 资本 | 쓰다 [形] 苦 | 이롭다 [形] 有利，有帮助
불꽃 축제 [词组] 烟花节 | 개최되다 [动] 举行，召开 | 갑작스럽다 [形] 突然，意外
중부 [名] 中部 | 대체로 [副] 基本上，大体上 | 남부 [名] 南部
한때 [副] 一时，一度 | 자연재해 [名] 自然灾害 | 전자 제품 [词组] 电子产品

문법 연습

1 〈보기〉와 같이 빈칸에 알맞은 것을 쓰십시오.

보기

텔레비전을 보다가 <u>소파에 앉은 채로</u> 꾸벅꾸벅 졸았다.

1)

갑자기 비가 와서 _____ 학교에 도착했다.

2)

밤에 _____ 핸드폰을 오래 보면 시력이 저하될 수 있다.

3)

한국에서는 _____ 집 안으로 들어가면 안 된다.

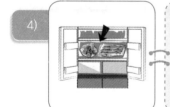

4)

냉동실 안에 해산물이 꽁꽁 _____ 오랫동안 보관되어 있었다.

 냉동실 [名] 冷冻室   해산물 [名] 海鲜，海产品

2 〈보기〉와 같이 빈칸에 알맞은 것을 골라 쓰십시오.

늦다   나가다   나오다   (자르다)   구입하다

보기

가: 머리 자르고 스타일도 좀 바꾸고 싶은데 뭐가 좋을까요?

나: 머리 <u>자르는</u> 김에 염색도 하는 건 어떠세요?

1) 가: 나 장 보러 마트 다녀올게.

나: 그래? 그럼 _____ 분리수거 좀 해 줘.

2) 가: 야, 빨리 좀 먹어. 벌써 영화 시작했어.

나: 허겁지겁 먹으면 체해. 이왕 _____ 천천히 먹고 가자.

3) 가: 아, 요즘 스트레스 너무 받아서 당장이라도 떠나고 싶다.

나: 그래? 말 _____ 내일 부산에 여행이나 갈까?

4) 가: 세탁기는 이 모델로 할게요.

나: 알겠습니다. 혹시 세탁기 _____ 건조기도 한번 보시겠어요?

3 〈보기〉와 같이 알맞은 것을 연결하고 문장을 쓰십시오.

보기 해외 구매는 배송이 느리다 •   • ① 신청자가 부족하면 기간이 연장될 것이다

1) 장학금 신청 기간이 이미 지났다 •   • ② 몰랐던 사실을 많이 알게 돼서 재미있다

2) 이 책은 조금 어렵기는 하다 •   • ③ 주말부터 기온이 오를 것으로 예상된다

3) 당분간 강추위가 지속되겠다 •   • ④ 상품 가격이 국내보다 저렴한 편이다

4) 매출 증가를 위해 종일 회의를 했다 •   • ⑤ 만족스러운 결론을 내리지 못했다

보기 해외 구매는 배송이 느리나 상품 가격이 국내보다 저렴한 편이다.

1) _____

2) _____

3) _____

4) _____

강추위 [名] 严寒，酷寒   지속되다 [动] 持续   연장되다 [动] 延长

결론을 내리다 [词组] 下结论

4 **다음을 듣고 물음에 답하십시오.**

1) 이 강의의 주제로 맞는 것을 고르십시오.

① 네이밍 마케팅의 필요성

② 네이밍 마케팅의 발전 방향

③ 네이밍 마케팅의 장점과 단점

④ 네이밍 마케팅의 방법과 사례

2) 들은 내용과 같은 것을 고르십시오.

① 네이밍 마케팅은 최근에 유행하는 마케팅 전략 중 하나이다.

② 상품의 이름에 들어간 의성어는 생생한 이미지를 연상하게 한다.

③ 케이크의 이름에 '아삭'을 사용해서 그것의 달콤함을 강조하였다.

④ '퐁당'은 크고 무거운 물건이 물에 빠지는 소리를 표현하는 단어이다.

3) 다음에 이어질 내용으로 알맞은 것을 고르십시오.

① 이미지 마케팅 전략의 효과

② 네이밍 마케팅의 다른 방법

③ 의태어를 활용한 마케팅의 예

④ 네이밍 마케팅의 부정적 영향

 네이밍 마케팅(naming marketing) 商品命名营销法

자리(를) 잡다 [词组] 占有地位，占据位置　　　생동감 [名] 生动，动感　　　싱싱하다 [形] 新鲜

강조하다 [动] 强调　　　전문점 [名] 专卖店，专营店　　　녹다 [动] 融化

연상하다 [动] 联想　　　유행어 [名] 流行语　　　　　　달콤하다 [形] 甜蜜，香甜

5 **다음을 읽고 물음에 답하십시오.**

친구와 카페에서 이야기를 하고 있는 상황을 생각해 보자. 친구가 내 말을 들을 때 턱을 한 손으로 받치고 있거나 목 뒤쪽을 계속 만지고 있다. 그렇다면 친구가 나의 이야기를 지루해 한다고 생각할 수 있을 것이다. 친구는 아무 말도 하지 않았으나 나는 친구의 생각을 읽을 수 있다. 왜냐하면 우리가 아무 말도 하지 않는 순간에도 몸짓으로 말을 하고 있기 때문이다. 우리의 생각과 감정을 드러내는 몸짓 언어의 예는 더 있다. 상대방이 팔짱을 낀 채 내 말을 듣고 있다면 상대방은 그것에 대해 부정적인 생각을 가지고 있을 확률이 높다. 그리고 어떤 사람이 손목시계나 소매를 계속 만지고 있다면 지금 마음의 상태가 불안하다는 증거이다. 한편, 시선의 방향에서도 심리 상태가 드러난다. 보통 과거의 이미지를 떠올릴 때 시선을 왼쪽 위로 둔다. (㉠) 시선이 오른쪽 위에 가 있으면 지금까지 본 적이 없는 이미지를 상상하고 있다는 의미이다. 이와 같이 몸짓 언어로 상대방의 심리를 간접적으로 알 수 있다. 그러나 어떤 동작이 상대방의 습관이라거나 우연히 일어날 수도 있다는 사실도 늘 기억해야 할 것이다.

1) 이 글의 제목으로 알맞은 것을 고르십시오.

① 시선과 심리의 관계

② 매력적인 대화 방법

③ 몸짓 언어의 사용 방법

④ 몸짓 언어의 심리적 의미

2) ㉠에 들어갈 알맞은 것을 고르십시오.

① 반대로　　　　② 그래서　　　　③ 그러면　　　　④ 예를 들어

3) 이 글의 내용과 같은 것을 고르십시오.

① 턱을 한 손으로 받치는 동작은 대화에 흥미가 있다는 뜻이다.

② 심리적인 불안은 시계나 소매를 만지는 동작으로 드러날 수 있다.

③ 사람들이 과거의 이미지를 떠올릴 때 시선이 오른쪽 아래로 간다.

④ 우리는 몸짓 언어로 상대방의 생각이나 감정을 정확하게 알 수 있다.

✎ 받치다 [动] 托, 支, 举　　드러내다 [动] 露出, 呈现

팔짱을 끼다 [词组] 两手交叉放在胸前　　확률 [名] 概率, 可能性　　증거 [名] 证据

쓰기

1 다음 문법을 사용해서 제시된 표현을 한 문장으로 써 보십시오. 단, 제시된 표현의 순서는 바꾸지 마십시오.

| −게 −(으)ㄴ/는 김에 −(으)ㄴ/는 −(으)ㄴ 채 −고 있다 −았다/었다 |

1) 어제 추운 날씨에도 웃음을 띠다 / 자원봉사자들이 분주하다 / 연탄을 나르다

　⇨ _____

2) 질병 치료의 목적으로 입국하다 / 관광도 즐기다 / 외국인 방문객이 꾸준히 늘다

　⇨ _____

2 다음을 읽고 빈칸에 들어갈 알맞은 것을 쓰십시오.

> 한국어에서는 모음에 따라 단어의 느낌이 달리지기도 하는데 특히 의성어와 의태어에서 잘 나타난다. 모음 중에서 대체로 'ㅏ, ㅗ'는 (㉠), 'ㅓ, ㅜ'는 크고 무거운 느낌을 전달한다. 예를 들어 '콩'은 작고 가벼운 물건이 바닥에 떨어질 때 나는 소리이다. 반면에 '쿵'은 (㉡) 사용하는 것이 더 적절하다. 이렇게 모음의 변화로 소리나 모양 등을 섬세하고 다양하게 표현할 수 있다는 점이 한국어의 특징이다.

㉠_____
㉡_____

✎ 띠다 [动] 带着　　　　　자원봉사자 [名] 志愿服务者　　분주하다 [动] 奔走, 忙碌
　연탄 [名] 煤饼, 蜂窝煤　　나르다 [动] 搬运, 运输　　　입국하다 [动] 入境, 回国
　섬세하다 [形] 细腻, 纤细

정리하기

이것만은 꼭 외웁시다!

1) 가: 너 감기 걸렸어? 你感冒了?

　　나: 그런 거 같아. 어제 깜빡하고 창문 열어 놓은 채로 잤거든.
　　　　好像是。昨天我忘了关窗户，开着窗户睡的。

2) 가: 왜 한국 사람들이 '내 집'이 아니라 '우리 집'이라고 말하는지 궁금하네.
　　　　我很好奇韩国人为什么不说 "我的家"，而说 "我们家"。

　　나: 그럼 말 나온 김에 인터넷에서 한번 찾아볼까?
　　　　那既然说到这儿了，我们就上网查查吧。

3) 가: 동양인이 대화할 때 눈을 잘 안 마주치는 이유는 뭔가요?
　　　　东方人在交谈时不怎么看对方眼睛的原因是什么?

　　나: 눈을 똑바로 뜬 채로 상대방의 눈을 보는 것이 어떤 상황에서는 실례가 되기
　　　　때문이지요. 这是因为在某些情况下，把眼睛睁得大大地盯着对方的眼睛，是不礼貌的行为。

4) 가: 문화에 따라서 상대방을 바라보는 방법이 좀 다르지 않을까요?
　　　　根据文化的不同，注视对方的方式是不是也有所不同呢?

　　나: 네. 보통 동양에서는 상대방과 눈을 마주치지 않는 것이 자연스러우나 서양에서는
　　　　그렇지 않습니다. 是的。在东方，人们不习惯直视对方，但是在西方却不这样。

핵심 어휘

名词

동작 动作	발짓 脚上的动作	손짓 手势	시선 视线
의성어 拟声词	의태어 拟态词	자세 姿势，姿态	표정 表情

副词

껑충 蹦蹦跳跳	꼬르륵 咕噜咕噜	꽁꽁 (冻得)硬邦邦
꾸벅꾸벅 打盹儿，打瞌睡	똑똑 咚咚	멍멍 汪汪
반짝반짝 闪烁，亮晶晶	뻘뻘 哗哗(流汗)	쑥쑥 嗖嗖地，噌噌地
야옹 喵喵	엉금엉금 慢吞吞	엉엉 哇哇，呜呜
찰칵 咔嚓	콜록콜록 咳咳	쿵 咣
펑 砰	활짝 舒展，张开	허겁지겁 慌慌张张，狼吞虎咽

자기 평가

能够完成吗?	需再次复习	进入下一课!	
		良好	优秀
能说明韩国的语言文化特征，并与中国的语言文化进行比较吗?	无法完成	可以完成	非常好
能说出多少拟声词和拟态词?	0~10个	11~19个	20个以上
能灵活运用本课所学的语法吗?	无法完成	可以完成	非常好

장웨이 씨한테 같이 가자고 하려던 참이었어요

目标: 能说明并比较中韩两国的禁忌文化
语法: 动词 (으)려던 참이다, 谓词 (으)ㄹ지도 모르다, 谓词 는다거나/ㄴ다거나/다거나
词汇: 与禁忌相关的词汇

在韩国不能做的事

한국에서 하면 안 되는 행동 5가지

1 윗사람에게 한 손으로 물건을 주거나 받기

2 여기로 오라고 할 때 손바닥을 보이며 손을 위쪽으로 접기

3 식사할 때 밥그릇을 들고 먹기

4 집이나 깨끗한 실내에 신발을 신은 채로 들어가기

5 빨간색으로 이름을 적기

　　每个国家因文化、习俗的不同，在特定场合下都有一些特殊的禁忌。在韩国，给长辈递东西或从长辈那里接东西时，要用双手，不能用单手。但是，如果是比自己年龄小的晚辈或同龄的朋友，也可以用单手。将手掌向上，手指向内弯曲，招呼对方过来，也是失礼的行为。虽然，可以对晚辈这样做，但是一般情况下还是尽量避免。端着碗吃饭、穿鞋进入别人的家或干净的房间也是失礼的行为。除此之外，在韩国要避免用红色的笔写别人的名字。

이야기해 봅시다

1. 한국에서 하면 안 되는 행동으로 어떤 것이 있어요? 중국과 어떤 차이가 있어요?

2. 이 외에 중국에서 하면 안 되는 행동으로 어떤 것이 있어요?

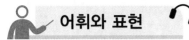 어휘와 표현

 与禁忌相关的词汇

금기 禁忌   미신 迷信

징크스 霉运, 倒霉事   우연 偶然

사회적 관습 社会风俗   상징 象征

과학적 科学的	비과학적 不科学的
이성적 理性的	비이성적 不理性的
합리적 合理的	비합리적 不合理的
행운 幸运	불운 不走运
행복 幸福	불행 不幸
길몽 好梦, 吉梦	악몽　　흉몽 噩梦　　凶梦
길하다 吉利, 吉祥	불길하다 不吉利, 不吉
재수가 있다 走运	재수가 없다 倒霉
운이 좋다 运气好	운이 나쁘다 运气不好

어휘와 표현 연습

1 **빈칸에 알맞은 것을 골라 쓰십시오.**

> 금기   미신   우연   사회적 관습

1) _____ : 비과학적이고 비합리적인 믿음

2) _____ : 어떠한 인과 관계와 상관없이 일어난 일

3) _____ : 어떤 사회에서 금지하거나 피하는 말 또는 행동

4) _____ : 어떤 사회에서 오랫동안 지켜 온 규칙이나 생활 방식

2 **빈칸에 알맞은 것을 골라 쓰십시오.**

> 길몽   불운   행복   흉몽   합리적   불길하다   비이성적   재수가 있다

긍정적 의미	부정적 의미

3 **빈칸에 알맞은 것을 골라 쓰십시오.**

> 상징   악몽   행운   이성적

1) 간밤에 _____ 꾸다가 깬 후로 잠을 다시 자지 못했다.

2) 중국에서는 숫자 6이, 한국에서는 숫자 7이 _____ 의미한다.

3) 인간은 동물과 다르게 _____ 생각할 수 있는 능력이 있다.

4) 중국에서 명절이나 결혼식 때 빨간색 봉투를 사용하는 이유는 빨간색이 행복과 재물의
_____ 때문이다.

인과 관계 [词组] 因果关系   간밤 [名] 昨夜，昨晚   재물 [名] 财务，钱财

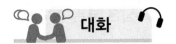 대화

1 이번 주에 인사팀에서 근무하는 이 대리의 결혼식이 있습니다. 김민지와 장웨이는 무슨 이야기를 할까요?

> **김민지:** 장웨이 씨, 이 대리님 결혼식에 가요?
>
> **장웨이:** 아니요. 원래는 가려고 했는데요. 갑자기 고향에서 부모님이 오신다고 해서 못 가게 됐어요. 대리님은 가시죠?
>
> **김민지:** 네. 그래서 장웨이 씨한테 같이 가자고 하려던 참이었어요.
>
> **장웨이:** 아, 그럼 대리님께 제 축의금 좀 부탁드려도 될까요?
>
> **김민지:** 물론이죠. 저한테 주면 제가 잘 전달할게요. 이번에 한국 결혼식도 직접 보면 좋을 텐데 좀 아쉽겠어요.
>
> **장웨이:** 네, 아쉽지만 나중에 또 기회가 있겠죠. 그런데 축의금을 흰색 봉투로 내는 게 좀 어색하네요.
>
> **김민지:** 아, 중국에서는 빨간색 봉투 사용한다고 들었는데 맞아요?
>
> **장웨이:** 네. 오히려 흰색 봉투를 사용하면 상대방한테 실례가 되는 일이죠.
>
> **김민지:** 한국이랑은 반대네요. 한국에서는 보통 축의금을 낼 때 흰색 봉투를 많이 사용해요.
>
> **장웨이:** 그러고 보면 두 나라의 문화가 비슷하면서도 다른 점도 많은 거 같아요.

• 장웨이는 김민지에게 뭘 부탁했어요?
• 한국과 중국의 축의금 문화는 어떻게 달라요?

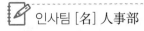 인사팀 [名] 人事部

2 대학교 교양 수업에서 교수님이 강의를 하고 있습니다. 교수님은 무슨 이야기를 할까요?

> **교수님:** 오늘은 한국의 미신에 대해서 알아봅시다. 미신이란 무엇일까요? 미신은 과학적 근거가 없는 믿음이나 신앙을 가리키는 말입니다. 한국에는 죽음과 관련된 미신들이 많습니다. 예를 들어, 종종 엘리베이터에 4층 대신 'F'라고 쓰인 것을 볼 수 있습니다. 이것은 숫자 4의 발음이 죽음을 의미하는 한자와 똑같기 때문이죠. 따라서 한자를 사용하는 중국에서도 4는 사람들이 별로 선호하지 않는 숫자 중에 하나입니다. 그럼 한국의 독특한 미신으로는 뭐가 있을까요?
>
> **학생:** 아, '선풍기를 틀고 자면 죽는다'가 아닐까요?
>
> **교수님:** 맞습니다. 막힌 공간에서 선풍기를 켠 채로 자면 죽을지도 모른다는 미신은 한국에만 존재합니다. 선풍기 바람을 맞으면 숨 쉬기가 어렵게 된다거나 체온이 많이 떨어진다거나 해서 죽는다는 것이죠. 당연히 이 미신에도 과학적인 근거는 전혀 없습니다. 그래서 요즘 사람들은 이 미신을 크게 신경 쓰지 않습니다. 자, 다음으로는 꿈과 관련된 미신에 대해서 알아볼까요?

- 한국에서 왜 엘리베이터에 4층 대신에 'F'라고 쓰는 경우가 있어요?
- 죽음과 관련된 미신 중에서 한국의 독특한 미신으로는 뭐가 있어요?

✎ 신앙 [名] 信仰   가리키다 [动] 指，表示

대화 후 활동

1 어떤 상황에서 해도 되거나 하면 안 되는 행동입니다. 한국과 중국의 문화를 비교하여 아래의 표를 완성해 보세요.

구분	한국	중국
결혼	축의금을 낼 때 보통 흰색 봉투를 사용한다.	축의금 봉투는 빨간색이며 흰색 봉투는 사용하면 안 된다.
인사	반가움을 표시하거나 깊은 인상을 남기기 위해 악수를 세게 하는 경우가 있다.	1)
선물	특별히 하면 안 되는 선물은 없다.	2)

2 위 표에 쓴 내용을 바탕으로 〈보기〉와 같이 한국과 중국의 문화를 비교하여 이야기해 보세요.

보기

　　한국에서는 축의금을 낼 때 보통 흰색 봉투를 사용합니다. 그리고 상황에 따라서 예쁜 색깔과 디자인의 봉투를 준비해서 내는 경우도 있습니다. 그러나 중국의 경우 결혼식에서 흰색 봉투를 사용하는 것이 아주 큰 실례입니다. 중국에서는 행복하게 잘 살라는 의미로 빨간색 봉투를 사용합니다.

✎ 표시하다 [动] 表示，表达

1. 动词 (으)려던 참이다

　　"–(으)려던 참이다"是惯用型，用于动词词干后，表示说话人即将要做某事的打算或意图，相当于汉语中的"正要……""正打算……"，也常用作"–(으)려던 참에"的形式。当对方提出的建议正好是说话人正打算做的事情时，常使用"마침" "그렇지 않아도""안 그래도"等表达方式。"–(으)려던 참이다"表示主语的意志，所以后面不能接祈使句和命令句，也不能接表示将来的时制词尾。有收音的动词词干后接"–으려던 참이다"，无收音或收音为"ㄹ"的动词词干后接"–려던 참이다"。

 밖에 나가려고 신발을 신**으려던 참이**에요.
我打算出去，正要穿鞋呢。

갑자기 급한 일이 생겨서 약속을 미루**려던 참이**었어요.
我突然有急事，正打算推迟约会呢。

실내가 더워서 창문을 열**려던 참이**야.
屋里太热了，我正打算开窗户呢。

지금 식사하러 가**려던 참인**데 같이 갈래요?
我现在正要去吃饭，一起去吗?

친구한테 마침 연락하**려던 참이**었는데 길에서 마주쳤어요.
我正想跟朋友联系，就在路上碰到他了。

일찍 가게 문을 닫**으려던 참에** 손님이 들어오셨어요.
我正想早点儿关门，客人就进来了。

가: 좀 쉬고 다시 일할까 하는데 커피 마시러 갈래?
　　我想休息一会儿再接着工作，要不要一起去喝咖啡?

나: 응. 안 그래도 막 쉬**려던 참이**었어.
　　嗯，正好我也想休息一会儿呢。

가: 여보세요? 너 출발했어?
　　喂? 你出发了吗?

나: 그렇지 않아도 지금 출발하**려던 참이**야.
　　我正要出发呢。

2. 谓词 (으)ㄹ지도 모르다

"–(으)ㄹ지도 모르다"用于谓词词干后，表示对现在或未来情况的推测或不确定，也可以用于表示对前面内容的担心，相当于汉语中的"说不定""可能会"。表示对过去情况的推测时，前面接过去时制词尾"–았/었–"，不能使用"–(으)ㄹ지도 몰랐다"。有收音的谓词词干后接"–을지도 모르다"，无收音或收音为"ㄹ"的谓词词干、"名词＋이다"后接"–ㄹ지도 모르다"。

우주 어딘가에는 외계인이 있**을지도 몰라**요.
说不定在宇宙的某处有外星人呢。

바지를 입어 보고 산 게 아니라서 사이즈가 작**을지도 모르**겠어.
因为这条裤子不是试穿以后买的，尺码可能会小。

오후에 비가 **올지도 모르**니까 우산을 챙겨 가세요.
下午可能会下雨，请带着雨伞走吧。

지금 비행기표를 예매하지 않으면 나중에는 더 비**쌀지도 몰라**.
如果现在不订机票的话，以后可能会更贵。

이번이 마지막 기회**일지도 모르**니까 최선을 다하세요.
这次也许是最后一次机会，请竭尽全力。

이미 들**었을지도 모르**지만 시험이 연기됐대요.
也许你已经听说了，考试延期了。

가: 이 대리님은 어디 가셨어요? 전화도 안 받으시네요.
　　李代理去哪儿了? 也不接电话。

나: 음, 잘 모르겠는데 거래처에 가**셨을지도 모르**겠네요.
　　嗯，我也不知道，可能是去了客户那里。

가: 오늘 약국 문 열었을까?
　　今天药店开门了吗?

나: 글쎄, 연휴라서 닫**았을지도 몰라**.
　　不好说，今天是休息日可能关门了。

✎ 우주 [名] 宇宙

3. 谓词 는다거나/ㄴ다거나/다거나

　　"-는다거나/ㄴ다거나/다거나"是连接词尾，用于谓词词干后，表示列举两种以上的行动，常以"-는다거나 -는다거나 하다"的形式使用。有收音的动词词干后接"-는다거나"，无收音的动词词干后接"-ㄴ다거나"，形容词词干后接"-다거나"，"名词＋이다"后接"-라거나"。可与表示过去时态的"-았/었-"和表示将来、推测的"-겠-"一起使用。

나는 책을 읽**는다거나** 영화를 본**다거나 하**면서 주말을 보낸다.
我周末一般读书或者看电影。

공연장에서는 사진을 찍**는다거나** 휴대폰을 사용**한다거나 하**면 안 됩니다.
在剧场不能拍照或使用手机。

환경 보호를 위해 기업은 친환경 제품을 만**든다거나** 환경 캠페인을 후원**한다거나**
하는 노력을 하고 있다.
企业通过生产环保产品或赞助环保活动等方式为保护环境而努力。

피곤하**다거나** 시간이 없**다거나 해**서 할 일을 자꾸 미루면 안 돼요.
不能因为疲惫或没有时间就一直拖延该做的事。

MBTI 성격 유형 중에서 E형은 사교성이 뛰어나**다거나** 매사에 열정적**이라거나**
하는 말들이 있다.
MBTI的性格类型中的E型据说是社交能力出众或对任何事都很有热情的类型。

최근에 서비스 이용이 불편**했다거나** 여러 어려움을 겪**었다거나 하**는 고객들의
불만이 많이 접수되었다.
最近，我们受理了很多顾客对使用服务不便或遇到各种麻烦的投诉。

가: 어떻게 하면 우울증을 예방할 수 있을까요?
　　怎样做才能预防抑郁症呢?

나: 규칙적으로 운동을 **한다거나** 사람들과 적극적으로 어울**린다거나 하**는
　 것이 좋습니다.
　　有规律地运动或积极地融入大家是比较好的方法。

가: 한국에 살면서 어떤 문화가 신기했어요?
　　你在韩国生活期间觉得什么文化很新奇?

나: 식당에서 겨울에도 찬물을 **준다거나** 반찬이 무료로 나**온다거나 하**는
　 것들이 신기했어요.
　　我觉得冬天饭店只提供冰水，还有饭店会提供免费的小菜，这些都很新奇。

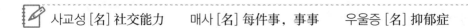

사교성 [名] 社交能力　　매사 [名] 每件事，事事　　우울증 [名] 抑郁症

 **문법 연습**

1 〈보기〉와 같이 빈칸에 알맞은 것을 골라 쓰십시오.

걷다   쓰다   바꾸다   공지하다   (그만하다)

보기
> 가: 민준아, 숙제는 다 끝내고 게임하는 거니?
> 나: 엄마, 조금만 더 하고 <u>그만하려던 참이었어요</u>. (-았어요/었어요)

1) 가: 나 지금 장 보러 마트 갈 건데 같이 갈래?

   나: 잘됐네. 안 그래도 집에만 있기 답답해서 좀 _____. (-았어/었어)

2) 가: 장웨이 씨, 제가 오전에 보낸 메일 확인했어요?

   나: 네. 그렇지 않아도 지금 과장님께 답장을 _____.

   (-았습니다/었습니다)

3) 가: 휴대폰 화면이 다 깨졌네. AS 센터에 가야 되는 거 아니야?

   나: 새로 하나 살 거야. 안 그래도 핸드폰을 _____. (-거든)

4) 가: 오늘 부장님께서 급하게 출장 가시게 돼서 오후에 잡혀 있던 회의는 연기하자고

   하시네요.

   나: 네. 아까 이 대리님한테 들어서 다른 사람들한테도 _____.

   (-았습니다/었습니다)

2 〈보기〉와 같이 빈칸에 알맞은 것을 골라 쓰십시오.

(없다)   좋다   들리다   사용되다   불가능하다

보기
> 늘 내 생각만 옳다고 하면 어느 순간 자신의 곁에 아무도 <u>없을지도 모른다</u>.
> (-는다/ㄴ다/다)

1) 유전자 기술이 비윤리적인 목적으로 _____ 우려가 있다. (-(으)ㄴ/는)

2) 과거의 경험과 익숙함에만 의존하면 새로운 도전은 _____.

   (-는다/ㄴ다/다)

📝 답장 [名] 回信，答复　　　　깨지다 [动] 碎，裂　　　　AS 센터 [词组] 售后服务中心

　　공지하다 [动] 通知，公告　　옳다 [形] 正确，对　　　유전자 [名] 基因

　　비윤리적 [名] 不道德的　　　우려 [名] 忧虑，担心

3) 한 유명 교수는 딱딱하게 _____ 철학적 주제를 동화로 쉽게 다루고 있다. (-(으)ㄹ)

4) 이번에 막을 내린 연극이 시나리오의 완성도에 더 집중했다면 흥행 성적이 더 _____ _____. (-겠다)

3 다음의 상황에서 하면 안 되는 행동들을 골라 〈보기〉와 같이 문장을 쓰십시오.

⟨출입문에 몸을 기대다⟩	⟨문이 닫힐 때 무리하게 타다⟩
• 조리한 음식을 실온에 오랫동안 두다	• 떨어질 수 있는 물건을 가지고 타다
• 의심스러운 이메일의 첨부 파일을 열다	• 여름철에 해산물이 충분히 익기 전에 먹다
• 가스레인지를 켜 둔 채 자리를 비우다	• 하나의 콘센트에 전자 제품을 많이 연결하다
• 기구가 완전히 멈추기 전에 안전장치를 풀다	• 다른 사람이 추측하기 쉬운 비밀번호를 사용하다

보기 지하철 탑승
⇨ 출입문에 몸을 기댄다거나 문이 닫힐 때 무리하게 탄다거나 하면 안 된다.

1) 놀이 기구 탑승
⇨ _____

2) 화재 예방
⇨ _____

3) 식중독 예방
⇨ _____

4) 개인 정보 보호
⇨ _____

딱딱하다 [形] 硬，生硬　　철학적 [名] 哲学的　　막을 내리다 [词组] 谢幕，落下帷幕
완성도 [名] 制作水平，完成度　　　　가스레인지 [名] 煤气灶
자리를 비우다 [词组] 不在，离开　　의심스럽다 [形] 可疑，令人怀疑
안전장치 [名] 保险装置，防护装置　　실온 [名] 室温　　출입문 [名] 出入口，门
기대다 [动] 倚靠　　　　추측하다 [动] 推测，猜测　　여름철 [名] 夏季，夏天
익다 [动] 熟，(做)熟　　콘센트 [名] 插座，插孔　　탑승 [名] 乘坐
식중독 [名] 食物中毒

4 다음을 듣고 물음에 답하십시오

1) 여자가 남자에게 전화한 이유를 고르십시오.

① 남자의 안부를 물으려고

② 남자의 생일을 축하하려고

③ 시험을 앞둔 남자를 격려하려고

④ 남자가 미신 믿는 것을 경계하려고

2) 들은 내용과 같은 것을 고르십시오.

① 남자는 친구와 달리 미신을 전혀 믿지 않는다.

② 여자는 사람들이 미신을 믿는 이유를 뉴스에서 들었다.

③ 미래가 통제 가능하다는 과학적 근거로 미신을 믿을 수 있다.

④ 때로는 인간이 비이성적이고 비합리적인 생각과 행동을 한다.

3) 여자의 태도로 알맞은 것을 고르십시오.

① 미신을 믿는 것에 대해 부정적이다.

② 미신으로 인한 문제에 대해 걱정한다.

③ 미신의 긍정적인 효과에 대해 동의한다.

④ 미신에 대한 남자의 생각을 일부 인정한다.

찝찝하다 [形] 心里不舒服，感觉不对劲　　괜히 [副] 无故地，白白地，徒劳地

불확실하다 [形] 不确定，不明确　　통제하다 [动] 掌控，控制　　존재 [名] 存在

아무튼 [副] 总之，反正　　경계하다 [动] 警觉，警惕　　동의하다 [动] 同意

인정하다 [动] 认可，承认

5 다음을 읽고 물음에 답하십시오.

유통업계에는 식품이나 포장에 파란색이나 검은색을 사용하지 않는다는 금기가 있다. 이 차가운 계열의 색깔들은 심리적으로 식욕을 억제하는 효과가 있기 때문이다. (㉠) 그러나 최근에 이러한 금기를 깨고 새로운 맛에 도전하는 제품들이 다양하게 출시되고 있다. 한 편의점 브랜드에서는 파란색 크림을 넣은 호빵을 출시하였는데 소다 향 아이스크림의 맛과 비슷하다. 그리고 한 치킨 브랜드는 오징어 먹물을 활용하여 튀김의 겉면이 검은색인 메뉴를 개발하였다. (㉡) 이 외에 빵부터 패티까지 모두 검은색인 햄버거라거나 대나무 숯을 넣은 짙은 검은색 커피라거나 하는 예들도 있다. 이러한 이색적인 시도들은 새로운 맛과 재미를 중요하게 생각하는 20·30대의 취향을 공략하기 위한 것이다. (㉢) 그들 사이에서는 SNS에 자신의 이색 경험을 공유하는 문화가 퍼져 있고 SNS에 음식 사진을 올리는 것이 일상이다. (㉣) 앞으로도 변해 가는 소비자의 입맛을 맞추기 위한 업계의 노력은 지속될 전망이다.

---

1) 이 글의 제목으로 알맞은 것을 고르십시오.

① 색깔의 심리학   ② 20 · 30대의 SNS 문화

③ 유통업계의 금기 사례와 유래   ④ 업계의 금기를 깬 이색 마케팅

2) 다음 문장이 들어가기에 가장 알맞은 곳을 고르십시오.

> 그러므로 음식에 있어서 맛뿐만 아니라 시각적인 요소의 비중도 상당히 커진 것이다.

① ㉠   ② ㉡   ③ ㉢   ④ ㉣

3) 이 글의 내용과 같은 것을 고르십시오.

① 보통 음식에 파란색을 사용하면 맛있어 보이지 않는다.

② 한 업체에서 호빵 모양의 파란색 아이스크림을 개발하였다.

③ 대나무 숯을 넣어 튀김 색깔이 검은색인 치킨 메뉴가 있다.

④ 20 · 30대는 음식의 맛보다는 색감을 더 중요하게 생각한다.

유통업계 [名] 商品流通企业   식욕 [名] 食欲   억제하다 [动] 抑制，控制

소다 [名] 苏打，碱   크림 [名] 奶油   호빵 [名] 蒸包   오징어 [名] 鱿鱼

먹물 [名] 墨汁   겉면 [名] 表面，外层   패티 [名] 肉饼   대나무 [名] 竹子

숯 [名] 炭，木炭   짙다 [形] (颜色) 深   이색적 [名] 独特，特色

시도 [名] 试图，尝试   공략하다 [动] 征服，攻克   입맛을 맞추다 [词组] 迎合口味

요소 [名] 要素，元素   상당히 [副] 相当地，非常   색감 [名] 色感

쓰기

1 다음 문법을 사용해서 제시된 표현을 한 문장으로 써 보십시오. 단, 제시된 표현의 순서는 바꾸지 마십시오.

–(으)면서	–(으)ㄴ/는 것	–아서/어서
–(으)려던 참에	–았다/었다	–(으)ㄹ지도 모르다

1) 눈앞의 현실에 매이다 / 꿈을 포기하다 / 인생을 바꾼 책을 만나다

⇨ _____

2) 성장 환경이 다른 부부가 같이 살다 / 갈등을 경험하다 / 어쩌면 당연한 일이다

⇨ _____

2 다음을 읽고 빈칸에 들어갈 알맞은 것을 쓰십시오.

> 선물을 주고받는 것은 누구에게나 기분이 좋은 일이지만 나라별로 금기시하는 선물이 있다. 중국에서는 우산이나 배가 이별과 발음이 같기 때문에 선물로 선호하지 않는다. 일본에서는 흰 손수건이 '죽음'을 뜻하기 때문에 (㉠). 프랑스에서 빨간 장미는 연인만을 위한 선물이므로 연인이 아닌 사람에게는 주면 안 된다. 러시아에서는 홀수의 꽃을 선물하는 것은 '축하'를 의미하지만 짝수는 '애도'의 의미를 가지기 때문에 주의가 필요하다. 이렇게 우리에게는 좋은 선물이 다른 나라에서는 (㉡) 사실을 기억해야 할 것이다.

㉠_____

㉡_____

눈앞 [名] 眼前　　　　　　매이다 [动] 被束缚，被限制　　어쩌면 [副] 也许，或许
주고받다 [动] 收送 (物品)　금기시하다 [动] 看作忌讳　　배 [名] 梨
뜻하다 [动] 意味着　　　　연인 [名] 恋人　　　　　　　홀수 [名] 单数
짝수 [名] 双数　　　　　　애도 [名] 悼念，哀悼

정리하기

이것만은 꼭 외웁시다!

1) 가: 이 대리님 결혼식에 가세요? 李代理，您去参加婚礼吗？
   나: 네. 안 그래도 장웨이 씨한테 같이 가자고 하려던 참이었어요.
   去。我正想跟你说一起去呢。

2) 가: 한국에서는 보통 축의금을 낼 때 흰색 봉투를 사용해요.
   在韩国送喜事的礼金一般都用白色的信封。
   나: 중국이랑 다르네요. 그러고 보면 두 나라의 문화가 다른 점도 많은 거 같아요.
   和中国不太一样。这么看两个国家的文化也有很多不同之处。

3) 가: 대리님께 제 축의금 좀 부탁드려도 될까요? 代理，我可以拜托您帮我把礼金带过去吗？
   나: 물론이죠. 저한테 주면 제가 잘 전달할게요. 当然了。交给我，我一定会帮你转交的。

4) 가: 왜 중국에서 4는 사람들이 별로 선호하지 않을까요?
   在中国，为什么人们都不太喜欢数字"4"呢？
   나: 숫자 4의 발음이 죽음을 의미하는 한자와 똑같기 때문이죠.
   因为数字"4"的发音和"死"的发音一样。

핵심 어휘

名词

과학적 科学的	금기 禁忌	길몽 好梦，吉梦	미신 迷信
불운 不走运	불행 不幸	비과학적 不科学的	비이성적 不理性的
비합리적 不合理的	상징 象征	악몽 噩梦	우연 偶然
이성적 理性的	징크스 霉运，倒霉事	합리적 合理的	
행복 幸福	행운 幸运	흉몽 凶梦	

形容词

길하다 吉利，吉祥	불길하다 不吉利，不吉

词组

사회적 관습 社会风俗	운이 좋다 运气好	운이 나쁘다 运气不好
재수가 없다 倒霉	재수가 있다 走运	

자기 평가

能够完成吗？	需再次复习	进入下一课！	
		良好	优秀
能说明并比较中韩两国的禁忌文化吗？	无法完成	可以完成	非常好
能说出多少与禁忌相关的单词或词组？	10个以下	11~19个	20个以上
能灵活运用本课所学的语法吗？	无法完成	可以完成	非常好

제12과 · 오늘은 한국의 식문화에 대해서 이야기하고자 합니다

目标: 能说明并比较中韩两国的问候礼仪和饮食文化
语法: 谓词(으)ㄴ/는 척하다, 动词 고자, 谓词 듯(이)
词汇: 与问候、饮食相关的词汇

韩国的职场礼仪

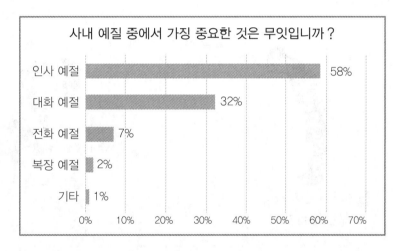

사내 예질 중에서 가징 중요한 것은 무잇입니까？

인사 예절	58%
대화 예절	32%
전화 예절	7%
복장 예절	2%
기타	1%

　　职场礼仪中，最重要的是什么呢？某企业对内部员工最看重的职场礼仪进行了问卷调查。调查结果显示，认为"问候礼仪"最重要的人数最多，占58%。其次是沟通礼仪（32%）、电话礼仪（7%）、着装礼仪（2%）和其他（1%）。通过这个调查，可以了解到，在职场生活中人们最看重问候礼仪。

이야기해 봅시다

1. 직장인이 사내 예절 중 가장 중요하게 생각하는 것은 뭐예요?
2. 여러분은 일상생활에서 어떤 예절이 가장 중요하다고 생각해요?

예절 [名] 礼节，礼仪

어휘와 표현

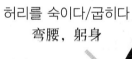 与问候相关的词汇

고개를 숙이다
低头

목례를 하다
行注目礼

악수를 하다
握手

허리를 숙이다/굽히다
弯腰，躬身

양손을 모으다
双手合拢

정중하게 인사하다
郑重地行礼

볼을 맞대다
贴脸

与饮食相关的词汇

식문화 饮食文化   끼/끼니 顿   주식 主食

후식 饭后甜点   저장 식품 贮存食品   발효 식품 发酵食品

즉석 식품 即食食品   간편식 方便食品

제육볶음 辣炒猪肉   오징어볶음 辣炒鱿鱼   닭갈비 辣炒鸡排

닭볶음탕 辣炖鸡块   육개장 辣牛肉汤   잔치국수 喜面

비빔국수 拌面   콩국수 豆汁面

어휘와 표현 연습

1 빈칸에 알맞은 것을 골라 쓰십시오.

| 맞대다 | 모으다 | 숙이다 | 악수하다 |

1) 두 회사의 대표가 계약을 맺은 후에 _____. (–았다/었다)

2) 목례는 고개를 가볍게 _____ 눈짓으로 하는 인사이다. (–고)

3) 한국에서 정중하게 인사할 때는 양손을 _____ 허리를 굽힌다. (–고)

4) 프랑스나 이탈리아에서는 서로의 볼을 _____ 인사를 한다. (–(으)ㄴ/는)

2 빈칸에 알맞은 것을 골라 쓰십시오.

| 주식 | 후식 | 발효 식품 | 즉석 식품 |

1) 오늘 저녁에 _____ 먹으려고 마트에서 수박을 구입했다.

2) 중국과 한국 등의 아시아 국가에서는 대부분 쌀을 _____ 한다.

3) 라면과 같은 _____ 자주 섭취하면 영양 불균형이 발생한다.

4) 한국의 대표적인 _____ 된장과 고추장, 김치가 있다.

3 어떤 음식을 추천하면 좋겠습니까? 알맞은 것을 연결하십시오.

1) 더운 날씨에 시원한 음식을 먹고 싶은 사람 •　　　　　• ① 닭갈비

2) 치킨이 아닌 다른 닭 요리를 먹고 싶은 사람 •　　　　　• ② 육개장

3) 해산물로 만든 매콤한 음식을 먹고 싶은 사람 •　　　　　• ③ 콩국수

4) 날씨가 추워서 따뜻한 국물을 먹고 싶은 사람 •　　　　　• ④ 오징어볶음

계약을 맺다 [词组] 签订合同　　　눈짓 [名] 使眼神，递眼色　　　매콤하다 [形] 微辣

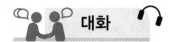 대화

1 장웨이와 이 대리가 회사 복도에서 마주쳤습니다. 두 사람은 무슨 이야기를 할까요?

> **장웨이:** 대리님, 안녕하세요?
>
> **이 대리:** 안녕하세요? 장웨이 씨. 참, 저번부터 한번 이야기하려고 했는데…
> 장웨이 씨는 저랑 마주칠 때마다 "안녕하세요?"라고 하네요. 아까
> 아침에도 인사했잖아요.
>
> **장웨이:** 네?
>
> **이 대리:** 아니, 계속 인사하니까 좀 이상해서요.
>
> **장웨이:** 음, 대리님을 못 본 척하고 그냥 지나가면 실례인 거 같아서 인사했어요.
>
> **이 대리:** 인사하는 건 좋은 거죠. 그런데 이럴 때는 인사하지 않고 그냥 말없이
> 목례만 하고 지나가도 돼요.
>
> **장웨이:** 목례요? 그런 말은 처음 들어 봤어요.
>
> **이 대리:** 목례는 고개만 조금 숙이고 눈으로 인사하는 거예요. 지금처럼 하루에
> 여러 번 만난다거나 화장실에서 마주친다거나 할 때 하면 돼요.
>
> **장웨이:** 네, 대리님. 알려 주셔서 감사합니다. 다음부터는 말씀하신 대로
> 하겠습니다.
>
> **이 대리:** 그래요. 다음에 시간 될 때 커피 한잔해요.

- 장웨이는 왜 이 대리에게 여러 번 인사했어요?
- 보통 어떤 상황에서 목례를 해요?

✏️ 말없이 [副] 默默无语地，不言不语地　　한잔하다 [动] 喝一杯

2 TV 교양 프로그램에서 한국의 식문화를 주제로 방송을 하고 있습니다. 프로그램 진행자와 게스트는 무슨 이야기를 할까요?

> **진행자:** 교수님, 지난 시간에는 한국의 인사 문화에 대해 이야기했는데요. 오늘은 어떤 이야기를 준비하셨습니까?
>
> **게스트:** 네. 오늘은 한국의 식문화에 대해서 이야기하고자 합니다. 한국인은 '밥심', 즉 밥의 힘으로 산다는 옛말이 있듯이, 오래 전부터 주식인 밥에 대한 사랑이 정말 대단했습니다. 조선 시대에 조선을 방문했던 서양인들이 당시의 사람들이 먹는 밥의 양을 보고 크게 놀랐다고 하는 기록이 있을 정도니까요. 이러한 밥 사랑은 오늘날에도 찾아볼 수 있습니다. 한국인들이 고깃집에서 고기를 어느 정도 먹고 나면 서로에게 하나의 질문을 합니다. 그게 뭘까요?
>
> **진행자:** 음, 식사는 뭘로 할 것이냐가 아닐까요?
>
> **게스트:** 맞습니다. 사실 이 질문은 외국인에게 정말 이상하게 느껴질 것입니다. 그전까지 먹었던 것은 식사가 아니라는 말이 되니까요. 제가 앞에서 말씀드렸듯이 식사에서 밥이 빠지면 한국인들은 뭔가 허전한 느낌을 받습니다. 그래서 찌개와 함께 밥을 먹는다거나 남은 기름으로 볶음밥을 만들어서 먹는다거나 하는 것이지요. 이렇듯 한국인의 밥 사랑은 지금도 계속되고 있습니다.

• 한국인의 밥 사랑을 보여 주는 표현으로는 뭐가 있어요?
• 한국인은 고깃집에서 고기를 먹은 후에 어떤 음식들을 먹어요?

밥심 [名] 吃米饭后获得的力量(表示韩国人对米饭的喜爱)   옛말 [名] 古语，老话
당시 [名] 当时   양 [名] 量，分量   고깃집 [名] 烤肉店   빠지다 [动] 落下，遗漏
기름 [名] 油

대화 후 활동

1 한국의 인사 문화와 식문화 중에서 중국과 다른 것이 있어요? 아래의 표를 완성해 보세요.

구분	한국	중국
인사 문화	• 자신보다 나이가 많거나 지위가 높은 사람에게는 허리를 숙여서 인사를 한다. • 아침과 점심, 저녁에 하는 인사말이 따로 없다. • 식사 전과 후에 하는 인사말이 있다 (잘 먹겠습니다, 잘 먹었습니다).	• 자신보다 나이가 많거나 지위가 높은 사람에게 허리를 숙여서 인사하지 않아도 된다. • •
식문화	• 고기를 구워 먹은 후에 그 기름으로 볶음밥을 만들어서 먹는다. • 숟가락은 국뿐만 아니라 밥을 먹을 때에도 사용한다. • 국에 밥을 말아 먹는다.	• • •

2 위 표에 쓴 내용을 바탕으로 〈보기〉와 같이 한국과 중국의 문화를 비교하여 이야기해 보세요.

보기

　　지금부터 한국과 중국의 인사 문화를 비교하고자 합니다. 한국에서는 자신보다 나이가 많거나 지위가 높은 사람에게 인사할 때는 허리를 숙여서 인사하는 것이 예의입니다. 그러나 중국의 경우 동일한 상황에서 허리를 숙여서 인사하지 않고 손만 흔들어도 예의에 어긋나지 않습니다.

인사말 [名] 问候语　　말다 [动] 泡（饭）　　동일하다 [形] 一样，相同
예의에 어긋나다 [词组] 违背礼节，失礼

 문법

1. 谓词 (으)ㄴ/는 척하다

"–(으)ㄴ/는 척하다"是惯用型，用于谓词词干后，表示假装进行前面的动作，相当于汉语的"假装……""装作……"。"–(으)ㄴ/는 척하다"和"–(으)ㄴ/는 체하다"的意思相似，可以互换使用。用于动词词干后时，现在时态接"–는 척하다"，过去时态接"–(으)ㄴ 척하다"。形容词词干后接"–(으)ㄴ 척하다"，"名词 + 이다"后接"–ㄴ 척하다"。动词"알다"后只能使用现在时态，不能使用过去时态。

 보기

수업을 듣**는 척했**지만 사실 딴 생각을 하고 있어요.
我假装在听课，其实在想别的。

동생이 도서관에 가**는 척했**지만 몰래 PC방에 갔어요.
弟弟假装去了图书馆，其实是偷偷去了网吧。

잘 모르면서 아**는 척** 좀 하**지** 마.
别不懂装懂了。

아까 길에서 넘어졌는데 너무 창피해서 괜찮**은 척했**어.
我刚才在路上摔倒了，太丢脸了就只能装作若无其事的样子。

어제 금은방에서 손님**인 척하**며 금반지를 훔친 범인이 잡혔습니다.
昨天在金店里装作客人偷走金戒指的犯人被抓到了。

우리 집 강아지는 밥을 실컷 먹어 놓고 안 먹**은 척해**요.
我家的小狗尽情地吃饱了后还装作没吃饭的样子。

가: 너 여자 친구랑 싸웠어? 아까 서로 못 **본 척하**고 지나가더라.
　　你和女朋友吵架了？刚才我看你们俩装作没看见对方就走过去了。

나: 아, 어제 싸웠는데 아직 화해 안 했어.
　　啊，昨天吵架了，现在还没和好呢。

가: 나 이번 주에 바빠서 동창회 못 갈 거 같아.
　　我这个星期很忙，可能不能去参加同学会了。

나: 뭐? 저번에도 바빠서 못 온다고 했잖아. 바**쁜 척하**지 말고 이번엔 나와.
　　什么？你上次不是也说忙没来参加嘛。别装成很忙的样子，这次来吧。

딴 [冠] 其他，别的　　훔치다 [动] 偷　　실컷 [副] 尽情，充分

2. 动词 고자

"-고자"是连接词尾，用于动词词干后，表示前面的内容是后面行动的目的，相当于汉语中的"为了……"。常以"-고자 하다"的形式，表示说话人想要做某事的意图或愿望，相当于汉语中的"想……"。"-고자"多用于演讲、访谈、会议等正式场合中，前后句的主语要求一致。不与先语末词尾"-았/었-""-겠-"一起使用，后半句不能使用命令句和共动句。

서비스 개선을 위해 고객님들의 의견을 듣**고자** 설문 조사를 하고 있습니다.
为改善服务质量，我们正在进行问卷调查，听取顾客意见。

대학생들은 취업을 위해 자격증과 공모전, 인턴 경험 등 다양한 스펙을 쌓**고자** 노력한다.
大学生为了就业，努力地考取资格证、参加比赛、积累实习经验，以此丰富自己的履历。

새해가 되면 많은 사람들이 건강을 챙기**고자** 헬스장에 등록한다.
新的一年，很多人为了强健身体去健身房办会员。

우리 회사는 사회적 책임을 다하여 더 나은 세상을 만들**고자 합**니다.
我们公司希望尽到社会责任，建立更美好的世界。

지금부터 주간 회의를 시작하**고자 합**니다.
现在我们开每周例会。

오늘 여러분들께 말씀드리**고자 하**는 것은 바로 성공을 위한 습관입니다.
今天想要跟大家讲的是成功人士必备的习惯。

가: 우리 전공에 지원한 동기는 무엇인가요?
你申请我们专业的原因是什么？

나: 저는 프로그래밍을 공부해서 IT 분야의 전문가가 되**고자** 지원했습니다.
我想学习编程，成为IT专家，所以申请了这个专业。

가: 오늘은 어떤 각오로 경기를 하실 생각인가요?
对于今天的比赛，您做好心理准备了吗？

나: 네. 지금까지 해 왔던 것처럼 매 순간 최선을 다하**고자 합**니다.
是的。就像我一直以来坚持的那样，每个瞬间我都会竭尽全力的。

공모전 [名] 大奖赛，作品征集大赛　　　스펙 [名] 履历，资历　　　책임을 다하다 [词组] 尽责
프로그래밍 [名] 编程　　　각오 [名] 思想准备，觉悟

3. 谓词 듯(이)

"–듯(이)"是连接词尾，用于谓词词干后，表示后面的内容也像前面的事实那样，相当于汉语中的"就像……一样""像……那样"。"–듯이"也可以缩略为"–듯"，常用于一些惯用语中，表示以一事物来比拟另一事物。

✦ 使用 "–듯(이)" 的惯用语

가뭄에 콩 나듯(이) 하다	밥 먹듯(이) 하다
旱地里生豆，比喻事情非常罕见	家常便饭，比喻极平常或极常见的事情
강 건너 불 보듯(이) 하다 隔岸观火	불 보듯(이) 뻔하다
눈 녹듯(이) 사라지다	明若观火，比喻再清楚不过了
像雪融化一样消失，比喻事物彻底消失	손바닥 뒤집듯(이) 하다 易如反掌
돈을 물 쓰듯(이) 쓰다 花钱如流水	제집 드나들듯(이) 하다
땀이 비 오듯(이) 나다 汗如雨下	像进出自己家一样，很随意

보기

눈 내리**듯이** 떨어지는 벚꽃의 풍경은 정말 아름답다.
樱花像雪花一样飘落，真是太美了。

계단을 오르**듯** 차근차근 성장하여 마침내 자신의 꿈을 이루는 주인공의 모습이 감동적이다.
主人公像攀登阶梯一样一步一步地成长，最终实现了自己的梦想，这太令人感动了。

사람마다 생김새가 다르**듯이** 성격도 모두 제각각이다.
每个人的长相都不同，各自的性格也都不同。

지금까지 해 왔**듯이** 앞으로도 지역 발전을 위해 계속 노력하겠습니다.
我们今后也将一如既往地为地区发展继续奋斗。

현실을 생각하지 않고 기대만 높다면 결과는 불 보**듯** 뻔하다.
如果不考虑现实，只有虚高的期待，那么结果如何就显而易见了。

"운동 후 먹는 것까지 운동이다."라는 말이 있**듯이** 운동의 효과를 높이기 위해서는 건강한 식단도 중요하다.
就像所谓的"运动后，吃也很重要"这种说法一样，为了提升运动效果，健康的食谱也很重要。

가: 요즘 무슨 걱정 있어?
你最近有什么担忧吗？

나: 너도 알고 있**듯이** 우리 회사 상황이 별로 안 좋잖아.
你也知道，我们公司的情况不是太好嘛。

가: 넌 왜 이렇게 거짓말을 밥 먹**듯이** 하냐?
你为什么总是说谎呢？

나: 그게 어떻게 거짓말이야? 무서워서 농담도 못 하겠네.
那怎么能算是说谎呢？你说得这么吓人，以后我连玩笑都不敢开了。

차근차근 [副] 稳步地，有条不紊地　　　마침내 [副] 终于，总算

생김새 [名] 长相，相貌　　　제각각 [名] 各自，各个　　　농담 [名] 玩笑

문법 연습

1 〈보기〉와 같이 빈칸에 알맞은 것을 골라 쓰십시오.

있다   못하다   아니다   일하다   (잘나다)

〈직장인이 생각하는 가장 얄미운 동료〉

| 보기 | 자기는 아무것도 안 하면서 잘난 척하는 사람 |

1) 사장님 앞에서만 열심히 _____ 사람

2) 모두가 바쁜 날에 혼자만 급한 일이 _____ 사람

3) 어렵고 힘든 일은 _____ 사람

4) 자신의 실수인데도 _____ 사람

2 〈보기〉와 같이 빈칸에 알맞은 것을 골라 쓰십시오.

끝맺다   극복하다   다가가다   바로잡다   (표현하다)

보기 작가는 이 작품에서 동양화 특유의 미를 표현하고자 하였다.

1) 요즘 새로운 세대의 소비자에게 가까이 _____ 이색 마케팅이 한창이다.

2) 기존 암 치료법의 한계를 _____ 다양한 각도에서 치료법이 연구되고 있다.

3) 자신의 잘못을 _____ 한다면 진정성 있는 사과가 먼저 이루어져야 한다.

4) 마지막으로 이 책에서 가장 인상 깊었던 부분을 언급하며 이 글을 _____ 한다.

잘나다 [动] 了不起，出众   얄밉다 [形] 可恶，讨厌   끝맺다 [动] 结束，收尾
극복하다 [动] 克服，战胜   바로잡다 [动] 纠正，整治   동양화 [名] 东方画
특유 [名] 特有   미 [名] 美   진정성 [名] 真诚   암 [名] 癌症
치료법 [名] 疗法，治疗方法   각도 [名] 角度   언급하다 [动] 谈到，提及

3 〈보기〉와 같이 빈칸에 알맞은 것을 골라 쓰십시오.

> (비 오듯이) 물 쓰듯이   눈 녹듯이   강 건너 불 보듯이   손바닥 뒤집듯이

> **보기** 아침부터 시작된 무더위에 잠깐만 걸어도 땀이 비 오듯이 흘렀다.

1) 눈앞에 푸른 바다가 펼쳐지자마자 모든 근심이 ＿＿＿＿＿＿＿ 사라졌다.

2) 카드 청구서를 받고 나서 이번 달에 돈을 ＿＿＿＿＿＿＿ 썼다는 사실을 깨달았다.

3) ＿＿＿＿＿＿＿ 말을 자주 바꾸면 자연스럽게 주변 사람의 신뢰를 잃게 된다.

4) 조별 과제의 기한이 얼마 남지 않았는데도 ＿＿＿＿＿＿＿ 하는 조원들의 태도에 화가 났다.

4 다음을 듣고 물음에 답하십시오.

1) 이 대화를 들을 수 있는 방송의 유형을 고르십시오.

① 인터넷 방송 　　　　　　② 방송국 TV 방송

③ 대학교 교내 방송 　　　　④ 방송국 라디오 방송

2) 들은 내용과 같은 것을 고르십시오.

① 여자는 이번 방송에 처음 출연하는 것이 아니다.

② 여자는 처음 식당에 갔을 때 수저통을 바로 찾았다.

③ 지금도 여자는 냅킨 위에 수저를 올리는 것이 어색하다.

④ 한국에서는 음식을 자르는 용도로 사용하는 가위를 판다.

3) 다음에 바로 이어질 순서로 알맞은 것을 고르십시오.

① 음악을 듣는다.

② 방송을 종료한다.

③ 다른 유학생과 인터뷰를 한다.

④ 현재의 인터뷰를 이어서 한다.

무더위 [名] 酷暑，酷热　　푸르다 [形] 蓝蓝的　　펼쳐지다 [动] 展现，展开

근심 [名] 忧愁，忧虑　　청구서 [名] 缴费通知单　　깨닫다 [动] 领悟，领会

신뢰 [名] 信赖，信任　　조별 과제 [词组] 小组作业　　조원 [名] 组员　　태도 [名] 态度

삼겹살집 [名] 烤五花肉店　　수저통 [名] 餐具盒　　이쯤 [名] 这时

용도 [名] 用途　　종료하다 [动] 结束，终了　　인터뷰 [名] 采访

5 다음을 읽고 물음에 답하십시오.

사람의 외모와 성격이 다양하듯이 지구상에는 수많은 문화가 존재한다. 당연히 문화 간에는 차이가 존재하며 우리가 타 문화를 처음 접할 때 보통 문화 충격을 경험하게 된다. 문화 충격은 상대 문화에 부정적인 감정을 느끼거나 심하면 문화의 우열을 따지는 태도로도 이어질 수 있다. 그러나 결코 어떤 문화가 다른 문화보다 더 뛰어나다거나 수준이 떨어진다거나 할 수 없다. 예를 들어, 윗사람에게 허리를 굽히면서 인사를 하는 방식은 특히 서양인들에게 낯설고 불편할 수 있다. 반면에 서로 볼을 맞대는 인사의 경우, 이러한 신체적 접촉이 익숙하지 않은 동양인들이 당황스러움을 느낄 수 있다. 손으로 음식을 먹는 것이 보편적인 식문화는 수저나 포크가 익숙한 사람들에게 비위생적인 것으로 인식될 수 있다. (㉠) 손을 사용하는 사람들은 세척이 잘됐는지도 모를 수저보다 자신이 깨끗하게 씻은 손이 더 청결하다고 생각한다. 따라서 타 문화에 함부로 부정적인 평가를 내리는 것은 옳지 못하며 문화적 차이를 존중하는 태도를 가져야 한다.

1) 이 글의 주제로 알맞은 것을 고르십시오.

① 세계의 다양한 식문화　　　　② 문화 충격의 부정적 영향

③ 서양과 동양의 문화적 차이　　④ 타 문화에 대한 올바른 자세

2) ㉠에 들어갈 알맞은 것을 고르십시오.

① 게다가　　　　② 그러면　　　　③ 이렇듯　　　　④ 하지만

3) 이 글의 내용과 같은 것을 고르십시오.

① 문화 충격으로 인해 문화의 우열을 가리게 되는 것은 일반적이다.

② 문화의 수준을 비교할 수 있는 절대적인 기준이 존재하는 것은 사실이다.

③ 서양에서는 윗사람에게 허리를 숙이면서 인사하는 것이 일반적이지 않다.

④ 손으로 식사하는 문화에서는 세척이 번거로워서 도구를 사용하지 않는다.

간 [依名] 间，之间　　타 [冠] 其他　　충격 [名] 冲击　　감정 [名] 感情，情感
우열을 따지다 [词组] 论高低，计较优劣　　　　　　　　이어지다 [动] 接上
수준 [名] 水准，水平　　신체적 [名] 身体上的　　접촉 [名] 接触，触碰
당황스럽다 [形] 惊慌失措　　보편적 [名] 普遍的　　세척 [名] 清洗，洗
청결하다 [形] 洁净，干净　　함부로 [副] 随便地，胡乱地　　평가를 내리다 [词组] 作出评价
존중하다 [动] 尊重　　절대적 [名] 绝对的　　번거롭다 [形] 麻烦，复杂

쓰기

1 다음 문법을 사용해서 제시된 표현을 한 문장으로 써 보십시오. 단, 제시된 표현의 순서는 바꾸지 마십시오.

| -고자 | -지만 | -(으)ㄴ/는 | -아서/어서 | -고 있다 | -(으)ㄴ/는 척하다 |

1) 취업 실패로 속상하다 / 가족에게 약한 모습을 보이기 싫다 / 괜찮다

  ⇨ _____

2) 멸종 위기에 처하다 / 야생 동물을 보호하다 / 많은 사람들이 관심을 기울이다

  ⇨ _____

2 다음을 읽고 빈칸에 들어갈 알맞은 것을 쓰십시오.

> 바쁜 하루하루를 살아가는 현대인이 모든 끼니를 잘 차려서 먹기가 쉽지 않다. 그에 따라 조리 과정에서 (㉠) 하는 소비자들의 요구가 높아지고 있으며 이를 만족시킬 수 있는 식품이 바로 가정 간편식이다. 가정 간편식은 포장을 뜯은 후에 바로 먹거나 간단한 조리 과정만 거치면 되므로 식사 준비에 드는 시간을 줄일 수 있다. 그리고 최근에 가정 간편식의 소비가 급증하면서 종류도 (㉡). 과거에는 외식으로만 가능했던 양식 및 중식 등의 다양한 메뉴들을 이제는 가정 간편식을 활용해서 집밥으로 차려 먹을 수 있다.

㉠_____
㉡_____

멸종 [名] 灭绝，绝种   위기에 처하다 [词组] 处于危机之中   야생 [名] 野生
하루하루 [名] 一天天   차리다 [动] 准备，做   요구 [名] 要求   뜯다 [动] 拆，撕
급증하다 [动] 激增，急剧增加   양식 [名] 西餐   집밥 [名] 家常饭

이것만은 꼭 외웁시다!

1) 가: 장웨이 씨, 저랑 마주칠 때마다 "안녕하세요?"라고 하니까 좀 이상해요.
   张伟，你每次见到我都会跟我说"您好"，有点儿别扭。

   나: 음, 대리님을 못 본 척하고 지나가면 실례인 거 같아서 그렇게 했어요.
   嗯，我觉得假装没看到您就那么走过去的话很失礼，所以就又跟您打了招呼。

2) 가: 목례는 어떤 상황에서 하면 좋을까요?
   什么情况下行注目礼比较好呢？

   나: 하루에 여러 번 만난다거나 화장실에서 마주친다거나 할 때 하면 돼요.
   一天碰到很多次，或者在洗手间碰到的时候行注目礼就行。

3) 가: 교수님, 오늘은 어떤 이야기를 준비하셨습니까? 教授，今天您要给我们讲些什么呢？

   나: 오늘은 한국의 식문화에 대해서 이야기하고자 합니다. 今天我们来讲讲韩国的饮食文化。

4) 가: 한국 사람들은 왜 고기를 먹고 나면 식사는 뭘로 할 거냐고 물을까요?
   韩国人为什么在吃完烤肉后，还会问要吃点儿什么饭呢？

   나: 제가 앞에서 말씀드렸듯이 식사에서 밥이 빠지면 뭔가 허전한 느낌을 받거든요.
   就像我之前提到的，在一顿饭里没有米饭，韩国人会感到一种莫名的空虚。

핵심 어휘

名词

간편식 方便食品	끼(니) 顿	닭갈비 辣炒鸡排	닭볶음탕 辣炖鸡块
비빔국수 拌面	식문화 饮食文化	오징어볶음 辣炒鱿鱼	육개장 辣牛肉汤
잔치국수 喜面	제육볶음 辣炒猪肉	주식 主食	콩국수 豆汁面
후식 饭后甜点			

词组

고개를 숙이다 低头	목례를 하다 行注目礼	발효 식품 发酵食品
볼을 맞대다 贴脸	악수를 하다 握手	양손을 모으다 双手合拢
저장 식품 贮存食品	정중하게 인사하다 郑重地行礼	
즉석 식품 即食食品	허리를 숙이다/굽히다 弯腰，躬身	

자기 평가

能够完成吗？	需再次复习	进入下一课！	
		良好	优秀
能说明并比较中韩两国的问候礼仪和饮食文化吗？	无法完成	可以完成	非常好
能说出多少与问候和饮食相关的单词或词组？	10个以下	11~19个	20个以上
能灵活运用本课所学的语法吗？	无法完成	可以完成	非常好

5

경제

✔ 여러분은 중고 거래를 해 본 적이 있어요? 중고 거래는 어떻게 해요?

✔ 여러분은 지금 경제적인 고민이 있어요? 어떤 고민이 있어요?

✔ 여러분은 미래를 위해 어떤 경제적인 준비를 하고 있어요?

● 핵심 문장

제13과　심리적인 불만족 상태로 인해 나타나는 경우가 많은데요

- 나한테 뭐라고 하더니 너도 휴대폰 바꾸고 싶구나?
- 쉽고 편한 직장만 찾다간 평생 취직하기가 어려울 거야.
- 공사로 인해 당분간은 1층 화장실을 이용할 수 없습니다.

- 휴대폰이 나올 때마다 바꾸다가는 아르바이트 하나 더 해야 될지도 몰라.
- 친구가 내 카메라를 빌려 가더니 하루만에 망가뜨려서 수리를 맡겼다.
- 충동구매는 스트레스, 불안감 등 심리적인 불만족 상태로 인해 나타나는 경우가 많은데요.

제14과　행사를 통해서 신제품을 홍보하는 거지

- 행복은 마음먹기에 달려 있어요.
- 상품을 하나 더 주는 대신 홍보 비용을 아끼는 셈이네.
- 하반기 실적은 매체 광고의 성공 여부에 달려 있습니다.

- 요즘 앱을 통한 중고 거래가 활발히 이루어지고 있대요.
- 포장을 뜯고 나서 한 번도 사용을 안 했으니까 새것인 셈이에요.
- 이번 설문 조사를 통해서 신세대와 기성 세대의 의견 차이를 알 수 있었다.

제15과　요리도 좀 배워 볼 겸 해서 도시락을 싸 다니려고요

- 그럼, 정말이고말고.
- 티끌모아 태산인 법이죠.
- 저 사람은 한국의 유명한 가수 겸 배우예요.

- 부모는 무슨 일이 있어도 자식을 믿는 법입니다.
- 주말에 사진도 찍을 겸 해서 가까운 바다에 갈 거예요.
- 기대가 크면 실망도 큰 법이니까 너무 기대하지 마세요.

제13과 심리적인 불만족 상태로 인해 나타나는 경우가 많은데요

目标：能听懂别人在经济上的苦恼并给出相应的建议
语法：动词 다가는, 谓词 더니, 名词 (으)로 인해(서)
词汇：与经济相关的词汇

韩国的线上二手商品交易

　　从网络平台到手机应用程序，韩国有各种各样的二手商品交易平台。以前，人们主要从二手商或熟人那里购买二手货，或者在跳蚤市场特定的日子里才能买到二手货。但是，随着互联网的出现和发展，如今任何人在任何时候都能够轻松出售和购买二手商品。二手交易的优点是，卖家可以出售其闲置物品，而买家则可以低价购买其所需。但是，也会出现卖家收不到货款，或者买家购买的商品有问题等情况，所以还要多加注意。

이야기해 봅시다

1. 여러분은 중고 거래를 자주 하는 편이에요?

2. 어떤 물건을 중고로 사거나 팔아 봤어요?

어휘와 표현

与经济相关的词汇

바로 경제 신문

www.baro-news.com · KOREAN'S FAVORITE NEWSPAPER · Since 2020

가장 좋은 재테크는 "저축"·"절약"

과소비 过度消费 낭비 浪费 사치 奢侈 빚 债 충동구매 冲动消费	절약 节约 저축 储蓄 저금/예금 存款 합리적 소비 合理消费
재테크 理财 투자 投资 지출 支出 소득 所得 수익 收益 수입 收入	급여 工资 자금 资金 재산 财产 목돈 巨款, 大笔钱 부동산 不动产

어휘와 표현 연습

1 빈칸에 알맞은 것을 골라 쓰십시오.

빚　낭비　절약　과소비　충동구매　합리적 소비

☺	☹

2 밑줄 친 부분과 비슷한 의미의 단어를 연결하십시오.

1) 컴퓨터를 사려고 꾸준히 <u>돈을 모으고</u> 있습니다.　　　•　　　•　① 소득

2) 아이가 학교에 들어가면서 <u>나가는 돈</u>이 많이 늘었어요.　•　　•　② 목돈

3) 갑자기 그렇게 <u>큰돈</u>을 어디서 구할 수 있겠어?　　　•　　•　③ 지출

4) 새 회사에 취직하고 나서 <u>버는 돈</u>이 조금 많아졌다.　•　　•　④ 저축

3 빈칸에 알맞은 것을 골라 쓰십시오.

사치　자금　투자　재테크

1) 그동안 모은 돈을 결혼 _____ 쓰려고 해요.

2) 이렇게 비싼 옷은 아직 나한테는 _____인 것 같아.

3) 다양한 _____ 방법을 통해 돈을 모을 수 있습니다.

4) 책값을 아까워하지 말고 미래를 위한 _____ 생각해.

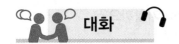 **대화**

1 이준호가 친구와 새 휴대폰에 대해 이야기합니다. 무슨 이야기를 할까요?

> **이준호:** 야, 너 또 휴대폰 바꿨네? 새로 산 지 얼마 안 됐잖아.
>
> **친구:** 응. 그런데 내가 좋아하는 회사의 신제품이 나와서.
>
> **이준호:** 몇 만원짜리도 아닌데 그렇게 휴대폰이 나올 때마다 바꾸다가는 아르바이트 하나 더 해야 될지도 몰라.
>
> **친구:** 아니야. 쓰던 휴대폰을 팔면 되니까 그렇게 돈이 부족하진 않아.
>
> **이준호:** 그래? 그래도 중고인데 얼마 못 받는 거 아냐?
>
> **친구:** 휴대폰 상태에 따라 다르긴 해도 나온 지 얼마 안 된 모델이니까 원래 가격의 반값 이상은 받을 수 있어.
>
> **이준호:** 하긴 오래 쓰지도 않았으니까 비싸게 팔 수 있긴 하겠다. 넌 휴대폰 자주 사고 파니까 거의 전문가겠다? 지금 내 휴대폰은 팔면 얼마나 받을 수 있을 것 같아?
>
> **친구:** 나한테 뭐라고 하더니 너도 휴대폰 바꾸고 싶구나?
>
> **이준호:** 나는 이거 쓴 지 오래됐잖아. 바꿀 때 됐지.

• 친구는 왜 휴대폰을 바꿨어요?

• 친구는 왜 돈이 부족하지 않다고 했어요?

📝 모델 [名] 型号，款式

2 라디오 방송의 고민 상담 코너입니다. 무슨 고민에 대해 이야기할까요?

> **진행자:** 여러분의 고민을 풀어 드리는 '무엇이든 이야기해 보세요' 시간입니다. 첫번째 사연입니다. "저는 홈 쇼핑만 보면 충동구매를 하게 돼요. 그래서 집안에 필요 없는 물건들이 쌓여서 가족들도 싫어해요. 매번 후회를 하지만 고치기가 쉽지 않네요. 어떡하죠?" 라고 보내 주셨네요. 이분은 어떡하면 좋을까요?
>
> **게스트:** 충동구매 때문에 고민을 하고 계시는군요. 많은 분들이 같은 고민을 가지고 있을 것 같아요. 충동구매 습관을 고치는 데는 여러 가지 방법이 있겠지만 저는 그 물건이 정말 필요한지 딱 일주일만 기다려 보라는 말씀을 드리고 싶네요. 정말 나에게 필요한 물건이라면 일주일 후에도 사야겠다는 마음이 들 겁니다. 그리고 충동구매는 스트레스, 불안감 등 심리적인 불만족 상태로 인해 나타나는 경우가 많은데요. 충동구매를 줄여서 절약한 돈으로 자신이나 가족에게 더 도움이 되는 일에 써 본다면 보람도 느낄 수 있고 습관을 고치는 데도 도움이 될 겁니다.

• 사연을 보낸 사람은 왜 충동구매를 후회해요?
• 충동구매를 하는 사람에게 어떤 조언을 했어요?

사연 [名] 缘由，故事　　마음이 들다 [词组] 有心意　　불안감 [名] 不安
심리적 [名] 心理的　　절약하다 [动] 节省

대화 후 활동

1 여러분이 가진 물건 중 어떤 것을 팔고 싶어요? 〈보기〉와 같이 아래의 표를 완성해 보세요.

물건 이름	구입 시기	구입 가격/희망 가격	비고
디지털 카메라	1년 전	60만 원/30만 원	• 자주 사용하지 않아서 새것 같음 • 카메라 가방도 포함

2 위 표에 쓴 내용을 바탕으로 〈보기〉와 같이 물건 판매 글을 쓰고 이야기해 보세요.

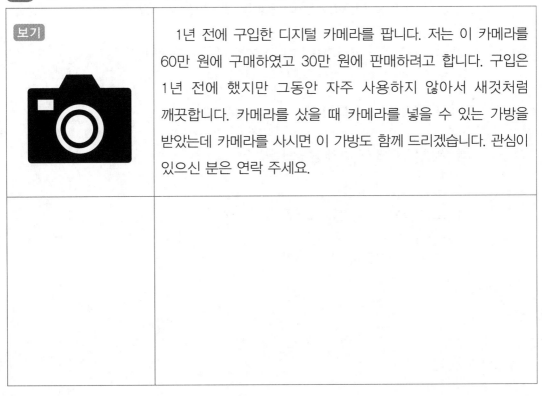

보기	1년 전에 구입한 디지털 카메라를 팝니다. 저는 이 카메라를 60만 원에 구매하였고 30만 원에 판매하려고 합니다. 구입은 1년 전에 했지만 그동안 자주 사용하지 않아서 새것처럼 깨끗합니다. 카메라를 샀을 때 카메라를 넣을 수 있는 가방을 받았는데 카메라를 사시면 이 가방도 함께 드리겠습니다. 관심이 있으신 분은 연락 주세요.

✎ 새것 [名] 新东西

1. 动词 다가는

"-다가는"是连接词尾，表示前面的行为或状态是出现后面负面结果的原因，即前面的行为或状态持续下去的话，会导致后面出现不好的结果，在口语中常使用其缩略形式 "-다간"。

모기 물린 데를 계속 긁**다가는** 상처가 덧날 수 있다.
总挠被蚊子叮的部位，伤口会发炎。

쉽고 편한 직장만 찾**다간** 평생 취직하기가 어려울 거야.
如果你总是想找简单、轻松的工作，一辈子都很难就业。

일을 급하게 하**다가는** 큰 실수를 하게 될지도 모른다.
做事过急，有可能会酿成大祸。

그렇게 가까이에서 티브이를 보**다간** 눈이 나빠질 거야.
看电视总是离得那么近，眼睛会看坏的。

귀찮다고 공부를 미루**다가는** 나중에 더 힘들어질 거예요.
因为厌烦而总是拖延学习，日后会更辛苦。

나쁜 자세로 앉아 있**다가는** 목 디스크에 걸릴 수도 있어.
如果总是保持不良的姿势，可能会得颈椎病。

가: 또 게임해? 그러**다간** 이번 시험 망치겠다.
你又玩儿游戏啊？这样下去，这次考试会不及格的。

나: 괜찮아. 평소에 미리 공부해 놨거든.
没关系。平时已经学好了。

가: 조금 더운 것 같은데 에어컨 좀 켤까?
感觉有点儿热，开一下空调吧？

나: 그렇게 에어컨을 막 켜**다가는** 전기 요금 폭탄을 맞을 텐데.
这么随意开空调，电费会激增的。

덧나다 [动] 发炎　　평생 [名] 一辈子　　나빠지다 [动] 变坏　　디스크 [名] 椎间盘突出
전기 [名] 电　　폭탄 [名] 炸弹

2. 谓词 더니

　　"-더니"是连接词尾, 用于谓词词干后, 有三种用法: 一是回想过去耳闻目睹或亲身经历的事实, 而之后出现了与其相反或对立的情况; 二是回想过去耳闻目睹或亲身经历的事实, 而这一事实又是后面事实的原因、理由、根据或前提; 三是过去耳闻目睹或亲身经历的情况结束后, 接着发生了另外的情况。

　　"-더니"连接的前后句子的主语通常一致, 且常为第三人称。若前后句子的主语不一致, 则前后内容应为同一主题。

친구가 내 카메라를 빌려 가**더니** 하루 만에 망가뜨려서 수리를 맡겼다.
朋友借走了我的相机, 结果仅一天就弄坏了, 我拿去修理了。

손님들은 셰프의 요리를 맛보**더니** 놀라운 맛이라며 칭찬을 아끼지 않았다.
客人们尝了厨师的料理后, 称其味道鲜美, 赞不绝口。

은정 씨는 커피를 자주 마시**더니** 요즘은 안 마시나 보네요.
恩静之前常喝咖啡, 最近好像不喝了吧。

어제는 이 시간에 길이 막히**더니** 오늘은 평일이라서 그런지 그나마 낫다.
昨天这个时间路很堵, 今天可能因为是工作日, 好多了。

동생이 용돈을 아끼지 않고 막 쓰**더니** 일주일도 안 돼서 다 썼다.
妹妹不节省, 随意花零花钱, 结果不到一周就全部花光了。

어머니께서 요즘 운동을 하러 다니시**더니** 몸이 훨씬 가벼워지셨대요.
妈妈最近在运动, 她的身体轻松多了。

가: 재민이 어디 갔는지 알아? 조금 전까지 여기에 있었는데.
在民去哪儿了? 刚才还在这里。

나: 글쎄, 방금 전화 받**더니** 밖으로 나가던데. 금방 오겠지.
不太清楚啊, 他刚才接了个电话就出去了。很快就会回来吧。

가: 유리 씨, 동생은 어떻게 지내요? 취업 준비는 잘돼 간대요?
友丽, 你弟弟最近怎么样? 就业准备还顺利吗?

나: 여기저기 열심히 면접을 보러 다니**더니** 얼마 전에 원하던 회사에 취직했어요.
他一直积极参加各种面试, 不久前终于在心仪的公司找到了工作。

망가뜨리다 [动] 弄坏　　맡기다 [动] 委托 ("맡다" 的使动形)　　맛보다 [动] 尝
놀랍다 [形] 惊奇　　막 [副] 随意

3. 名词 (으)로 인해(서)

　　"-(으)로 인해(서)"是惯用型，用于名词后，表示原因、理由，相当于汉语的"因为""由于"，主要用于正式场合。有收音的名词后接"-으로 인해(서)"，无收音或收音为"ㄹ"的名词后接"-로 인해(서)"。也常以"-(으)로 인하여""-(으)로 인해"的形式使用。另外，常以"-(으)로 인한"的形式修饰其后的名词。

이 섬은 드라마 촬영**으로 인해서** 관광객이 몇 배로 늘었대요.
因拍摄电视剧的缘故，岛上游客增加了好几倍。

공사**로 인해** 당분간은 1층 화장실을 이용할 수 없습니다.
因施工的原因，暂时不能使用1楼洗手间。

그 회사는 훌륭한 복지 혜택**으로 인해서** 입사 경쟁률이 높다.
因那家公司福利待遇很好，应聘竞争很激烈。

4차 산업 혁명**으로 인해서** 일자리가 없어지기도 하고 생기기도 했다.
因第四次工业革命，很多工作岗位在消失，同时也出现了新的工作岗位。

건조한 환절기에는 작은 부주의**로 인해서** 큰 산불이 발생하기도 합니다.
在干燥的季节里，稍不注意可能会引发大规模的山火。

한국 드라마의 세계적인 인기**로 인해** 한국어를 배우는 학생도 늘고 있다.
因韩国电视剧在全球的热播，学习韩国语的学生日益增多。

가: 요즘 포근한 날씨가 이어지고 있는데요. 주말 날씨는 어떻습니까?
最近天气一直很暖和，周末的天气会怎么样呢?

나: 주말부터는 태풍의 영향**으로 인해** 바람이 강하게 부는 곳이 있겠습니다.
从周末开始，受台风的影响，部分地区会刮大风。

가: 오늘 우리 축구 국가 대표 팀이 베트남을 상대로 승리를 거두었다는 소식입니다.
今天收到的消息，韩国国家足球代表队战胜了越南队。

나: 네. 이번 승리**로 인해서** 본선 진출의 가능성이 더욱 높아졌습니다.
是的。因这次胜利，我们进军决赛的可能性更大了。

배 [名] 倍　　　　　　경쟁률 [名] 竞争率　　　4차 산업 혁명 [词组] 第四次工业革命
일자리 [名] 工作岗位　　환절기 [名] 换季期　　　부주의 [名] 疏忽，不小心
산불 [名] 山火　　　　　포근하다 [形] 暖和　　　국가 대표 팀 [词组] 国家代表队
거두다 [动] 获得　　　　높아지다 [动] 变高

 **문법 연습**

1 〈보기〉와 같이 두 문장을 한 문장으로 쓰십시오.

> **보기**
> 계속 충동구매를 하다 / 돈을 하나도 못 모으다
> ⇨ 계속 충동구매를 하다가는 돈을 하나도 못 모을지도 몰라.

1) 계속 거짓말을 하다 / 나중에는 아무도 너를 믿지 않다

⇨ _____

2) 아무 계획 없이 살다 / 나중에 크게 후회하다

⇨ _____

3) 휴대폰을 보면서 걸어가다 / 넘어지거나 다른 사람과 부딪치다

⇨ _____

4) 아픈데 참고 병원에 가지 않다 / 큰 병이 생기다

⇨ _____

2 〈보기〉와 같이 빈칸에 알맞은 것을 골라 쓰십시오.

> 덥지 않다   돈을 모으다   점점 느려지다   (날씨가 흐리다)   열이 안 내리다

> **보기** 아침부터 날씨가 흐리더니 비가 쏟아지기 시작했다.

1) 며칠 전부터 컴퓨터가 _____ 완전히 고장 나고 말았다.

2) 친구가 생활비를 줄여 가며 열심히 _____ 결국 집을 샀대요.

3) 바로 어제까지는 여름치고는 _____ 오늘은 기온이 확 올랐다.

4) 아무리 약을 먹어도 _____ 주사를 맞자마자 거짓말처럼 나았다.

✎ 느려지다 [动] 变慢   확 [副] 一下子

197

3 〈보기〉와 같이 알맞은 것을 연결하고 문장을 쓰십시오.

| 보기 | 강한 바람 | •────────────• | ① 산불이 크게 번지다 |

1) 다리 부상 •   • ② 냉동실의 음식이 다 녹다

2) 문화 차이 •   • ③ 오해를 하게 되는 경우가 있다

3) 독특한 디자인 •   • ④ 마라톤 경기에 출전하지 못하다

4) 갑작스러운 정전 •   • ⑤ 비싼 가격에도 불티나게 팔리다

> **보기** 강한 바람으로 인해서 산불이 크게 번졌다.

1) _____

2) _____

3) _____

4) _____

4 다음을 듣고 물음에 답하십시오.

1) 두 사람은 어디에서 이야기하고 있습니까?

　① 술집　　　　　② 식당　　　　　③ 학교　　　　　④ 회사

2) 여자는 왜 남자와 만났습니까?

　① 취업에 필요한 정보를 주려고　　② 남자의 취업을 축하해 주려고

　③ 돈 모으는 방법을 알려 주려고　　④ 남자의 고민에 대한 조언을 해 주려고

3) 들은 내용과 같은 것을 고르십시오.

　① 남자는 원하던 회사에 취업했다.

　② 여자가 다니는 회사는 연봉이 적다.

　③ 여자는 취업할 때 남자에게 도움을 받았다.

　④ 남자는 첫 월급으로 부모님께 선물을 사 드렸다.

✏️ 번지다 [动] 蔓延　　　　　차이 [名] 差异，区别　　　오해 [名] 误会，误解

　　출전하다 [动] 参赛　　　정전 [名] 停电　　　　　　불티나다 [动] 畅销

　　2차 [词组] 第二场，第二轮　까불다 [动] 调皮，放肆　큰돈 [名] 巨款

　　한턱내다 [动] 请客　　　가계부 [名] 家庭收支账簿　쓸데없이 [副] 无谓地，徒然

5 다음을 읽고 물음에 답하십시오.

한 아르바이트 중개 플랫폼에서 한국의 20대를 대상으로 경제 활동에 대한 설문 조사를 실시하였다. 응답자 중 23%가 '저축을 하지 않는다'고 응답했으며 저축을 하지 않는 이유로 '저축할 만큼 소득이 많지 않아서'가 가장 많았다. 또한 '소득이 불안정해서'라고 응답한 20대도 많았다. 그런데 인상적인 점은 (㉠)에도 불구하고 투자에 참여하고 있는 20대는 약 25% 정도로 높게 나타났다는 것이다. 투자 방법은 주식이 가장 많았으며 펀드, 가상 화폐 등에 투자한다는 응답이 뒤를 이었다. 월 평균 투자 금액은 30만 원 이하의 소액이지만 응답자의 대부분이 원금을 유지하거나 투자 비용보다 높은 수익을 보고 있어 소위 말하는 '투자 성적표'는 좋은 편이라고 할 수 있다. 이런 설문 결과를 통해 안정적이고 수동적인 저축과 같은 재테크 방법보다는 위험 부담이 있더라도 적극적인 방법을 선호하는 <u>현재 20대의 경제 활동 성향</u>을 엿볼 수 있다.

1) 밑줄 친 부분에 대한 내용으로 알맞은 것을 고르십시오.

① 수동적이다   ② 안정적이다   ③ 인상적이다   ④ 적극적이다

2) ㉠에 들어갈 알맞은 것을 고르십시오.

① 쉽지 않은 취업   ② 적고 불안정한 소득

③ 확실하지 않은 미래   ④ 짧은 경제 활동 기간

3) 이 글의 내용과 같은 것을 고르십시오.

① 20대의 대부분은 저축을 하지 않는다.

② 20대는 안정적으로 재테크 하는 것을 선호한다.

③ 20대는 소득이 낮기 때문에 투자를 많이 하지 않는다.

④ 20대는 경험은 적어도 투자 이익을 보는 경우가 많다.

중개 [名] 中介   실시하다 [动] 实施   응답하다 [动] 回答

불안정하다 [形] 不稳定   불구하다 [动] 不顾, 不管   펀드 [名] 基金

가상 화폐 [词组] 虚拟货币   평균 [名] 平均   소액 [名] 小额

원금 [名] 本金   소위 [副] 所谓   성적표 [名] 成绩单

수동적 [名] 被动的   부담 [名] 负担   성향 [名] 倾向

엿보다 [动] 看出, 揣测

 **쓰기**

1 다음 문법을 사용해서 제시된 표현을 한 문장으로 써 보십시오. 단, 제시된 표현의 순서는 바꾸지 마십시오.

–더니	–는다고/ㄴ다고/다고	–다가는
–고 나서	–는다/ㄴ다/다	–(으)ㄹ지도 모르다

1) 돈을 아끼다 / 아픈데도 병원에 가지 않다 / 큰 병이 생기다

⇨ _____

2) 친구가 예전에는 연락을 자주 하다 / 취업하다 / 연락이 잘 안 되다

⇨ _____

2 다음을 읽고 빈칸에 들어갈 것을 쓰십시오.

'재테크'는 재산을 의미하는 '재(財)'와 기술을 의미하는 '테크놀로지(technology)'를 합한 말로 재산을 늘리는 방법이나 기술을 의미한다. 최근에는 다양한 재테크 방법을 가리키는 신조어들이 많이 생겼는데, '앱테크', '리셀테크', '뮤직테크' 등이 있다. '앱테크'는 스마트폰 앱을 이용해 돈을 버는 방법인데, 앱테크에도 여러 종류가 있지만 주로 앱에서 나오는 광고를 보고 현실에서 사용할 수 있는 포인트를 얻는 방법이 많다. '리셀테크'는 한정 판매 제품을 산 뒤 비싸게 되팔아 (㉠)이고, '뮤직테크'는 음악의 저작권을 구입하여 돈을 버는 방법이다. 이처럼 '재테크'라고 하면 예전에는 저축, 주식, 부동산 투자 등을 생각하는 경우가 많았지만 최근에는 재테크 방법이 (㉡).

㉠ _____

㉡ _____

합하다 [动] 合成　　신조어 [名] 新词　　한정 [名] 限量　　되팔다 [动] 转卖
저작권 [名] 著作权

정리하기

이것만은 꼭 외웁시다! 🎧

1) 가: 휴대폰이 나올 때마다 바꾸다가는 아르바이트 하나 더 해야 될지도 몰라.
   你每次一出新手机就换，看来你还要再多做一份兼职才行。

   나: 쓰던 휴대폰을 팔면 되니까 그렇게 돈이 부족하진 않아.
   把原来的手机卖了就行，钱还够用。

2) 가: 또 게임해? 그러다간 이번 시험 망치겠다.
   你又玩儿游戏啊？这样下去，这次考试会不及格的。

   나: 괜찮아. 평소에 미리 공부해 놨거든.
   没关系。平时已经学好了。

3) 가: 재민이 어디 갔는지 알아? 조금 전까지 여기에 있었는데.
   在民去哪儿了？刚才还在这里。

   나: 글쎄, 방금 전화 받더니 밖으로 나가던데.
   不太清楚啊，他刚才接了个电话就出去了。很快就会回来吧。

4) 가: 요즘 포근한 날씨가 이어지고 있는데요. 주말 날씨는 어떻습니까?
   最近天气一直很暖和，周末的天气会怎么样呢？

   나: 주말부터는 태풍의 영향으로 인해 바람이 강하게 부는 곳이 있겠습니다.
   从周末开始，受台风的影响，部分地区会刮大风。

핵심 어휘

名词

과소비 过度消费	급여 工资	낭비 浪费	목돈 巨款, 大笔钱
부동산 不动产	빚 债	사치 奢侈	소득 所得
수익 收益	수입 收入	자금 资金	재산 财产
재테크 理财	저금/예금 存款	저축 储蓄	절약 节约
지출 支出	충동구매 冲动消费	투자 投资	

词组

합리적 소비 合理消费

자기 평가

能够完成吗?	需再次复习	进入下一课!	
		良好	优秀
能听懂别人在经济上的苦恼并给出相应的建议吗?	无法完成	可以完成	非常好
能说出多少与经济相关的单词或词组?	0~5个	6~14个	15个以上
能灵活运用本课所学的语法吗?	无法完成	可以完成	非常好

제14과 행사를 통해서 신제품을 홍보하는 거지

目标： 能理解并描述营销方法
语法： 名词 을/를 통해(서)，谓词 (으)ㄴ/는 셈이다，名词 에 달리다
词汇： 与单位、比例相关的词汇

节日营销

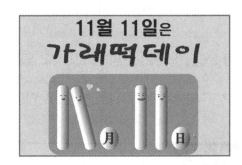

  "节日营销"是一种在特定节日期间推动销售的营销策略。在"情人节"这一天，人们会买巧克力送给喜欢的人，表达爱意，所以各大商家都会推出巧克力促销活动。这是比较具有代表性的节日营销案例。在韩国，3月3日被称为"五花肉日"，在这一天，商家会推出五花肉的促销活动；11月11日，因数字形状与长条糯米糕相似，而被称为"长条糯米糕日"，在这一天，商家会推出糯米糕促销活动。

이야기해 봅시다

1. 여러분 나라의 데이 마케팅에는 어떤 날이 있어요? 그날에 무엇을 사거나 선물해요?
2. 데이 마케팅이 효과적인 이유는 무엇일까요?

- -

가래떡 [名] 长条糯米糕

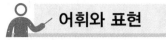 어휘와 표현

 与单位、比例相关的词汇

길이 长度	넓이 面积
10mm 십 밀리미터 10毫米	100m² 백 제곱미터 100平方米
20cm 이십 센티미터 20厘米	200km² 이백 제곱킬로미터 200平方公里
30m 삼십 미터 30米	300평 삼백 평 300坪
40km 사십 킬로미터 40公里	
50in 오십 인치 50英寸	
무게 重量	부피 容量
1mg 일 밀리그램 1毫克	20ml 이십 밀리리터 20毫升
2g 이 그램 2克	30l 삼십 리터 30升
3kg 삼 킬로그램 3公斤	40oz 사십 온스 40盎司
4t 사 톤 4吨	
온도 温度	속도 速度
30℃ 섭씨 삼십 도 30摄氏度	10m/s 초속 십 미터 秒速10米
70℉ 화씨 칠십 도 70华氏度	100km/h 시속 백 킬로미터 时速100公里
데이터양 存储容量	비율 比例
10Bit 십 비트 10比特	50% 오십 퍼센트(프로) 百分之五十
100B 백 바이트 100字节	1:2 일 대 이 一比二
1000KB 천 킬로바이트 1000千字节	3/4 사 분의 삼 四分之三
5MB 오 메가바이트 5兆字节	0.5 영 점 오 零点五
10GB 십 기가바이트 10吉字节	

 小贴士

✦ 口语中常把"밀리미터"缩略为"밀리(미리)","센티미터"缩略为"센치","킬로미터"缩略为"킬로(키로)"。

在韩国，表示具体温度时，应表示为"摄氏+数字+度"。如30℃，应表示为"섭씨 삼십 도"。

表示小数点时，要注意"점"的发音为[쩜]。

어휘와 표현 연습

1 빈칸에 알맞은 것을 골라 쓰십시오.

| 톤 | 평 | 그램 | 미터 | 제곱미터 | 센티미터 | 킬로그램 | 인치 |

길이	넓이	무게
		톤

2 다음을 한글로 쓰십시오.

1) $20km^2$ → _____

2) 500ml → _____

3) 15℃ → _____

4) 1024KB → _____

3 빈칸에 알맞은 것을 골라 쓰십시오.

| 리터 | 퍼센트 | 킬로미터 | 기가바이트 |

1) 서울과 베이징은 약 950 _____ 떨어져 있고 시차는 1시간입니다.

2) 이 요금제를 사용하면 매달 데이터를 100 _____ 사용할 수 있습니다.

3) 매일 물을 2 _____ 이상 마셔야 건강에 좋다는 것은 잘못 알려진 사실이다.

4) 고령화 사회는 65세 이상의 인구가 전체 인구의 7 _____ 이상인 사회를 말한다.

시차 [名] 时差　　고령화 [名] 老龄化

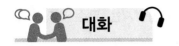 **대화**

1 왕린과 이은정이 편의점 행사에 대해 이야기합니다. 무슨 행사에 대해 이야기할까요?

> **이은정:** 왕린, 커피 좋아하지? 하나 마실래?
>
> **왕린:** 고마워. 잘 마실게. 그런데 커피를 왜 이렇게 많이 샀어?
>
> **이은정:** 편의점에서 이 커피가 원 플러스 원 행사를 하고 있더라고. 그래서 친구들하고 나눠 마시려고 여러 개 샀지.
>
> **왕린:** 그렇구나. 그런데 편의점에서는 원 플러스 원 행사를 자주 하던데 왜 그런 거야? 넌 광고홍보학과니까 그런 거 잘 알잖아.
>
> **이은정:** 같은 상품을 더 주는 행사는 보통 신제품이 나오면 소비자들의 반응을 살펴보기 위해서 하는 거래. 행사를 통해서 신제품을 홍보하는 거지.
>
> **왕린:** 그럼 상품을 하나 더 주는 대신 홍보 비용을 아끼는 셈이네. 그런데 그냥 50% 할인을 해 주면 되는 거 아니야?
>
> **이은정:** 50% 할인은 하나만 사도 되지만 원 플러스 원 행사는 최소 두 개를 사게 되잖아. 그러니까 홍보 효과가 더 큰 거지. 그렇지만 어떤 제품의 경우에는 홍보가 아니라 재고를 빨리 처리하기 위해서 하는 경우도 있대.
>
> **왕린:** 헉, 정말? 그럼 싸다고 아무거나 사지 말고 유통기한을 잘 보고 사야겠다.

• 이은정은 왜 커피를 많이 샀어요?

• 왜 편의점에서는 원 플러스 원 행사를 자주 해요?

원 플러스 원 [词组] 买一送一 　　광고홍보학과 [名] 广告宣传系 　　홍보하다 [动] 宣传
재고 [名] 库存 　　유통기한 [名] 保质期

2 김민지가 마케팅 팀의 회의에서 보고를 합니다. 회의에서 김민지는 무슨 이야기를 할까요?

> **최동민:** 지금부터 마케팅 팀 회의를 시작하겠습니다.
>
> **김민지:** 네. 먼저 우리 팀 실적 현황입니다. 모두 아시다시피 상반기에는 세계적인 경기 침체로 우리 부서뿐만 아니라 회사 전체적으로 실적이 감소하였습니다. 하반기에는 경기가 어느 정도 회복될 전망이므로 우리 팀 실적도 자연스럽게 회복될 것으로 보입니다.
>
> 다만 SNS를 통한 마케팅에 대해서 부정적인 반응이 있어서 이에 대한 대책 마련이 필요합니다. 분석 결과, 최근 SNS에 바이럴 마케팅이 증가함에 따라서 소비자들의 불신이 커진 것이 부정적인 반응의 주된 원인으로 보입니다. 이에 하반기에는 바이럴 마케팅을 줄이고 매체를 통한 광고를 확대하고자 하며, 이를 위해 TV, 라디오, 온라인 중 어떤 매체가 효과적일지 분석하였습니다. 또한 인쇄 매체를 통한 광고도 고려하고 있습니다. 하반기 실적은 매체 광고의 성공 여부에 달려 있으므로 모든 팀원들의 관심과 노력이 필요합니다. 다음으로 장웨이 사원이 매체 분석 결과를 발표하겠습니다.

• 마케팅 팀의 상반기 실적은 어땠어요?
• 왜 SNS를 통한 마케팅에 대해 부정적인 반응이 있었어요?

마케팅 [名] 市场营销　　현황 [名] 现状　　상반기 [名] 上半年　　전체적 [名] 整体上
하반기 [名] 下半年　　대책 [名] 对策　　마련 [名] 准备
바이럴 마케팅 [词组] 病毒式营销　　불신 [名] 不信任　　주되다 [动] 为主，主要
매체 [名] 媒体　　확대하다 [动] 扩大　　인쇄 [名] 印刷　　고려하다 [动] 考虑

대화 후 활동

1 데이 마케팅에 대해 생각해 보고 빈칸을 채워 보세요. 그리고 여러분 나라의 '데이'도 써 보세요.

날짜	11월 11일	3월 3일	
이름	가래떡 데이		
이유	가래떡과 모양이 비슷한 숫자 '1'이 많은 날이다.		
하는 일	가래떡 할인 행사 가래떡 삼행시 대회 가래떡 만들기 체험	삼겹살 1+1 행사 쌈 채소 할인 행사 삼겹살 요리 대회	

2 〈보기〉와 같이 여러분 나라의 '데이'를 소개하는 발표를 해 보세요.

> **보기**
>
>   11월 11일은 가래떡 데이입니다. 1년 중에 가래떡과 모양이 비슷한 숫자 '1'이 가장 많은 날이기 때문입니다. 가래떡 데이에는 가래떡 할인 행사를 하는 가게가 많습니다. 그리고 백화점, 마트나 공공기관에서는 가래떡 삼행시 대회, 가래떡 만들기 체험 등을 하는 경우도 있습니다. 가래떡 데이를 통해서 우리 먹거리에 대해 관심을 가지고, 농민들을 응원할 수 있습니다.

_____

_____

_____

_____

_____

삼행시 [名] 三行诗   체험 [名] 体验   쌈 [名] 包饭   공공기관 [名] 公共机构
먹거리 [名] 餐食，小吃   농민 [名] 农民

 문법

1. 名词 을/를 통해(서)

"–을/를 통해(서)"是惯用型，用于名词后，相当于汉语的"通过……"。有收音的名词后接"–을 통해(서)"，无收音的名词后接"–를 통해(서)"。常以"–을/를 통한"的形式修饰其后的名词。

 보기

사람은 실패**를 통해** 많은 것을 배우기 마련이지요.

人通过失败能够学到很多东西。

요즘 앱**을 통한** 중고 거래가 활발히 이루어지고 있대요.

最近二手买卖交易在应用程序上进行得很活跃。

요즘 학생들은 책보다 인터넷**을 통해서** 필요한 정보를 얻는다.

现在学生们（与书相比）更常用互联网获取所需信息。

유학원**을 통해** 유학을 준비하는 것은 편리하지만 비용이 많이 든다.

虽然通过留学中介准备留学相关事宜会很便利，但费用很高。

음악**을 통한** 심리 치료 방법은 정서가 불안정한 아이들에게 도움이 된다.

通过音乐进行心理治疗的方法有助于帮助那些情绪不稳定的孩子们。

이번 설문 조사**를 통해서** 신세대와 기성세대의 의견 차이를 알 수 있었다.

我们通过这次问卷调查，了解到新一代和老一代意见的差异。

가: 나도 너처럼 과외를 해 보고 싶은데 어떻게 구하는 거야?

我也想和你一样试着做家教，怎么找？

나: 보통 아는 사람**을 통해서** 소개를 받는 경우가 많아.

一般都是通过熟人介绍。

가: 한국 드라마**를 통해** 한국 문화를 배웠는데 실제랑은 많이 달랐어요.

我通过韩国电视剧了解了韩国文化，但与实际出入太大。

나: 그렇죠. 드라마보다는 직접 경험**을 통해서** 배우는 게 좋아요.

是啊。比起电视剧，通过亲身体验了解韩国文化更好。

거래 [名] 买卖，交易　　활발히 [副] 活跃　　유학원 [名] 留学中介

정서 [名] 情绪　　신세대 [名] 新一代　　실제 [名] 实际

2. 谓词 (으)ㄴ/는 셈이다

"–(으)ㄴ/는 셈이다"是惯用型，用于谓词词干后，表示大体上属于某种状况或类型，相当于汉语的"算是……""(基本上)跟……一样"，常与表示理由的"–(으)니까"搭配使用。动词词干和"있다/없다"后接"–는 셈이다"，有收音的形容词词干后接"–은 셈이다"，无收音的形容词词干后接"–ㄴ 셈이다"，"名词＋이다"后接"–ㄴ 셈이다"。

우리는 일주일에 여섯 번이나 만나니까 매일 만나**는 셈이**에요.
我们一周见六次，相当于每天都见面。

억지로 사과하는 것은 사과하지 않는 것과 같**은 셈이다**.
不情愿的道歉和没道歉一样。

큰 사고가 났는데 팔만 조금 긁혔으니까 멀쩡**한 셈이**지요.
发生了这么大的事故，我只蹭到了胳膊，跟没受伤一样。

포장을 뜯고 나서 한 번도 사용을 안 했으니까 새것**인 셈이**에요.
拆包装后一次都没使用，和新的一样。

이번 달 월세를 내면 통장에 만 원도 안 남으니까 생활비가 없**는 셈이**야.
交完这个月房租，存折里只剩下不到一万韩元，相当于没生活费了。

지난 방학 때는 바빠서 이틀밖에 여유가 없었으니까 거의 못 **논 셈이다**.
上个假期太忙了，只休了两天，相当于没休息。

가: 같은 옷인데 이 쇼핑몰이 훨씬 싸네. 여기에서 사자.
同样的衣服，这个网店的更便宜，在这儿买吧。

나: 가격은 더 싸지만 여기는 배송비가 있으니까 가격은 비슷**한 셈이**야.
价格虽然便宜，但有运费，所以两家的价格差不多。

가: 피곤해 보이네. 어제 밤새 공부할 거라고 하더니 정말 한숨도 안 잤어?
你看起来很累啊。昨天你说要熬夜学习，真的一夜没睡吗?

나: 자긴 했는데 한 시간밖에 못 잤으니까 밤을 새**운 셈이**야.
睡是睡了，但只睡了一个小时，和没睡一样。

✎ 긁히다 [动] 划伤

3. 名词 에 달리다

"–에 달리다"是惯用型，用于名词后，相当于汉语的"取决于""在于"。"–에 달리다"常与"–아/어 있다"搭配，以"–에 달려 있다"的形式使用，表示人的名词后接"–에게/한테"。与疑问词、谓词或"–느냐/(으)냐""–는지/(으)ㄴ지"等搭配使用时，表示程度或方法不同，其结果也会不同。

행복은 마음먹기**에 달려 있**어요.
幸福与否取决于自己内心的决定。

우리 사회의 미래는 젊은이들**에게 달려 있**습니다.
我们社会的未来取决于年轻人。

집값은 주변 편의 시설**에 달려 있**는 경우도 있어요.
有时房价取决于周边的便利设施。

해물 요리의 맛은 얼마나 신선한 재료를 넣느냐**에 달렸**다.
海鲜料理的味道取决于所放入食材的新鲜程度。

태도 점수는 수업에 얼마나 성실히 참여하는지**에 달려 있**다.
态度分数取决于上课时参与的认真程度。

요즘 휴대폰의 인기는 성능보다는 디자인**에 달려 있**는 것 같아요.
现在手机的受欢迎程度似乎更多地取决于设计，而非性能。

가: 이번 프로젝트의 성공은 여러분들**에게 달렸**으니 잘 부탁드립니다.
　　这次项目成功与否取决于大家，那我就拜托大家了。

나: 네. 성공을 위해 팀원들과 최선을 다하겠습니다.
　　好的。为了取得成功，我们团队成员会竭尽全力的。

가: 좋은 첫인상을 주기 위해서 가장 중요한 것이 무엇일까요?
　　为了给人留下好的第一印象，最重要的是什么?

나: 첫인상은 표정과 말투**에 달려 있**으니 밝은 표정으로 인사하는 연습을 해 보세요.
　　第一印象取决于表情和语气，请练习用开朗的表情打招呼。

마음먹다 [动] 下决心　　젊은이 [名] 年轻人　　성실히 [副] 认真地　　말투 [名] 语气

문법 연습

1 〈보기〉와 같이 빈칸에 알맞은 것을 골라 쓰십시오.

게임　　추첨　　(친구)　　세미나　　엘리베이터

보기 <u>친구를 통해서</u> 한국의 소식을 듣고 있어요.

1) 신제품을 구매하는 분께 _____ 사은품을 드립니다.

2) 화재가 발생했을 때 _____ 대피하는 것은 위험합니다.

3) 간단한 _____ 외국어를 공부할 수 있는 앱이 많이 개발되었다.

4) 환경 오염을 주제로 한 _____ 플라스틱 제품의 위험성을 알게 되었다.

2 〈보기〉와 같이 알맞은 것을 연결하고 문장을 쓰십시오.

보기 발표 자료를 모으고 정리도 했다　　　　●——————●　　① 발표 준비를 거의 다 했다

1) 일 년에 영화를 열 편 정도 본다　　　　　　●　　　　　　●　　② 수입에 변화가 없다

2) 월급이 올랐지만 물가도 똑같이 올랐다　　　●　　　　　　●　　③ 달마다 하나씩 본다

3) 기말고사를 망쳐서 20명 중에 18등이다　　●　　　　　　●　　④ 한국에 거의 다 왔다

4) 5분 후에 비행기가 인천국제공항에 도착한다 ●　　　　　　●　　⑤ 꼴등이나 마찬가지이다

보기 <u>발표 자료를 모으고 정리도 했으니까 발표 준비를 거의 다 한 셈이다.</u>

1) _____

2) _____

3) _____

4) _____

✏️ 추첨 [名] 抽奖，抽签　　　세미나 [名] 研讨会　　　사은품 [名] 赠品
　　대피하다 [动] 暂避，躲避　　물가 [名] 物价　　　꼴등 [名] 倒数第一

3 〈보기〉와 같이 빈칸에 알맞은 것을 골라 쓰십시오.

| 세우다 | 개봉하다 | 안정되다 | (연습하다) | 제시하다 |

보기
가: 한국어로 기본적인 의사소통을 하려면 얼마나 걸릴까요?
나: 그건 얼마나 열심히 <u>연습하느냐</u>에 달려 있어요.

1) 가: 정말 저 선수가 이번에 우리 팀으로 이적할까?

   나: 글쎄, 팀에서 이적료를 얼마나 _____에 달렸을 것 같은데.

2) 가: 저 영화가 이번에 천만 관객을 돌파했다던데 그렇게 재밌나?

   나: 재미도 중요하지만 영화의 흥행은 언제 _____에 달려 있기도 해. 요즘은 경쟁작이 없잖아.

3) 가: 교수님, 경기가 언제 회복될 것이라고 보십니까?

   나: 다양한 이견이 있겠으나, 저는 유가가 얼마나 빨리 _____에 달려 있다고 봅니다.

4) 가: 재테크를 해 봐도 돈 모으기가 쉽지 않은데 어떡하면 좋을까?

   나: 성공적인 재테크는 계획을 얼마나 잘 _____에 달렸으니까 먼저 잘 생각해 봐.

✎ 안정되다 [动] 稳定　　기본적 [名] 基本的　　이적하다 [动] 转会　　이적료 [名] 转会费
돌파하다 [动] 突破　　경쟁작 [名] 竞争作品　　유가 [名] 油价

4 다음을 듣고 물음에 답하십시오.

1) 여자가 바로 전에 한 말은 무엇인지 고르십시오.

① SNS 사용의 부작용

② 성공적인 마케팅 사례

③ 다양한 브랜드의 종류

④ 이벤트를 통한 마케팅 방법

2) 여자의 중심 생각으로 알맞은 것을 고르십시오.

① 이벤트는 성공할 때도 있고 실패할 때도 있다.

② 이벤트 방법이 잘못되었다면 빨리 끝내야 한다.

③ 이벤트를 통해 브랜드를 홍보하는 마케팅 방법은 효과적이다.

④ 이벤트를 진행할 때 생길 수 있는 문제를 미리 생각하고 대비해야 한다.

3) 여자가 말한 마케팅 사례의 내용으로 알맞은 것을 고르십시오.

① 다행히 금전적인 손해는 발생하지 않았다.

② 할인 쿠폰은 한 사람이 하나만 받을 수 있었다.

③ 부작용이 조금 있었지만 결국 성공적으로 진행됐다.

④ SNS 사용자들에게 2만원짜리 할인 쿠폰을 지급하였다.

 팔로워 [名] 关注用户   쿠폰 [名] 优惠券   손해 [名] 损失   부작용 [名] 副作用
금전적 [名] 金钱的

5 다음을 읽고 물음에 답하십시오.

마케팅에 활용되는 대표적인 심리 효과로 '초두 효과(primacy effect)'가 있는데, 가장 먼저 느낀 이미지나 정보가 사람이나 사물에 대한 느낌을 형성하는 데 큰 영향을 미치는 효과를 의미한다. (㉠) 기업에서 소비자가 가장 먼저 접하게 되는 브랜드의 로고 디자인, 매장의 입구, 캐치프레이즈 등에 큰 투자를 하는 것은 이러한 초두 효과를 활용한 사례이다. (㉡)

다음으로 '후광 효과(halo effect)'가 있는데, 사물이나 사람을 평가할 때 그 일부를 통해 나머지도 평가하게 되는 것을 말한다. 예를 들어 영화 포스터에 영화의 내용보다 출연한 유명 배우나 영화제 수상 여부를 강조해서 표시하는 경우가 있다. (㉢) 사람들은 이를 통해 영화의 내용과 관계없이 유명한 배우가 출연했으니 재미있을 것이라거나, 영화제에서 상을 받았으니 작품성이 뛰어날 것이라고 생각하게 되는 것이다. (㉣)

1) 이 글의 제목으로 알맞은 것을 고르십시오.

① 마케팅 속의 심리학　　② 마케팅 방법의 변화
③ 새로운 마케팅 방법　　④ 마케팅의 장점과 단점

2) '후광 효과'를 활용한 마케팅 방법으로 알맞은 것을 고르십시오.

① 제품의 이미지에 맞게 로고를 디자인한다.
② 많은 사람들이 다니는 곳에 제품을 광고한다.
③ 제품이 저렴하다는 것을 가장 먼저 강조한다.
④ 유명한 가수가 제품을 사용하는 모습을 보여 준다.

3) 다음 문장이 들어갈 곳으로 알맞은 것을 고르십시오.

어떤 물건이나 사람의 장점을 먼저 듣고 단점을 나중에 듣는 경우, 그 반대의 경우보다 더 긍정적인 인상을 받게 되는 것이다.

① ㉠　　② ㉡　　③ ㉢　　④ ㉣

초두 효과 [词组] 首因效应　　형성하다 [动] 形成　　영향을 미치다 [词组] 产生影响
로고 [名] 标识，商标　　캐치프레이즈 [名] 广告语，标语　　나머지 [名] 余下的
작품성 [名] 作品的艺术性　　심리학 [名] 心理学

쓰기

1 다음 문법을 사용해서 제시된 표현을 한 문장으로 써 보십시오. 단, 제시된 표현의 순서는 바꾸지 마십시오.

-은/는   -(으)면   -(으)니까   -을/를 통해서   -에 달려 있다   -는/(으)ㄴ 셈이다

1) 삼겹살 300그램을 사다 / 300그램을 더 주다 / 반값에 사다

⇨ _____

2) 하반기 매출 / 이번 행사 / 공개되는 신제품의 인기

⇨ _____

2 다음을 읽고 빈칸에 들어갈 것을 쓰십시오.

> 광고홍보학과는 기업이 소비자에게 전달하고자 하는 메시지를 신문, 방송 등의 (㉠) 효과적으로 전달하는 방법을 배우는 학과이다. 광고홍보학과에서는 마케팅과 관련된 여러 이론을 배우게 되는데, 가장 기초적인 이론부터 소비자 심리, 브랜드 관리, 마케팅 전략 등 광고와 홍보에 대한 다양한 내용을 다룬다. 광고홍보학과를 (㉡) 기업의 마케팅 부서나 광고 대행사에 취업하는 경우가 많으며, 최근에는 혼자 또는 몇 명의 동료와 함께 작은 회사를 창업하는 경우도 늘어나고 있다고 한다.

㉠_____

㉡_____

 공개되다 [动] 公开，公布   이론 [名] 理论   기초적 [名] 基础的
다루다 [动] 办理，处理   대행사 [名] 代理公司   창업하다 [动] 创业

정리하기

이것만은 꼭 외웁시다!

1) 가: 한국 드라마를 통해 한국 문화를 배웠는데 실제랑은 많이 달랐어요.
   我通过韩国电视剧了解了韩国文化，但与实际出入太大。

   나: 그렇죠. 드라마보다는 직접 경험을 통해서 배우는 게 좋아요.
   是啊。比起电视剧，通过亲身体验了解韩国文化更好。

2) 가: 같은 옷인데 이 쇼핑몰이 훨씬 싸네. 여기에서 사자.
   同样的衣服，这个网店的更便宜，在这儿买吧。

   나: 가격은 더 싸지만 여기는 배송비가 있으니까 가격은 비슷한 셈이야.
   价格虽然便宜，但有运费，所以两家的价格差不多。

3) 가: 피곤해 보이네. 어제 밤새 공부할 거라고 하더니 정말 한숨도 안 잤어?
   你看起来很累啊。昨天你说要熬夜学习，真的一夜没睡吗？

   나: 자긴 했는데 한 시간밖에 못 잤으니까 밤을 새운 셈이야.
   睡是睡了，但只睡了一个小时，和没睡一样。

4) 가: 좋은 첫인상을 주기 위해서 가장 중요한 것이 무엇일까요?
   为了给人留下好的第一印象，最重要的是什么？

   나: 첫인상은 표정과 말투에 달려 있으니 밝은 표정으로 인사하는 연습을 해 보세요.
   第一印象取决于表情和语气，请练习用开朗的表情打招呼。

핵심 어휘

名词

길이 长度	밀리미터 毫米	센티미터 厘米	미터 米
킬로미터 公里	인치 英寸	넓이 面积	제곱미터 平方米
제곱킬로미터 平方公里	평 坪	무게 重量	밀리그램 毫克
그램 克	킬로그램 公斤	톤 吨	부피 容量
밀리리터 毫升	리터 升	온스 盎司	온도 温度
섭씨 摄氏度	화씨 华氏度	속도 速度	초속 秒速
시속 时速	데이터양 存储容量	비트 比特	바이트 字节
킬로바이트 千字节	메가바이트 兆字节	기가바이트 吉字节	비율 比例
퍼센트(프로) 百分之	대 比	분 分	점 点

자기 평가

能够完成吗？	需再次复习	进入下一课！	
		良好	优秀
能理解并描述营销方法吗？	无法完成	可以完成	非常好
能说出多少与单位、比例相关的单词或词组？	0~10个	11~25个	26个以上
能灵活运用本课所学的语法吗？	无法完成	可以完成	非常好

요리도 좀 배워 볼 겸 해서 도시락을 싸 다니려고요

目标: 能说明节省生活费的方法
语法: 动词 (으)ㄹ 겸 (해서), 谓词 (으)ㄴ/는 법이다, 谓词 고말고(요)
词汇: 俗语(成语、谚语)

大学生节省生活费的方法

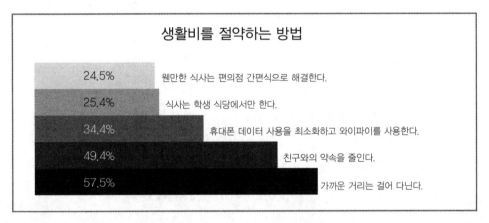

생활비를 절약하는 방법

24.5%	웬만한 식사는 편의점 간편식으로 해결한다.
25.4%	식사는 학생 식당에서만 한다.
34.4%	휴대폰 데이터 사용을 최소화하고 와이파이를 사용한다.
49.4%	친구와의 약속을 줄인다.
57.5%	가까운 거리는 걸어 다닌다.

　　某兼职中介公司的问卷调查结果显示，在韩国大学生生活费花销中，占比最高的是餐饮费，接下来依次是交通费、通信费、文化生活费。

　　对大学生节省生活费的方法的调查结果显示（多选），89.7%的韩国大学生都有自己节省生活费的小秘诀。在这些小秘诀中，"步行去较近的地方（57.5%）""减少与朋友的约会（49.4%）"占比较高，其次分别是"减少使用手机流量，用免费无线上网（34.4%）""只在学生食堂就餐（25.4%）""用便利店简餐代替正餐（24.5%）"。

이야기해 봅시다

1. 여러분은 한 달에 어디에 가장 돈을 많이 써요?
2. 생활비나 용돈을 아껴 쓰는 노하우가 있어요?

俗语 (成语、谚语)

싼 게 비지떡이다.	便宜没好货
티끌 모아 태산이다.	积少成多
백지장도 맞들면 낫다.	众人拾柴火焰高
하나를 보면 열을 안다.	举一反三
매도 먼저 맞는 게 낫다.	赶早不赶晚
입에 쓴 약이 몸에 좋다.	良药苦口
남의 떡이 더 커 보인다.	这山望着那山高
발 없는 말이 천 리 간다.	没有不透风的墙
천 리 길도 한 걸음부터.	千里之行，始于足下
비 온 뒤에 땅이 굳어진다.	风雨过后见彩虹
윗물이 맑아야 아랫물이 맑다.	上梁不正下梁歪
말 한마디로 천 냥 빚을 갚는다.	一句话抵千金债
가는 말이 고와야 오는 말이 곱다.	礼尚往来
열 번 찍어 안 넘어가는 나무 없다.	精诚所至，金石为开
원숭이도 나무에서 떨어질 때가 있다.	人有失手，马有失蹄
열 길 물속은 알아도 한 길 사람 속은 모른다.	人心隔肚皮

어휘와 표현 연습

1 **빈칸에 알맞은 것을 골라 쓰십시오.**

| 떡 | 말 | 약 | 걸음 |

1) 천 리 길도 한 _____부터다.

2) 발 없는 _____이 천 리 간다.

3) 입에 쓴 _____이 몸에 좋다.

4) 남의 _____이 더 커 보인다.

2 **알맞은 것을 연결하십시오.**

1) 백지장도 맞들면 낫다. •

2) 가는 말이 고와야 오는 말이 곱다. •

3) 열 번 찍어 안 넘어가는 나무 없다. •

4) 열 길 물속은 알아도 한 길 사람 속은 •
모른다.

• ① 사람의 마음을 아는 것은 매우
힘들다.

• ② 쉬운 일도 서로 도우면서 하면
훨씬 더 쉽다.

• ③ 남에게 말이나 행동을 좋게 해야
남도 자기에게 좋게 한다.

• ④ 마음을 정한 사람이라도 여러 번
권하면 결국은 마음이 변한다.

3 **알맞은 것을 연결하십시오.**

1) 저렴한 물건을 샀는데 금방 고장 났다. •

2) 매일 1000원씩 모아서 자전거를 샀다. •

3) 친구와 싸우고 나서 화해한 뒤 더 친해졌다. •

4) 항상 시험을 잘 보던 친구가 시험을 망쳤다. •

• ① 비 온 뒤에 땅이 굳어진다.

• ② 원숭이도 나무에서 떨어질
때가 있다.

• ③ 싼 게 비지떡이다.

• ④ 티끌 모아 태산이다.

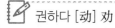 권하다 [动] 劝

 **대화** 🎧

1 김민지가 장웨이에게 같이 점심을 먹자고 제안합니다. 어떤 이야기를 할까요?

> **김민지:** 장웨이 씨. 점심 약속 있어요? 오늘 오랜만에 같이 점심 먹을까요?
>
> **장웨이:** 죄송하지만 오늘은 어려울 것 같아요. 도시락을 싸 왔거든요.
>
> **김민지:** 도시락요? 장웨이 씨 혼자 살잖아요. 장웨이 씨가 직접 쌌어요?
>
> **장웨이:** 네. 요즘 생활비가 좀 부족한 것 같아서 식비라도 좀 줄여 보려고요.
>
> **김민지:** 그렇군요. 하긴 요즘 물가가 너무 많이 오르긴 했죠. 만 원 이하 메뉴를 찾기가 힘들더라고요.
>
> **장웨이:** 네. 그래서 취미로 요리도 좀 배워 볼 겸 해서 도시락을 싸 다니려고요.
>
> **김민지:** 직접 도시락 싸는 게 쉽지 않을 텐데 대단하네요. 식비는 좀 절약되는 것 같아요?
>
> **장웨이:** 사실 그렇게 많이 절약되는 것 같지는 않아요. 재료를 많이 사면 싼데 혼자 먹을 만큼만 사니까 재료비가 생각보다 많이 들어요.
>
> **김민지:** 그래도 티끌 모아 태산인 법이죠. 그나저나 이제 장웨이 씨하고는 점심 먹기가 어렵겠네요?
>
> **장웨이:** 대리님도 가끔 도시락을 싸 오시면 되죠.
>
> **김민지:** 그래야겠어요. 마침 저도 요즘 요리에 관심이 생겼거든요. 그럼 점심은 다음에 같이 먹기로 하죠. 도시락 맛있게 먹어요.

- 장웨이는 왜 도시락을 싸 왔어요?
- 장웨이는 도시락을 싸서 생활비를 절약했어요?

✏️ 식비 [名] 伙食费，餐饮费　　재료비 [名] 食材费

2 방송 프로그램에서 겨울철 난방비 절약 방법을 이야기합니다. 어떤 방법이 있을까요?

> **여자:** 간단하게 생활비를 절약할 수 있는 방법을 알려 드리는 알뜰 생활 정보 시간입니다. 오늘은 다가오는 겨울철에 난방비를 절약할 수 있는 방법을 소개해 드릴 텐데요. 어떤 방법이 있을까요?
>
> **남자:** 뽁뽁이 다들 아시죠? 이 필름은 보통 택배를 보내거나 포장할 때 물건이 깨지지 않도록 보호하는 데 사용하는데요. 이것을 창문에 붙이면 간단하게 난방비를 절약할 수 있습니다.
>
> **여자:** 정말요? 그냥 뽁뽁이만 붙인다고 난방비가 절약될까요? 저는 잘 모르겠네요.
>
> **남자:** 절약되고말고요. 뽁뽁이를 외부와 연결된 창문에 붙여 놓으면 뽁뽁이 안에 있는 공기가 집 안의 따뜻한 열이 밖으로 빠져나가는 것을 방지하는 역할을 합니다. 뽁뽁이를 붙이지 않았을 때에 비해 실내 온도가 2도에서 3도 정도 높아진다는 실험 결과가 있는데요. 이것은 내의를 입는 것과 비슷한 효과라고 합니다.
>
> **여자:** 그렇군요. 그럼 뽁뽁이도 붙이고 내의도 입으면 난방비를 꽤 절약할 수 있겠네요. 저도 이번 주말에 아이들과 함께 한번 붙여 봐야겠어요.

• 남자는 어떤 방법을 소개했어요?
• 그 방법은 얼마나 효과가 있어요?

🖉 알뜰 [名] 精打细算　　다가오다 [动] 临近　　겨울철 [名] 冬季　　난방비 [名] 取暖费
필름 [名] 薄膜　　방지하다 [动] 防止　　내의 [名] 内衣

대화 후 활동

1 여러분은 한 달 생활비를 어디에 사용해요? 〈보기〉와 같이 순위를 써 보세요.

	1위	2위	3위
〈보기〉	학비	주거비	식비
1)			

보기 저는 아르바이트를 해서 생활비를 벌어요. 한 달 생활비를 학비에 가장 많이 써요. 그다음으로 주거비, 식비 순으로 많이 써요.

1) _____

2 생활비를 어떻게 절약할 수 있을지 쓰고 이야기해 보세요.

1) 식비

· 외식 대신에 집밥을 자주 먹는다.

· _____

· _____

2) 교통비

· 가까운 거리는 걸어 다닌다.

· _____

· _____

3) 전기 요금

· 사용하지 않는 전자 제품의 코드는 뽑아 둔다.

· _____

· _____

4) 기타

· _____

· _____

📝 학비 [名] 学费   주거비 [名] 住宿费

문법

1. 动词 (으)ㄹ 겸 (해서)

　　"–(으)ㄹ 겸 (해서)"是惯用型，用于动词词干后，表示同时兼做多种行为，且前半句是后半句的目的之一，相当于汉语的"顺便……""同时……"。有收音的动词词干后接 "–을 겸 (해서)"，无收音的动词词干后接 "–ㄹ 겸 (해서)"。另外，还用作"名词 겸 名词"的形式，表示具有多种身份或功能等。

 　주말에 사진도 찍**을 겸 해서** 가까운 바다에 갈 거예요.
　　我周末去附近的海边，顺便还可以拍照。

　요리 연습도 **할 겸 해서** 친구들 몫까지 만들었다.
　　我连朋友们的那份也一起做了，顺便也练一下做菜的手艺。

　오랜만에 고향 친구도 만날 **겸** 부모님 댁에 들렀습니다.
　　我去老家看望父母，顺便也可以见见久别的家乡朋友。

　쇼핑도 **할 겸** 밥도 먹**을 겸 해서** 백화점에 다녀왔어요.
　　我去了趟百货商场，顺便购物和吃饭。

　저 사람은 한국의 유명한 가수 **겸** 배우예요.
　　那个人既是韩国著名的歌手，还是个演员。

　브런치는 아침 **겸** 점심으로 먹는 간단한 식사를 말한다.
　　早午餐是指充当早餐兼午餐的便餐。

　가: 날씨도 더운데 밖에 나가려고?
　　　天气这么热还要出去啊?

　나: 응. 소화도 시킬 **겸 해서** 잠깐 산책 좀 하려고.
　　　嗯。我想去散散步，顺便消化一下。

　가: 음식 배달에다가 카페 아르바이트까지 하면 힘들지 않아?
　　　送外卖，再加上在咖啡店打工，你不累吗?

　나: 돈도 **벌 겸** 여러 가지 경험도 쌓을 **겸** 하는 거지.
　　　既能赚钱，还能积累各种经验，才做的。

　몫 [名] 份　　브런치 [名] 早午餐

223

2. 谓词 (으)ㄴ/는 법이다

"-(으)ㄴ/는 법이다"是惯用型，用于谓词词干后，表示其前面的事情是已经确定的、必然的或合乎规律的。动词词干和"있다/없다"后接"-는 법이다"，有收音的形容词词干后接"-은 법이다"，无收音的形容词词干后接"-ㄴ 법이다"，"名词 + 이다"后接"-ㄴ 법이다"。

부모는 무슨 일이 있어도 자식을 믿**는 법입**니다.
无论发生什么事，父母都会相信子女。

누구나 외국에 있으면 고향이 그리워지**는 법이**에요.
无论谁在国外都会想念家乡。

유리는 깨지기 쉬**운 법이**지만 이 제품은 그렇지 않습니다.
玻璃很容易碎，但这个产品不这样。

기대가 크면 실망도 **큰 법이**니까 너무 기대하지 마세요.
期待越大，失望越大，所以不要太期待。

자신에게 여유가 있어야 남을 도울 수 있**는 법이**에요.
只有自己有余力，才能帮助别人。

나쁜 일이 있으면 언젠가 좋은 일도 있는 것이 인생**인 법이다.**
有了坏事，总有一天也会有好事，这就是人生法则。

가: 우리 아이들이 가끔 싸우기도 하는데 괜찮을까요?
　　我家孩子们偶尔会打架，没关系吗?

나: 아이들은 원래 싸우면서 크**는 법이**니까 너무 걱정하지 마세요.
　　孩子们本来就是边打架边长大的，所以不用太担心。

가: 얼마 전부터 이가 좀 아픈데 치과에 가기는 무서워.
　　不久前开始，我的牙有点儿疼，但又怕去牙科。

나: 병은 제때 치료하지 않으면 더 심해지**는 법이**야. 얼른 병원에 가 봐.
　　病如果不及时治疗的话会更严重的，快去医院看看吧。

자식 [名] 子女　　　제때 [名] 及时

3. 谓词 고말고(요)

　　"–고말고(요)"是终结词尾，用于谓词词干后，表示对对方的提问或要求强烈认同，或表示会那样去做，相当于汉语的"当然……"。主要用于口语，名词后接"–(이)고말고(요)"。

보기

　　가: 박 대리님 결혼식에 가세요?
　　　你去参加朴代理的婚礼吗?

　　나: 가**고말고요**. 박 대리하고는 입사 동기라서 엄청 친하잖아요.
　　　当然去了。我和朴代理是同期入职的同事，所以关系很好。

　　가: 부상을 극복하고 메달을 따서 정말 기쁘시겠어요.
　　　您克服伤痛获得了奖牌，应该很高兴吧。

　　나: 기쁘**고말고요**. 응원해 주신 국민 여러분께도 감사드립니다.
　　　当然高兴了。感谢为我加油的国民。

　　가: 어, 밖에 비가 오나 봐. 혹시 우산 가지고 왔어?
　　　唉，外面好像下雨了，你带雨伞了吗?

　　나: 가지고 왔**고말고**. 아침에 일기예보를 보고 나왔거든.
　　　当然带了。我早晨看了天气预报才出的门。

　　가: 물건이 마음에 안 들면 교환할 수 있나요?
　　　如果东西不满意，可以换吗?

　　나: 할 수 있**고말고요**. 교환하고 싶은 물건이 없으면 환불도 돼요.
　　　当然可以。如果没有想换的东西，也可以退款。

　　가: 저 두 사람이 사귄다는 게 정말이야?
　　　那两个人正在交往，这是真的吗?

　　나: 그럼. 정말**이고말고**. 사귄 지 꽤 됐을 텐데 몰랐어?
　　　对啊。当然是真的。应该交往一段时间了，你不知道吗?

✎ 동기 [名] 同期入职的同事

문법 연습

1 〈보기〉와 같이 알맞은 것을 연결하고 문장을 쓰십시오.

보기 교통비를 아끼다 ——— ① 운동을 하다 ——— ① 자전거로 출퇴근하다

1) 용돈을 벌다 • • ② 효도를 하다 • • ② 가족 여행을 갈까 하다

2) 방을 꾸미다 • • ③ 얼룩을 가리다 • • ③ 그림 액자를 걸어 두었다

3) 요리를 배우다 • • ④ 커피를 실컷 마시다 • • ④ 한국 요리 학원에 다니다

4) 추억을 만들다 • • ⑤ 한국 문화를 배우다 • • ⑤ 카페에서 아르바이트를 하다

보기 <u>교통비도 아낄 겸 운동도 할 겸 자전거로 출퇴근한다.</u>

1) _____

2) _____

3) _____

4) _____

2 〈보기〉와 같이 빈칸에 알맞은 것을 골라 쓰십시오.

부르다 (실리다) 적절하다 충분하다 도움이 되다

보기
가: 여보, 우리 차 트렁크에 이 상자가 <u>실릴까</u>?
나: <u>실리고말고</u>. 지난번 휴가 때도 실어 봤잖아.

1) 가: 이 사진 자료가 발표 내용에 _____?

　나: _____. 이것보다 더 발표 내용에 맞는 자료는 못 찾을 거 같아.

2) 가: 자기 소개서를 3쪽 정도 썼는데 이 정도면 _____?

　나: _____. 오히려 좀 많은 거 같은데?

3) 가: 양이 좀 적어 보이는데 이것만 먹어도 배가 _____?

　나: _____. 보기보다 양이 많거든.

4) 가: 학교에서 하는 취업 상담을 신청해 보려고 하는데 _____?

　나: _____. 선배들도 다 추천하더라.

효도 [名] 孝道　　얼룩 [名] 污渍　　가리다 [动] 遮挡，遮住　　액자 [名] 相框，画框
실리다 [动] 装　　트렁크 [名] 后备厢　　쪽 [名] 页

3 〈보기〉와 같이 빈칸에 알맞은 것을 골라 쓰십시오.

싼 게 비지떡이다   하나를 보면 열을 안다   매도 먼저 맞는 게 낫다
윗물이 맑아야 아랫물도 맑다   말 한마디로 천 냥 빚을 갚는다

보기

마트에서 냄비를 아주 싸게 팔길래 여러 개 샀다. 집에 와서 라면을 끓여 먹으려고 새 냄비를 꺼냈는데 물을 받다가 손잡이가 떨어져 버렸다. <u>싼 게 비지떡인 법이라고</u> 몇 푼 아끼려다가 쓰레기만 더 늘었다. 앞으로는 너무 싼 물건은 사지 말아야겠다.

1) 입사한 지 1년 만에 신입 사원이 들어와서 드디어 후배가 생겼다. 며칠 동안 지켜봤는데 예의도 바르고 모든 일에 적극적인 사람인 것 같다. _____ 업무뿐만 아니라 회사 생활도 잘할 것 같아서 기대된다.

2) 오늘 발표가 있어서 지난주부터 잠도 제대로 자지 못하고 열심히 준비했다. 곧 발표를 해야 하는 시간이다. 하필 발표 순서가 첫 번째라서 너무 떨린다. 하지만 _____ _____ 가장 마지막에 하는 것보단 나으니까 긴장을 풀고 준비한 대로만 하면 잘할 수 있을 것이다.

3) 나에게는 5살 된 조카가 있다. 조카는 내가 하는 말을 곧잘 따라 한다. 그런데 어제 내가 물건을 떨어트려서 "에잇!" 하고 화를 냈는데 조카가 바로 내 말을 따라 해서 깜짝 놀랐다. _____ 앞으로는 조카 앞에서 하는 말과 행동을 더 조심해야겠다.

4) 우리 팀 막내가 실수를 해서 거래처 직원이 화가 많이 났다. 계약이 취소될 뻔했지만 _____ 다행히 팀장님께서 잘 말씀해 주셔서 계약이 취소되지 않았다. 나도 언젠가는 팀장님처럼 침착하고 조리 있게 말하는 방법을 배워서 회사에 도움이 되고 싶다.

지켜보다 [动] 留意 　　하필 [副] 偏偏 　　조카 [名] 侄子，侄女
곧잘 [副] 经常，时常 　　떨어트리다 [动] 弄掉 　　에잇 [叹] 哎
막내 [名] (年龄)最小的 　　계약 [名] 合同 　　조리 있다 [词组] 有条理

4 **다음을 듣고 물음에 답하십시오.**

1) 무엇에 대한 대화인지 고르십시오.

① 선풍기와 에어컨의 차이점

② 에어컨 필터 청소의 중요성

③ 에어컨을 싸게 구입하는 방법

④ 냉방비를 절약할 수 있는 방법

2) 이 대화를 하기 전에 나온 내용으로 알맞은 것을 고르십시오.

① 에어컨 선택 기준

② 에어컨 수리 절차

③ 에어컨 작동 원리

④ 에어컨 청소 방법

3) 들은 내용과 <u>다른</u> 것을 고르십시오.

① 에어컨의 종류와 냉방비는 관계가 있다.

② 에어컨 필터를 청소하면 냉방 효과가 좋아진다.

③ 가전 제품을 적게 사용할수록 전기 요금을 아낄 수 있다.

④ 선풍기와 에어컨을 함께 사용하면 온도가 빨리 낮아진다.

냉방비 [名] 冷气费　　기억나다 [动] 想起　　순환 [名] 循环　　원리 [名] 原理

5 다음을 읽고 물음에 답하십시오.

최근 '지역 상품권'의 인기가 나날이 높아지고 있다. 지역 상품권은 간단히 말해 상품권을 발행한 지역에서만 사용할 수 있는 화폐인데, 이를 이용하면 해당 지역 내에서 소비가 이루어지기 때문에 지역의 경제가 활성화될 수 있다는 장점이 있다. 또한 소비자는 상품권의 금액보다 10% 정도 저렴한 가격에 구입할 수 있기 때문에 생활비를 절약할 수 있다.

하지만 장점이 있으면 단점도 있는 법이다. 지역 상품권은 누구나 구입할 수 있지만 상품권을 발행한 지역이 아닌 다른 지역에서 사용할 수 없으며, 대형 마트나 백화점에서는 사용할 수 없고 전통 시장이나 음식점, 편의점 등 비교적 작은 규모의 매장에서만 사용할 수 있다는 불편함이 있다. (㉠) 지역 상품권을 만드는 데는 세금이 들어가고 상품권이 할인되는 만큼 세금이 들어가며 이를 운영하고 관리하는 비용도 발생한다. 특히 초기에는 종이로 상품권이 발행되어 이러한 비용이 많이 발생했다.

최근에는 이를 해결하기 위해 종이 대신에 카드나 모바일 상품권의 형태로 발행하는 지역도 늘어나고 있다. 특히 모바일 결제를 이용하는 사람들이 늘어나고 있기 때문에 앞으로는 모바일 상품권이 많이 늘어날 전망이다.

1) 이 글의 제목으로 알맞은 것을 고르십시오.
　① 지역 상품권의 의미　　　　　② 지역 상품권의 장단점
　③ 지역 상품권의 사용 방법　　　④ 지역 상품권의 발행 목적

2) ㉠에 들어갈 알맞은 것을 고르십시오.
　① 게다가　　　　② 따라서　　　　③ 오히려　　　　④ 이렇듯

3) '지역 상품권'에 대한 설명으로 알맞은 것을 고르십시오.
　① 지역 경제에는 큰 도움이 되지 않는다.
　② 종이, 카드, 모바일 상품권 등 여러 종류가 있다.
　③ 상품권을 사용하면 가게에서 할인을 받을 수 있다.
　④ 상품권을 발행한 지역에 사는 사람만 구입할 수 있다.

📝 나날이 [副] 日益　　발행하다 [动] 发行　　화폐 [名] 货币　　활성화 [名] 激活，促进
　　비교적 [名] 比较，相对

 쓰기

1 다음 문법을 사용해서 제시된 표현을 한 문장으로 써 보십시오. 단, 제시된 표현의 순서는 바꾸지 마십시오.

-고 -(으)면 -(으)ㄹ 겸 해서 -는/(으)ㄴ 만큼 -았다/었다 -는/(으)ㄴ 법이다

1) 빵도 사다 / 오랜만에 친구도 만나다 / 친구가 하는 가게에 들르다

⇨ _____

2) 유가가 오르다 / 재료를 운반하는 비용이 증가하다 / 물가도 비싸지다

⇨ _____

2 다음을 읽고 빈칸에 들어갈 것을 쓰십시오.

한국의 속담 중 "가을 식은 밥이 봄 양식이다." 라는 말이 있다. 과거 한국에서는 농사를 지어 생활을 했기 때문에 (㉠) 식생활이 달랐다. 가을에는 밥이 남을 정도로 먹을 것이 충분하지만 봄에는 다 식은 밥이라도 먹어야 할 정도로 먹을 것이 부족했던 것이다. 이 속담은 가진 것이 많을 때 절약해야 나중에 어려운 시기가 오더라도 버틸 수 있다는 의미를 담고 있다.

살다 보면 형편이 넉넉할 때도 있고 (㉡). 특히 젊을 때는 일을 하며 돈을 벌 수 있고 몸도 건강하지만 나이가 들면서 아픈 곳이 생기거나 큰돈이 나갈 일이 생길 가능성이 높다. 따라서 여유가 있을 때 절약을 통해서 어려울 때를 미리 준비해 두는 것이 좋다.

㉠ _____

㉡ _____

식다 [动] (食物)凉了　　　농사를 짓다 [词组] 种庄稼　　　식생활 [名] 饮食生活
버티다 [动] 撑，坚持　　　형편 [名] (生活)状况　　　넉넉하다 [形] 宽裕，富足

정리하기

이것만은 꼭 외웁시다!

1) 가: 장웨이 씨가 직접 도시락을 쌌어요? 张伟，你自己做的饭吗？

   나: 취미로 요리도 좀 배워 볼 겸 해서 도시락을 싸 다니려고요.
   我想带饭上班，顺便作为兴趣学学做饭。

2) 가: 음식 배달에다가 카페 아르바이트까지 하면 힘들지 않아?
   送外卖，再加上在咖啡店打工，你不累吗？

   나: 돈도 벌 겸 여러 가지 경험도 쌓을 겸 하는 거지. 既能赚钱，还能积累各种经验，才做的。

3) 가: 저 두 사람이 사귄다는 게 정말이야? 那两个人交往是真的吗？

   나: 그럼. 정말이고말고. 사귄 지 꽤 됐을 텐데 몰랐어?
   对啊。当然是真的。应该交往一段时间了，你不知道吗？

4) 가: 우리 아이들이 가끔 싸우기도 하는데 괜찮을까요? 我家孩子们偶尔会打架，没关系吗？

   나: 아이들은 원래 싸우면서 크는 법이니까 너무 걱정하지 마세요.
   孩子们本来就是边打架边长大的，所以不用太担心。

핵심 어휘

俗语（成语、谚语）

싼 게 비지떡이다. 便宜没好货	티끌 모아 태산이다. 积少成多
백지장도 맞들면 낫다. 众人拾柴火焰高	하나를 보면 열을 안다. 举一反三
매도 먼저 맞는 게 낫다. 赶早不赶晚	입에 쓴 약이 몸에 좋다. 良药苦口
남의 떡이 더 커 보인다. 这山望着那山高	발 없는 말이 천 리 간다. 没有不透风的墙

천 리 길도 한 걸음부터. 千里之行，始于足下
비 온 뒤에 땅이 굳어진다. 风雨过后见彩虹
윗물이 맑아야 아랫물이 맑다. 上梁不正下梁歪
말 한마디로 천 냥 빚을 갚는다. 一句话抵千金债
가는 말이 고와야 오는 말이 곱다. 礼尚往来
열 번 찍어 안 넘어가는 나무 없다. 精诚所至，金石为开
원숭이도 나무에서 떨어질 때가 있다. 人有失手，马有失蹄
열 길 물속은 알아도 한 길 사람 속은 모른다. 人心隔肚皮

자기 평가

能够完成吗？	需再次复习	进入下一课！	
		良好	优秀
能说明节省生活费的方法吗？	无法完成	可以完成	非常好
能说出多少韩国的俗语？	0~4个	5~9个	10个以上
能灵活运用本课所学的语法吗？	无法完成	可以完成	非常好

6

주거 생활

✔ 여러분이 살고 있는 집의 구조와 주변 환경은 어때요?

✔ 집을 선택할 때 무엇이 가장 중요하다고 생각해요?

✔ 이사해 본 적이 있어요? 어떤 이사 서비스를 경험해 봤어요?

● 핵심 문장

제16과　다용도 공간은 사용하기 나름입니다

- 저는 어렸을 때부터 아파트에서 살아서 독립된 주택 생활을 해 보고 싶습니다.
- 서울로 출퇴근할 수 있는 집을 알아보고 계신다고 하셨죠?
- 어떤 분은 주택에 만족하는가 하면 어떤 분은 만족을 못 하세요.
- 거실이 정말 운동장만 해서 집을 구하시는 분들이 아주 좋아하세요.
- 다용도 공간온 사용히기 니름입니다.
- 여기에서는 취미생활을 할 수도 있고 창고와 서재 등으로 꾸밀 수도 있어요.

제17과　마트가 좀 멀다고 해도 학교가 가까워서 괜찮을 것 같아

- 두 번째 집은 정말 우리가 찾던 조건에 잘 맞아서 더 마음이 가는 것 같아.
- 주변 환경이 좋아서인지 두 번째 집이 더 좋은가 보네.
- 요즘은 전원주택이 주목을 받고 있어요.
- 전원 주택은 개별화된 생활을 하기에 편리하다.
- 그 집은 주변 편의 시설이 부족하고 교통마저 불편하다는 단점이 있어요.
- 하나 남은 친구마저 외국으로 이사를 가서 서운해요.

제18과　문제 있는 곳이 없는지 확인해 주신다고 하고서 다른 말씀이 없었거든요

- 아이 방 한쪽 구석에 바닥이 긁혀 있고 책상 다리 부분이 살짝 깨져 있더라고요.
- 이렇게 크게 긁힌 부분을 못 보셨다는 게 좀 당황스러웠어요.
- 문제 있는 곳이 없는지 잘 확인해 주신다고 하고서 다른 말씀이 없었거든요.
- 담당자 분이 한번 와서 봐 주시면 좋을 것 같아요.
- 민준아, 뭐 하길래 방에서 안 나오고 있는 거야?
- 마음에 안 든다뇨! 그건 아니에요.

다용도 공간은 사용하기 나름입니다

目标：能描述和说明住宅的种类和结构
语法：谓词 (으)ㄴ가/는가 하면, 名词 만 하다, 动词 기 나름이다
词汇：与住宅相关的词汇

韩国和中国的住宅结构

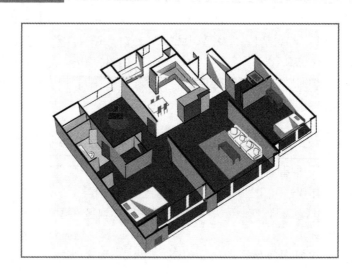

一般来说，东方国家的住宅具有放射型结构，而西方国家的住宅具有直线型结构。例如，中国和韩国的住宅主要以客厅为中心，其他空间围绕客厅布局；而西方国家住宅的客厅、厨房、卧室等空间的布局通常在一条直线上。

但是，中国和韩国在谈论公寓面积时使用的计量单位是不同的。中国使用"平（平方米）"，而韩国使用"坪"，1坪大约相当于3.3平方米。

이야기해 봅시다

1. 한국과 중국은 집의 구조가 비슷하다고 해요. 어떤 구조를 가지고 있는지 찾아보세요.
2. 여러분이 사는 곳은 어떤지 이야기해 보세요.

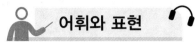

어휘와 표현

与住宅相关的词汇

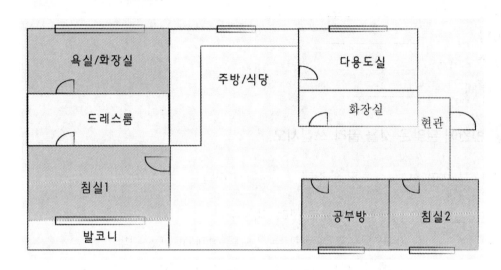

현관 玄关	거실 客厅	안방 主卧
방/침실 卧室	서재 书房	드레스룸 衣帽间
다용도실 多功能房	주방 厨房	세탁실 洗衣房
욕실 浴室	화장실 卫生间	테라스/베란다 阳台
화단 花坛	마당/정원 庭院	보일러실 锅炉房

이런 표현도 확인해 보세요.

전원주택	田园住宅
목조 주택	木质结构住宅
친환경 주택	绿色环保住宅
단층	平层
복층	复式

어휘와 표현 연습

1 다음 단어를 번역하십시오.

1) 玄关 → _____

2) 书房 → _____

3) 复式 → _____

4) 衣帽间 → _____

2 빈칸에 알맞은 것을 골라 쓰십시오.

> 테라스 다용도실 목조 주택 친환경 주택

1) _____ : 나무를 주재료로 하여 지은 주택

2) _____ : 여러 용도로 사용할 수 있도록 설계되어 있는 방

3) _____ : 안에서 밖으로 나갈 수 있도록 방의 앞면으로 뻗쳐 나온 곳

4) _____ : 에너지 사용을 줄이고 자연을 오염하지 않는 자재로 지은 주택

3 여러분은 어떤 집에서 살아 보고 싶습니까? 왜 그렇습니까? 배운 단어를 사용해서 〈보기〉와 같이 쓰십시오.

보기

> 저는 전원주택에서 살아 보고 싶습니다. 저는 어렸을 때부터 아파트에서 살아서 독립된 주택 생활을 해 보고 싶습니다. 그리고 화단에 꽃을 많이 가꾸고 마당에는 나무를 많이 심어서 집에서도 자연을 즐기고 싶습니다. 집에는 방이 많이 있었으면 좋겠습니다. 지금 사는 집에는 욕실과 드레스룸이 작아서 좀 복잡합니다. 그래서 대형 욕실과 드레스룸이 있었으면 좋겠습니다.

_____

_____

_____

_____

주재료 [名] 主材料   설계되다 [动] 设计   뻗치다 [动] 延伸   독립되다 [动] 独立

가꾸다 [动] 养，种植   대형 [名] 大型

 대화 🎧

1 최동민이 부동산 사장에게 이사 가고 싶은 집에 대해 문의해요. 최동민의 가족은 어떤 집에 이사를 가고 싶어해요?

> **부동산 사장:** 어서 오세요.
>
> **최동민:** 안녕하세요? 전화로 문의드린 최동민이라고 합니다.
>
> **부동산 사장:** 아, 안녕하세요? 안 그래도 전화로 문의하신 내용을 어제 정리해 두었습니다. 서울로 출퇴근할 수 있는 곳으로 알아보고 계신다고 하셨죠?
>
> **최동민:** 네. 요즘 아파트에서 주택으로 이사하는 사람들이 많이 있나요?
>
> **부동산 사장:** 네. 얼마 전에도 아파트에서 사시다가 주택으로 이사하신 분이 있는데요. 아파트에 비해 덜 답답하다고 좋아하시더라고요. 그런데 다 좋아하시는 건 아니고요. 어떤 분은 만족하는가 하면 어떤 분은 관리가 어려워서 만족을 못 하세요. 결정하시기 전에 잘 확인하시고 가족들과 충분히 상의하시는 게 좋아요.
>
> **최동민:** 알겠습니다. 아내와는 논의를 많이 했는데요. 저희는 자가용으로 출퇴근하니까 주변 대중교통은 큰 문제가 아닌데, 아들이 다닐 학교가 멀지 않았으면 좋겠어요. 그리고 환경친화적으로 건축된 주택이면 좋겠고요.
>
> **부동산 사장:** 네. 지난번에 전화로 한옥도 이야기하시고, 친환경 주택을 말씀 하셔서 그런 곳 중에서 구조나 예산이 맞는 곳을 직접 보시면 좋을 것 같아요.

• 최동민은 어떤 곳으로 이사를 가고 싶어해요? 모두 이야기해 보세요.

• 아파트에서 살다가 주택으로 이사 간 사람 중 만족하지 못하는 사람들은 왜 그렇다고 했어요?

상의하다 [动] 商量   논의 [名] 讨论   자가용 [名] 私家车

환경친화적 [名] 绿色环保   구조 [名] 结构, 构造   예산 [名] 预算

2 부동산 사장이 집의 평면도를 보면서 자세히 설명하고 있어요. 집에 대해 자세히 설명할 때 어떻게 이야기할까요?

> **부동산 사장:** 우선 좋아하실 만한 곳 몇 군데의 사진과 평면도를 준비해 보았습니다. 먼저 이 집부터 보시면 한옥이지만 내부 구조는 현대식입니다. 거실이 정말 운동장만 해서 집을 구하시는 분들이 아주 좋아하시죠. 거실이 넓고 마루가 멋스러워서 직접 보시면 더 마음에 드실 겁니다. 평면도를 보시면 방 다섯 개, 화장실 두 개여서 공간이 넉넉하고요. 다만 건축된 지 좀 오래돼서 수리할 곳이 몇 군데 있는데요. 이곳으로 결정하신다면 내부 공사가 좀 필요합니다. 그것만 빼면 정원도 있고 넓어서 이 가격에 아주 좋은 집이라고 할 수 있어요.
>
> 그리고 두 번째 집은 한옥보다는 좀 작지만 친환경 자재로만 지은 집입니다. 보시다시피 이 집은 방 세 개, 화장실 두 개인데 다용도 공간이 따로 있는 게 특징입니다. 지하층에 넓게 있는데요. 취미 생활을 할 수 있는 공간으로 쓰시기도 좋고, 분리해서 창고와 서재 등으로 꾸밀 수도 있어요. 다용도 공간은 사용하기 나름입니다. 이곳은 내부 공사는 별로 필요 없지만 친환경 자재로 지어서 살면서 정기적으로 점검은 필요합니다.

- 부동산 사장이 소개한 한옥의 구조는 어때요?
- 부동산 사장이 소개한 두 번째 집은 어떤 특징이 있어요?

평면도 [名] 平面图　　　　현대식 [名] 现代式　　　　마루 [名] (韩式房屋的)地板，廊檐

멋스럽다 [形] 漂亮，好看　　군데 [依名] 处，地方　　자재 [名] 材料

분리하다 [动] 隔开，分离　　점검 [名] 检查

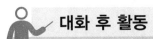 **대화 후 활동**

1 집을 구할 때 어떤 질문을 할 수 있어요? 다음을 참고하여 〈보기〉와 같이 질문을 연습해 보세요.

집의 방향 제공 옵션 햇빛 주변 편의 시설 전망 관리비 수압 방음

보기 집이 어느 방향이에요?

1) _____

2) _____

3) _____

4) _____

2 그림을 보고 〈보기〉와 같이 집 구조에 대해 자세히 묘사하고 설명해 보세요.

욕실/화장실 주방/식당 다용도실 화장실 현관 드레스룸 침실1 공부방 침실2 발코니	보기 우리 집은 방이 3개, 화장실이 2개 있어요. 안방에 발코니가 연결되어 있고 큰 욕실과 드레스룸이 있어요. 공부방과 침실은 연결되어 있어 아이 방으로 좋아요. 주방에 다용도실이 있어 물건을 보관하기에 편리해요.
발코니 발코니 침실2 화장실 주방/식당 화장실 침실1 거실 침실3 발코니 발코니	1) _____ _____ _____ _____ _____

관리비 [名] (物业)管理費   수압 [名] 水压   방음 [名] 隔音

 **문법**

1. 谓词 (으)ㄴ가/는가 하면

　　"–(으)ㄴ가/는가 하면"是惯用型，用于谓词词干后，表示存在某种行为或状态的同时，也存在其他行为或状态，一般前后两句的内容相反。动词词干后接 "–는가 하면"，有收音的形容词词干后接 "–은가 하면"，无收音或收音为 "ㄹ" 的形容词词干后接 "–ㄴ가 하면"，后半句常与助词 "도" 搭配使用。

 요즘 친구가 한꺼번에 많이 먹**는가 하면** 아예 밥을 안 먹기도 해서 걱정이에요.
最近我朋友要么一下子吃太多，要么干脆不吃，所以我很担心。

농구 게임할 때 어떤 때는 골이 잘 들어가**는가 하면** 어떤 때는 안 들어간다.
打篮球时，有时候投篮特别准，有时候投不进去。

아기들은 어떤 날은 기분이 좋**은가 하면** 어떤 날은 계속 짜증낼 때도 있어요.
婴儿有时候心情好，有时候会很烦躁。

왕린은 때로는 성격이 활발**한가 하면** 때로는 너무 조용할 때도 있어.
王琳有时候活泼，有时候特别安静。

주말에 집에만 있는 사람이 있**는가 하면** 밖에만 나가는 사람도 있어요.
周末有的人只待在家里，有的人常出去。

요즘은 낮에 너무 더**운가 하면** 밤에는 시원하기도 하다.
最近白天很热，晚上倒很凉快。

가: 김 기자, 주말에 개봉한 영화 '나의 사랑'에 대한 평가가 전문가에 따라 큰 차이를 보인다고 하는데요.
金记者，听说专家们对周末上映的电影《我的爱》给出的评价有很大差异？

나: 네. 한편에서는 대중성이 낮다는 평가를 받**는가 하면** 다른 한편에서는 예술성이 매우 뛰어나다는 평가를 받기도 합니다.
是的。有的专家评价说欠缺大众性，有的专家评价说具有极高的艺术性。

가: 요즘도 너희 할아버지 아침 산책 계속 하셔?
最近你爷爷还坚持早晨散步吗？

나: 응. 근데 요즘은 아침에 하시**는가 하면** 가끔 저녁에 나가실 때도 있더라.
嗯。不过最近有时候早晨出去散步，偶尔也会晚上出去散步。

한꺼번에 [副] 一下子　　골 [名] 进球　　때로 [副] 有时候　　평가 [名] 评价
한편 [名] 一方面，一边　　대중성 [名] 大众性　　예술성 [名] 艺术性

2. 名词 만 하다

　　"−만 하다"是惯用型，用于名词后，表示进行比较的两个对象的大小或程度差不多，相当于汉语的 "像……一样"。"−만 하다" 常用于俗语等固定的表达方式中，如 "(공간이) 운동장만 하다, (공간이) 손바닥만 하다, (월급이) 쥐꼬리만 하다, (얼굴이) 주먹만 하다, (배가) 남산만 하다, (간이) 콩알만 하다" 等，常带有夸张的意思。否定形式用 "−만 못하다"，相当于汉语的 "不如……"。

박지현 씨 집 거실이 운동장**만 해**요.
朴智贤家的客厅有运动场那么大。

저녁을 너무 많이 먹어서 배가 남산**만 해**요.
我晚饭吃得太多了，肚子鼓得有南山那么大。

작업실이 손바닥**만 해**서 너무 불편할 것 같아.
工作室有巴掌那么大，估计会很不方便。

저 배우는 얼굴이 주먹**만 하**네요.
那位演员的脸有拳头那么大。

일을 너무 급하게 하면 안 하는 것**만 못해**요.
做事太急躁的话，还不如不做。

옛날에는 월급이 쥐꼬리**만 했**는데 이제 좀 나아졌어.
以前工资少得可怜，现在好了些。

가: 아유, 이게 누구야! 우리 민수 키가 벌써 엄마 키**만 하**네.
哎呀，这是谁呀! 敏秀的个子都和妈妈的个子一般高了。

나: 할머니, 안녕하셨어요? 너무 오랜만에 와서 죄송해요.
奶奶，您好! 很抱歉，没能常来看您。

가: 한국어를 정말 잘하시네요.
您韩国语说得真好。

나: 아니에요. 꾸준히 사용하지 않아서 그런지 예전**만 못한** 것 같아요.
没有，可能因为不经常说的缘故，好像不如以前了。

　　주먹 [名] 拳头　　　　쥐꼬리 [名] 老鼠尾巴

3. 动词 기 나름이다

"-기 나름이다"是惯用型，用于动词词干后，表示做事的方法或方式不同，产生的结果也不同，相当于汉语的"取决于……""在于……"。"-기 나름이다"常用于非正式场合，不常用于正式场合或具有学术性的文章中。

일의 성공과 실패는 자신이 하**기 나름이다.**
事情的成败在于自己如何去做。

일상의 행복은 내가 생각하**기 나름이다.**
能否在日常生活中获得幸福感，完全取决于你自己怎么想。

합격을 하고 못 하고는 네가 열심히 공부하**기 나름이**야.
考试能不能合格，全在于你是否努力学习。

자동차의 수명은 관리하**기 나름이**지요.
汽车的使用寿命长短取决于你对车如何保养。

반려동물의 습관은 교육하**기 나름이**에요.
宠物习惯的好坏在于你如何训练它。

모든 일은 마음먹**기 나름이**니까 너무 실망하지 마세요.
凡事取决于你下多大的决心，不要太失望。

가: 이번 신제품 기획 심사를 잘 통과할 수 있을까?
我能顺利通过这次新产品企划的审核吗？

나: 노력하**기 나름이**지. 이번에는 정말 열심히 했으니까 통과할 수 있을 거야.
那要取决于你付出了多少努力。这次你竭尽了全力，应该能通过的。

가: 안 쓰는 상자를 이렇게 수납장으로 만들어 봤어. 예쁘지?
我试着把不用的纸箱做成了收纳柜。好看吧？

나: 응. 새로 산 가구 같다. 평범한 상자도 꾸미**기 나름이**네.
嗯。像新买的一样。即便是平时不入眼的纸箱子也要看怎么利用和装饰了。

수명 [名] 使用年限，寿命   반려동물 [名] 宠物   교육하다 [动] 训练，教育
심사 [名] 审核   수납장 [名] 收纳柜

문법 연습

1 〈보기〉와 같이 빈칸에 알맞은 것을 쓰십시오.

	상황	A	B
보기	집을 구할 때	편의 시설을 따지다	교육 환경을 우선시하다
1)	모임에 갈 때	시간에 딱 맞춰 가다	조금 늦게 도착하다
2)	물건을 살 때	유행을 중요시하다	실용성을 생각하다
3)	스트레스를 풀 때	사람들을 많이 만나다	그냥 자다
4)	새로운 사람을 만났을 때	친해지는 데 오래 걸리다	금방 친해지다

보기 집을 구할 때 <u>어떤 사람은 편의 시설을 따지는가 하면</u> 어떤 사람은 <u>교육 환경을 우선시해요</u>.

1) 모임에 갈 때 _____.

2) 물건을 살 때 _____.

3) 스트레스를 풀 때 _____.

4) 새로운 사람을 만났을 때 _____.

2 〈보기〉와 같이 알맞은 것을 연결하고 문장을 쓰십시오.

보기 배 •   • ① 주먹

1) 방 •   • ② 남산

2) 월급 •   • ③ 운동장

3) 얼굴 •   • ④ 쥐꼬리

4) 행사장 •   • ⑤ 손바닥

보기 친구가 밥을 많이 먹었는지 배가 <u>남산만 해서</u> 보기 좀 민망해요.

1) 제 방은 _____ 답답해요.

2) 이번 달은 일을 많이 못 해서 월급이 _____.

3) 저 모델은 만화책에 나오는 것처럼 얼굴이 _____.

4) 행사장이 _____ 사람들이 많이 와도 문제 없겠어요.

✎ 따지다 [动] 考虑, 注重   우선시하다 [动] 优先考虑   중요시하다 [动] 重视, 看重
민망하다 [形] 尴尬

3 〈보기〉와 같이 빈칸에 알맞은 것을 골라 쓰십시오.

관리하다   교육하다   시도하다   마음먹다   열심히 하다

보기
> 가: 대리님, 제가 요즘 업무에 실수가 많은데요. 어떻게 하면 좋을까요?
> 나: 장웨이 씨가 일정을 관리하기 나름이에요. 미리 일을 잘 계획하세요.

1) 가: 오빠, 난 친구를 많이 사귀고 싶어. 어떻게 하면 좋을까?

　　나: 네가 _____. 동아리에 한번 가입해 봐.

2) 가: 장웨이, 나 이번에는 시험을 잘 보고 싶어. 어떻게 하면 좋을까?

　　나: 시험은 네가 _____. 평소에 잘 준비하는 게 중요하지.

3) 가: 선생님, 저는 아이를 잘 키우고 싶습니다. 어떻게 하면 좋을까요?

　　나: 부모님께서 _____. 하나하나 잘 가르치시면 됩니다.

4) 가: 계속 노력해도 회사 상황이 좋아지지 않아서 너무 힘들어요.

　　나: 모든 일은 _____. 긍정적으로 생각하면 곧 좋은 일이 생길 거예요.

4 다음을 듣고 물음에 답하십시오.

1) 남자는 누구인지 맞는 것을 고르십시오.

　　① 집을 구하는 사람　　　　　　② 건축 안전 관리자

　　③ 아파트를 홍보하는 사람　　　④ 실내 인테리어 디자이너

2) 들은 내용과 다른 것을 고르십시오.

　　① 여자는 편안한 분위기를 원한다.

　　② 여자는 따뜻한 느낌의 흰색을 선택했다.

　　③ 여자는 거실을 넓어 보이게 꾸미고 싶어한다.

　　④ 여자는 남자를 만나기 전에 미리 조명을 골랐다.

3) 대화 후 여자는 무엇을 할 것인지 고르십시오.

　　① 집의 전체 분위기를 정한다.　　② 거실 벽지와 바닥 모양을 고른다.

　　③ 방에 어울리는 가구를 고른다.　　④ 방마다 중심이 되는 색을 정한다.

✏️ 인테리어 [名] 裝修　　조명 [名] 照明　　벽지 [名] 壁纸, 墙纸　　화사하다 [形] 奢华

5 다음을 읽고 물음에 답하십시오.

여러 가지 가구를 구입할 때 자신의 집과 잘 어울리는지, 가구끼리 서로 어울리는지 판단하기가 쉽지 않다. 이런 문제를 해결하기 위해 최근 몇몇 가구 회사에서 제공하는 3D 인테리어 서비스가 주목받고 있다. 이는 온라인 홈페이지나 애플리케이션을 활용해 실제처럼 가구를 배치해 확인할 수 있는 서비스다. 집의 평면도를 업로드하면 입체적인 집의 모양이 만들어진다. 그 후 구입하고 싶은 가구를 원하는 대로 배치할 수 있는데, 3D이기 때문에 가구의 부피감이나 동선까지 정확하게 확인할 수 있다. (㉠) 배치할 때 가구에 어울리는 전자 제품이나 주방용품 등도 선택해서 실제처럼 볼 수 있다. 가구와 물건의 배치가 끝나면 저장을 한 후 실제로 집안을 둘러보는 것처럼 살펴볼 수 있다. 가구 배치를 살펴본 후 마음에 드는 가구를 클릭하면 바로 구매할 수 있다.

* 3D: 삼차원 (三维)

1) 이 글의 주제로 알맞은 것을 고르십시오.

① 요즘 인기 있는 가구

② 가구 배치 시의 주의점

③ 3D 인테리어 서비스 소개

④ 3D 인테리어 서비스의 단점

2) ㉠에 들어갈 알맞은 것을 고르십시오.

① 반면　　　　　② 아마　　　　　③ 또한　　　　　④ 역시

3) 이 글의 내용과 같은 것을 고르십시오.

① 이 서비스를 이용하려면 먼저 집의 구조를 직접 그려야 한다.

② 가구를 배치한 후 그 화면에서 원하는 가구를 직접 살 수 있다.

③ 집에 어울리는 가구를 배치할 수 있지만 물건을 배치할 수 없다.

④ 이 서비스는 애플리케이션에서는 가능하지만 홈페이지에서는 불가능하다.

✏️ 업로드하다 [동] 上传　　　입체적 [名] 立体　　　둘러보다 [동] 参观

쓰기

1 다음 문법을 사용해서 제시된 표현을 한 문장으로 써 보십시오. 단, 제시된 표현의 순서는 바꾸지 마십시오.

-ㄹ 때	-아서/어서	-(으)ㄴ데/는데
-(으)ㄴ가/는가 하면	-아요/어요	-기도 하다

1) 사무실을 이전하게 되다 / 기대를 많이 했다 / 사무실 크기가 손바닥만 하다

⇨ _____

2) 회의를 하다 / 어떤 때는 동료들과 의견이 잘 맞다 / 어떤 때는 생각이 다르다

⇨ _____

2 다음을 읽고 빈칸에 들어갈 알맞은 말을 쓰십시오.

　　최근 한국의 한 지역에서 친환경 도시 건설을 위해 태양광 보급 사업을 시행했다. 태양광 보급 사업을 통해 많은 사람들은 주택 지붕에 태양광을 에너지로 바꿔 주는 발전 시설을 설치할 수 있었다. 해당 지역에서는 발전 시설 설치비 중 절반을 지원하여 주민들의 부담을 덜어 주었다. (　ㄱ　) 환경 보호에도 동참하고 전기 요금도 크게 절약할 수 있을 것으로 기대하고 있다. 지역 대표는 "이번 보급 사업은 시민들이 참여하기 나름"이라며 적극적인 관심을 바란다고 밝혔다.

ㄱ _____

건설 [名] 建设　　태양광 [名] 太阳光，太阳能　　보급 [名] 普及　　절반 [名] 一半
동참하다 [动] 共同参与

정리하기

이것만은 꼭 외웁시다!

1) 가: 안녕하세요? 전화로 문의드린 최동민이라고 합니다.
   您好！我叫崔东旻，之前给您打电话咨询过。

   나: 안녕하세요? 서울로 출퇴근할 수 있는 집으로 알아보고 계신다고 하셨죠?
   您好！您想找方便首尔通勤的房屋，对吧？

2) 가: 아파트에서 주택으로 이사하는 사람들은 보통 만족하나요?
   从公寓搬到独栋住宅的人都满意吗？

   나: 어떤 분은 만족하는가 하면 어떤 분은 관리가 어려워서 만족을 못 하세요.
   有的人满意，也有的人觉得管理起来很困难，所以不太满意。

3) 가: 그 집은 어떤 특징이 있어요? 那个房子有什么特点？
   나: 거실이 정말 운동장만 해서 집을 구하시는 분들이 아주 좋아하세요.
   客厅像运动场一样大，所以求购住宅的客户们都很喜欢。

4) 가: 다용도 공간은 사용하기 나름입니다. 취미 생활을 할 수 있는 공간으로 쓰시기도 좋고, 분리해서 창고와 서재 등으로 꾸밀 수도 있어요.
   如何使用多功能房还需要根据您的需求来决定。这个多功能房可以作为一个休闲生活的空间使用，也可以分隔出来作为仓库或书房使用。

   나: 아주 좋네요.
   非常好。

핵심 어휘

名词

논의 讨论	단층 平层	복층 复式	서재 书房
예산 预算	욕실 浴室	자가용 私家车	점검 检查
주택 住宅	평면도 平面图	현관 玄关	

动词

동참하다 共同参与	분리하다 隔开，分离	상의하다 商量
우선시하다 优先考虑	중요시하다 重视，看重	

形容词

멋스럽다 漂亮，好看	민망하다 尴尬	화사하다 奢华

자기 평가

能够完成吗？	需再次复习	进入下一课！	
		良好	优秀
能描述住宅的结构吗？	无法完成	可以完成	非常好
能说出多少与住宅相关的单词或词组？	0~6个	7~14个	15个以上
能灵活运用本课所学的语法吗？	无法完成	可以完成	非常好

제17과 마트가 좀 멀다고 해도 학교가 가까워서 괜찮을 것 같아

目标： 能对房屋的周边环境和便利设施进行说明和评价
语法： 谓词 ㄴ다고/는다고 해도，谓词 아서인지/어서인지，名词 마저
词汇： 由名词词缀–화构成的单词

备受关注的新兴居住形式——共享住宅

　　"共享住宅"由私人住宅和厨房、休息室等广大的公共空间构成，是一种新型的居住形态。今天我们来到了"青年共享住宅"。

　　进入共享住宅，首先映入眼帘的就是一楼的共享空间，有宽敞的咖啡厅，还有厨房、洗衣房，以及小型展厅、会议室等场所。共享住宅的优点是住户可以以低廉的价格入住条件较好的住宅，而且住户彼此间还能形成各种各样的社群，一起组织兴趣活动或举办其他活动。共享住宅虽然以前就曾出现过，但近来，受到思想自由开放的青年群体的关注。

이야기해 봅시다

1. 주목받는 주거 트렌드로 어떤 것을 소개하고 있어요? 그것은 어떤 특징을 가지고 있어요?
2. 여러분 나라에도 이런 특별한 주거 형태가 있어요? 한번 소개해 보세요.

어휘와 표현 🎧

 由名词词缀-화构成的单词

-화(化)

국제화 国际化	**세계화/글로벌화 全球化**	**정보화 信息化**
국제화 시대에서는 외국어 공부가 필수이다.	한국 식품 회사의 세계화 전략이 성공을 거두었다.	정보화 사회에서는 새로운 정보의 확보가 중요하다.
在国际化时代，学习外语很必要。	韩国食品公司的全球化战略获得了成功。	在信息化社会，获取新信息很重要。

간편화 简易化	**자동화 自动化**	**다양화 多样化**
담당자는 업무 간편화를 위해 서류 작업을 줄였다.	우리 공장은 기계가 자동화 되어 있다.	최근에는 장미의 색깔이 다양화되었다.
负责人为了简化业务，减少了文件工作。	我们工厂的机器是自动化的。	现在玫瑰的颜色变得多样化了。

 필수 [名] 必须，必要　　확보 [名] 确保

개별화 个性化，个别化
전원 주택은 개별화된 생활을 하기에 편리하다.
田园住宅便于过个性化的生活。

도시화 城镇化
도시화된 지역의 인구가 빠르게 증가하고 있다.
城镇地区的人口正在迅速增加。

일반화 普及化，普遍化
전에는 해외여행이 특별했지만 지금은 일반화 되었다.
以前海外旅行很少见，但现在已经普及化了。

 小贴士 ·
✦ "–화"多以名词形使用，但也以"–화되다""–화하다"等动词形使用。

어휘와 표현 연습

1 빈칸에 알맞은 것을 골라 쓰십시오.

개별화   세계화   자동화   일반화

1) _____ : 특수한 것이 일반적인 것으로 됨.
2) _____ : 다른 힘을 빌리지 않고 스스로 작동하게 됨.
3) _____ : 어떤 것이 하나하나 따로 나뉨.
4) _____ : 세계 여러 나라를 이해하고 받아들이게 됨.

2 빈칸에 알맞은 것을 골라 쓰십시오.

간편화   국제화   자동화   다양화

1) _____ 시대   2) _____ 기계
3) 업무/방식/방법의 _____   4) 디자인/색깔/제품의 _____

3 빈칸에 알맞은 것을 골라 쓰십시오.

정보화   일반화   도시화   개별화

1) 가: 요즘은 농촌도 많이 _____되어서 생활이 편리해진 것 같아요.
   나: 전 좀 생각이 달라요. 농촌만의 특성이 사라지는 것 같아서 아쉬워요.

2) 가: 학교 모든 자료를 _____하는 작업이 곧 마무리될 예정입니다.
   나: 네. 그렇게 되면 일하기가 좀 편리해지겠어요.

3) 가: 저는 개인 보안이 아주 중요한데요. 이 빌라는 보안이 잘 되어 있나요?
   나: 그럼요. 외부인이 들어올 수 없고 주차장이나 계단도 철저히 _____되어 있어서
       만족하실 거예요.

4) 가: 우리 아파트 주민들이 모두 엘리베이터를 교체하고 싶어 한대요.
   나: 일부의 의견을 그렇게 _____하면 안 돼요. 지금 있는 게 오래되지 않아서
       반대하는 사람들도 있다고 들었어요.

특수하다 [形] 特殊   작동하다 [动] 运转，启动   나누다 [动] 被分成
받아들이다 [动] 接受   방식 [名] 方式   외부인 [名] 外部人员
철저히 [副] 彻底   교체하다 [动] 更换

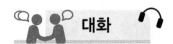 대화

1 최동민과 박지현이 이사 갈 집에 대해 논의해요. 두 사람은 어느 집을 더 마음에 들어 해요?

> **최동민:** 오늘 구경한 곳 중에 마음에 드는 곳이 있어?
>
> **박지현:** 다 괜찮았어. 한옥은 넓고 밝은 느낌이 좋았고, 두 번째 본 집은 구조도 효율적이고 아늑한 분위기라서 마음에 들더라고. 그런데 두 번째 집은 정말 우리가 찾던 조건에 잘 맞아서 더 마음이 가는 것 같아.
>
> **최동민:** 나도 두 번째 집이 좀 더 끌렸어. 집 구조도 좋지만 주차 공간이 넓고 정원에 나무가 많아서 좋았어.
>
> **박지현:** 마트가 좀 멀다고 해도 학교가 가까워서 민준이가 등하교하는 게 편하니까 괜찮을 것 같아. 근처에 공원이 있으니까 산책하러 가기에도 편하겠다.
>
> **최동민:** 우리 둘 다 그 집이 정말 마음에 든 것 같은데? 사실 당신이 한옥을 더 좋아할 거라고 생각했는데 주변 환경이 좋아서인지 두 번째 집이 더 좋은가 보네.
>
> **박지현:** 집 구조나 민준이 등하교 문제도 그렇고, 주변 환경도 좋으니까 완벽한 조건이지. 예산도 크게 벗어나지 않고. 난 그쪽으로 결정해도 좋을 것 같아.

- 두 번째 집의 장점과 단점은 뭐예요?
- 최동민은 두 사람이 이야기한 후에 무엇에 대해서 알아볼 거예요?

아늑하다 [形] 温馨，温暖   끌리다 [动] 吸引   등하교 [名] 上下学

2 전원 주택에 대한 뉴스예요. 기자는 최근의 전원 주택에 대해 어떻게 보도하고 있어요?

> **앵커:** 전원 주택에 대한 생각이 최근 크게 바뀌고 있다고 합니다. 자연과 함께 하는 생활은 전과 큰 차이가 없지만 편의 시설 이용 등의 불편함이 줄고 있다는 것인데요. 박성진 기자가 보도합니다.
>
> **기자:** 최근 똑같은 아파트 문화가 싫어 자신만의 주거 공간에서 편리한 전원 생활을 원하는 경향이 생겼습니다. 하지만 자연 환경이 좋고 개별화된 생활이 편리해도 주변 시설이 부족하고 교통마저 불편하다는 단점 때문에 전원 주택으로 이사하는 것을 망설이는 사람들이 많았는데요. 이러한 불편을 해소한 '주택 단지'가 개발되면서 주택 시장이 활기를 띠고 있습니다. 생활이 편리한 도시 근처에 주택이 모여 있는 단지가 개발되어 편의 시설이 잘 마련되고 교통도 편리해졌습니다. 주말에는 오히려 도시 주민들이 자연도 즐기고 필요한 것을 구매하기 위해 주택 단지 근처 마트나 식당 등을 이용하러 나오는 경우가 있다고 합니다. 전문가들은 주택 단지가 사생활 보호에 더욱 신경을 써서 건축되고 있고 주변 환경도 좋아져 당분간 인기가 계속될 것이라고 전했습니다.

• 이전에 사람들은 주로 어떤 점 때문에 전원 주택으로 이사를 망설였어요?

• 전원 주택의 단점을 해소하기 위해 어떤 것이 생겼어요?

경향 [名] 倾向   보도하다 [动] 报道   단지 [名] 园区   사생활 [名] 私生活
당분간 [名] 暂时

대화 후 활동

1 다음 집은 어떤 좋은 점이 있어요? 〈보기〉와 같이 이야기해 보세요.

보기 친환경 주택	친환경 주택은 환경친화적인 재료로 집을 지어서 자연환경에도 좋을 뿐만 아니라 건강에도 좋아요.
1) 전원주택	
2) 복층 주택	
3) 아파트	
4) 원룸	

2 최근 중국의 주거 형태에 대해서 이야기해 봅시다. 인터넷으로 검색해 보고 〈보기〉와 같이 이야기해 보세요.

· 중국 사람들이 가장 많이 사는 주거 형태는 무엇이에요?

· 중국에서 요즘 주목을 받는 새로운 주거 형태는 무엇이에요? 왜 주목받고 있어요?

보기
검색한 곳: 인터넷 블로그, 뉴스 기사
⇒ 한국에서는 아파트에 사는 사람들이 가장 많아요. 그런데 요즘은 전원주택이 주목을 받고 있어요. 여러 사람들이 모여서 같이 사는 아파트에 싫증이 났거나 불편함을 느끼던 사람들이 전원주택으로 이동하는 경우가 있다고 해요. 예전에는 나이가 많은 사람들이 주로 전원주택을 선호했는데 요즘은 젊은 사람들에게도 인기가 많다고 해요.
검색한 곳: ⇒

주거 [名] 居住   싫증이 나다 [词组] 厌烦, 厌倦

 **문법**

1. 谓词 ㄴ다고/는다고 해도

　　"-ㄴ다고/는다고 해도"是惯用型，用于谓词词干后，表示让步，相当于汉语的
"即使……也……""就算……也……"。有收音的动词词干后接"-는다고 해도"，
无收音和收音为"ㄹ"的动词词干后接"-ㄴ다고 해도"，形容词词干后接"-다고 해
도"，"名词＋이다"后接"-라고 해도"。前半句常与"아무리"搭配使用，假设过去
的事情时用"-았/었-"，假设未来的事情时用"-겠-"。

 네가 수영을 정말 잘**한다고 해도** 준비 운동을 하지 않으면 위험할 수 있어.
就算你游泳游得再好，如果不做热身准备，也会有危险。

집을 매일 치**운다고 해도** 먼지가 생기는 것은 어쩔 수 없다.
即使每天都收拾屋子，落灰也是没办法的事。

내가 돈이 정말 많**다고 해도** 그렇게 비싼 신발은 안 살 거예요.
就算我再有钱，也不会买那么贵的鞋。

스마트 기기의 성능이 아무리 좋**다고 해도** 디자인이 별로면 인기가 없다.
即使智能手机功能再好，如果外观设计不怎么样的话，也不会受欢迎的。

친구가 그린 그림을 봤는데 미술을 전공했**다고 해도** 믿을 수 있을 정도야.
我看了朋友画的画儿，画得相当好，即便说他是美术专业的也会有人信。

내일 네가 그 모임에 가겠**다고 해도** 나는 가지 않을 거야.
即使你明天去参加那个聚会，我也不会去。

가: 네가 **아무리** 매운 걸 잘 먹**는다고 해도** 이 떡볶이는 못 먹을 거야.
即使你很能吃辣的，估计这个炒年糕你也是吃不了的。

나: 그래? 지금까지 내가 못 먹은 건 없었어. 한번 먹어 볼까?
是吗？长这么大，还没有什么是我吃不了的。要不我来尝一口？

가: 제가 주문한 자동차는 언제 받을 수 있어요?
我预订的车子什么时候能拿到？

나: 요즘 인기가 많아서 출고가 늦습니다. 미리 주문하셨**다고 해도** 시간이 좀
걸립니다.
那款车最近很受欢迎，所以出货有点儿慢。即使您提前预订了，也需要等些时日。

 먼지 [名] 灰尘　　성능 [名] 功能　　출고 [名] 出货

2. 谓词 아서인지/어서인지

　　"-아서인지/어서인지"是惯用型，用于谓词词干后，表示对某事发生的理由或原因的推测。以元音"ㅏ/ㅗ"结尾的谓词词干后接"-아시인지"，以其他元音结尾的谓词词干后接"-어서인지"，"-하다"谓词词干后接"해서인지"，名词后接"-이어서/여서/(이)라서 그런지"。"-아서인지/어서인지"可以与"-아서/어서 그런지"互换使用。

왕린 씨는 한국에 오래 살**아서인지** 한국어가 유창하네요.
可能是因为王琳在韩国生活的时间较长的缘故，韩国语说得很流利。

주말에 푹 쉬**어서인지** 컨디션이 너무 좋아요.
可能是因为我周末休息得好，身体状态很好。

길이 막**혀서인지** 준호 씨가 오늘따라 좀 늦게 오네요.
可能是路上堵车了，俊浩今天来得有些晚。

목소리가 좋**아서인지** 그 사람은 아주 멋있는 느낌이 들었다.
可能是因为他的声音好听，感觉他很帅。

그 웹툰이 재미있**어서인지** 아이가 생각없이 계속 만화만 보네요.
可能是因为那部网络漫画很有趣，孩子心无旁骛，一直看漫画。

날씨가 많이 추**워서 그런지** 오늘은 따뜻한 국물이 먹고 싶네요.
可能是因为天气冷的缘故，我今天想喝热汤。

가: 저기 장웨이 씨 얼굴이 안 좋아 보이네요. 왜 그럴까요?
　　张伟的脸色不太好，有什么事吗?

나: 오늘 중요한 평가가 있**어서 그런지** 긴장했나 보네요.
　　可能是因为今天有重要的评审，所以他很紧张吧。

가: 이 영화는 영상미가 높지만 대중성은 좀 떨어지는 것 같아요.
　　这部电影的画面感很强，但大众性似乎有些低。

나: 대학 때 영화 동아리 회장**이라서 그런지** 전문가처럼 말하네요.
　　可能是因为大学时你是电影社团会长，说得像专家一样。

유창하다 [形] 流利　　　　컨디션 [名] 身体状态，健康状况　　　웹툰 [名] 网络漫画

생각없이 [副] 没想法　　　영상미 [名] 画面美感，影像美

3. 名词 마저

"-마저"是助词，用于名词后，相当于汉语的"就连……也……"，主要用于具有消极、负面内容的句子里，有强调的作用。

주머니에 있던 오천 원**마저** 다 써 버렸다.
我连兜里仅剩的5000韩元都花光了。

하나 남은 친구**마저** 외국으로 이사를 가서 서운해요.
仅剩的一个朋友也移居到国外了，我觉得很不舍。

마지막 남은 친구**마저** 작년에 결혼을 해서 요즘 너무 심심해요.
身边最后一个朋友去年也结婚了，所以我最近很无聊。

중소기업뿐만 아니라 대기업**마저** 경제적 어려움을 겪고 있다.
不仅是中小企业，连大企业也面临着经济上的困难。

다른 사람도 나를 안 믿는데 가족**마저** 나를 안 믿어줘서 너무 슬펐어.
别人不相信我，连家人也不相信我，我心里很难过。

민지는 얼굴도 키도 성격도 다 엄마를 닮았는데 취미**마저** 엄마하고 똑같아.
敏智的长相、身高、性格都像妈妈，连兴趣都和妈妈一样。

가: 우리 초등학생 때 같이 놀던 소진이 소식 알아? 너는 가끔 연락했었잖아.
我们小学时一起玩儿的素珍的消息你有吗？你不是偶尔和她联系嘛。

나: 몇 년 전까지는 가끔 만나기도 했는데 요즘은 연락**마저** 안 돼.
几年前还偶尔见见面，但最近连联系都联系不上了。

가: 장웨이 씨, 회의 자료를 왜 이렇게 늦게 보냈어요?
张伟，为什么会议资料发送得这么晚？

나: 노트북이 갑자기 고장 나서요. 오늘 너무 바쁜데 노트북**마저** 속을 썩이네요.
因为笔记本电脑突然坏了。今天本来就很忙，连电脑也不让人省心。

 小贴士
- ✦ "마저"和"조차"的区别："조차"指连最基本的都没有，而"마저"指连最后仅剩的一线期待也没了。

친구는 나를 보고도 인사마저 하지 않네요.
朋友见到我连招呼都不打。（不仅不说话，连招呼也不打。）

친구는 나를 보고도 인사조차 하지 않네요.
朋友见到我都不打招呼。（最基本的招呼都不打。）

"조차"一般不常用于肯定句里，但"마저"可以用于肯定句和否定句。

주머니 [名] 口袋，腰包   서운하다 [形] 舍不得，可惜   막내아들 [名] 小儿子
대기업 [名] 大企业   속을 썩이다 [词组] 不省心，费心

문법 연습

1 〈보기〉와 같이 알맞은 것을 연결하고 문장을 쓰십시오.

보기 시험에 또 떨어지다	● ──────── ●	① 실망하지 않다
1) 값이 싸다	●	② 그 사람과 결혼하다
2) 아무리 바쁘다	●	③ 내일 모임에는 꼭 가다
3) 부모님이 반대하다	●	④ 성능이 나쁘면 안 사다
4) 그 사람의 행동이 달라졌다 ●		⑤ 속마음까지는 변하지 않았다

보기 시험에 또 떨어진다고 해도 실망하지 않을 거예요.

1) _____
2) _____
3) _____
4) _____

2 〈보기〉와 같이 빈칸에 알맞은 것을 골라 쓰십시오.

막내이다   깜짝 놀라다   먹다   꼼꼼하다   연습하다

보기
가: 장웨이는 일을 할 때 실수를 안 하는 것 같아서 부러워요.
나: 네. 성격이 꼼꼼해서인지/꼼꼼해서 그런지 일을 잘하는 것 같아요.

1) 가: 수연 씨는 참 귀여운 것 같아요.
　　나: 맞아요. _____ 행동이나 말이 다 귀여워요.

2) 가: 준호 씨, 왜 그래요? 어디 안 좋아요?
　　나: 낮에 매운 음식을 _____ 배가 좀 아프네요.

3) 가: 큰 소리 때문에 _____ 개가 계속 짖어요.
　　나: 그럴 때는 개를 안심시켜 주세요.

4) 가: 와, 한국어 발음이 정말 좋아졌네요.
　　나: 매일 _____ 저도 모르게 좋아진 것 같아요.

✎ 속마음 [名] 内心　　안심시키다 [动] 使安心

3 〈보기〉와 같이 알맞은 것을 고르십시오.

> 가: 부모님이 병원에 계신다면서요? 지금은 어떠세요?
>
> 나: 조금 나아지셨어요. 부모님과 같이 살던 (저마저, (저조차)) 건강 상태를 몰랐네요.

1) 가: 작년에 왕린하고 리징도 한국에 갔는데 어제 (왕밍마저, 왕밍조차) 영국에 갔어.

   나: 친구들이 다 떠나서 많이 서운하겠다.

2) 가: 그 사건 범인이 잡혔어요?

   나: 아직요. 사건 현장에 그 흔한 (CCTV마저, CCTV조차) 없어서 수사가 어려워요.

3) 가: 연휴인데 식당 문을 여셨네요?

   나: 연휴라서 3일을 쉬었는데 (오늘마저, 오늘조차) 쉴 수 없겠더라고요.

4) 가: 어제 전시회에 잘 다녀왔어요?

   나: 네. 그런데 사람이 너무 많아서 발 디딜 (틈마저, 틈조차) 없었어요.

4 다음을 듣고 물음에 답하십시오.

1) 두 사람은 무엇에 대해서 이야기하고 있습니까?

   ① 주변 환경의 중요성

   ② 전원주택의 구조적 특징

   ③ 이사 가고 싶은 집의 모습

   ④ 집을 고를 때 주의해야 할 점

2) 들은 내용과 같은 것을 고르십시오.

   ① 남자는 아파트를 선택하려고 한다.

   ② 남자는 전원주택이 평화롭다고 생각한다.

   ③ 오늘 본 주택은 시내와 멀리 떨어져 있다.

   ④ 오늘 본 주택은 가격이 아주 비싼 편이다.

3) 오늘 본 주택 주변에 있는 것을 모두 쓰십시오.

_____

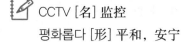 CCTV [名] 监控　　　　수사 [名] 调查　　　디디다 [动] 落脚　　틈 [名] 缝隙
평화롭다 [形] 平和, 安宁　　계약하다 [动] 签约

5 다음을 읽고 물음에 답하십시오.

> 호텔은 다른 상업 공간에 비해 공간의 변화를 주기 힘들다는 특성을 갖는다. 그러나 최근에는 호텔 룸의 일부를 특별한 공간으로 꾸미는 전략으로 주목받는 곳들이 있다. (㉠) A호텔에서는 최근 인기 있는 만화 캐릭터 인형과 장식품을 전시해 방을 따뜻하고 친근한 공간으로 꾸몄다. 침대 위에는 귀여운 캐릭터 인형이 놓여 있고 가구에도 캐릭터 그림이 붙어 있다. 벽지마저 만화 캐릭터가 그려져 있어 만화 속에 들어와 있는 것 같은 느낌을 준다. 원색의 가구나 카펫도 색다른 분위기를 만들어 낸다. 또 다른 예로 놀이공원과 동물원 옆에 위치한 B호텔은 벽에 놀이기구와 동물들이 깔끔하게 그려져 있어 세련된 느낌의 분위기를 자랑한다. 특히 유명 작가가 참여하여 벽지 그림을 제작해 방문객들의 시선을 끈다. 이렇게 호텔마다 문화적인 요소를 넣어 특별한 공간을 만들어 내고 있다.

1) 이 글의 제목으로 가장 어울리는 것을 고르십시오.

① 오래된 호텔만의 매력

② 호텔 위치 선정의 중요성

③ 문화가 담긴 호텔 인테리어

④ 유명 캐릭터 활용의 가능성

2) ㉠에 들어갈 알맞은 것을 고르십시오.

① 때로　　　　② 다만　　　　③ 마침내　　　　④ 예컨대

3) 이 글의 내용과 다른 것을 고르십시오.

① A호텔은 놀이공원과 동물원 옆에 있다.

② A호텔은 방에 만화 캐릭터 인형이 있다.

③ B호텔의 방은 세련된 느낌으로 꾸며져 있다.

④ B호텔에서는 유명 작가의 그림을 볼 수 있다.

룸 [名] 房间　　　캐릭터 [名] 人物　　　시선을 끌다 [词组] 醒目，抢眼

색다르다 [形] 特别，不同　　　카펫 [名] 地毯

쓰기

1 다음 문법을 사용해서 제시된 표현을 한 문장으로 써 보십시오. 단, 제시된 표현의 순서는 바꾸지 마십시오.

> –더니   –(으)니까   –아서인지/어서인지   –다고 해도   –더라   –(으)ㅂ시다

1) 발표를 성공적으로 마쳤다 / 아직 사업이 끝난 것이 아니다 / 조금 더 힘내다

⇨ _____

2) 친구가 처음에는 저 옷이 더 좋다고 하다 / 색깔이 예쁘다 / 이 옷을 샀다

⇨ _____

2 여러분이 유학을 가거나 외국에서 일을 하게 되어서 집을 구하게 된다면 어떤 점이 중요할 것 같습니까? 〈보기〉와 같이 쓰십시오.

> **보기**
>
> 내가 집을 구하게 된다면 위치가 제일 중요할 것 같다. 아무리 집이 좋다고 해도 학교나 회사와 멀면 너무 불편할 것 같기 때문이다. 그리고 나는 집의 방음이 아주 중요하다. 작은 소리에도 예민한 편이어서 방음이 잘 되는 곳을 우선적으로 알아볼 것이다.

내가 집을 구하게 된다면 _____

_____

_____

_____

_____

✏️ 예민하다 [形] 敏感   우선적 [名] 优先

정리하기

이것만은 꼭 외웁시다!

1) 가: 오늘 구경한 곳 중에 마음에 드는 곳이 있어? 今天看的房子中有满意的吗?

   나: 마트가 좀 멀다고 해도 학교가 가까워서 두 번째 집이 더 끌렸어.

   虽然距离超市有点儿远，但离学校很近，所以我更喜欢第二套房子。

2) 가: 주변 환경이 좋아서인지 두 번째 집이 더 좋은가 보네.

   可能是因为周边环境好的缘故，你才更喜欢第二套房子的吧。

   나: 우리 둘 다 그 집이 정말 마음에 든 것 같아. 我们好像都非常喜欢那套房子啊。

3) 가: 주택에 사는 게 어때요? 住在田园住宅怎么样?

   나: 자연 환경이 좋고 개별화된 공간이 좋아요. 自然环境好，个性化空间也很好。

4) 가: 하지만 주택은 편의 시설이 부족하고 교통마저 불편하다는 단점이 있어요.

   但是田园住宅的缺点是便利设施不足，交通也不便。

   나: 그런 단점이 있으면 사람들은 주택으로 이사하는 것을 망설이겠어요.

   如果有这样的缺点，人们肯定会犹豫是否要搬到田园住宅。

핵심 어휘

名词

개별화 个性化, 个别化 ｜ 국제화 国际化 ｜ 세계화 全球化 ｜ 속마음 内心

우선적 优先 ｜ 일반화 普及化, 普遍化 ｜ 주거 居住

动词

계약하다 签约 ｜ 교체하다 更换 ｜ 디디다 落脚 ｜ 안심시키다 使安心

形容词

색다르다 特别, 不同 ｜ 예민하다 敏感 ｜ 특수하다 特殊 ｜ 평화롭다 平和, 安宁

副词

철저히 彻底 ｜ 생각없이 没想法

词组

속을 썩이다 不省心, 费心 ｜ 시선을 끌다 醒目, 抢眼 ｜ 싫증이 나다 厌烦, 厌倦

자기 평가

能够完成吗?	需再次复习	进入下一课!	
		良好	优秀
能对房屋的周边环境进行说明和评价吗?	无法完成	可以完成	非常好
能说出多少由名词词缀–화构成的单词?	0~3个	4~6个	7个以上
能灵活运用本课所学的语法吗?	无法完成	可以完成	非常好

문제 있는 곳이 없는지 확인해 주신다고 하고서 다른 말씀이 없었거든요

目标: 能说明搬家时可能会出现的各种问题
语法: 动词 고서, 谓词 길래, 谓词 는다니요/ㄴ다니요/다니요
词汇: 由形容词词缀-스럽다构成的单词

日常生活赔偿责任险

자전거를 타고 가다가 실수로 넘어져서 주차되어 있던 자동차를 망가뜨린 경우	➡	피해 차량 수리비 지원
길을 걷다가 실수로 다른 사람의 손을 쳐서 휴대폰이 바닥에 떨어져 망가진 경우	➡	휴대폰 수리비 지원
거주하고 있는 주택 하수관의 물이 새서 아랫집에 피해를 준 경우	➡	아랫집 수리비 지원
아이들이 주택 마당에서 공놀이를 하다가 옆집 창문을 깨뜨린 경우	➡	옆집 수리비 지원

"日常生活赔偿责任险"是指被保险人在日常生活中因疏忽或过失导致他人遭受人身伤害或者财产损失时，保险公司根据保险合同的约定向受害人进行赔偿的保险。日常生活中发生的小事故也有可能引发巨额赔偿，因此在韩国购买此类保险的用户正在不断增加。可以得到赔付的情况有以下几种：

騎自行车时，撞到停放的车辆并致其损坏→赔付损坏车辆修理费

在大街上行走时，碰撞到他人的手，导致对方手中的手机掉落破损→赔付手机修理费

自家房屋下水管道漏水，导致楼下邻居房屋被水浸泡→赔付楼下房屋修补费

孩子在小区踢球时，打碎邻居家的玻璃窗→赔付邻居窗户修理费

이야기해 봅시다

1. 이 보험을 활용할 수 있는 일상생활 속 다양한 문제에는 어떤 것들이 있어요?

2. 이사를 하거나 아파트에 살면서 문제가 생긴 적이 있어요? 어떤 문제들이 생길 수 있을까요?

어휘와 표현

📎 由形容词词缀-스럽다构成的单词

"–스럽다"用于部分名词之后，表示具有某种性质，使词性由名词转换为形容词。

느낌이나 감정

걱정스럽다	令人担心	고통스럽다	痛苦
변덕스럽다	善变	사랑스럽다	可爱
실망스럽다	失望	자랑스럽다	（值得）骄傲
만족스럽다	满意	짜증스럽다	厌烦
후회스럽다	后悔		

상황이나 상태

갑작스럽다	突然	고급스럽다	高级
고생스럽다	受苦	다행스럽다	庆幸
당황스럽다	慌张	부담스럽다	负担
자연스럽다	自然	촌스럽다	土气
조심스럽다	小心		

어휘와 표현 연습

1 다음을 보고 이 생각을 한 사람의 심정으로 알맞은 것을 고르십시오.

1) '내가 그때 왜 그랬을까?'   •   • ① 자랑스럽다

2) '나 이번에 정말 잘했어!'   •   • ② 만족스럽다

3) '전혀 부족함 느낌 없이 잘 먹었다.' •   • ③ 부담스럽다

4) '왜 나한테 이렇게 선물을 많이 주지?' •   • ④ 후회스럽다

2 빈칸에 알맞은 것을 골라 쓰십시오.

> 걱정스럽다   고통스럽다   다행스럽다   조심스럽다

1) 그 사람은 너무 힘들어서 말하는 것조차 _____. (–(으)ㄴ 듯했다)

2) 사람들은 넘어진 아이를 _____ 얼굴로 쳐다봤다. (–(으)ㄴ)

3) 설거지를 하다가 유리컵이 깨져서 _____ 치웠다. (–게)

4) 나는 이번 여행에서 차멀미를 하지 않은 것이 _____. (–았다/었다)

3 빈칸에 알맞은 것을 골라 쓰십시오.

> 짜증스럽다   자랑스럽다   실망스럽다   갑작스럽다

1) 가: 이 대리, 여러 번 주의를 주었는데도 실수를 하다니 좀 _____. (–네요)

   나: 이번에는 신경을 썼는데 또 실수해서 죄송합니다.

2) 가: 오늘따라 _____ 날씨인 것 같아요. (–(으)ㄴ)

   나: 비도 계속 오고 날도 더워서 더 그런 것 같아요.

3) 가: 아까 민수가 전화로 뭐라고 했어?

   나: 응. 바다에 가자고 하더라. 좀 _____. (–았어/었어)

4) 가: 이번에 제가 저희 회사에서 '우수 사원상'을 타게 됐어요.

   나: 와, 축하해요. 정말 _____. (–아요/어요)

✏️ 차멀미 [名] 晕车

대화

1 박지현이 이삿짐센터 고객센터에 불편 접수를 하려고 전화를 요청했어요.
고객센터에서 전화를 받고 무슨 이야기를 할까요?

> **고객센터 직원:** 안녕하십니까? 불편 접수 담당과 민경호입니다. 어제 이사하신
> 후 불편사항이 있으시다고 해서 연락드렸습니다. 먼저 불편을
> 드려 정말 죄송합니다. 문제가 있었던 부분을 자세히 말씀해
> 주시겠어요?
>
> **박지현:** 안녕하세요? 오시기로 한 시간보다 조금 늦긴 했는데 그래도
> 이사는 잘 마쳤는데요. 이사 끝나고 밤에 보니까 아이 방 한쪽
> 구석에 바닥이 긁혀 있고 책상 다리 부분이 살짝 깨져 있더라
> 고요. 문제 있는 곳이 없는지 잘 확인해 주신다고 하고서 다른
> 말씀이 없었거든요. 책상 다리는 살짝 깨진 거라서 그럴 수
> 있겠다고 생각했는데요. 바닥은 생각보다 깊이 긁혀서 전화드린
> 거예요. 완벽하게 잘 정리해 주셨다고 했는데 이렇게 크게
> 긁힌 부분을 못 보셨다는 게 좀 당황스러웠어요. 바닥 공사는
> 너무 큰 공사인데 어떻게 해야 할지 모르겠네요. 우선 책상과
> 바닥 모두 사진을 보내 드려야 할 것 같아서 찍어 놓았고요.
> 담당자 분이 한번 와서 봐 주시면 좋을 것 같아요.

• 어제 이사할 때 이삿짐센터 사람들이 제 시간에 도착했어요?
• 박지현은 어떤 문제를 고객센터에 이야기했어요?

2 최민준이 방 정리를 하다가 엄마 박지현과 이야기해요. 짐 정리에 대해 무슨 이야기를 할까요?

> **박지현:** 민준아, 뭐 하길래 방에서 안 나오고 있는 거야?
>
> **최민준:** 제 방 정리하고 있죠. 책이랑 내 장난감 다 치우고 있었어요.
>
> **박지현:** 한꺼번에 다 하지 말고 조금씩 해도 돼. 그래도 많이 정리했네. 책을 왜 모두 다시 뺐어? 이삿짐센터 아저씨들이 정리해 주신 건데 마음에 안 들었어?
>
> **최민준:** 마음에 안 든다뇨! 그건 아니고 자주 보는 책은 아래에 꽂고 잘 안 보는 건 위에다 놓고 싶어서요.
>
> **박지현:** 그리고 이 공책들은 다 쓴 건데 모아 두지 말고 버리는 건 어때?
>
> **최민준:** 이거 내가 열심히 쓴 건데…. 다 버려야 해요?
>
> **박지현:** 다 버리지 않아도 돼. 그런데 앞으로 다시 안 볼 것들은 버리는 게 더 좋지 않을까? 책상이랑 책장도 더 깔끔하게 정리할 수 있고. 일기장이랑 네가 좋아하는 공책 몇 개는 가지고 있고 불필요한 것들은 정리해도 좋을 것 같은데?
>
> **최민준:** 음…. 알겠어요. 그러면 일기장이랑 내가 좋아하는 중국어 숙제 공책은 안 버리고 다른 건 버릴래요.

• 민준은 왜 정리된 책을 다시 뺐어요?
• 지현은 민준에게 어떻게 짐 정리를 하라고 했어요?

접수 [名] 受理

대화 후 활동

1 이사할 때 어떤 문제나 불편사항이 생길 수 있을까요? 〈보기〉와 같이 여러 상황을 생각해 이야기해 보세요.

> **보기** <u>비가 오는데 소파를 잘 포장하지 않아서 젖었어요.</u>

1) _____

2) _____

3) _____

4) _____

2 이사할 때 생길 수 있는 문제에 대해 불만을 어떻게 잘 이야기할 수 있을까요? 다음을 참고하여 〈보기〉와 같이 이야기해 보세요.

· 상황을 구체적으로, 명확하게 설명해야 해요.

· 담당자에게 확인을 요청하고 보상 방법을 문의하세요.

· 정중하게 말하고 감정적으로 이야기하지 마세요.

상황	문제에 대한 설명
〈보기〉 물건 파손	이사 온 후에 식탁 유리 끝부분이 살짝 깨져 있어요. 끝부분이 깨져 있어서 이사하는 날에는 확인하지 못했어요. 사진을 보내 드릴 테니까 한번 확인해 주시겠어요? 제가 어떻게 보상을 받을 수 있는지도 알려 주시면 감사하겠습니다.
〈보기〉 물건 빠뜨림	창고에 있던 상자가 하나 없어요. 창고에 상자를 모두 모아 두었는데 하나만 없으니까 아마 하나를 빠뜨리셨나 봐요. 혹시 차 안에 있는지 확인 부탁드려요.

✎ 빠뜨리다 [动] 落, 丢   파손되다 [动] 破损   흠 [名] (划)痕   명확하다 [形] 明确
정중하다 [形] 郑重

 **문법**

1. 动词 고서

　　"–고서"是连接词尾，用于动词词干后，表示前后内容按时间顺序依次发生。"–고서"可以与"–고""–고 나서"互换使用，但"–고서"更强调先后关系。"–고서"还可以连接相互对立的内容，与"–았는데도/었는데도"意思相似。主要用于非正式场合和口语中。

 비가 오**고서** 날씨가 더 추워진 것 같아요.
下过雨后，天气好像变得更冷了。

'금강산도 식후경'이라고 밥부터 먹**고서** 다시 생각하자.
"民以食为天"，先吃完饭再想吧。

조금 전에 왕린 씨가 어떤 전화를 받**고서** 밖으로 뛰어나갔어요.
刚才王琳接到电话后就跑出去了。

친구가 부르는 소리를 듣**고서** 못 들은 척했다.
我听到朋友喊我，假装没听见。

이번 모임에는 꼭 가겠다고 동호회 회장하고 약속하**고서** 또 못 갔네.
我答应了兴趣小组组长这次一定参加聚会，但又没去成。

민준이가 숙제를 안 하**고서** 했다고 거짓말을 했어요.
民俊没做作业，却撒谎说做了。

가: 어? 장웨이 씨는 왜 안 나와요?
　　嗯？张伟为什么不出来？

나: 지금 하던 회의 자료를 마감하**고서** 퇴근한대요.
　　他说准备完会议资料后再下班。

가: 네가 먼저 잘못하**고서** 왜 그렇게 화를 내니?
　　你先做错的，为什么发那么大火？

나: 나도 할 말은 해야지.
　　我该说的也得说啊。

 금강산도 식후경 [俗] 民以食为天　　　　마감하다 [动] 做完，结束

2. 谓词 길래

　　"–길래"是连接词尾，用于谓词词干后，表示前面的内容是后面行动的原因或根据，该原因或根据主要与主语亲身经历的客观事实有关。常以间接引语"–는다고/냐고/자고/(으)라고 하길래"的形式使用。在把过去的事情或已经完成的事情作为原因时用"–았길래/었길래"。"–길래"主要用于非正式场合和口语中，正式场合和书面语中用"–기에"。

밖에서 뭐가 깨지는 소리가 들리**길래** 나가 봤어요.
我听到外面有东西碎了，所以就出去看了一下。

그 쇼핑몰이 좋**다고 하길래** 내일 한번 가 보려고요.
听说那个购物中心很不错，所以我明天想去看看。

원래 케이크를 안 좋아하는데 이건 너무 맛있어 보이**길래** 먹어 봤어요.
我本来不喜欢吃蛋糕，但这个看起来很好吃，所以我尝了一下。

집에 오는 길에 꽃이 정말 예쁘**길래** 사 왔어요.
我在回家的路上，看到花真的很漂亮，所以就买来了。

어제 날씨가 너무 춥**길래** 오늘은 목도리도 하고 장갑도 끼고 나왔어요.
昨天天气太冷了，所以我今天戴了围巾和手套出来的。

얼마나 울었**길래** 눈이 그렇게 부었어요?
这是哭了多久，眼睛怎么肿成这样？

가: 친구 만나러 안 갔어? 무슨 일이**길래** 그렇게 얼굴이 안 좋아?
你没去见朋友吗？到底出了什么事，脸色怎么这么不好？

나: 친구가 자꾸 이랬다저랬다 말을 바꾸**길래** 화가 나서 그냥 들어왔어.
因为朋友总是一会儿这样，一会儿那样，出尔反尔，我很生气，干脆就回来了。

가: 내일 모임에 오기로 했다면서요? 못 올 수도 있다고 했잖아요.
听说你决定来参加明天的聚会？你之前不是说可能来不了吗？

나: 준호가 계속 오라고 조르**길래** 가겠다고 했어요.
俊浩一直缠着我让我来，所以我就答应了他。

 이랬다저랬다 [缩] 一会这样，一会那样　　조르다 [动] 纠缠

3. 谓词 는다니요/ㄴ다니요/다니요

"–는다니요/ㄴ다니요/다니요"是惯用型，用于谓词词干后，表示对听到的事实感到意外而再次询问或表示感叹。当说话人对听到的内容无法理解或发现与之前所了解的事实不同，而再次确认时常使用该惯用型。有收音的动词词干后接"–는다니요"，无收音或收音为"ㄹ"的动词词干后接"–ㄴ다니요"，形容词词干后无论有无收音都接"–다니요"，"名词＋이다"后接"–라니요"。过去或已完成的事情接"–았다니요/었다니요"，未来或推测的事情后接"–겠다니요"。"ㄴ/는다니요"主要用于非正式场合和口语中，也可以缩略为"–(ㄴ/는)다뇨"。

4월인데 눈이 오**다니**…. 날씨가 이상해요.
都4月了，还下雪……天气异常啊。

한 번 들은 것을 모두 기억하**다니**! 정말 대단해요.
竟然能把只听过一次的内容全记住！真的很了不起。

이렇게 어려운 문제도 다 맞히**다니**! 열심히 공부했구나.
这么难的题都能答对！你确实认真学了啊。

올해는 더 이상 채용 계획이 없**다니**. 이제 다른 일을 찾아야 하나?
今年不再有招聘计划了。是不是该找别的工作了？

장사가 잘 되던 그 식당이 문을 닫았**다니요**? 난 도저히 믿을 수가 없어요.
那家餐厅生意那么好，竟然关门了？我实在不敢相信。

고향에 돌아가지 않고 여기에서 계속 살겠**다니요**? 정말 괜찮겠어요?
你不回老家、还要在这儿继续生活？真的没关系吗？

가: 난 이번 콘서트에는 못 갈 것 같아. 시간이 너무 안 맞네.
　　我好像不能去这次演唱会了。时间实在错不开。

나: 네가 콘서트에 안 **간다니**? 너 그 가수 진짜 좋아하잖아.
　　你竟然不去演唱会？你不是很喜欢那个歌手吗？

가: 저기 저 사람은 외국 사람이지요?
　　那边那个人是外国人吧？

나: 외국 사람이**라뇨**! 외모는 외국 사람 같아도 우리 나라 사람이에요.
　　什么外国人！长得像外国人，但他是韩国人。

맞히다 [动] 答对　　도저히 [副] 实在

 **문법 연습**

① 〈보기〉와 같이 빈칸에 알맞은 것을 골라 쓰십시오.

> 붓다   읽다   결혼하다   마주치다   소지하다

> **보기** 용기의 표시선까지 물을 <u>붓고서</u> 5분 정도 기다리면 먹을 수 있어요.

1) 민수 씨는 _____ 사람이 완전히 달라졌어요.

2) 오빠가 보낸 편지를 _____ 가족들 생각이 계속 났어요.

3) 고사장에는 전자기기나 휴대 전화를 _____ 들어갈 수 없습니다.

4) 지하철에서 앞에 앉은 사람이 나와 눈이 _____ 민망했는지 고개를 돌렸다.

② 〈보기〉와 같이 빈칸에 알맞은 것을 골라 쓰십시오.

> 나오다   생기다   졸리다   금지하다   사연이다

> **보기** 가: 왜 이렇게 빈 잔이 많아요?
> 나: 일하다가 너무 <u>졸리길래</u> 커피를 많이 마셔서요.

1) 가: 왜 자전거를 타지 않고 끌고 와?

   나: 앞쪽 도로 공사 때문에 자전거 통행을 _____ 내려서 끌고 왔어.

2) 가: 이 대리님하고 연락이 됐어요?

   나: 아니요. 무슨 일이 _____ 연락이 안 되는건지 모르겠네요.

3) 가: 텔레비전에서 뭐가 _____ 그렇게 웃어?

   나: 저 무뚝뚝한 가수가 자꾸 개그를 해서 너무 웃겨요.

4) 가: 청취자 여러분, 이번에는 산속에 사는 분이 보낸 편지를 소개해 볼까 합니다.

   나: 무슨 _____ 산속에서 편지를 보냈을까요? 빨리 읽어 주세요.

✏️ 소지하다 [动] 携带   고사장 [名] 考场   무뚝뚝하다 [形] 木讷，生硬
　　개그 [名] 搞笑   청취자 [名] 听众

3 〈보기〉와 같이 빈칸에 알맞은 것을 쓰십시오.

> 보기
>
> 가: 내일이면 벌써 12월이에요.
> 나: 벌써 <u>12월이라니요</u>! 정말 시간 가는 줄 모르겠어요.

1) 가: 이번 쓰기 평가는 좀 쉬웠죠?

   나: 이번 시험이 _____? 다들 어렵다고 난리예요.

2) 가: 우리 사무실이 너무 좁은 것 같아요.

   나: 여기가 _____? 제가 전에 있었던 곳보다 훨씬 넓은데요.

3) 가: 가수 김민수의 SNS 팔로워가 만 명이 넘었더라고요.

   나: 이제 만 명이 _____? 원래 더 많은 줄 알았어요.

4) 가: 가수 김민수 씨가 첫눈에 반한 사람과 결혼하기로 했대요.

   나: 김민수 씨가 _____! 얼마 전까지 방송에서 결혼 안 할 거라고 했는데요.

4 다음을 듣고 물음에 답하십시오.

1) 여자는 누구인지 맞는 것을 고르십시오.

   ① 이사한 고객   ② 이삿짐센터 사장

   ③ 이삿짐센터 상담 직원   ④ 전자 제품 서비스센터 직원

2) 남자가 여자에게 전화한 목적을 고르십시오.

   ① 이사 비용 처리가 부당함을 알리기 위해

   ② 이삿짐센터 직원에게 고마움을 전하기 위해

   ③ 이사하던 날의 문제점에 대해 지적하기 위해

   ④ 이삿짐센터의 규정에 대해 설명을 요청하기 위해

3) 남자의 기분으로 가장 알맞은 것을 고르십시오.

   ① 짜증스럽다   ② 고통스럽다   ③ 걱정스럽다   ④ 부담스럽다

 첫눈에 반하다 [词组] 一见钟情   일부러 [副] 故意   이삿짐센터 [名] 搬家公司
부당하다 [形] 不当, 不妥

5 다음을 읽고 물음에 답하십시오.

'담'은 집의 가장자리나 일정한 공간을 둘러서 막기 위해 흙이나 돌로 쌓아 올린 것을 말한다. (㉠) 담이 있어서 도둑이 들어오지 못하게 보호할 수 있고, 집 안의 사정이 훤히 드러나지 않게 막을 수 있다. (㉡) 또한 집의 공간을 다른 공간과 구별해 주는 역할도 한다. 그런데 한국의 전통 집을 둘러싸고 있는 '돌담'은 특별하다. 돌담은 개방적이기도 하고 그렇지 않기도 한 중간이라고 할 수 있다. (㉢) 돌담이 있기에 사생활이 노출되지 않지만 밖에서 들여다보면 내부가 반쯤 보인다. 따라서 돌담은 무엇인가를 막거나 보호하기 위한 것보다는 그저 집의 경계 부분을 표시해 둔 것이라고 할 수 있다. 이웃이나 동네 강아지들이 자유롭게 오고 갈 수 있는 자유로운 풍경은 바로 한국 집의 돌담으로 인해 볼 수 있는 것이다. (㉣)

1) 이 글의 제목으로 가장 어울리는 것을 고르십시오.

① 한국 집의 재료　　　　　　　　② 한국 돌담의 반개방성

③ 한국 전통 주택의 구조　　　　　④ 한국 집의 자연스러운 멋

2) 이 글에서 다음 문장이 들어가기에 가장 알맞은 곳을 고르십시오.

완전히 개방된 것도 아니고 완전히 막혀 있는 것도 아니기 때문이다.

① ㉠　　　　　　② ㉡　　　　　　③ ㉢　　　　　　④ ㉣

3) 이 글의 내용과 <u>다른</u> 것을 고르십시오.

① 돌담은 매우 높게 쌓아 올린 것이 많다.

② 돌담이 있어도 내부가 어느 정도 보인다.

③ 담의 역할은 집과 외부 공간을 분리해 주는 것이다.

④ 도둑을 막고 집안을 보호하기 위해 담을 만들 수 있다.

담 [名] 墙　　　　가장자리 [名] 边缘，周围　　드러나다 [动] 露出
돌담 [名] 石墙　　둘러싸이다 [动] 围　　　　　들여다보다 [动] 往里看，探视
그저 [副] 只是

쓰기

1 다음 문법을 사용해서 제시된 표현을 한 문장으로 써 보십시오. 단, 제시된 표현의 순서는 바꾸지 마십시오.

| −길래 | −고서 | −(으)니까 | −았는데/었는데 | −네요 | −았다/었다 |

1) 집에 아무도 없다고 하다 / 밖에서 저녁을 때우고 들어오다 / 엄마가 있다

⇨ _____

2) 넘어뜨린 자전거를 수리해 준다고 하다 / 연락이 안 되다 / 당황스럽다

⇨ _____

2 다음을 읽고 빈칸에 들어갈 알맞은 말을 쓰십시오.

　　세계적인 작가들은 작품을 위해 많은 도시를 찾아 이사를 다닌다고 한다. 한 작가에게 왜 그렇게 많이 이사를 다니느냐고 물었더니 그는 자신이 먼저 행복해지고서야 좋은 작품이 나온다고 답했다. 유명한 해리포터(Harry Potter) 시리즈 작가인 조앤 롤링(Joanne Rowling)은 어려운 상황 속에서 포르투갈, 스코틀랜드 등 글을 쓸 수 있는 장소를 찾아 이사를 다녔고, 거기에서도 한 곳에서만 있었던 게 아니라 자신에게 맞는 장소를 찾을 때까지 공간을 바꾸면서 글을 썼다. 내 생각에는 작가들에게만 적용되는 것은 아닌 것 같다. 현재 상황에서 무언가 풀리지 않고 새로운 전환이 필요하다면 (㉠) 것은 어떨까?

㉠ _____

✏ 때우다 [动] 充饥，打发

정리하기

이것만은 꼭 외웁시다! 🎧

1) 가: 문제가 있었던 부분을 자세히 말씀해 주시겠어요? 您能详细说一下有问题的地方吗?

나: 아이 방 한쪽 구석에 바닥이 긁혀 있고 책상 다리 부분이 살짝 깨져 있더라고요.
孩子卧室地板的一角有划痕, 桌腿部分稍微有点儿破损。

2) 가: 여행 첫날에 뭐 했어요? 旅行第一天做了什么?

나: 날씨가 좋아서 도착하자마자 해수욕장에 갔어요. 天气很好, 所以一到目的地就去了海水浴场。

3) 가: 민준아, 뭐 하길래 방에서 안 나오고 있는 거야?
民俊, 你在房间里做什么, 怎么还不出来啊?

나: 제 방 정리하고 있죠. 我在整理房间。

4) 가: 이삿짐센터 아저씨들이 정리해 주신 건데 마음에 안 들었어?
搬家公司的叔叔们给你整理的, 你不满意吗?

나: 마음에 안 든다뇨. 그건 아니에요.
怎么会呢! 不是那样的。

핵심 어휘

名词		
담 墙	접수 受理	흠 (划)痕

动词			
드러나다 露出	들여다보다 往里看, 探视	마감하다 做完, 结束	빠뜨리다 落, 丢
소지하다 携带	파손되다 破损		

形容词			
명확하다 明确	무뚝뚝하다 木讷, 生硬	부당하다 不当, 不妥	정중하다 郑重

副词		
그저 只是	도저히 实在	일부러 故意

자기 평가

能够完成吗?	需再次复习	进入下一课!	
		良好	优秀
能说明搬家时可能会出现的各种问题吗?	无法完成	可以完成	非常好
能说出多少由形容词词缀-스럽다构成的单词?	0~6个	7~13个	14个以上
能灵活运用本课所学的语法吗?	无法完成	可以完成	非常好

7

사회 문제

✔ 고령화 사회의 원인과 문제점에는 무엇이 있을까요?

✔ 환경 보호를 위해 우리가 할 수 있는 일은 무엇일까요?

✔ 사이버 범죄 유형에 대해 알고 있나요? 어떤 것들이 있나요?

● 핵심 문장

제19과 정부에서 다자녀 가정에게 주는 특별 혜택이 찾아보면 꽤 있을걸

- 이 책은 어린아이도 읽고 이해할 수 있을 정도로 쉽게 쓰여졌다.
- 병원에서 지나칠 정도로 치료를 잘해 줘서 회복이 빠른 것 같아.
- 홈페이지를 찾아보면 학교에서 지원해 주는 혜택이 있을걸.
- 네가 찾고 있는 그 물건은 책상 위에 있을걸.
- 어린아이일수록 단백질 섭취기 중요하대요.
- 나이가 들수록 시간이 빨리 가는 것 같아요.

제20과 한국의 기후가 이렇게 급작스럽게 변해 버린 것은 지구 온난화와 밀접한 관계가 있습니다

- 잠깐 한눈파는 사이에 음식이 다 타 버렸어요.
- 대청소를 할 때 안 쓰는 물건을 치워 버렸어요.
- 태풍이 지나가지 않는 한 비행기 이륙은 어려울 겁니다.
- 환경 보호를 위해 될 수 있는 한 일회용품을 사용하지 않습니다.
- 좀 더 일찍 출발했더라면 수업 시간에 늦지 않았을 텐데.
- 행사 준비를 전 혼자 했더라면 이렇게 빨리 못 끝냈을 거예요.

제21과 돈을 보냈는데도 물건을 보내지 않는 판매자들도 있대

- 복사기가 오래돼서 그런지 조심히 쓰는데도 자주 고장이 나요.
- 구매자가 돈을 보냈는데도 물건을 보내지 않는 판매자들도 있대.
- 친구들이 빨리 나오라고 재촉하는 통에 핸드폰을 집에 놓고 나왔어요.
- 집에서 아이들이 뛰어다니는 통에 정신이 하나도 없어요.
- 보고서를 다 쓰기는커녕 아직 시작도 못 했어요.
- 늦게 일어나서 화장은커녕 세수도 못 했어요.

정부에서 다자녀 가정에게 주는 특별 혜택이 찾아보면 꽤 있을걸

目标: 能说明与人口相关的问题并发表自己的看法
语法: 动词 (으)ㄹ 정도로, 谓词 (으)ㄹ걸(요), 谓词 (으)ㄹ수록
词汇: 与生育、老龄化相关的词汇

未婚男女眼中低生育率背后的原因

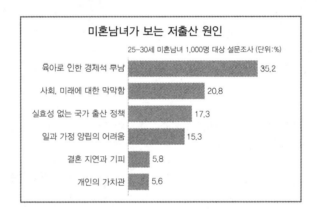

미혼남녀가 보는 저출산 원인
25-30세 미혼남녀 1,000명 대상 설문조사 (단위:%)

육아로 인한 경제석 무남	35.2
사회, 미래에 대한 막막함	20.8
실효성 없는 국가 출산 정책	17.3
일과 가정 양립의 어려움	15.3
결혼 지연과 기피	5.8
개인의 가치관	5.6

　　韩国某婚介公司面向1000名未婚男女进行了关于"生育观"的问卷调查。调查结果显示，受访者婚后希望养育子女的数量为平均每人1.8名，31.0%的男性和44.6%的女性则表示不会生育子女。

　　在全体调查对象中，有70.8%的人认为低生育率问题非常严重。他们认为"育儿所带来的经济负担"是导致生育率下降的首要原因（占比35.2%）。此外，"对社会和未来的担忧""效果不明显的国家生育政策""兼顾工作和家庭的困难""逃避结婚或晚婚"等也是导致生育率下降的原因。

　　通过调查结果可知，受访者也认识到了低生育率问题的严重性，但由于经济负担和对未来的担忧，他们对于生育子女还是有所顾虑的。

이야기해 봅시다

1. 미혼 남녀가 답한 저출산 원인으로는 무엇이 있어요?
2. 이밖에도 저출산 원인에는 무엇이 있다고 생각하세요?

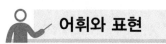 어휘와 표현

 与生育相关的词汇

임신을 하다/아이를 갖다 怀孕	산후조리원에서 몸조리를 하다
태교를 하다 进行胎教	在月子中心调养身体
출산 휴가	아이를 돌보다/키우다/기르다
产假	照顾孩子/抚养孩子/养育孩子
육아 휴직을 신청하다	아이를 재우다/씻기다
申请育儿停职	哄孩子睡觉/给孩子洗澡
산모가 아이를 낳다	분유를 먹이다/이유식을 먹이다
产妇生孩子	（冲奶粉）喂奶/喂孩子辅食
출산하다	아이를 품에 안다/등에 업다
生产，分娩	把孩子抱在怀里/背孩子

 与老龄化相关的词汇

고령자 老年人，高龄者	노인 복지 老人福利
정년 연장 延长法定退休年龄	독거 노인 独居老人
재고용/ 재취업 再聘用，再就业	출산율 出生率
저출산 시대 低生育率时代	출산 장려금 生育津贴
인구 절벽 人口悬崖，人口峭壁	생산 가능 인구 有生产力的人口

어휘와 표현 연습

1 다음 그림을 보고 빈칸에 알맞은 것을 골라 쓰십시오.

| 아이를 낳다 | 임신을 하다 | 태교를 하다 | 아이를 돌보다 |

1)   2)    3)    4)

_____ _____ _____ _____

2 알맞은 것을 연결하십시오.

1) 가족 없이 혼자 살아가는 노인   •   • ① 정년

2) 근로자가 직장에서 퇴직해야 하는 연령   •   • ② 독거 노인

3) 출산율 감소로 영유아 인구에 비해 노인 •   • ③ 출산 장려금
   인구의 비율이 높아지는 시대

4) 출산을 장려하기 위해 국가 또는 기관에서 •   • ④ 저출산 시대
   아이를 낳은 가정에 지급하는 돈

3 빈칸에 알맞은 것을 골라 쓰십시오.

| 출산 | 재취업 | 생산 가능 인구 | 산후조리원 |

1) 15세 이상 64세 이하 연령대는 경제 활동이 가능한 _____이다.

2) 아이를 낳은 여성은 회사로부터 3개월의 _____ 휴가를 받을 수 있다.

3) 보통 한국의 산모들은 아이를 낳고 2주 가량 _____에서 몸조리를 한다.

4) 퇴직 후 경제적, 심리적 안정을 위해 다시 일자리를 찾는 _____ 희망자가 늘고 있다.

근로자 [名] 劳动者   영유아 [名] 婴幼儿   장려하다 [动] 奖励, 鼓励
지급하다 [动] 支付, 付给

 **대화**

1 **지현이 친구 정은에게 전화를 했습니다. 두 사람은 어떤 이야기를 하고 있을까요?**

> **박지현:** 여보세요? 정은아, 나 지현이야. 지난 주에 출산했다는 이야기 들었어.
> 몸은 좀 괜찮아?
>
> **친구:** 전화해 줘서 고마워. 응, 몸 괜찮아. 여기 산후조리원에서 지나칠 정도로
> 몸 관리를 잘해 줘서 첫째하고 둘째 아이를 낳았을 때보다 회복이
> 빠른 것 같아.
>
> **박지현:** 정말 다행이다. 거기에 있는 동안 집 걱정하지 말고 네 몸조리 잘해.
> 요즘 같은 저출산 시대에 아이를 셋이나 낳다니 너 정말 대단한 것
> 같아. 나라에서 너한테 상을 줘야겠어.
>
> **친구:** 진짜 그런 상이 있으면 좀 받았으면 좋겠다.
>
> **박지현:** 상은 아니지만 정부에서 다자녀 가정에게 주는 특별 혜택이 찾아보면
> 꽤 있을걸. 출산 장려금은 기본이고 매달 지급되는 아동 수당도 있다고
> 하니까 꼭 신청해 봐.
>
> **친구:** 그래? 이런 게 있는지 몰랐네.
>
> **박지현:** 해가 갈수록 아이를 안 낳고 사는 부부가 많아지니까 출산 장려를
> 위해 정부에서 내놓은 대책인 것 같아.

- 지현은 왜 친구 정은에게 전화를 했어요?
- 한국에서 출산한 가정에 특별 혜택을 주는 이유는 무엇일까요?

아동 수당 [词组] 幼儿津贴，儿童补助   내놓다 [动] 拿出，交出

2 고령화 사회와 노인 문제 관련 뉴스입니다. 기자는 특히 어떤 소식을 전하고 있을까요?

> **기자:** 고령화 사회로 변해가면서 노년기의 삶이 큰 비중을 차지하게 되었습니다. 이에 따라 빈곤, 질병, 고독 등으로 발생하는 노인 문제는 갈수록 심각해지고 있는데요. 이에 정부는 이러한 노인 문제를 해결하기 위해 노인 주거 환경 개선에 점진적으로 지원을 할 것이라고 발표했습니다. 그중 하나가 '고령자 복지 주택' 제공인데요. 현재는 지방 소도시를 중심으로 그 물량이 많지는 않지만 2025년까지 공급을 늘려 나갈 계획이라고 합니다. 고령자 복지 주택은 저층에는 사회 복지 시설과 의료 시설이 있고 그 위에 주택이 있는 노인 친화형 공공 임대 아파트입니다. 이곳에 입주한 노인들은 건강 관리와 취미 활동을 할 수 있으며 매일 점심 식사를 무료로 제공받을 수 있다고 합니다. 월세는 4만~10만원 수준입니다. 65세 이상이면서 저소득 노인이라면 입주 자격이 된다고 합니다. 아직은 이 복지 주택의 물량이 많지 않아 입주의 문턱이 높지만 앞으로 정부의 활발한 복지 정책에 기대를 걸어 봅니다.

- 노년기에 나타날 수 있는 문제 세 가지는 무엇일까요?
- '고령자 복지 주택'에서는 어떤 서비스를 제공하고 있어요?

✎ 개선 [名] 改善　점진적 [名] 逐渐的，渐渐的　복지 주택 [词组] 福利住房
공공 임대 아파트 [词组] 公共出租公寓　저소득 [名] 低收入　입주 [名] 入住
문턱 [名] 门槛　기대를 걸다 [词组] 寄予希望

대화 후 활동

1 어떤 출산 장려 혜택이 있었으면 좋겠는지 대화1을 참고하여 〈보기〉와 같이
이야기해 보세요.

> **보기** 아이를 낳고 한동안 몸이 힘드니까 출산 휴가를 길게 받았으면 좋겠어요.

1) _____

2) _____

3) _____

2 고령화 사회에서 발생할 수 있는 노인 문제와 그것을 해결하기 위한 방법을
생각하여 〈보기〉와 같이 이야기해 보세요.

> **보기** 경제적 빈곤
> ⇨ 정년이 되어 퇴직을 하게 되면 경제적으로 빈곤해질 수 있는데 직업 교육을
> 통해 재취업을 할 수 있게 도와주면 좋을 것 같아요.

1) 질병

⇨ _____

2) 외로움

⇨ _____

3) 세대 갈등

⇨ _____

✎ 세대 갈등 [词组] 代沟

285

 문법

1. 动词 (으)ㄹ 정도로

　　"-(으)ㄹ 정도로"是惯用型，用于动词词干、"있다/없다"后，表示后半句的动作或状态达到前半句的程度，也常用来表示夸张。有收音的动词词干后接"-을 정도로"，无收音的动词词干后接"-ㄹ 정도로"。

 회사 일이 많아서 점심도 못 먹**을 정도로** 바빴어요.
公司的事情很多，我忙到连午饭都没空吃。

어지러**울 정도로** 오래 뛰는 것은 건강에 좋지 않아요.
跑得太久跑到头晕对身体不好。

이 책은 어린 아이도 읽고 이해할 수 있**을 정도로** 쉽게 쓰여졌다.
这本书写得非常简单，就连小孩子也能读懂。

오늘 날씨는 멀리 있는 산이 보**일 정도로** 미세먼지 하나 없이 깨끗하다.
今天的天气非常晴朗，没有一点儿雾霾，连远处的山都能看得清。

어제 인터뷰 때 손이 떨**릴 정도로** 긴장을 많이 했어요.
昨天采访的时候我紧张得手都抖了。

시험을 봤는데 만점을 받아서 하늘을 **날 정도로** 기분이 좋아요.
考试考了满分，我心情好得简直要飞起来了。

가: 이 노래를 부른 사람이 그렇게 유명해?
唱这首歌的人那么有名吗?

나: 응, 한국에서 모르는 사람이 없**을 정도로** 유명해.
嗯，有名到在韩国没有人不知道他。

가: 점심 맛있게 먹었어요?
午饭吃得挺好的吧?

나: 네, 너무 많이 먹어서 배가 터**질 정도예요.**
是的。我吃得太多了，肚子要爆炸了。

 어지럽다 [形] 头晕　　떨리다 [动] 颤抖

2. 谓词 (으)ㄹ걸(요)

"-(으)ㄹ걸(요)"是终结词尾，用于谓词词干后，表示不确定的推测。有收音的谓词词干后接"-을걸(요)"，无收音或收音为"ㄹ"的谓词词干后接"-ㄹ걸(요)"，"名词＋이다"后接"-ㄹ걸(요)"。

왕린 씨는 한국에 오래 살았으니까 한국말을 잘**할걸요**.

王琳在韩国生活了很长时间，韩国语应该说得很好吧。

내일은 주말이니까 일을 하지 않**을걸요**.

明天是周末应该不上班吧。

그 식당은 음식 맛이 좋으니까 점심에 가면 자리가 없**을걸요**.

那家饭店的菜很好吃，午饭时间去的话应该没有位置。

이 브랜드는 유명하니까 가격이 생각보다 비**쌀걸요**.

这个牌子很有名，价格应该比想象的贵。

준호 씨가 대학을 졸업했다는 이야기를 듣지 못했어요. 아직 대학생**일걸요**.

没听说俊浩大学毕业了，他现在应该还是大学生吧。

한국 백화점은 월요일마다 쉬니까 오늘 문을 닫았**을걸요**.

韩国百货商场每周一都休息，今天应该关门了。

가: 장웨이 씨 선물로 책을 샀는데 좋아할까요?

我给张伟买的礼物是书，他会喜欢吗?

나: 좋아**할걸요**. 책을 많이 보잖아요.

他会喜欢吧。他不是经常看书嘛。

가: 준호야, 가위가 어디 있어? 찾을 수가 없네.

俊浩，剪子在哪儿? 我找不着了。

나: 책상 위에 있**을걸**. 거기 한번 찾아봐.

应该在书桌上吧。你去找找。

3. 谓词 (으)ㄹ수록

    "–(으)ㄹ수록"是连接词尾, 用于谓词词干后, 表示如果前面的情况或程度加深, 后面的情况或程度也会随之发生变化, 相当于汉语的"越……越……", 经常使用"–(으)면 –(으)ㄹ수록"的形式。有收音的谓词词干后接"–을수록", 无收音或收音为"ㄹ"的谓词词干后接"–ㄹ수록", "名词＋이다"后接"–ㄹ수록"。

지하철역에서 가까**울수록** 집값이 비싸다.
离地铁站越近, 房价越贵。

나이가 **들수록** 시간이 빨리 가는 것 같아요.
年纪越大, 时间好像过得越快。

이 드라마는 **볼수록** 재미있어서 다음 스토리가 궁금해져요.
这部电视剧越看越有意思, 很好奇下一集的故事内容。

일교차가 심**할수록** 감기에 걸리기 쉬우니까 조심하시기 바랍니다.
昼夜温差越大越容易感冒, 请注意身体。

셀카도 찍**으면** 찍**을수록** 실력이 늘어요.
自拍也是越拍越好的。

새로 나온 노래를 듣고 있는데 들**으면** 들**을수록** 좋은 것 같아요.
我在听新出的歌, 越听越喜欢。

가: 항공 우편으로 보내 드릴까요?
    给您寄空运吗?

나: 네. 빠**를수록** 좋으니까 그걸로 보내 주세요.
    好的。越快越好, 就寄空运吧。

가: 우리 아이가 고기를 잘 안 먹어서 걱정이에요.
    孩子不怎么吃肉, 我很担心。

나: 그래요? 어린아이**일수록** 단백질 섭취가 중요한데 걱정되시겠어요.
    是吗? 越小的孩子越需要摄取蛋白质, 真令人担心。

일교차 [名] 昼夜温差   셀카 [名] 自拍   단백질 [名] 蛋白质   섭취 [名] 摄取, 摄入

 **문법 연습**

1 〈보기〉와 같이 알맞은 것을 연결하고 문장을 쓰십시오.

보기 침을 못 삼키다 •	• ① 음식이 맵다
1) 눈물이 나다 •	• ② 목이 아프다
2) 목이 터지다 •	• ③ 슬픈 영화를 보다
3) 모르는 게 없다 •	• ④ 우리 팀을 응원하다
4) 입에서 불이 나다 •	• ⑤ 컴퓨터에 대해 잘 알다

보기 <u>침을 못 삼킬 정도로 목이 아팠어요.</u>

1) _____
2) _____
3) _____
4) _____

2 〈보기〉와 같이 빈칸에 알맞은 것을 골라 쓰십시오.

살다   타다   (열리다)   치다   연장되다

보기
가: 거래처에서 보낸 파일이 안 열리는데 어떡하죠?
나: 파일을 열 수 있는 앱이 없어서 그럴 거예요. 이 앱을 깔면 <u>열릴걸요.</u>

1) 가: 골프를 배워 볼까 하는데 좀 가르쳐 줄 수 있어요?

　　나: 저는 가르칠 실력은 못 돼요. 동민 씨가 잘 _____. 동민 씨에게 한번 물어보세요.

2) 가: 앞으로 인간의 평균 수명은 과연 얼마나 될까?

　　나: 글쎄. 큰 병에 걸려 아프지 않는다면 120살은 넘게 _____.

3) 가: 준호 씨, 바다에 가는데 선크림을 안 발라요? 요즘 날씨에 안 바르면 살이 많이

　　　_____.

　　나: 그래요? 그럼 좀 발라야겠네요.

4) 가: 우리 회사는 정년이 딱 60세네요. 너무 짧지 않아요?

　　나: 요즘 다른 회사들도 정년을 연장하고 있잖아요. 우리 회사도 곧 정년이 _____.

3 〈보기〉와 같이 빈칸에 알맞은 것을 쓰십시오.

> 보기
>
> 가: 좋은 영화 있으면 추천 좀 해 주세요.
> 나: 영화 '당신의 인생'이 괜찮던데요. <u>보면 볼수록 삶을 반성하게 만드는</u>
> <u>영화예요</u>. (보다/삶을 반성하게 만드는 영화이다)

1) 가: 옆 마을에 또 산불이 났대요.

　나: 저도 그 소식 들었어요. ＿＿＿＿＿＿＿＿＿＿＿＿＿＿＿＿.

　　(날씨가 건조해지다/산불이 더 자주 나는 것 같다)

2) 가: 눈이 건조해서 그런지 자꾸 비비게 돼요.

　나: 눈이 많이 충혈됐네요. ＿＿＿＿＿＿＿＿＿＿＿＿＿＿＿＿.

　　(건조하다/안약을 자주 넣는 것이 좋다)

3) 가: 오늘 무슨 안 좋은 일이 있었어요?

　나: 자동차 접촉 시고가 났는데 잘못한 사람이 오히려 저한테 화를 내잖아요.

　　＿＿＿＿＿＿＿＿＿＿＿＿＿＿＿＿. (생각하다/화가 나다)

4) 가: 엄마, 단백질 음료 하나 사서 보냈어요. 잘 챙겨 드세요.

　나: 그래, 고맙다. ＿＿＿＿＿＿＿＿＿＿＿＿＿＿＿＿ 걱정했는데…. 잘 먹을게.

　　(나이가 들다/힘이 없다)

4 다음을 듣고 물음에 답하십시오.

1) 남자 직원이 부장님을 만나려고 하는 이유를 고르십시오.

　① 잠깐 외출하려고　　　　　　　② 부장님 일을 도우려고

　③ 휴직 문제를 상의하려고　　　　④ 아내의 출산 소식을 전하려고

2) 대화 후 남자의 심정으로 알맞은 것을 고르십시오.

　① 안심한다　　② 만족한다　　③ 걱정한다　　④ 후회한다

3) 들은 내용과 같으면 ○, 다르면 ×에 표시하십시오.

　① 회사에 일이 많을 때는 휴직할 수 없다. 　(　)

　② 여자는 육아 휴직을 부정적으로 생각한다. (　)

　③ 남자는 아내의 출산으로 많이 힘들어한다. (　)

✎ 삼키다 [动] 吞咽　　목이 터지다 [词组] 声嘶力竭地喊叫　　접촉 사고 [词组] 剐蹭事故
　 건 [名] 事项　　경리팀 [名] 财务组

5 다음을 읽고 물음에 답하십시오.

2017년 11월 기준 한국은 노인 인구가 전체 인구의 14%를 넘는 '고령 사회'에 진입했다. 한국은 OECD 회원국 중 가장 빨리 고령 사회에 진입한 나라로 세계에 유례가 없을 정도라고 한다.

고령 사회에서는 몇 가지 중요한 사회 문제가 발생할 수 있는데 그 문제점은 다음과 같다. 첫째, 생산 가능 인구가 감소하여 노동력이 부족해지면 국가 경쟁력이 약화될 수 있다. 둘째, 노인 인구가 빠르게 증가하는 것에 비해 사회적으로 준비가 잘 되어 있지 못하면 노인들의 빈곤, 소외, 의료 문제 등을 해결하는 데 어려움이 있을 수 있다. 셋째, 젊은이들이 일자리를 찾아 도시로 이동하면서 농촌 인구가 고령화되거나 인구수가 (㉠) 농촌 지역의 유지·보전이 어려워질 수 있다.

한국의 고령화 속도가 빨라지면 빨라질수록 고령 사회의 문제점은 한국 사회 전반에 더욱 크게 영향을 미칠 것이다. 이제라도 고령 사회의 심각성을 깨닫고 이를 해결하기 위해 사회 구성원 전체가 머리를 맞대야 할 것이다.

1) 이 글은 무엇에 대해서 이야기하고 있습니까? 알맞은 것을 고르십시오.
   ① 고령화의 원인
   ② 고령 사회의 문제점
   ③ 한국의 고령화 속도
   ④ 고령 사회의 문제 해결 방법

2) 이 글의 내용과 <u>다른</u> 것을 고르십시오.
   ① 노동력 감소는 국가 경쟁력에도 영향을 미친다.
   ② 사회적 준비와 노인들의 빈곤은 관계없는 문제이다.
   ③ 한국의 고령화 속도는 세계적으로 유례가 없을 정도이다.
   ④ 도시로 이주하는 청년 인구가 늘어 농촌 지역이 사라질 수 있다.

3) ㉠에 들어갈 알맞은 것을 고르십시오.
   ① 늘어   ② 많아   ③ 적어   ④ 줄어

진입하다 [动] 进入   유례 [名] 先例   약화되다 [动] 减弱，变弱
소외 [名] 疏离，疏远   유지 [名] 维持   보전 [名] 保护，保全
전반 [名] 全部，整体   심각성 [名] 严重性   머리를 맞대다 [词组] 面对面探讨问题

쓰기

1 다음 문법을 사용해서 제시된 표현을 한 문장으로 써 보십시오. 단, 제시된
표현의 순서는 바꾸지 마십시오.

> –(으)면   –(으)ㄴ/는   –아서/어서
> –았더니/었더니   –(으)ㄹ걸(요)   –(으)ㄹ 정도이다

1) 음식에 소금을 더 넣다 / 너무 짜다 / 못 먹다

   ⇨ _____

2) 자율 출퇴근제를 실시하다 / 늦게 출근하려고 하다 / 사람들이 많다

   ⇨ _____

2 다음을 읽고 빈칸에 들어갈 알맞은 것을 쓰십시오.

> 　저출산으로 생산 가능 인구가 급격히 줄고 고령 인구가 급속도로 늘어나는 '인구
> 절벽' 위기가 코앞에 다가왔다. 생산 가능 인구는 노동이 가능한 15세 이상 64세 이하
> 연령을 말하는데 (　㉠　) 생산 가능 인구 수는 자연히 줄어든다. 생산 가능 인구
> 감소로 인한 노동력 부족 사태에 대응하기 위해 한국 정부는 만 60세인 정년을 65세로
> 연장하거나 아예 정년을 없애는 방안, 정년 이후에도 기업이 고령층을 다시 고용할
> 수 있도록 하는 방안을 열어 놓고 검토하겠다는 입장이다.

㉠_____

　자율 출근제 [词组] 自由上班制　　　급격히 [副] 急剧地　　　급속도 [名] 急速
　코앞에 다가오다 [词组] 近在眼前　　　사태 [名] 事态　　　방안 [名] 方案
　검토하다 [动] 研究，探讨

정리하기

이것만은 꼭 외웁시다!

1) 가: 병원에서 지나칠 정도로 관리를 잘해 줘서 회복이 빠른 것 같아.
医院方面对我的照顾简直是无微不至，所以我恢复得很快。

　　나: 정말 다행이다. 병원에 있는 동안 네 몸조리 잘해.
真是太好了。你在医院好好养身体。

2) 가: 아이를 낳은 사람에게 특별 혜택이 있었으면 좋겠어.
政府对生孩子的人要是有特殊优待政策就好了。

　　나: 찾아보면 정부에서 지원해 주는 혜택이 있을걸.
你找找看，应该有政府提供的优待政策吧。

3) 가: 아이가 고기를 잘 안 먹어서 걱정이에요. 孩子不怎么吃肉，我很担心。

　　나: 그래요? 어린아이일수록 단백질 섭취가 중요한데 걱정되시겠어요.
是吗？越小的孩子越需要摄取蛋白质，真令人担心。

4) 가: 준호야, 가위가 어디 있어? 찾을 수가 없네. 俊浩，剪子在哪儿？我找不着了。

　　나: 책상 위에 있을걸. 거기 한번 찾아봐. 应该在书桌上吧。你去找找。

핵심 어휘

名词
고령자 老年人，高龄者	임신 怀孕	태교 胎教
출산율 出生率	산후조리원 月子中心	산모 产妇

动词
낳다 生（孩子）	돌보다 照顾，照看	먹이다 喂
출산하다 生产，分娩	키우다 抚养	

词组
아이를 갖다 怀孕	아이를 등에 업다 背孩子	아이를 품에 안다 把孩子抱在怀里
육아 휴직 育儿停职	노인 복지 老人福利	저출산 시대 低生育率时代
출산 휴가 产假		

자기 평가

能够完成吗？	需再次复习	进入下一课！	
		良好	优秀
能说明与人口相关的问题并发表自己的看法吗？	无法完成	可以完成	非常好
能说出多少与生育、老龄化相关的单词或词组？	0~9个	10~19个	20个以上
能灵活运用本课所学的语法吗？	无法完成	可以完成	非常好

제20과 한국의 기후가 이렇게 급작스럽게 변해 버린 것은 지구 온난화와 밀접한 관계가 있습니다

目标: 能说明与环境相关的问题并发表自己的看法

语法: 动词 아/어 버리다, 谓词 았더라면/었더라면, 动词 는 한

词汇: 与天气、垃圾的原材料相关的词汇

韩国的气候变化

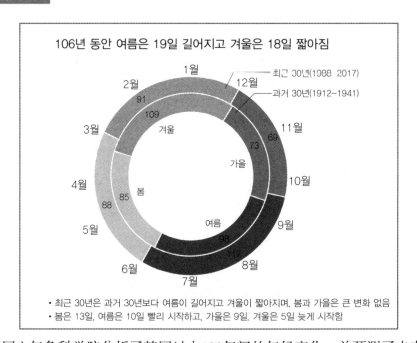

106년 동안 여름은 19일 길어지고 겨울은 18일 짧아짐

- 최근 30년(1988 2017)
- 과거 30년(1912-1941)

- 최근 30년은 과거 30년보다 여름이 길어지고 겨울이 짧아지며, 봄과 가을은 큰 변화 없음
- 봄은 13일, 여름은 10일 빨리 시작하고, 가을은 9일, 겨울은 5일 늦게 시작함

　　韩国国立气象科学院分析了韩国过去100年间的气候变化，并预测了未来100年的气候变化趋势。结果显示，近30年的气温比20世纪初期上升了1.4摄氏度，夏天延长了19天，冬天缩短了18天。该机构还预测，21世纪后半期韩国的气温将会比现在上升4.7摄氏度，气候变暖现象将日益加剧，气温上升幅度也会逐渐增大。

이야기해 봅시다

1. 20세기 초와 21세기 초의 한국의 가장 큰 기후 변화는 무엇일까요?

2. 지구 온난화가 가속화 된다면 미래 한국의 사계절에는 어떤 변화가 생길까요?

어휘와 표현

 与天气相关的词汇

天气

| 기온 气温 | 습도 湿度 | 강수량 降水量 | 황사 沙尘暴 |

(초)미세 먼지 雾霾   태풍 台风   빙하 冰川，冰河

기온이 높다 气温高   습하다 潮湿   건조하다 干燥
미세 먼지가 심하다 雾霾严重   태풍이 오다/지나가다 台风来了/台风经过
강풍 주의보가 내리다 发布强风警报

天气灾难

지구 온난화 全球气候变暖   이상 기후 气候异常   가뭄 干旱   한파 寒流
집중 호우 局部地区暴雨   폭설/폭염/폭우/우박 暴雪/酷热/暴雨/冰雹
산불 山火   홍수 洪水

가뭄이 지속되다 持续干旱   집중 호우가 내리다 局部地区有暴雨
폭우가 쏟아지다 下暴雨   홍수가 나다 发洪水   빙하가 녹다 冰川融化

 与垃圾的原材料相关的词汇

유리 玻璃   플라스틱 塑料   알루미늄 铝   철 铁
스티로폼 聚苯乙烯泡沫，泡沫塑料   고무 橡胶   가죽 皮，皮革
나무 木头   면 棉   종이 纸

어휘와 표현 연습

1 알맞은 것을 골라 대화를 완성하십시오.

| 빙하가 녹다　　습도가 높다　　미세 먼지가 심하다　　강풍 주의보가 내리다 |

1) 가: 제주도에 살 때는 하루 세 번이나 환기를 했다고요?

　　나: 네. 제가 살던 곳이 바닷가 바로 옆이었거든요. 여름이면 _____ 곰팡이가 많이 생겨서요. (-아서/어서)

2) 가: 온대나 열대 지방에 사는 사람들이 이용하는 물이 빙하라면서요?

　　나: 네. 그렇대요. 아시아와 남미 지역에서는 수억 명의 사람들이 _____ 만들어진 강 유역에 거주하며 이 물을 이용하고 있대요. (-아서/어서)

3) 가: 패러글라이딩을 할 때 주의해야 할 점이 있을까요?

　　나: 이 운동은 날씨의 영향을 많이 받는 운동이에요. 비가 많이 내리거나 태풍으로 _____ 날에는 절대 해서는 안 되겠죠. (-(으)ㄴ)

4) 가: 오늘 하늘이 파란 것이 공기가 좋은 것 같은데 왜 이렇게 목이 답답할까요?

　　나: 오늘 공기가 좋은 건 아니에요. _____지 않아서 하늘이 파랗게 보이는 것뿐이에요. 황사보다 크기가 작아서 눈으로 확인이 안 된다잖아요.

2 빈칸에 알맞은 것을 골라 쓰십시오.

| 가뭄　　산불　　한파　　홍수 |

1) 극심한 겨울 _____ 난방용품이 불티나게 팔리고 있다.
2) 이번 _____ 원인은 등산객이 버린 담뱃불 때문인 것으로 밝혀졌다.
3) 계속되는 폭우로 강물이 도로 위로 넘치는 _____ 피해가 잇따르고 있다.
4) 한여름 땡볕과 오랫동안 비가 오지 않는 _____ 때문에 강물마저 줄어들었다.

3 가장 관계있는 것을 골라 빈칸에 쓰십시오.

| 신문　장화　치약　우유팩　지우개　(콜라병)　비닐봉지　택배 상자　자전거 바퀴 |

고무	플라스틱	종이
	콜라병	

곰팡이 [名] 霉　　　　　　　패러글라이딩 [名] 滑翔伞　　　난방용품 [名] 取暖用品
잇따르다 [动] 跟随，跟着　　땡볕 [名] 骄阳，烈日　　　장화 [名] 雨靴
바퀴 [名] 车轮，轮子　　　　우유팩 [名] 牛奶盒

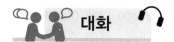 대화 🎧

1 최동민과 박지현이 청소 중에 하는 대화입니다. 두 사람은 어떤 이야기를 하고 있을까요?

> **최동민:** 여보. 물티슈 또 있어? 청소하니까 금세 다 써 버리네.
>
> **박지현:** 여기 있어. 그런데 그거 얼마 전에 뜯은 거 아니야? 일회용품을 안 쓰려고 노력하는 사람이 물티슈는 왜 이렇게 많이 써?
>
> **최동민:** 일회용품? 무슨 소리야. 물티슈는 면으로 만든 친환경 제품이잖아.
>
> **박지현:** 대부분 사람들이 그렇게 잘못 알고 있대. 나도 얼마전에 뉴스를 보고 알게 된 사실인데 광고에서 친환경 제품이라고 홍보하는 건 사실 잘못된 거고 물티슈도 일회용품이래.
>
> **최동민:** 진짜? 촉감은 면인데…? 그럼, 물티슈의 원재료는 뭐래?
>
> **박지현:** 플라스틱이라고 하더라고.
>
> **최동민:** 아이고. 그동안 아무 생각없이 썼는데 이게 플라스틱인 줄 알았더라면 함부로 쓰지 않았을 거야.
>
> **박지현:** 이제 알았으니까 덜 써야겠지?
>
> **최동민:** 그래. 환경을 위해서 이제부터는 물티슈 대신에 걸레를 사용하겠어.

• 최동민이 물티슈의 원재료를 잘못 알고 있는 이유는 무엇 때문인가요?
• 최동민은 물티슈의 원재료에 대해 알고 나서 왜 반성을 했을까요?

📝 물티슈 [名] 湿巾　　금세 [副] 马上，立刻　　원재료 [名] 原材料

2 수업 시간에 선생님이 환경 문제에 대해 설명하고 있습니다. 무엇에 대해 이야기하고 있을까요?

> **교사:** 오늘은 지구 온난화로 인한 한국의 기후 변화에 대해 이야기해 보겠습니다. 여러분, 오늘 서울의 체감 온도는 39도라고 합니다. 더워도 너무 덥지요? 저 어릴 때의 여름을 기억해 보면 여름이 서서히 다가와서 6월 말의 긴 장마, 7월 초의 호우, 7월 하순부터 8월 중순까지의 습한 무더위 순으로 진행이 되었습니다. 그런데 최근엔 이런 여름은 사라진 것 같습니다. 예고도 없이 땡볕 더위가 엄습했다가 장마철에 비 한 방울 내리지 않는 날이 이어지고, 35도 이상 최악의 고온이 한 달 이상 지속되기도 하지요. 또 어느 해 여름은 이상할 정도로 덥지 않은 적도 있었습니다. 여름뿐만 아니라 겨울 날씨도 크게 변했습니다. 추워야 할 때 따뜻하다가 바로 다음날 영하 10도 이하의 한파가 갑자기 밀어닥치기도 했지요. 한국의 기후가 이렇게 급직스럽게 변해 버린 것은 지구 온난화와 밀접한 관계가 있습니다. 지구 표면의 평균 온도가 올라가는 한 우리는 더 이상 한국의 아름다운 사계절을 보지 못할 것이며 나아가 최근 지구촌 곳곳에서 발생하는 이상 기후 현상도 한국에 나타날 수 있을 것입니다.

- 지구 온난화로 최근 한국의 여름과 겨울 날씨가 어떻게 변했어요?
- 지구 온난화가 지속된다면 한국 기후에 어떤 문제가 발생할까요?

체감 온도 [词组] 体感温度 　　예고 [名] 预告 　　더위 [名] 暑热, 暑气
엄습하다 [动] 突袭 　　급작스럽다 [形] 突然的, 突如其来的 　　밀어닥치다 [动] 涌入

대화 후 활동

1 여러분이 자주 사용하는 일회용품에는 무엇이 있습니까? 환경 보호를 위해 일회용품을 사용하는 대신에 우리가 할 수 있는 것은 무엇인지 이야기해 보세요.

	일회용품	대체 물건
보기	물티슈	걸레/손수건
1)	플라스틱 컵	텀블러/컵
2)	비닐봉지	장바구니/장바구니 가방
3)		

보기 ⇨ 먼지를 닦거나 손을 닦을 때 물티슈를 많이 사용하는데 물티슈 대신에 걸레나 손수건을 사용하면 좋을 것 같아요.

1) ⇨ _____

2) ⇨ _____

3) ⇨ _____

2 지구 온난화의 주요인인 이산화 탄소 배출을 줄이기 위해 우리가 생활 속에서 실천할 수 있는 행동은 무엇인지 이야기해 보세요.

	실천 행동	실천 방법의 예
보기	대중교통 이용	대중교통/자전거
1)	전기 절약	안 쓰는 전기 코드 뽑기/실내 적정 온도 유지하기
2)	저탄소 밥상 차리기	우리 지역 농산물 이용/채식하기
3)		

보기 ⇨ 외출할 때 자가용을 이용하기보다는 대중교통을 이용하거나 친환경 교통 수단인 자전거를 이용할 수 있어요.

1) ⇨ _____

2) ⇨ _____

3) ⇨ _____

이산화 탄소 [词组] 二氧化碳   저탄소 [名] 低碳   전기 코드 [词组] 电源，插头

 **문법**

1. 动词 아/어 버리다

　　"–아/어 버리다"是惯用型，用于动词词干后，表示该行为彻底结束，含有说话人因动作结束而感到痛快或遗憾的意思。以元音"ㅏ/ㅗ"结尾的动词词干后接"–아 버리다"，以其他元音结尾的动词词干后接"–어 버리다"，"–하다"动词变为"–해 버리다"。

 너무 놀라서 나도 모르게 소리를 질**러 버렸**다.
我吓坏了，不知不觉就喊出来了。

대청소를 할 때 안 쓰는 물건은 좀 치**워 버리**세요.
大扫除的时候请把不用的东西都清理掉。

이사하느라 돈을 다 **써 버려**서 돈이 한 푼도 없다.
搬家把钱都花光了，一分钱也没有了。

어젯밤에 케이크를 다 먹**어 버린** 것이 너무 후회된다.
很后悔昨晚把蛋糕都吃光了。

혼자 간 여행지에서 길을 잃고 무서워서 울**어 버렸**다.
我一个人去旅游景点迷路了，非常害怕就哭了。

친구랑 말다툼을 하다가 화가 나서 전화를 끊**어 버렸**다.
我和朋友吵架，太生气了就把电话挂了。

가: 나는 식물 키우는 데 영 재주가 없나 봐. 또 죽**어 버렸**어.
我好像完全没有养植物的天赋。又把植物养死了。

나: 물을 2주에 한 번만 줘도 되는데 너무 자주 주니까 그렇지.
两周浇一次水就行，你总是浇水，所以都死了。

가: 엄마, 이게 무슨 냄새예요? 뭐 타는 냄새 같은데요?
妈，这是什么味道？好像是什么糊了的味道。

나: 어머나! 이걸 어떡해? 잠깐 한눈파는 사이에 음식이 다 **타 버렸**네.
我的天呢！这可怎么办？我就走神了一会儿的工夫，菜都糊了。

한눈팔다 [动] 走神，东张西望

2. 谓词 았더라면/었더라면

"–았더라면/었더라면"是连接词尾，用于谓词词干后，做与过去的某种事实相反的假设，表示后悔或惋惜，常以 "–았더라면/었더라면 –았을/었을 것이다" 的形式使用。以元音 "ㅏ/ㅗ" 结尾的谓词词干后接 "–았더라면"，以其他元音结尾的谓词词干后接 "–었더라면"，"名词＋이다" 后接 "–었더라면"。

8시 버스를 **탔더라면** 수업 시간에 늦지 않았을 텐데.

要是能坐上8点的公共汽车，我上课就不会迟到了。

그때 너랑 헤어**졌더라면** 분명 후회하며 살**았을 거**야.

如果那个时候跟你分手了的话，我一定会后悔的。

세일했을 때 이 물건을 **샀더라면** 조금 싸게 샀을 텐데.

要是在打折的时候买了的话，能便宜一些。

제 적성에 맞는 직업을 **구했더라면** 즐겁게 일할 수 있**었을 거**예요.

我要是找到了适合我的工作，我也能愉快地工作。

부모님이 경제적으로 도와주지 않**았더라면** 유학은 꿈도 못 **꿨을 겁**니다.

如果不是父母给我经济上的帮助，我连做梦都不敢想留学的事。

회의 후 바로 회의록을 작성하지 않**았더라면** 회의 내용을 다 기록할 수 없**었을 거**예요.

如果会议结束后我没马上写会议记录的话，就无法记下全部的会议内容了。

가: 민지야, 어제 먹은 회가 문제였는지 준호가 장염에 걸렸대. 너는 괜찮니?

敏智，不知道是不是昨天吃的生鱼片有问题，俊浩说他得了肠炎。你没事吗？

나: 네. 저는 회를 안 좋아해서 안 먹었거든요. 저도 먹**었더라면** 준호처럼 장염에 **걸렸을 거**예요.

嗯。我不太喜欢生鱼片所以没吃。要是我也吃了的话，估计也会像俊浩一样得肠炎的。

가: 장웨이 씨, 내일 행사 준비는 다 끝냈으니까 이제 퇴근합시다.

张伟，明天的活动准备工作都结束了，现在我们下班吧。

나: 팀장님, 감사합니다. 저 혼자 **했더라면** 이렇게 빨리 못 끝**냈을 거**예요.

谢谢组长。要是我自己一个人做的话，不会这么快结束的。

장염 [名] 肠炎

3. 动词 는 한

　　"–는 한"是惯用型, 用于动词词干、"있다/없다"后, 表示在这样的前提或条件下, 即前面的情况持续到未来的某个时间点的话, 就会产生某种结果。由于前半句一般为假设的情况, 所以后半句常与表示义务、可能、推测、意志的句式搭配使用。

제 힘이 닿**는 한** 끝까지 여러분을 도와드리고 싶습니다.
我会尽我所能帮助大家到底的。

고장이 나지 않**는 한** 이 텔레비전을 계속 쓰려고 해요.
只要不出故障, 我打算一直用这台电视机。

특별한 사유가 없**는 한** 오늘 회의에 꼭 참석해 주시기 바랍니다.
只要没有特别的事情, 请大家一定要参加今天的会议。

돈을 계획적으로 써야지 생각 없이 쓰**는 한** 모으기 힘들 겁니다.
应该有计划地花钱, 乱花的话就很难攒下钱。

포기하지 않고 노력하**는 한** 언젠가는 좋은 결과가 있을 거예요.
只要不放弃, 一直努力, 有朝一日一定会有好结果的。

의사 선생님 말 잘 듣고 치료를 잘 받**는 한** 다시 건강해질 거니까 걱정하지 마.
好好听医生的话, 好好接受治疗, 总会好起来的, 别担心。

가: 여보세요? 내일 8시 제주행 비행기 운행할까요?
喂! 您好。有明天早上8点飞济州的航班吗?

나: 아니요. 태풍이 지나가지 않**는 한** 당분간 비행기 이륙은 어려울 겁니다.
没有。台风不彻底过去, 短期内都没有航班。

가: 여러분은 환경 보호를 위해 무엇을 하나요?
大家为了保护环境都做了什么?

나: 될 수 있**는 한** 일회용품을 사용하지 않으려고 노력하고 있어요.
只要能不用一次性用品, 我就尽量不用。

문법 연습

1 〈보기〉와 같이 빈칸에 알맞은 것을 골라 쓰십시오.

> 사다   끊다   빼다   말하다   도망치다

보기 유학 간 언니에게서 보고 싶다는 전화가 왔는데 내가 바쁘다고 전화를 <u>끊어 버렸다</u>.

1) 오늘 치과에 가서 앓던 사랑니를 _____.

2) 친구의 비밀을 실수로 다른 사람에게 _____.

3) 승진 기념으로 마음에 두고 있던 시계를 _____.

4) 추리닝 바람으로 마트에 가다가 전 남자 친구를 보고 놀라서 _____.

2 〈보기〉와 같이 문장을 바꾸어 쓰십시오.

보기 아침을 든든히 먹지 않아서 배가 고팠어요.
⇨ <u>아침을 든든히 먹었더라면 배가 고프지 않았을 거예요.</u>

1) 염색을 자주 해서 머릿결이 상했어요.

⇨ _____

2) 새로 산 구두를 신고 다녀서 다리가 너무 아팠어요.

⇨ _____

3) 영어를 할 줄 몰라서 외국인을 만났을 때 당황했어요.

⇨ _____

4) 지하철에 가방을 놓고 내려서 찾느라고 고생했어요.

⇨ _____

추리닝 [名] 运动休闲服   든든히 [副] 饱，踏实   머릿결 [名] 发质

3 〈보기〉와 같이 알맞은 것을 연결하고 문장을 쓰십시오.

보기 꾸준히 운동하다 • • ① 다툼은 없다

1) 경제적 여건이 되다 • • ② 건강을 되찾을 수 있을 것이다

2) 자세를 교정하지 않다 • • ③ 허리 통증은 나아지지 않을 것이다

3) 서로 예의를 갖춰 이야기하다 • • ④ 지구 온난화 현상은 가속화될 것이다

4) 화석 연료 사용을 자제하지 않다 • • ⑤ 아이가 원하는 꿈을 지원해 주고 싶다

보기 꾸준히 운동하는 한 건강을 되찾을 수 있을 것이다.

1) _____

2) _____

3) _____

4) _____

4 다음을 듣고 물음에 답하십시오.

1) 다큐멘터리의 제목으로 알맞은 것을 고르십시오.

① 축산업의 문제점과 해결 방법   ② 육식을 줄이면 지구가 웃는다

③ 건강을 위한 식생활 개선 방법   ④ 완전한 채식만이 환경 오염을 줄인다

2) 들은 내용과 같은 것을 고르십시오.

① 남자는 여자와 식사 약속을 했다.

② 두 사람은 음식을 여러 개 시키기로 했다.

③ 남자는 환경 보호를 위해 매일 채식을 한다.

④ 여자는 다큐멘터리를 보고 식생활을 바꿔 보기로 했다.

3) 남자의 태도로 알맞은 것을 고르십시오.

① 여자와 함께 식사하는 것을 어려워한다.

② 여자의 달라진 행동을 이해하지 못한다.

③ 여자의 식생활에 문제가 있다고 생각한다.

④ 여자의 설명을 듣고 함께 동참하기로 한다.

여건 [名] 条件	가속화되다 [动] 加快，加速	화석 연료 [词组] 化石燃料
다큐멘터리 [名] 纪录片	축산업 [名] 畜牧业	배출량 [名] 排放量
엄청나다 [形] 特别，过于	채식주의자 [名] 素食主义者	동참 [名] 参加，参与

5 다음을 읽고 물음에 답하십시오.

서울 서쪽에 위치한 상암 월드컵 공원은 아름다운 경관으로 사시사철 사람들의 발길이 끊이지 않는 곳이다. 하지만 상암 월드컵 공원은 20년 전까지만 해도 난지도라고 불리며 사람들이 가기 싫어하는 장소였다. 왜냐하면 1978년부터 15년 간 이곳은 서울시에서 배출되는 생활쓰레기를 매립했던 곳이었기 때문이다. 난지도에는 여러 해에 걸쳐 버려진 쓰레기들로 거대한 쓰레기 산이 형성되었으며 갖가지 문제가 생겨났다. 여름이면 쓰레기 산에서 악취가 났으며 비위생적 환경으로 인해 인근에 질병 문제도 발생시켰다. 난지도의 이러한 문제는 서울시가 발 벗고 해결하지 않는 한 해결할 수 없는 상태였다. 이에 서울시는 난지도를 (㉠) 바꾸고자 도시 환경 개선 사업을 실시하였고 그 결과 2002년 다양한 동식물들의 터전이 된 지금의 상암 월드컵 공원으로 새롭게 탄생하게 되었다. 쓰레기 매립지에서 환경 생태적 공간으로 바뀐 월드컵 공원은 우리에게 환경 재생이 무엇인지를 보여주고 있다.

1) 이 글의 제목으로 가장 알맞은 것을 고르십시오.

① 환경 재생 사업의 필요성

② 아름다운 공원으로 재탄생한 난지도

③ 쓰레기 산이 된 서울의 공원과 그 원인

④ 월드컵 공원 조성으로 밝아진 주민들의 삶

2) 이 글의 내용과 <u>다른 것</u>을 고르십시오.

① 여름철에 월드컵 공원에는 악취가 난다.

② 월드컵 공원은 과거 쓰레기 매립지였다.

③ 계절마다 월드컵 공원을 찾는 사람들이 많다.

④ 월드컵 공원은 환경 개선 사업으로 조성된 공원이다.

3) ㉠에 들어갈 알맞은 것을 고르십시오.

① 대도시다운 편리한 곳으로

② 동식물이 살 수 있는 생명의 땅으로

③ 위생적으로 쓰레기를 매립하는 곳으로

④ 사람이 안전하게 거주할 수 있는 땅으로

사시사철 [名] 四季   매립하다 [动] 填, 填埋   악취 [名] 臭味   땅 [名] 地, 陆地

터전 [名] 基地, 家园   환경 생태적 [词组] 生态环境   재생 [名] 再生, 重生

쓰기

1 다음 문법을 사용해서 제시된 표현을 한 문장으로 써 보십시오. 단, 제시된 표현의 순서는 바꾸지 마십시오.

| -아서/어서 | -는 한 | -았더라면/었더라면 |
| -았/었을 텐데 | -는다/ㄴ다/다 | -(으)ㄹ 수 없다 |

1) 세일이 어제까지인 걸 알다 / 싸게 살 수 있다 / 아쉽다

  ⇨ _____

2) 금고 비밀번호를 잊어버리다 / 열쇠 수리공을 부르다 / 안에 있는 귀중품을 꺼내다

  ⇨ _____

2 다음을 읽고 빈칸에 들어갈 알맞은 것을 쓰십시오.

인간이 바다에 버린 각종 플라스틱 폐기물들은 파도에 부서지고 바닷물에 부식돼 점점 작은 플라스틱이 된다. 플라스틱의 크기가 더 작아지면 어패류들이 이를 섭취하게 되고 이후 인간이 이 (㉠) 인간의 몸에 미세 플라스틱이 쌓이게 된다. 인간의 몸에 미세 플라스틱이 들어오면 90% 이상은 대변으로 (㉡) 나머지 10%는 배출되지 않고 인체 내에 남아 여러 건강 문제를 일으킬 수 있다. 지구에 살고 있는 생명과 우리의 다음 세대를 위해 미세 플라스틱 문제를 해결할 가장 좋은 방법은 플라스틱을 버리지 않는 것이다. 일회용품 사용을 줄이고 재사용 제품이나 친환경 제품을 사용하는 실천이 필요하다.

㉠ _____

㉡ _____

📝 금고 [名] 金库，保险箱　　　수리공 [名] 修理工　　　　부서지다 [动] 破碎，破裂
　　부식되다 [动] 腐蚀，腐烂　　어패류 [名] 鱼类和贝类　　섭취하다 [动] 摄取，吸入
　　인체 [名] 人体　　　　　　　세대 [名] 代，辈

정리하기

이것만은 꼭 외웁시다! 🎧

1) 가: 이게 무슨 냄새예요? 뭐 타는 냄새 같은데요?
   这是什么味道？好像是什么糊了的味道。

   나: 이걸 어떡해? 잠깐 한눈파는 사이에 음식이 다 타 버렸네.
   这可怎么办？我就走神了一会儿的工夫，菜都糊了。

2) 가: 내일 행사 준비는 다 끝냈으니까 이제 퇴근합시다.
   明天的活动准备工作都结束了，现在我们下班吧。

   나: 감사해요. 팀장님. 저 혼자 했더라면 이렇게 빨리 못 끝냈을 거예요.
   谢谢组长。要是我自己一个人做的话，不会这么快结束的。

3) 가: 여보세요? 내일 8시 제주행 비행기 운행할까요?
   喂！您好。有明天早上8点飞济州的航班吗？

   나: 아니요. 태풍이 지나가지 않는 한 당분간 비행기 이륙은 어려울 겁니다.
   没有。台风不彻底过去，短期内都没有航班。

4) 가: 여러분은 환경 보호를 위해 무엇을 하나요?
   大家为了保护环境都做了什么？

   나: 될 수 있는 한 일회용품을 사용하지 않으려고 노력하고 있어요.
   只要能不用一次性用品，我就尽量不用。

핵심 어휘

名词			
가뭄 干旱	무더위 酷暑，酷热	산불 山火	원재료 原材料
플라스틱 塑料	한파 寒流	홍수 洪水	

动词		
지속되다 持续	보호하다 保护	배출하다 排出，排放

词组		
이상 기후 气候异常	지구 온난화 全球气候变暖	홍수가 나다 发洪水

자기 평가

能够完成吗？	需再次复习	进入下一课！	
		良好	优秀
能说明与环境相关的问题并发表自己的看法吗？	无法完成	可以完成	非常好
能说出多少与天气相关的单词或词组？	0~10个	11~21个	22个以上
能灵活运用本课所学的语法吗？	无法完成	可以完成	非常好

제21과 돈을 보냈는데도 물건을 보내지 않는 판매자들도 있대

> **目标：** 能对网络犯罪现象进行说明并发表意见
> **语法：** 名词 은커녕/는커녕 谓词 기는커녕，谓词 (으)ㄴ데도/는데도，动词 는 통에
> **词汇：** 与互联网相关的词汇

年轻群体也会遭遇电信诈骗

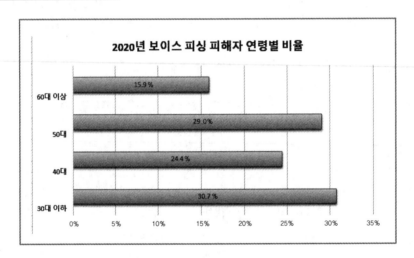

2020년 보이스 피싱 피해자 연령별 비율

연령대	비율
60대 이상	15.9%
50대	29.0%
40대	24.4%
30대 이하	30.7%

大部分人认为，电信诈骗的受害者可能是对信息通信技术不熟悉的60岁以上的老年人。但实际上，30岁以下人群的受害比率约为30.7%，大概是老年人的两倍。

相关资料显示，随着信息通信技术的发展，电信诈骗的手段也变得更加智能化，甚至连熟悉IT技术和智能电子设备的年轻人也会上当受骗。而且受害者的年龄也逐渐下降，20岁以下的电信诈骗受害者人数比上一年增加了38.0%。

이야기해 봅시다

1. 어느 연령대가 보이스 피싱 피해를 많이 당하나요? 표를 보고 순위별로 이야기해 보세요.
2. 여러분이 알고 있는 보이스 피싱 피해 사례에 대해 이야기해 보세요.

어휘와 표현

첨부 파일 附件	홈페이지 网页	블로그 博客
회원 가입 注册会员	아이디 用户名	비밀번호 密码

파일을 USB/외장형 하드에 저장하다 把文件保存到U盘/移动硬盘	로그인하다 登录
	로그아웃하다 退出
폴더에 넣다 放入文件夹	(메일에) 파일을 첨부하다
삭제하다 删除	（在邮件里）添加附件
내려받다/다운로드하다 下载	(다른 사람괴) 피일올 공유하다
올리다/업로드하다 上传	（与他人）共享文件
	(사람)을 참조하다 抄送（他人）
블로그를 방문하다 访问博客	검색창에 검색어를 입력하다 在搜索框里输入检索词
블로그를 구독하다 订阅博客	
블로그에 가입하다 注册博客	마우스를 클릭하다 点击鼠标
블로그를 탈퇴하다 注销博客	화면을 캡처하다 截图
글/사진에 댓글을 달다 在文章/照片上留言	팝업창이 뜨다 出现弹窗
	팝업창을 차단하다 拦截弹窗

어휘와 표현 연습

1 그림을 보고 빈칸에 알맞은 것을 골라 쓰십시오.

댓글을 달다　　파일을 올리다　　파일을 저장하다　　비밀번호를 입력하다

1)
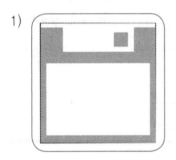
_____

2)

_____

3)

_____

4)

_____

2 알맞은 것을 골라 대화를 완성하십시오.

가입하다　　입력하다　　참조하다　　클릭하다

1) 가: 나도 너처럼 블로그를 만들어 보고 싶은데 블로그 만드는 게 어려울까?
　　나: 아니, 간단해. 회원 _____ 사진이나 글을 올리면 돼. (-고)

2) 가: 오늘 온라인 회의 주소 좀 알려 주세요.
　　나: 링크를 보내 드릴게요. 이 링크를 _____ 들어오시면 돼요. (-아서/어서)

3) 가: 민지 씨, 그 구두 인터넷에서 샀다고 했죠? 온라인 숍 이름 좀 알려 줄 수 있어요?
　　나: 그럼요. 검색창에 키워드 '빨간 구두'를 _____ 찾을 수 있을 거예요. (-(으)면)

4) 가: 김 대리, 대회 식순을 부장님께도 보내 드렸지요?
　　나: 네. 대회 참석자들에게 이메일을 보내면서 부장님께서도 보실 수 있게 부장님을
　　　　_____. (-았습니다/었습니다)

✏️ 온라인 숍 [词组] 网店　　　식순 [名] 仪式顺序

3 알맞은 것을 골라 문장을 완성하십시오.

> 내려받다　　방문하다　　삭제하다　　첨부하다

1) 파일을 _____ 휴지통에 들어가면 없앤 파일을 찾을 수 있다. (-아도/어도)

2) 한국어능력시험 일정은 홈페이지를 _____ 쉽게 알 수 있다. (-(으)면)

3) 이메일에 대회 식순 파일을 _____. 열어 보시고 문의 사항 있으시면 전화로 연락 주십시오. (-았습니다/었습니다)

4) 이 사이트는 10,000원을 내면 한 달 동안 무제한으로 음악도 들을 수 있고 30곡의 노래 파일도 _____. (-(으)ㄹ 수 있다)

대화

1 김민지와 이준호가 온라인 중고 거래에 대해 이야기합니다. 두 사람은 어떤 이야기를 할까요?

> **김민지:** 준호야, 뭐 해?
>
> **이준호:** 전부터 내가 게임기 하나 사고 싶다고 했잖아. 한동안 게임기는커녕 계산기 하나 살 돈이 없어서 못 샀거든. 그런데 마침 온라인 중고 시장에 내가 사고 싶었던 게 반의 반값으로 나와서 사려고 보고 있어.
>
> **김민지:** 새로 나온 게임기인데 그렇게 싸게 나왔어?
>
> **이준호:** 응, 잘됐지? 판매자가 사정이 생겨서 빨리 처분하려고 싼 가격에 내 놓은 거래.
>
> **김민지:** 그래? 그런데 아무리 중고라고 하지만 너무 싼 거 아니야? 반의 반값이라고 하니까 솜 의심스러워. 안전한 거래인지 쫌 더 확인해 보고 사는 게 어때?
>
> **이준호:** 그러다가 다른 사람들이 먼저 사 가면 어떡해?
>
> **김민지:** 그래도 인터넷 사이트에 나와 있는 판매자 정보하고 이 사람에 대한 평가를 한번 확인해 보고 결정해. 돈을 보냈는데도 물건을 보내지 않는 판매자들도 있대.
>
> **이준호:** 알았어. 그럼 좀 더 알아볼게.

- 준호는 온라인 중고 시장에서 사려고 하는 것은 어떤 물건이에요?
- 온라인 중고 시장에서 물건을 살 때 주의해야 할 것은 무엇일까요?

처분하다 [动] 处理

2 TV에서 변호사가 악플에 대처하는 방법에 대해 설명하고 있습니다. 어떤 이야기를 할까요?

> **변호사:** 경기에서 진 후 악플 테러를 당하는 통에 정신적으로 힘들어하던 한 유명 운동 선수가 참다못해 악플러를 신고한 사건이 있었습니다. 악플은 사실 여부와 상관없이 인터넷을 통해 무차별적으로 퍼져 나가기 때문에 악플 피해자들이 겪는 고통은 상상을 뛰어넘습니다. 자, 그럼, 악플 피해는 유명인만 당하는 일일까요? 그렇지는 않습니다. 저 같은 일반인도 당할 수 있는 범죄입니다. 그래서 오늘은 여러분들께 악플러에 대처하는 방법에 대해 알려드리려고 합니다.
> 악플 테러는 범죄인데도 피해자가 가해자의 처벌을 원하지 않으면 가해자를 처벌할 수 없는 범죄입니다. 그렇기 때문에 악플러의 처벌을 원한다면 반드시 경찰에 신고하여 처벌 의사를 명확하게 밝혀야 합니다. 또한 신고 전에 받은 악플을 증거 자료로 캡처해 놓는 것이 좋습니다. 악플은 심각한 범죄 행위입니다. 지속적인 악플을 받고 계시다면 혼자 고통스러워하지 마시고 적극적으로 대처하시기를 바랍니다.

- 악플의 어떤 특징 때문에 피해자들이 큰 고통을 겪는 것일까요?
- 악플을 받았을 때 법적으로 대처할 수 있는 방법은 무엇일까요?

악플 [名] 恶意回帖   악플 테러 [词组] 恶意回帖攻击   참다못하다 [动] 忍无可忍
악플러 [名] 恶意留言者   무차별적 [名] 无差别的   피해자 [名] 受害者，受害人
가해자 [名] 加害者，攻击者   처벌 [名] 处罚，处分

대화 후 활동

1 온라인 중고 시장을 통해 물건을 구입해 본 적이 있습니까? 중고 시장을 이용하는 이유 또는 이용하지 않는 이유 중 하나를 선택해서 〈보기〉와 같이 이야기해 보세요.

	이용하는 이유	이용하지 않는 이유
〈보기〉	원하는 물건을 싸게 구입할 수 있다.	다른 사람이 쓰던 물건을 다시 쓰기 싫다.
	단종돼서 구하기 어려운 물건도 구입할 수 있다.	물건 상태가 좋다고 속이는 사람들이 있다.

보기

가: 온라인 중고 시장을 이용하는 이유가 뭐예요?
나: _____

가: 온라인 중고 시장을 이용하지 않는 이유가 뭐예요?
나: _____

2 건전한 인터넷 댓글 문화를 만들기 위해서 어떤 노력이 필요하다고 생각합니까? 〈보기〉와 같이 이야기해 보세요.

	하지 말아야 할 일	해야 할 일
〈보기〉	상대방을 비방하는 댓글을 달다.	타인의 인권과 사생활을 존중하며 글을 달다.
1)	줄임 말이나 비속어를 사용하다.	바른 언어를 사용하다.
2)	악플 다는 것을 개인의 자유로 생각하다.	악플로 인해 고통 받는 사람들이 있다는 것을 인식하다.

보기

가: 건전한 인터넷 댓글 문화를 만들기 위해서는 어떤 노력을 해야 해요?
나: _____

단종되다 [动] 停产   비방하다 [动] 诽谤   건전하다 [形] 健全
줄임말 [名] 缩写，简称   비속어 [名] 脏话   인권 [名] 人权

문법

1. 名词 은커녕/는커녕 谓词 기는커녕

　　"–은커녕/는커녕"是助词，用于名词后，表示不仅前面的内容不需要提及，就连后面的内容都难以实现，相当于汉语的"别说……就连……""不仅(非但)……反而……"。有收音的名词后接"–은커녕"，无收音的名词后接"–는커녕"。"–기는커녕"用于动词词干后，也可以缩写为"–긴커녕"。

 장마철인데 비**는커녕** 잔바람도 불지 않는다.
　　虽然进入雨季了，但别说雨了，连风都不刮。

늦게 일어나서 화장**은커녕** 세수도 못 했어요.
　　我起晚了，别说化妆了，连脸都没来得及洗。

새 직원이 들어왔는데 일이 줄**기는커녕** 늘기만 하는 것 같아요.
　　虽然来了新职员，但工作不仅没有减少，反而好像一直在增加。

벌에 쏘이면 아프다고 하던데 나는 아프**기는커녕** 따끔하기만 했다.
　　听说被蜜蜂蜇了会疼，我倒没觉得有多疼，只是有刺痛感而已。

우리 오빠는 나이가 서른인데 철이 들**기는커녕** 사고만 치고 다닌다.
　　我哥哥都三十岁了，但别说懂事了，还在到处闯祸。

연말에는 회사 일이 바빠서 휴가**는커녕** 주말에도 출근해야 해요.
　　年底公司工作忙，别说休假了，就连周末也要上班。

가: 신제품 관련 보고서는 다 썼어요?
　　　有关新产品的报告写好了吗?

나: 아니요. 요즘 제가 너무 바빠서요. 쓰**기는커녕** 아직 시작도 못 했어요.
　　　还没。最近我实在太忙了。别说写完了，还没开始呢。

가: 공부할 때 예습이 중요한 거 알고 있지? 열심히 해.
　　　你知道学习的时候预习很重要吧? 好好预习。

나: 예습**은커녕** 숙제가 많아서 숙제할 시간도 부족해요.
　　　别说预习了，作业太多，连做作业的时间都不够。

✎ 잔바람 [名] 微风　　쏘이다 [动] 被蜇　　따끔하다 [形] 刺痛　　철이 들다 [词组] 懂事

2. 谓词 (으)ㄴ데도/는데도

"–(으)ㄴ데도/는데도"是连接词尾，用于谓词词干后，表示无论前半句的情况或状态如何，后半句的情况或状态依然会出现，相当于汉语的"虽然……但是……"。动词词干无论有无收音都接"–는데도"，有收音的形容词词干后接"–은데도"，无收音的形容词词干后接"–ㄴ데도"，"名词＋이다"后接"–ㄴ데도"。

어제 많이 쉬**었는데도** 피로가 풀리지 않네요.
我昨天休息了很久，但还是没有缓解疲劳。

복지가 좋은 회사에 다니는 사람들은 월급이 적**은데도** 만족한다고 한다.
听说在福利好的公司上班的人，工资虽少，但还是很满意。

경기가 안 좋아서 그런지 백화점에서 할인을 하**는데도** 사람이 많지 않다.
可能是因为经济不景气，虽然百货商场在打折，但人还是不多。

이 화장품이 피부에 좋다고 해서 꾸준히 바르**는데도** 좋아지는 것 같지 않아요.
听说这个化妆品对皮肤好，所以我一直坚持用，但还是没觉得皮肤变好。

여자 친구에게 사과 메시지를 보냈**는데도** 화를 풀지 않아요.
虽然我给女朋友发了短信道歉，但她还是没消气。

퇴근 시간**인데도** 도로에 차가 많지 않아서 생각보다 빨리 도착할 것 같아요.
虽然是下班时间，但路上车不多，所以应该会比预计时间早到。

가: 민지 씨, 복사기가 또 고장이 났어요?
敏智，复印机又出故障了吗?

나: 네. 오래돼서 그런지 조심히 쓰**는데도** 자주 고장이 나네요.
是的。可能是因为时间太久了，虽然使用时已经很小心了，但还是经常出故障。

가: 감기는 괜찮아지셨어요?
你感冒好些了吗?

나: 아니. 약을 먹**었는데도** 좀처럼 낫지 않네.
没有。虽然吃了药，但就是好不起来。

3. 动词 는 통에

　　"–는 통에"是连接词尾，用于动词词干后，表示因精神无法集中而导致后面情况的发生，前半句是后半句负面情况产生的原因，相当于汉语的"因为，由于"。动词词干无论有无收音都接"–는 통에"。"–는 통에"常与"전쟁(战争)""난리(慌乱)"等名词，以"名词 통에"的形式搭配使用。

반 친구들이 시끄럽게 떠드**는 통에** 수업 시간에 집중을 할 수 없다.
因为班上同学们吵闹的缘故，我无法专心听课。

지하 주차장에서 화재 경보기가 울리**는 통에** 대피하는 소동이 있었다.
地下停车场火灾报警器响了，由此引发了疏散骚乱。

친구들이 빨리 나오라고 재촉하**는 통에** 핸드폰을 집에 놓고 나왔어요.
因为朋友们催我快点儿出来，所以我把手机忘在家里了。

회의 도중 사람들이 싸우**는 통에** 회의 안건을 모두 처리할 수 없었어요.
在开会的过程中，人们吵了起来，所以会议议案没有讨论完。

콘서트 장에서 사람들이 무대 쪽으로 몰리**는 통에** 작은 사고가 발생했다.
在演唱会现场，由于人们涌向舞台，发生了小事故。

우리 단체는 전쟁 **통에** 집과 가족을 잃은 사람들을 돕기 위해 구호 활동을 진행하고 있습니다.
我们的组织在进行救援活动，以帮助那些在战争中失去家园和家庭的人。

가: 왜 그렇게 심각한 얼굴로 뉴스를 봐요? 무슨 큰일이 났대요?
你看新闻怎么表情这么严肃？出什么大事了吗？

나: 네. 산불이 마을로 번지**는 통에** 집들이 많이 탔대요.
是的。听说由于山火蔓延到村庄，很多房子被烧毁。

가: 얘들아, 너네가 뛰어다니**는 통에** 엄마가 정신이 하나도 없다. 좀 앉아서 놀아라.
孩子们，你们跑来跑去，弄得妈妈晕头转向，坐下来玩儿一会儿吧。

나: 네. 방에 들어가서 조용히 놀게요.
好的。我们进房间安静地玩儿。

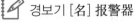 경보기 [名] 报警器　　　　소동 [名] 骚乱，骚动　　　재촉하다 [动] 催促
　　구호 활동 [词组] 救援活动　　　너네 [代] 你们

👨‍🏫 문법 연습

1 〈보기〉와 같이 빈칸에 알맞은 것을 쓰십시오.

> **보기**
> 가: 요즘도 부모님이랑 전화 통화는 자주 해?
> 나: 아니, 바빠서 <u>통화는커녕</u> 메시지도 자주 못 보내.

1) 가: 이사한 곳은 환경이 어때요? 편의 시설이 잘 되어 있어요?

　나: 아니요. _____ 작은 마트 하나 없어요.

2) 가: 올해 우리 회사는 연봉이 좀 올랐는데 민지 씨 회사는 어때요?

　나: 연봉이 _____ 직원 수를 줄이겠대요.

3) 가: 이번에 새로 출시한 메뉴 반응이 어때요? 대박 났죠?

　나: 아니요. 대박이 _____ 너무 반응이 없어서 걱정이에요.

4) 가: 인터넷 게임을 하면 스트레스가 풀려서 자주 하는 편이에요.

　나: 그래요? 저는 게임을 하면 스트레스가 _____ 오히려 쌓이던데요.

2 〈보기〉와 같이 알맞은 것을 연결하고 문장을 쓰십시오.

보기 이 옷은 긴바지이다	•	• ① 통장에 돈이 안 모인다
1) 시력이 나쁘다	•	• ② 시원하게 입을 수 있다
2) 돈을 많이 벌다	•	• ③ 안경을 쓰지 않으려고 한다
3) 내일이 시험이다	•	• ④ 엄마가 만든 그 맛이 안 난다
4) 레시피대로 요리하다	•	• ⑤ 동생은 휴대 전화만 보고 있다

> **보기** <u>이 옷은 긴바지인데도 시원하게 입을 수 있다.</u>

1) _____

2) _____

3) _____

4) _____

📝 레시피 [名] 食谱　　볼일을 보다 [词组] 上洗手间, 解手

3 〈보기〉와 같이 빈칸에 알맞은 것을 골라 쓰십시오.

듣다　　짖다　　조르다　　재촉하다　　⟨몰려오다⟩

보기　매장에 손님이 한꺼번에 <u>몰려오는</u> 통에 정신이 하나도 없었다.

1) 사람들이 집 앞을 지날 때마다 개들이 ＿＿＿＿＿＿ 온 동네가 시끄럽다.

2) 룸메이트가 음악을 크게 틀어 놓고 ＿＿＿＿＿＿ 공부를 할 수 없었다.

3) 아이들이 장난감을 사 달라고 ＿＿＿＿＿＿ 정신이 없어서 그냥 집으로 왔다.

4) 화장실에 있는데 동생이 빨리 나오라고 ＿＿＿＿＿＿ 볼일을 다 보지 못하고 나왔다.

4 다음을 듣고 물음에 답하십시오.

1) 작가가 악플러를 신고한 이유가 <u>아닌</u> 것을 고르십시오.

① 악플러가 악플을 멈추지 않아서

② 악플러가 SNS 방문자와 싸움을 해서

③ 악플 때문에 스트레스를 많이 받아서

④ 악플러가 방문자의 SNS에도 악플을 달아서

2) 들은 내용과 같은 것을 고르십시오.

① 작가는 악플을 단 사람에게 연락한 적이 있다.

② 작가는 악플의 상처를 스스로 극복할 수 있었다.

③ 악플을 발견한 후 작가는 바로 경찰에 신고했다.

④ 악플 때문에 작가는 SNS 활동을 계속 하지 않기로 했다.

3) 남자의 심정으로 알맞은 것을 고르십시오.

① 불안하다　　　② 억울하다　　　③ 속상하다　　　④ 쓸쓸하다

편의 시설 [词组] 便利设施　　대박이 나다 [词组] 火爆，受欢迎　　감당하다 [动] 承担

5 다음을 읽고 물음에 답하십시오.

과거 '보이스 피싱'이라고 불렸던 전화 범죄는 시간이 흐르며 사라지기는커녕 온라인 공간에서 '사이버 범죄'로 진화·발전하였고 더욱더 큰 피해를 입히고 있다. 이런 상황에서 경찰은 시민들이 대처할 수 있는 유일한 길은 시민 스스로가 사이버 범죄 예방법을 잘 (㉠) 판단하고, 이를 알리고자 매년 4월 2일을 '사이버 범죄 예방'의 날로 지정했다. 이날 경찰은 시민들을 만나 사이버 범죄 예방법 및 범죄 유형과 수법, 대처 방법 등을 알린다. 또 사람들의 참여와 관심을 끌기 위해 SNS를 통해 '사이버 범죄 예방 퀴즈 이벤트'도 함께 진행한다. 경찰은 이날 외에도 4월 한 달을 사이버 범죄 예방법을 집중적으로 홍보하는 기간으로 정해 여러 사람이 함께 이용하는 시설의 게시판과 홈페이지에 사이버 범죄 예방법을 홍보하는 등 범죄 피해를 줄이기 위한 활동을 벌인다.

1) 이 글을 쓴 목적으로 알맞은 것을 고르십시오.

① 사이버 범죄 피해 규모에 대해 알리려고

② 경찰의 사이버 범죄 예방 활동을 알리려고

③ 경찰의 범죄 예방 이벤트 소식을 알리려고

④ 사이버 범죄를 막기 위한 방법을 알리려고

2) 이 글의 내용과 같은 것을 고르십시오.

① 보이스 피싱은 전화 범죄로 최근에는 사라졌다.

② 사이버 범죄 예방 수칙 홍보는 온라인으로 진행된다.

③ 경찰의 노력으로 사이버 범죄 피해가 점점 줄고 있다.

④ 매년 4월은 사이버 범죄에 대해 집중적으로 알리는 달이다.

3) ㉠에 들어갈 알맞은 것을 고르십시오.

① 아는 것뿐이라고

② 찾는 것뿐이라고

③ 알리는 것뿐이라고

④ 만드는 것뿐이라고

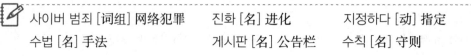

사이버 범죄 [词组] 网络犯罪　　진화 [名] 进化　　지정하다 [动] 指定
수법 [名] 手法　　게시판 [名] 公告栏　　수칙 [名] 守则

쓰기

1 다음 문법을 사용해서 제시된 표현을 한 문장으로 써 보십시오. 단, 제시된
표현의 순서는 바꾸지 마십시오.

–은커녕/는커녕   –느라고   –(으)ㄴ 데도/는데도
–는 통에   –는다/ㄴ다/다   –았다/었다

1) 다음 달에 여행을 가다 / 아직까지 숙소 예약 / 비행기표도 예약하지 못하다

⇨ _____

2) 학생들이 계속 질문을 하다 / 대답을 해 주다 / 보통 제시간에 교실을 떠나지 못하다

⇨ _____

2 다음을 읽고 빈칸에 들어갈 말을 쓰십시오.

남녀 대학생을 대상으로 '인터넷 댓글 문화'에 대해 조사한 결과 대부분의 대학생들이
인터넷 댓글 문화가 (㉠) 수준 이하의 미성숙한 상태라고 답한 것으로 나타났다.
대학생의 68%는 '악플러들의 천국'이라고 답했으며 '다양한 누리꾼의 의견을
교환하는 여론 창구'라는 의견은 20.3%에 불과했다. 약 8%의 응답자는 '그저 즐기고
스트레스를 푸는 또 하나의 놀이 문화이다'라고 응답했다. 악플을 달아본 적이 있냐는
질문에는 약 28.4%의 대학생이 있다고 응답했다. 악플을 다는 이유는 다른 사람의
글을 보고 '기분이 나빠져서'가 48%로 가장 많았고 '다른 사람의 의견에 반박하고
싶어서'가 47.8%였다.

㉠_____

미성숙하다 [形] 不成熟   누리꾼 [名] 网友   여론 [名] 舆论   창구 [名] 窗口
반박하다 [动] 反驳

정리하기

이것만은 꼭 외웁시다!

1) 친구들이 빨리 나오라고 재촉하는 통에 핸드폰을 집에 놓고 나왔어요.
   因为朋友们催我快点儿出来，所以我把手机忘在家里了。

2) 구매자가 돈을 보냈는데도 물건을 보내지 않는 판매자들도 있대.
   买家已经付了钱，却也有些卖家不发货。

3) 가: 신제품 관련 보고서는 다 썼어요?
   有关新产品的报告写好了吗?

   나: 아니요. 요즘 제가 너무 바빠서요. 쓰기는커녕 아직 시작도 못 했어요.
   还没。最近我实在太忙了。别说写完了，还没开始呢。

4) 가: 민지 씨, 복사기가 또 고장이 났어요?
   敏智，复印机又出故障了吗?

   나: 네. 오래돼서 그런지 조심히 쓰는데도 자주 고장이 나네요.
   是的。可能是因为时间太久了，虽然使用时已经很小心了，但还是经常出故障。

핵심 어휘

名词

| 검색창 搜索框 | 블로그 博客 | 악플 恶意回帖 | 파일 文件 | 홈페이지 网页 |

动词

| 가입하다 注册 | 공유하다 共享 | 구독하다 订阅 | 내려받다 下载 | 올리다 上传 |
| 참조하다 抄送 | 첨부하다 添加 | 탈퇴하다 注销 | | |

词组

| 검색어를 입력하다 输入检索词 | 댓글을 달다 留言 | 블로그를 구독하다 订阅博客 |
| 블로그를 방문하다 访问博客 | 사이버 범죄 网络犯罪 | 회원 가입 注册会员 |

자기 평가

能够完成吗?	需再次复习	进入下一课!	
		良好	优秀
能对网络犯罪现象进行说明并发表意见吗?	无法完成	可以完成	非常好
能说出多少与互联网相关的单词或词组?	0~9个	10~20个	21个以上
能灵活运用本课所学的语法吗?	无法完成	可以完成	非常好

8

과학 기술

✔ 온라인으로 할 수 있는 활동에는 무엇이 있을까요? 여러분은 직접 참여해 본 적이 있어요?

✔ 현재 우리 주변에서 사용되고 있는 과학 기술에는 어떤 것들이 있을까요?

✔ 여러분은 과학 기술 발전에 대해 찬성하나요? 반대하나요? 그 이유는 무엇인가요?

핵심 문장

제22과   메타버스가 발전할지라도 실제 세상을 모두 대체하지 못할 것이라고 합니다

- 고향에 내려갈 때마다 어린 시절이 떠오르곤 합니다.
- 잠이 안 와? 어쩐지 어제 커피를 많이 마시더라니.
- 어쩐지 기분이 좋아 보이더라니. 저녁에 데이트가 있구나?

- 예전에는 좋아하는 외국 가수의 내한 공연만 손꼽아 기다리곤 했어요.
- 아무리 실제 콘서트 같을지라도 직접 콘서트를 보는 것만 못할 것 같아.
- 비록 우리가 지금 헤어질지라도 언젠가는 다시 만날 것이라 굳게 믿는다.

제23과   먼 미래의 일일 줄 알았는데 우리가 꿈꾸던 일이 현실이 되어 가고 있는 것 같습니다

- 이벤트 당첨자는 추첨에 의해 결정됩니다.
- 기술 발전에 의한 우리 삶의 변화에 대해 이야기해 봅시다.
- 3D 프린터는 자전거와 집, 심지어 인공 장기까지 만들어 낼 수 있다고 한다.

- 인공 지능 스피커를 누가 생각해 냈는지 모르겠지만 정말 편리한 것 같아요.
- 예전에 저는 컴퓨터처럼 인터넷을 할 수 있는 핸드폰이 나올 줄 몰랐어요.
- 20대들은 연봉보다 워라밸이 중요하다고 생각할 줄 알았는데 의외네요.

제24과   AI 기술이 악용될 가능성도 있지 않을까 싶어요

- 날씨가 별로 좋지 않으니 행사를 연기하는 게 더 낫지 않을까 합니다.
- 저출산이 한국 사회의 가장 시급한 문제가 아닐까 싶습니다.
- 기술 발전만 추구한 나머지 이로 인해 발생할 수 있는 문제를 외면해서는 안 된다.

- 게임에 열중한 나머지 저녁 시간이 다 된 것도 알지 못했다.
- 로봇이 사람보다 더 빠르고 정확하게 일할 수 있는 만큼 많은 회사들이 직원 대신 로봇을 고용하려고 할 것이다.
- 모처럼 긴 휴가인 만큼 멀리 다녀오려고 해요.

제22과

메타버스가 발전할지라도 실제 세상을 모두 대체하지 못할 것이라고 합니다

目标: 能谈论网络时代所带来的变革并发表自己的看法
语法: 谓词 더라니, 动词 곤 하다, 谓词 (으)ㄹ지라도
词汇: 与网络科技时代相关的词汇，成语

网络课程的优缺点

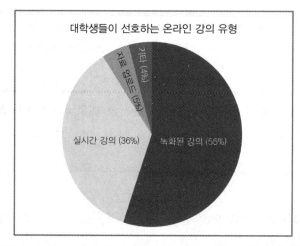

대학생들이 선호하는 온라인 강의 유형

기타 (4%)
자료 업로드 (5%)
실시간 강의 (36%)
녹화된 강의 (55%)

　　为了应对新冠肺炎疫情，越来越多的学校开始以线上教学代替线下授课。在这样的情况下，某机构以接受过网课教育的大学生为对象进行了"我最喜欢的网课类型"的问卷调查。调查结果显示，最受欢迎的网课类型为录播课（55%），其次为实时授课（36%）、上传课件（5%）、其他（4%）。

　　关于喜欢录播课的理由的调查结果显示，认为录播课不受听课时间和空间的限制，可以自由观看的应答者占58%，位居首位；认为录播课可以反复观看或收听的应答者占33%，位居第二；因课堂提问、讨论压力较小而选择录播课形式的应答者占3%，位居第三；认为通过录播课提高了教学质量的应答者占1%，位居第四。相反，也有学生不喜欢录播课，理由是课堂中实现互动和沟通困难、上传录播课的时间不固定、重复上传之前的录播课等。

이야기해 봅시다

1. 학생들이 녹화된 강의 유형을 선호하는 이유는 뭐예요?

2. 여러분은 온라인 강의가 효율적이라고 생각해요? 온라인 강의의 장점과 단점에 대해 이야기해 보세요.

어휘와 표현

与网络科技时代相关的词汇

온라인
线上

사이버 공간
网络空间，虚拟空间

가상 공간
虚拟空间，信息空间

메타버스
元宇宙

아바타
虚拟形象，
头像，图标

과학기술 科技

발전 发展　　발달 发达

실현 实现　　제약 制约，限制

오프라인 线下

현실 现实

成语

고진감래 苦尽甘来	격세지감 恍如隔世	대기만성 大器晚成
상부상조 相辅相成	설상가상 雪上加霜	오비이락 瓜田李下
우이독경 对牛弹琴	유비무환 有备无患	어부지리 渔翁之利
전화위복 因祸得福	천지개벽 天翻地覆	타산지석 他山之石

어휘와 표현 연습

1 빈칸에 알맞은 것을 골라 쓰십시오.

> 가상   발달   아바타   온라인

1) _____ 공간에서 할 수 있는 활동이 많아지고 있습니다. 과거에는 메일이나 정보 검색 등 아주 간단한 활동만 할 수 있었지만, 인터넷과 과학 기술의 2) _____ 따라 다양한 활동이 가능하게 되었습니다. 그래서 최근에는 인터넷을 하나의 공간으로 보는, 3) '_____ 공간'이라는 말도 만들어졌습니다. 사람들은 이 공간을 실제 공간처럼 생각하고, 자신과 닮은 4) _____ 만들어 다른 사람들과 소통하고 쇼핑을 하기도 하며, 일을 하거나 돈을 벌기도 합니다.

2 빈칸에 알맞은 것을 골라 쓰십시오.

> 상부상조   어부지리   유비무환   전화위복

1) 두 마트가 서로 경쟁하는 바람에 _____ 싸게 장을 봤다.
2) 어려운 상황일수록 _____하는 마음으로 서로 도와야 한다.
3) _____ 말이 있듯이 돈을 조금씩 모아 두면 나중에 필요할 때 도움이 될 것이다.
4) 원하던 배역에 떨어져서 속상했는데 그 덕분에 다른 연극에 출연할 수 있게 되었으니 오히려 _____.

3 의미가 같은 것끼리 연결하십시오.

1) 고진감래 • 　　• ① 엎친 데 덮친 격
2) 설상가상 • 　　• ② 소 귀에 경 읽기
3) 오비이락 • 　　• ③ 고생 끝에 낙이 온다
4) 우이독경 • 　　• ④ 까마귀 날자 배 떨어진다

배역 [名] 角色   엎치다 [动] 打翻, 弄洒   덮치다 [动] 凑在一起
경 [名] 经, 经书   낙 [名] 乐, 乐趣

 **대화** 🎧

1 김민지가 컴퓨터로 온라인 콘서트 표를 예매하고 있습니다. 어떤 콘서트일까요?

> **이준호:** 누나, 뭐 해?
>
> **김민지:** 응. 이번 주말에 STS 공연이 있거든. 그래서 콘서트 표 좀 예매하고 있었어.
>
> **이준호:** STS? 아, 누나가 좋아하는 그 영국 밴드 맞지? 어쩐지 기분이 좋아 보이더라니. 이번에 내한 공연을 하나 보네.
>
> **김민지:** 내한 공연? 아니야. 이건 온라인 콘서트야.
>
> **이준호:** 아, 온라인 콘서트? 내 친구도 얼마 전에 온라인 콘서트에 다녀왔다고 하던데. 요즘 가수들이 온라인 콘서트를 많이 하나 봐?
>
> **김민지:** 응. 나처럼 외국 팬들도 공연을 볼 수 있으니까. 예전에는 좋아하는 외국 가수가 있으면 내한 공연만 손꼽아 기다리곤 했는데, 이제는 온라인 콘서트라도 볼 수 있어서 정말 다행인 것 같아.
>
> **이준호:** 글쎄……온라인으로 콘서트를 보면 무대 영상을 보는 것과 똑같지 않을까? 가수들도 관객이 없으면 별로 신나지 않을 것 같은데.
>
> **김민지:** 요즘은 예전과 다르게 음향 기술이 많이 발전해서 이어폰만 끼면 직접 라이브를 듣는 것처럼 현장감을 느낄 수 있어. 영상 화질도 예전보다 많이 선명해졌고. 그리고 관객들도 카메라를 켜고 다른 팬들과 같이 응원도 하고 가수와 소통도 할 수 있지.
>
> **이준호:** 그래? 그렇지만 내 생각에는 아무리 실제 콘서트 같을지라도 그 분위기는 직접 콘서트를 보는 것만 못할 것 같아.

- 오프라인 콘서트와 비교할 때, 온라인 콘서트는 어떤 장점이 있어요?
- 이준호는 온라인 콘서트에 대해서 어떻게 생각해요?

🖉 | 어쩐지 [副] 不知怎的, 怪不得 | 내한 [名] 访韩, 赴韩 | 손꼽다 [动] 掰手指(算数)
무대 [名] 舞台 | 음향 [名] 音响 | 라이브 [名] 现场, 实况
현장감 [名] 现场感 | 화질 [名] 画质 | 선명하다 [形] 鲜明, 清晰

2 '메타버스(Metaverse)'에 대한 전문가 인터뷰입니다. 여러분은 '메타버스'에서는 어떤 활동이 가능할까요?

> **진행자:** 안녕하세요, 시청자 여러분. 최근 젊은 층을 중심으로 '메타버스(Metaverse)'가 크게 인기를 얻고 있는데요. 오늘은 메타버스의 개념과 발전 가능성에 대해 전문가의 의견을 들어 보도록 하겠습니다.
>
> **전문가:** 네. '메타버스'란 외래어 '메타(meta)'와 '유니버스(universe)'의 합성어로 3차원 가상 공간을 의미합니다. 최근 젊은 층들은 바로 이 가상 공간에 자신과 닮은 3D 아바타를 만들어 소통, 게임, 관광, 콘서트 관람 등 다양한 활동을 즐긴다고 합니다. 기업도 이러한 흐름에 발맞추어 메타버스에 매장을 만들어 상품을 판매하기도 하고, 직원들은 직접 출근을 하지 않고 가상 공간에서 업무를 보고 회의를 하기도 한다고 하네요. 사실, 과거에도 많은 사람들이 홈페이지를 만들고 아바타를 꾸며 지인들과 소통하곤 했는데요. 메타버스는 과거에 비해 훨씬 더 다양한 활동을 할 수 있다는 점이 특징입니다. 일부 전문가들은 메타버스가 발전할지라도 실제 세상을 모두 대체하지 못할 것이라고 합니다. 하지만 메타버스는 시간과 공간의 제약을 뛰어넘을 수 있다는 큰 장점을 가지고 있어 앞으로 더 넓은 영역으로 확대될 것으로 전망됩니다.
>
> **진행자:** 와, 집 밖으로 나가지 않고도 다양한 활동이 가능하다니 격세지감이 느껴집니다. 앞으로도 기대가 많이 되네요.

- 메타버스는 어떤 의미예요?
- 메타버스의 장점은 뭐예요?

📝 흐름 [名] 潮流

대화 후 활동

1 다음의 활동에는 어떤 장점과 단점이 있을까요? 써 봅시다.

활동	장점	단점
온라인 콘서트	1) 외국 팬들도 관람할 수 있다. 2)	1) 분위기가 실제 콘서트만 못하다. 2)
온라인 수업	1) 2)	1) 2)
온라인 ___	1) 2)	1) 2)

2 온라인 활동의 장점과 단점을 아래의 표현을 활용해서 이야기해 봅시다.

직접적인 표현	간접적인 표현
–는다고/ㄴ다고/다고 생각해요 –는다고/ㄴ다고/다고 봐요	–지 않을까요? –(으)ㄹ 것 같은데요.

 요즘 온라인 콘서트를 많이 하더라고요. 개인적으로는 외국 팬들도 쉽게 관람할 수 있어서 좋다고 생각해요.

그래도 분위기가 실제 콘서트만 못할 것 같은데요.

문법

1. 谓词 더라니

"-더라니"是终结词尾，用于谓词词干后，表示回想和推测，即说话人曾在某种程度上预测到某一状态或行动的原因或结果，而现在才得以证实，由此表示感叹或惊讶之情。"-더라니"常与副词"어쩐지"一起搭配使用，可以对晚辈或关系亲密的人使用，也可以用于自言自语。

아무리 기다려도 음식이 안 나오**더라니**. 직원이 주문을 잊어버린 거였어요.
怪不得等了这么久都不上菜，原来是服务员给忘了。

어쩐지 기분이 좋아 보이**더라니**. 저녁에 데이트 있어서 그랬구나?
怪不得你的心情看起来不错，原来是因为晚上有约会啊。

어쩐지 다른 학생들이 안 오**더라니**. 오늘 휴강이었구나.
怪不得其他同学都不来，原来今天停课了。

어쩐시 뭔가 허전하**더라니**. 지갑을 두고 왔네.
怪不得觉得空落落的，原来是忘了带钱包了。

잠이 안 와? 어쩐지 어제 커피를 많이 마시**더라니**.
你不困吗？难怪呢，昨天咖啡喝得太多了。

두 사람의 분위기가 심상치 않**더라니**. 결국 싸움이 발생하고 말았다.
感觉两个人的气氛有点儿不对劲，到底还是吵了一架。

가: 준호 맞지? 와, 이게 얼마 만이야? 졸업 이후로 처음 보는 것 같네.
是俊浩吧？哇，这是有多久没见了？这好像是毕业以后第一次见吧。

나: 어쩐지 낯이 익**더라니**. 정말 오랜만이네. 잘 지냈어?
怪不得觉得眼熟呢。真是好久没见了。你过得挺好的吧？

가: 왕린, 그 이야기 들었어? 은정이가 이번 학기 과 수석이래!
王琳，你听说了吗？恩静是这学期全系第一名！

나: 와, 정말? 이번에는 이 악물고 공부하**더라니**. 대단하다.
哇，真的吗？我看她这次咬紧牙关努力学习。真是太厉害了。

심상치 않다 [词组] 不对，不妙　　낯이 익다 [词组] 面熟，眼熟　　수석 [名] 第一名
악물다 [动] 紧紧咬住，咬紧

2. 动词 곤 하다

"–곤 하다"是惯用型，用于动词词干后，表示经常做某事或反复出现某种情况，相当于汉语的"经常，总是"。"–곤 했다"则表示过去经常做某事而现在不再做了。

 고향에 내려갈 때마다 어린 시절이 떠오르**곤 합**니다.

每次回老家的时候都会回想起童年的时光。

사고 싶은 물건이 생기면 인터넷에서 사용 후기부터 찾아보**곤 해**요.

我要是有想买的东西，一般都会先在网上找商品评价来看。

기분이 우울해질 때면 코인 노래방에 가서 큰 소리로 노래를 부르**곤 해**요.

我心情郁闷的时候总去投币式KTV大声唱歌。

예로부터 우리 선조들은 팔월대보름에 보름달을 보며 소원을 빌**곤 했**다.

自古以来，我们的祖先常在八月十五的满月之夜许下心愿。

주말에는 게임을 실컷 할 수 있었기 때문에 주말이 오기만을 손꼽아 기다리**곤 했**다.

因为周末可以尽情玩儿游戏，所以我总是迫不及待地等待着周末的到来。

과거에는 많은 사람들이 인테리어를 전문가의 영역으로 생각하**곤 했**는데요.

过去很多人都认为室内装饰是专业设计师的领域。

가: 어렸을 때는 정말 사소한 이유로 동생하고 싸우**곤 했**었죠.

我小时候总是因为很小的事情跟妹妹吵架。

나: 하하, 저도요. 지금 생각하면 아무 것도 아닌 일들인데요.

哈哈，我也是。现在想想都是些无关紧要的小事。

가: 저는 아직도 마음이 불안해지면 손톱을 물어뜯**곤 해**요.

当我心情不安时，我仍然会咬指甲。

나: 에구, 저는 마음이 급할 때 다리를 떨곤 하는데 고치려고 해도 잘 고쳐지지 않네요.

哎，我着急的时候也总是抖腿，总想改掉这个毛病，但是也改不掉。

시절 [名] 时期，岁月　　　　　　　코인 노래방 [词组] 投币式KTV

팔월대보름 [名] 八月十五（中秋节）　　손톱 [名] 手指甲　　물어뜯다 [动] 咬，咬掉

3. 谓词 (으)ㄹ지라도

"-(으)ㄹ지라도"是连接词尾，用于谓词词干后，表示即使假设发生了前面的事情，后面的事情也不会受到任何影响，相当于汉语的"就算，即使"。通常前半句假设的情况实际发生的可能性较小或程度较严重，而后半句常出现表示决心、计划、义务的句式。有收音的谓词词干后接"-을지라도"，无收音的谓词词干后接"-ㄹ지라도"，"名词＋이다"后接"-ㄹ지라도"。

굶어 죽**을지라도** 자존심은 절대로 버리지 않겠다.
我就算饿死也绝不会放弃自尊心的。

몇 번을 넘어**질지라도** 절대 포기하지는 않을 거야.
我就算会跌倒几次，也绝不会放弃。

비록 우리가 지금 헤어**질지라도** 언젠가는 다시 만날 것이라 굳게 믿는다.
即使我们现在要分开，我也坚信有朝一日我们会再见的。

모든 사람들이 나를 의심**할지라도** 오랜 친구인 너만은 나를 믿어 줬으면 좋겠어.
即使所有人都怀疑我，我也希望我的老朋友你能相信我。

참가 인원이 부족**할지라도** 이번 행사는 계획대로 진행하겠습니다.
就算参加人数不够，这次的活动也会按照计划进行。

티끌 모아 태산이라고 큰돈이 아**닐지라도** 꾸준히 모으면 나중에 도움이 될 거예요.
积少成多，就算不是很多钱，只要坚持攒，以后也会有帮助的。

가: 회사 생활이 쉽지 않네. 잘 적응할 수 있을지 모르겠어.
职场生活真不容易啊。也不知道我能不能适应。

나: 힘내. 처음에는 좀 힘**들지라도** 시간이 지나면 금방 적응할 수 있을 거야.
加油。就算刚开始有点儿累，过一段时间也会适应的。

가: 인공 지능 때문에 많은 사람들이 일자리를 잃어버릴지도 모른대요.
据说由于人工智能，很多人可能会失去工作。

나: 글쎄요. 인공 지능 기술이 아무리 뛰어**날지라도** 사람만이 할 수 있는 일이 많이 있지 않을까요?
这个嘛，不管人工智能技术再怎么发达，也有很多只有人才能做的事吧？

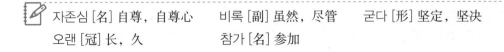

자존심 [名] 自尊，自尊心   비록 [副] 虽然，尽管   굳다 [形] 坚定，坚决
오랜 [冠] 长，久   참가 [名] 参加

문법 연습

1 〈보기〉와 같이 빈칸에 알맞은 것을 골라 쓰십시오.

되다 　좋다　 저렴하다 　 우중충하다 　 피곤해 보이다

보기
가: 와, 여기 음식 정말 맛있다. 어쩐지 후기가 <u>좋더라니</u>.
나: 거 봐. 여기 맛집 맞다니까? 오길 잘했지?

1) 가: 아, 너무 시끄러워. 방음이 너무 안 되는 거 아니야?
　 나: 어쩐지 월세가 ＿＿＿＿＿＿. 집을 잘못 고른 것 같아.

2) 가: 날씨가 ＿＿＿＿＿＿. 비가 많이 오네.
　 나: 아, 나 우산 안 가저왔는데 어떡하지?

3) 가: 죄송해요. 회의가 이제야 끝났어요.
　 나: 어쩐지 통화가 계속 안 ＿＿＿＿＿＿. 회의가 길어졌나 보네요.

4) 가: 어제 밤새 게임했더니 너무 졸리네요.
　 나: 어쩐지 ＿＿＿＿＿＿. 게임도 몸 생각하면서 해야죠.

2 〈보기〉와 같이 빈칸에 알맞은 것을 골라 쓰십시오.

때우다 　보내다　 떠오르다 　 이야기하다 　 흥건해지다

보기 주말에는 피아노를 치거나 독서를 하면서 시간을 <u>보내곤 한다</u>.

1) 비가 오는 날이면 한국에서 먹었던 파전이 ＿＿＿＿＿＿＿.
2) 고등학교 친구들을 만나면 그때의 추억을 ＿＿＿＿＿＿＿.
3) 시간이 없을 때는 편의점에서 산 삼각김밥으로 식사를 ＿＿＿＿＿＿＿.
4) 저는 긴장을 하면 땀이 많이 나서 손바닥이 땀으로 ＿＿＿＿＿＿＿.

🖉 우중충하다 [形] 阴沉，阴暗　　 이제야 [副] 现在才，这才　　 밤새 [名] 整晚，整夜
흥건하다 [形] 湿漉漉的，湿湿的　　 파전 [名] 葱煎饼　　 삼각김밥 [名] 三角饭团

3 〈보기〉와 같이 알맞은 것을 연결하고 문장을 쓰십시오.

보기 성공할 가능성이 크지 않다 ●——● ① 최선을 다할 것이다

1) 아무리 일이 바쁘다 ● ● ② 부모님께 연락을 드려야 한다

2) 다른 사람들은 비난을 퍼붓다 ● ● ③ 일단 공항에 가서 기다려 볼 것이다

3) 상대 팀과 점수 차이가 크게 나다 ● ● ④ 가족은 나를 감싸 줄 것이라 믿는다

4) 내일 기상 악화로 비행기가 취소되다 ● ● ⑤ 끝까지 포기하지 않으면 역전할 기회를 얻을 수 있다

보기 성공할 가능성이 크지 않을지라도 최선을 다할 것이다.

1) _____
2) _____
3) _____
4) _____

4 다음을 듣고 물음에 답하십시오.

1) 여자는 무엇에 대해서 이야기하고 있습니까?

① 혼자서 인테리어를 하는 법　　② 예쁜 소품을 살 수 있는 가게
③ 최근에 관심을 갖게 된 취미 생활　　④ 인테리어를 하기 전에 해야 할 일

2) 들은 내용과 <u>다른</u> 것을 고르십시오.

① 여자는 벽에 걸어 둘 포스터를 사려고 한다.
② 여자는 남자에게 인테리어 관련 앱을 추천했다.
③ 여자는 최근에 집을 꾸미는 것에 관심이 생겼다.
④ 여자는 집의 인테리어 영상을 찍어서 다른 사람들과 공유하곤 한다.

3) 남자가 이어서 할 행동으로 옳은 것을 고르십시오.

① 핸드폰으로 집을 촬영한다.
② 집을 꾸미기 위해 필요한 것을 메모한다.
③ 쇼핑몰에서 귀여운 인테리어 소품을 찾아본다.
④ 앱을 다운 받아서 다른 사람들의 집을 구경한다.

비난 [名] 责难，指责　　퍼붓다 [动] 痛骂，破口大骂　　악화 [名] 恶化
감싸다 [动] 祖护，包庇　　역전하다 [动] 逆转，反转　　아기자기하다 [形] 小巧玲珑
셀프 인테리어 [词组] 自助室内装修　　테이블 [名] 桌子　　스탠드 [名] 台灯
소품 [名] 小物件　　뿌듯하다 [形] 满足

5 다음을 읽고 물음에 답하십시오.

요즘 들어 젊은 사람들 사이에서 등장한 대표적인 취미로 랜선 집들이가 있다. (㉠) 집들이란 보통 이사를 한 후에 친구나 직장 동료들을 불러 집을 구경시켜 주고 음식을 대접하는 일을 뜻한다. (㉡) 랜선 집들이는 자신의 집을 꾸민 후 친구나 직장 동료를 포함해서 서로 알지 못하는 사람들에게까지 자신의 집을 사진이나 영상으로 찍어서 보여주는 것이다.

랜선 집들이는 영상 기술과 인터넷의 발달과 함께 유행을 타기 시작했다. (㉢) 다양한 집의 모습을 영상은 물론 VR로 생생하게 볼 수 있어 집을 구경하는 재미가 쏠쏠하다. (㉣) 또한 '집'이라는 공간의 가치도 높아진 것도 랜선 집들이가 유행하는 하나의 원인이다. 과거에 집은 그저 식사를 하고 잠만 자는 공간으로 인식되곤 했다. 하지만 재택근무를 하는 회사가 늘어나면서 집에서 보내는 시간이 많아지다 보니 집을 편리하고 보기 좋은 공간으로 꾸미는 것에 관심이 높아지게 된 것이다.

1) 랜선 집들이에 대한 내용으로 <u>다른</u> 것을 고르십시오.

① 집에서 보내는 시간이 늘면서 인기가 많아졌다.

② 아는 사람뿐만 아니라 모르는 사람을 초대하기도 한다.

③ 친구나 직장 동료를 집으로 불러서 집을 소개하는 것이다.

④ 다양한 기술의 발달로 집을 생생하게 구경할 수 있게 되었다.

2) 주어진 문장이 들어가기에 가장 알맞은 곳을 고르십시오.

그러나 랜선 집들이는 이와 다르다.

① ㉠　　　　　　② ㉡　　　　　　③ ㉢　　　　　　④ ㉣

3) 랜선 집들이가 젊은 사람들 사이에서 인기를 얻게 된 두 가지 이유를 쓰십시오.

① _____

② _____

✏️ 대접하다 [动] 招待　　포함하다 [动] 包括, 包含　　랜선 집들이 [词组] 线上乔迁宴
유행을 타다 [词组] 赶潮流　　인식되다 [动] 认识到, 被认为

쓰기

1 다음 문법을 사용해서 제시된 표현을 한 문장으로 써 보십시오. 단, 제시된
표현의 순서는 바꾸지 마십시오.

-듯이	-다가 보면	-(으)ㄹ지라도
-는데/ㄴ데/(으)ㄴ데	-는다/ㄴ다/다	-곤 하셨다

1) 친구들과 교실에서 장난을 치다 / 싸움이 날 때가 있다 / 그때마다 선생님께서는
우리에게 벽을 보고 서 있게 하다

⇨ _____

2) 고진감래라는 말이 있다 / 목표를 이루는 과정이 아무리 힘들다 / 잘 버티면 좋은
결과가 있을 거라고 믿다

⇨ _____

2 다음을 읽고 빈칸에 들어갈 알맞은 말을 써 보세요.

무인, 셀프, 자동화 경향이 확산되면서 사람과 사람이 직접 만나지 않는 비대면 및
비접촉 환경에서 다양한 것들이 가능하게 되었다. 이러한 경향성은 다양한 산업에
적용되고 있는데 예를 들어 유통 산업의 경우 몇몇 매장에서는 키오스크를 도입하여
주문부터 결제까지 모두 비대면화하고 있다. 키오스크의 도입으로 점원이 할 일을
소비자가 직접 하게 되면서 점원이 없는 매장이 점점 늘어나고 있다. 금융 산업도
마찬가지이다. 인터넷 뱅킹 기술이 점차 더 발달하여 은행을 (㉠) 은행원을
(㉡) 스스로 거의 모든 은행 업무를 처리할 수 있다.

㉠ _____

㉡ _____

🖉 싸움이 나다 [词组] 吵架　　무인 [名] 无人　　셀프 [名] 自助　　확산되다 [动] 扩散
　　비접촉 [名] 无接触　　경향성 [名] 倾向性　　유통 [名] 流通　　키오스크 [名] 自助服务机
　　도입하다 [动] 引进, 引入　　비대면화하다 [动] 无接触　　금융 [名] 金融
　　인터넷 뱅킹 [词组] 网络银行

정리하기

이것만은 꼭 외웁시다!

1) 가: 예전에는 좋아하는 외국 가수가 있으면 내한 공연만 손꼽아기다리곤 했는데, 이제는 온라인 콘서트라도 볼 수 있어서 정말 다행인 것 같아.

以前如果有喜欢的外国歌手，只能翘首期盼他们来韩国开演唱会，但现在能在线上看演唱会太幸运了。

나: 온라인으로 콘서트를 보면 무대 영상을 보는 것과 똑같지 않을까?

看线上演唱会和看舞台表演的视频有什么不同吗？

2) 가: 요즘은 예전과 다르게 음향 기술이 많이 발전해서 이어폰만 끼면 직접 라이브를 듣는 것처럼 현장감을 느낄 수 있어. 영상 화질도 예전보다 많이 선명해졌고.

现在和以前不同，音响技术发展迅速，只需戴上耳机，就可以如身临其境般地听到现场的音效，视频画质也比以前更清晰。

나: 아무리 실제 콘서트 같을지라도 그 분위기는 직접 콘서트를 보는 것만 못할 것 같아.

但是我觉得无论再怎么模拟线下演唱会，那种氛围还是不如亲临现场的感受好。

3) 가: 드니어 콘서트 표 예배에 성공했어! 终于买到了演唱会的票！

나: 어쩐지 기분이 좋아 보이더라니. 드디어 성공했구나.

怪不得你看起来心情这么好。终于买到票了。

4) 가: 왕린, 그 이야기 들었어? 은정이가 이번 학기 과 수석이래!

王琳，你听说了吗？恩静是这学期全系第一名！

나: 와, 정말? 이번에는 이 악물고 공부하더라니. 대단하다.

哇，真的吗？我看她这次咬紧牙关努力学习。真是太厉害了。

핵심 어휘

名词

| 발전 发展 | 발달 发达 | 실현 实现 | 제약 制约，限制 |

成语

고진감래 苦尽甘来	격세지감 恍如隔世	대기만성 大器晚成	상부상조 相辅相成
설상가상 雪上加霜	오비이락 瓜田李下	우이독경 对牛弹琴	유비무환 有备无患
어부지리 渔翁之利	전화위복 因祸得福	천지개벽 天翻地覆	타산지석 他山之石

자기 평가

| 能够完成吗？ | 需再次复习 | 进入下一课！ | |
		良好	优秀
能谈论网络时代所带来的变革并发表自己的看法吗？	无法完成	可以完成	非常好
能说出多少与网络科技时代相关的单词或词组？	0~3个	4~6个	7个以上
能灵活运用本课所学的语法吗？	无法完成	可以完成	非常好

먼 미래의 일일 줄 알았는데 우리가 꿈꾸던 일이 현실이 되어 가고 있는 것 같습니다

目标：能讨论与高新科技相关的内容

语法：动词 아/어 내다, 名词 에 의해서, 谓词 (으)ㄹ 줄 알았다/몰랐다

词汇：与科学技术相关的词汇，词缀 "무-" "최-" 构成的单词

未来之城——"智慧城市"

　　智慧城市是指利用先进的信息通信技术（ICT），解决城市生活中引发的交通、环境、居住、设施利用率等问题，为市民提供便捷、舒适的生活条件而构建的 "智能化城市"。首尔是韩国打造的智慧城市之一，为了解决交通问题，引入了多种尖端科学技术。例如，使用数字地图，启用全天24小时监测空气质量和城市噪音等级的传感器等。此外，还利用信息通信技术解决健康管理、垃圾处理等日常生活中的问题，为市民生活提供更多的便利。韩国在釜山和世宗构建了最大规模的智慧城市产业，包括人工智能（AI）、自动驾驶、机器人、医疗保健、网络安全、智能物联网等服务项目。智慧城市建设已成为城市发展的新趋势，各国根据自身的经济发展水平、城市状况及条件，都在积极地推进智慧城市的开发。

이야기해 봅시다

1. 스마트 시티란 무엇일까요?

2. 미래 스마트 시티에서는 시민들에게 어떤 편의를 제공하게 될 지에 대해 이야기해 봅시다.

어휘와 표현

 与科学技术相关的词汇

인공 지능(AI) 人工智能	3D 프린팅 3D打印
지문 인식/음성 인식/얼굴 인식 指纹识别/语音识别/人脸识别	
재생 에너지 再生能源	GPS 全球定位系统
우주 과학 航天科学	가상 현실(VR) 虚拟现实
자율 주행 자동차 无人驾驶汽车	사물 인터넷(IoT) 物联网
유비쿼터스(Ubiquitous) 普遍存在	스마트 시티(smart city) 智慧城市
스마트 팜(smart farm) 智慧农场	

 词缀"무-""최-"构成的单词

무(無) -	무감각 麻木　　무관심 漠不关心　　무반응 无反应　　무인 无人 무질서 无秩序　　무책임 不负责任
최(最) -	최고급 最高级　　최단기 最短时间　　최신형 最新型　　최우수 最优秀 최정상 最高峰　　최첨단 最尖端

어휘와 표현 연습

1 빈칸에 알맞은 것을 골라 쓰십시오.

| 인공 지능　　우주 과학　　지문 인식　　재생 에너지 |

1) ＿＿＿＿＿＿＿＿ : 사람마다 다른 지문을 분별하고 판단하여 본인임을 확인하는 기술

2) ＿＿＿＿＿＿＿＿ : 자연에서 얻을 수 있는 무공해 에너지로 계속 써도 무한에 가깝도록 다시 공급되는 에너지

3) ＿＿＿＿＿＿＿＿ : 기초 과학 및 인공위성이나 우주선 등 우주 개발 수단을 이용하여 우주를 연구하는 학문

4) ＿＿＿＿＿＿＿＿ : 사람이 만든 지능이라는 뜻, 인간의 지능으로 할 수 있는 일을 컴퓨터가 하도록 만드는 기술

2 알맞은 것을 연결하십시오.

1) 자율 주행　·　　　　　·　① 우주 탐사

2) 우주 과학　·　　　　　·　② 스마트 가전제품

3) 사물 인터넷 ·　　　　　·　③ 풍력, 수력, 태양력

4) 재생 에너지 ·　　　　　·　④ 무인 우체국, 배달 로봇

3 빈칸에 알맞은 것을 골라 쓰십시오.

| 인　　감각　　고급　　관심　　단기　　반응　　신형　　첨단 |

무(無)–	최(最)–

✎ 무공해 [名] 无公害　　　탐사 [名] 探索　　　스마트 [名] 智慧，智能

 대화

1 이준호가 장웨이의 집에 처음 방문했습니다. 두 사람은 어떤 이야기를 하게 될까요?

> **이준호:** 와, 형. 집이 넓고 깔끔하네요.
>
> **장웨이:** 너 오기 전에 잠깐 청소했거든. 좀 덥지? 에어컨 틀어 줄게. '안녕, 바로!', 에어컨 켜 줘.
>
> **AI 스피커:** (에어컨 작동) 네, 에어컨을 작동합니다.
>
> **이준호:** 형은 에어컨도 음성 인식으로 켜세요? 저희 집도 인공 지능 스피커가 있긴 한데 날씨를 물어볼 때나 음악 들을 때가 아니면 잘 안 쓰거든요.
>
> **장웨이:** 나도 예전에는 간단한 기능만 썼는데, 여러 전자 제품하고 다 연결해 보니까 확실히 편하더라.
>
> **이준호:** 그래요? 사실 저도 TV나 에어컨을 인공 지능 스피커하고 연결해 봤는데, 말하는 것보다 리모컨으로 조작하는 게 더 편해서 안 쓰게 되더라고요. 인공 지능 스피커가 항상 편한 건 아닌 것 같아요.
>
> **장웨이:** 음, 그럴 수도 있겠네. 그래도 인공 지능 스피커 기능 중에서 전등하고 커튼 조작 기능은 꽤 괜찮아. 예약 시간만 설정해 두면 알람이 울리면서 자동으로 전등이 켜지고 커튼이 걷히는데, 아침에 일어날 때마다 덜 피곤하고 좋더라. 스마트 전구하고 전동 커튼을 따로 사야 하긴 하지만.
>
> **이준호:** 오, 그건 좀 솔깃한데요? 누가 생각해 냈는지는 모르겠지만 저한테는 꼭 필요한 기능 같아요. 제 방이 너무 어두워서 요즘 잠을 잘 못 깨거든요.
>
> **장웨이:** 하하, 그래. 최신 기술이라고 해서 무조건 따를 필요는 없지. 사람마다 자신에게 필요한 만큼 기술을 받아들이는 게 맞는 것 같아.

- 이준호는 주로 언제 인공 지능 스피커를 사용합니까?
- 장웨이는 인공 지능 스피커의 어떤 기능을 이준호에게 추천합니까?

스피커 [名] 扬声器　　리모컨 [名] 遥控器　　커튼 [名] 窗帘　　걷히다 [动] 收
전동 [名] 电动　　　솔깃하다 [形] 有趣，感兴趣

2 자율 주행 자동차에 대한 전문가의 인터뷰가 진행되고 있습니다. 여러분은 오늘날 자율 주행 자동차 기술에 대해 얼마나 알고 있나요?

> **진행자:** 오늘은 정 박사님과 함께 자율 주행 자동차에 대한 궁금증을 해소해 보도록 하겠습니다. 먼저, 자율 주행 자동차는 어떻게 스스로 운전을 하는 건가요? 그 원리가 궁금합니다.
>
> **전문가:** 네. 어떤 사람들은 자율 주행 자동차가 GPS 기술을 활용하는 것으로 알고 있지만, 사실 GPS는 정확도가 떨어져서 자율 주행에 활용하기 어렵습니다. 자율 주행 자동차는 기존의 카메라 기술, 레이더 기술을 바탕으로 새롭게 레이저 광선을 발사하는 장치를 활용하는 경우가 많습니다. 그러니까 물체에서 반사된 레이저 광선에 의해서 다른 차나 건물 등의 위치를 정확히 파악할 수 있는 거지요.
>
> **진행자:** 네. 다음은 시청자 분들이 가장 궁금해 하실 질문인데요. 그렇다면 자율 주행 자동차 기술은 현재 얼마나 발전했을까요? 현 시점에서 대중화가 가능할까요?
>
> **전문가:** 사실 자율 주행 자동차는 현재 기술로도 충분히 실현 가능합니다. 다만 기기에 오류가 발생하면 큰 사고를 일으킬 가능성이 있기 때문에 만일을 대비해 아직은 보조 운전자가 필요한 상태입니다. 하지만 기술 발전이 계속 이루어지면 운전대 없는 자동차, 무인 자동차가 도로를 달리는 날도 머지않았다고 할 수 있습니다.
>
> **진행자:** 그렇군요. 자율 주행 자동차 기술, 먼 미래의 일일 줄 알았는데 우리가 꿈꾸던 일이 현실이 되어 가고 있는 것 같습니다.

• 자율 주행 자동차는 어떤 기술들을 활용합니까?
• 현재 자율 주행 자동차의 대중화가 가능합니까? 아직 불가능하다면 그 이유는 무엇입니까?

레이더 [名] 雷达　　　레이저 광선 [词组] 激光射线　　　운전대 [名] 方向盘
기기 [名] 机器　　　오류 [名] 故障，错误　　　머지않다 [形] 很快，不远

대화 후 활동

1 **인공지능 스피커로 할 수 있는 일에 대해 〈보기〉와 같이 이야기해 보세요.**

> 보기 인공 지능 스피커에 <u>에어컨을 연결해 놨더니 음성 명령으로 에어컨을 켜고</u>
> <u>끌 수 있어요.</u>

1) _____

> 보기 인공 지능 스피커에 <u>원하는 TV 프로그램의 이름을 말하면 리모컨을 사용하지</u>
> <u>않아도 손쉽게 찾을 수 있어요.</u>

2) _____

2 **최신 기술에는 어떤 것들이 있는지 〈보기〉와 같이 이야기해 보세요.**

기기	자동차	핸드폰	
기능	차선 유지 보조 장치	얼굴 인식 기능	
장점	잠깐의 실수나 졸음 운전으로 인한 사고가 많이 줄었다	비밀번호나 패턴을 사용하여 잠금 해제를 하는 것보다 안전하다	

> 보기 최근 <u>자동차</u>에는 <u>차선 유지 보조 장치</u>가 있는데 이 <u>장치</u> 때문에 <u>잠깐의 실수나</u>
> <u>졸음 운전으로 인한 사고가 많이</u> 줄었대요.

✎ 손쉽다 [形] 容易   차선 [名] 车道   졸음 [名] 困   패턴 [名] (手机锁屏) 手势图案
  잠금 해제 [词组] 密码解锁

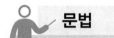 **문법**

1. 动词 아/어 내다

"–아/어 내다"是惯用型，用于动词词干后，表示竭尽全力最终完成某事。以元音"ㅏ/ㅗ"结尾的动词词干后接"–아 내다"，以其他元音结尾的动词词干后接"–어 내다"，"–하다"动词词干后接"–여 내다"，并以"해 내다"的形式使用。

 친구에게 빌려준 돈을 겨우 받**아 냈다**.
借给朋友的钱好不容易才要了回来。

목격자는 범인의 얼굴을 기억**해 내**려고 애썼다.
目击者试图记起犯人的脸。

우리가 함께 한다면 어떤 어려움도 이**겨 낼** 수 있을 거야.
只要我们同心协力，就能战胜任何困难。

최 박사는 7년의 오랜 연구 끝에 새로운 암 치료제를 개발**해 냈**다.
崔博士经过7年的长期研究，终于研发出了新的癌症治疗剂。

3D 프린터는 자전거와 집, 심지어 인공 장기까지 만들**어 낼** 수 있다고 합니다.
据说3D打印机可以制造自行车、房子，甚至能够制造人造器官。

서울 축구 팀은 경기 종료 3분 전 역전 골로 겨우 팀의 4연패를 끊**어 냈**습니다.
首尔足球队在比赛结束前3分钟反败为胜，避免了球队的四连败。

가: 우승 축하해! 매일 새벽마다 수영장에 가서 그렇게 열심히 연습하더니, 드디어 꿈을 이**뤄 내**는구나.
恭喜你夺冠! 你每天凌晨都去游泳馆那么拼命地训练，终于实现了梦想。

나: 고마워. 하지만 이제 시작이야. 더 큰 대회 우승을 목표로 더욱 노력해야지.
谢谢。但这只是开始。我还要以在更高级别的比赛中取得冠军为目标而加倍努力。

가: 준호야, 이거 좀 도와줄 수 있어? 스티커가 너무 오래 붙어 있었는지 깔끔하게 떼**어 낼** 수가 없네.
俊浩，你能帮我一下吗? 可能贴纸贴得太久了，无法把它不留痕迹地撕下来。

나: 그래? 그거 헤어드라이어 쓰면 쉽게 뗄 수 있는데. 내가 도와줄게.
是吗? 用吹风机吹一下的话很容易就能撕下来。我来帮你。

목격자 [名] 目击者　　범인 [名] 犯人　　장기 [名] 器官　　역전 골 [词组] 逆转球
스티커 [名] 贴纸　　떼다 [动] 撕，摘

2. 名词 에 의해서

“−에 의해서”是惯用型，用于名词后，表示通过某种手段、方法或根据某种状况。谓语常使用被动词，主要用于书面语。可省略“서”，以“−에 의해”的形式使用，也可以以“−에 의한”的形式修饰后面的名词。

 이벤트 당첨자는 추첨**에 의해** 결정될 예정입니다.
活动中奖者将通过抽签选出。

연예인 김 씨의 새 드라마 출연은 많은 시청자들의 반발**에 의해** 취소되었다.
因遭到许多观众的反对，艺人金某出演新剧的计划被取消了。

개와 고양이는 원래 사이가 좋은 동물이 아니지만, 자라는 환경**에 의해** 친밀한 사이가 될 수도 있다.
狗和猫原本就不是互相示好的动物，但生长环境可以使它们变得亲密。

글을 쓸 수 있는 종이는 고대 중국의 채륜**에 의해서** 발명되었다.
可以书写的纸是由中国的蔡伦发明的。

고객의 단순 변심**에 의한** 환불은 불가능합니다.
不接受因客户不喜欢而申请的退款。

기술 발전**에 의한** 우리 삶의 변화에 대해 이야기해 봅시다.
让我们来讲一讲技术进步给我们生活带来的变化。

🖉 당첨자 [名] 中奖者　　　반발 [名] 反对　　　자라다 [动] 生长　　　변심 [名] 变心，改变心意

3. 谓词 (으)ㄹ 줄 알았다/몰랐다

"–(으)ㄹ 줄 알았다/몰랐다"是惯用型，用于谓词词干后，" –(으)ㄹ 줄 알았다"表示预料到某事会发生，"–(으)ㄹ 줄 몰랐디"表示没预料到某事会发生。有收音的谓词词干后接 "–을 줄 알았다/몰랐다"，无收音和收音为 "ㄹ" 的谓词词干后接 "–ㄹ 줄 알았다/몰랐다"，"名词＋이다"后接 "–ㄹ 줄 알았다/몰랐다"。

역시 너라면 합격**할 줄 알았**어.
果不其然，我就知道你会合格的。

주말이라서 사람이 많**을 줄 알았**는데 생각보다 한가하네요.
因为是周末，我本以为人会很多，却比我预想的要少。

어릴 때는 나이만 먹으면 모두가 어른스러워**질 줄 알았**죠.
小时候我以为只要上了年纪，所有人都会变得成熟。

한국에 오기 전에는 한국 음식이 이렇게 입에 잘 맞**을 줄 몰랐**어요.
我来韩国之前没想到韩国菜这么合我的口味。

예전에는 컴퓨터처럼 인터넷을 할 수 있는 핸드폰이 나**올 줄 몰랐**죠.
我以前没想到，会有像电脑一样可以上网的手机面世。

줄곧 모솔이었던 네가 우리 동기들 중에서 제일 먼저 결혼**할 줄**은 정말 **몰랐**어.
我真没想到，一直单身的你，会是我们同学中第一个结婚的。

가: 미안해. 빨리 오려고 했는데 오늘도 지각해 버렸네.
　　抱歉，本来想早点儿来的，结果今天又迟到了。

나: 흥, 그럴 **줄 알았**어. 넌 맨날 이런저런 핑계 대면서 늦잖아.
　　哼，我就知道会是这样。你每次迟到都能找到各种借口。

가: 요즘 20대들은 직장을 선택할 때 연봉을 제일 중요하게 생각한대요.
　　听说现在的20多岁年轻人在选择工作的时候最看重的是年薪。

나: 그래요? 워라밸이 제일 중요하다고 생각**할 줄 알았**는데, 의외네요.
　　是吗？我还以为他们会看中工作与生活的平衡，真是出乎意料。

모솔 [名] 单身　　핑계 [名] 借口　　의외 [名] 意外，出乎意料

 **문법 연습**

1 〈보기〉와 같이 빈칸에 알맞은 것을 골라 쓰십시오.

(털다) 쏟다 구하다 자르다 지우다

보기 이불에 붙어 있는 먼지를 막대기로 힘껏 두들겨 털어 냈다.

1) 왕린은 댄스 공연이 끝난 뒤 클렌징크림으로 꼼꼼하게 화장을 _____.

2) 신고를 받고 출동한 구급대원들은 심장마비가 온 노인의 목숨을 _____.

3) 연기 대상을 받은 배우 이형수는 수상 소감을 발표하는 도중에 참았던 눈물을 _____.

4) 서울시는 꽃가루로 인한 피해를 막기 위해 꽃가루를 많이 발생시키는 가로수를 _____.

2 〈보기〉와 같이 빈칸에 알맞은 것을 골라 쓰십시오.

기술 (순서) 사고 신고 컴퓨터

보기 대회는 계획된 순서에 의해서 1시간 동안 진행되었다.

1) 회사의 모든 설비는 _____ 자동적으로 조절된다.

2) 스마트 팜은 첨단 _____ 만들어진 최신 농업 시스템이다.

3) 드라마에는 주인공이 _____ 기억 상실증에 걸리는 설정이 많다.

4) 누군가의 _____ 오랫동안 해결되지 않았던 사건의 진실이 밝혀졌다.

막대기 [名] 木棍　　두들기다 [动] 拍打　　클렌징크림 [名] 卸妆膏　　목숨 [名] 命

수상 [名] 获奖　　꽃가루 [名] 花粉　　가로수 [名] 路边树，林荫树

기억 상실증 [词组] 失忆症

3 〈보기〉와 같이 빈칸에 알맞은 것을 쓰십시오.

보기

⇨ 전: 저는 <u>30분이면 일을 끝낼 줄 알았어요</u>.

⇨ 후: 저는 <u>이 일이 이렇게 오래 걸릴 줄 몰랐어요</u>.

1)

⇨ 전: 강아지 털이 길어서 _____.

⇨ 후: 미용이 _____.

2)

⇨ 전: 20년 후에도 집에서 _____.

⇨ 후: 20년이 지난 지금 _____.

3)

⇨ 전: 섬으로 여행을 가면 _____.

⇨ 후: 섬에서도 _____.

4)

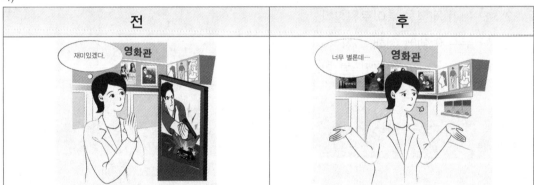

⇨ 전: 유명한 감독이 연출한 영화라서 _____.

⇨ 후: 너무 기대를 해서 그런가 실망이다. _____.

와이파이(Wi-Fi) [名] 无线网络

4 다음을 듣고 물음에 답하십시오.

1) 남자와 여자는 무엇에 대해 이야기하고 있습니까?

① 휴가지 　　　 ② VR 체험 　　　 ③ 여행 방법 　　　 ④ 취미 활동

2) 들은 내용과 <u>다른</u> 것을 고르십시오.

① 여자는 만족스러운 휴가를 보냈다.

② 여자는 최근에 VR 기기를 구매했다.

③ 여자는 휴가 때 해외여행을 다녀왔다.

④ 여자는 남자에게 VR 체험을 추천했다.

3) 남자의 태도로 알맞은 것을 고르십시오.

① 여자의 말을 의심한다.

② VR 기기 체험을 흥미로워한다.

③ VR 우주 여행에 대해 부정적이다.

④ 여자의 휴가 이야기를 듣고 안타까워한다.

방콕 [名] 宅在家　　떠다니다 [动] 漂浮，飘动　　광활하다 [形] 广阔
문화유산 [名] 文化遗产　　대리 만족 [词组] 感应式满足，替代性满足

5 **다음을 읽고 물음에 답하십시오.**

3D 프린팅(3D Printing) 기술은 말 그대로 '입체적으로' 무언가를 출력하는 기술로 플라스틱, 유리, 고무 등 다양한 소재를 활용해 입체적인 모형을 만들어 낸다.

3D 프린팅 기술이 오늘날 최첨단 기술 중 하나로 각광 받는 이유는 무엇일까? 우선 3D 프린팅은 제조업의 효율성을 크게 높였다. (㉠) 초기 3D 프린팅 기술은 제조업에서 실물 제품을 생산하기 전 제작하는 모형 디자인의 완성 시간을 크게 단축시켰다. (㉡) 3D 프린팅 기술이 발전하면 가까운 미래에 자동차처럼 크고 복잡한 제품까지 만들 수 있을 것으로 전망된다. (㉢) 식품업계에서는 치즈나 과자, 반죽 등 간단한 음식을 만드는 데 이미 도입되었으며, 건축업계에서도 활발히 활용되어 이미 3D 프린터에 의해 지어진 집이 있기도 하다. (㉣) 3D 프린팅 기술은 심지어 의료계에도 적용되어, 치료 목적을 위한 인공 뼈, 인공 장기까지도 만들어 내고 있다.

1) 이 글의 제목으로 적절한 것을 고르십시오.

① 3D 프린팅, 그 원리는 무엇인가?

② 3D 프린팅, 그 한계는 어디까지인가?

③ 3D 프린팅 기술의 활용 가치는 무엇인가?

④ 3D 프린팅 기술 개발의 목적은 무엇인가?

2) 이 글의 내용과 <u>다른</u> 것을 고르십시오.

① 3D 프린터는 다양한 재료를 사용할 수 있다.

② 앞으로 3D 프린팅 기술은 의료계에서도 사용될 전망이다.

③ 초기 3D 프린팅 기술은 크고 복잡한 제품을 만들 수 없었다.

④ 3D 프린팅 기술은 제조업의 효율성을 크게 높인 첨단 기술이다.

3) 다음 문장이 들어가기에 가장 알맞은 곳을 고르십시오.

3D 프린팅 기술은 제조업 외에도 다양한 분야에서 활용될 수 있는 무한한 가능성을 가지고 있다.

① ㉠   ② ㉡   ③ ㉢   ④ ㉣

✏️ 출력하다 [动] 打印   제조업 [名] 制造业   단축하다 [动] 缩短
식품업계 [名] 食品行业   반죽 [名] 和面   건축업계 [名] 建筑行业
의료계 [名] 医学界   인공 [名] 人工

 쓰기

1 다음 문법을 사용해서 제시된 표현을 한 문장으로 써 보십시오. 단, 제시된 표현의 순서는 바꾸지 마십시오.

-아서/어서	-았는데/었는데	-기 위해서
-는/(으)ㄴ	-아/어 내다	-(으)ㄹ 줄 몰랐다

1) 적성에 맞다 / 이 직업을 선택하다 / 이렇게 힘들다

➡ _____

2) 플라스틱의 쓰레기 문제를 극복하다 / 자연적으로 분해가 되다 / 바이오 플라스틱을 개발하다

➡ _____

2 다음의 그래프는 서비스 로봇 시장의 미래를 전망한 것입니다. 그래프를 보고 서비스 로봇 시장을 어떻게 전망하고 있는지 써 보십시오.

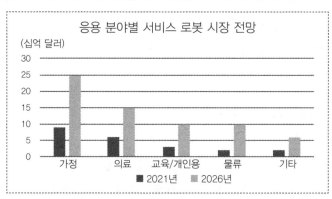

한국 산업 기술 진흥원은 2026년 세계 로봇 시장의 성장 추이에 대해 전망했다. 그 결과 2026년 세계 로봇 시장은 2021년보다 2배이상 성장할 것으로 나타났으며 산업용 로봇보다 서비스 로봇 시장이 더 확대될 것이라고 한다. 응용 분야별 서비스 로봇 시장을 살펴보면 (㉠) 전망했으며 그 다음으로 (㉡) 순으로 성장 가능성을 예상했다.

㉠ _____

㉡ _____

✏ 바이오 플라스틱 [词组] (可分解)生物塑料　진흥원 [名] 振兴院　추이 [名] 发展，变化
물류 [名] 物流

정리하기

이것만은 꼭 외웁시다! 🎧

1) 이벤트 당첨자는 추첨에 의해 결정될 예정입니다.
   活动中奖者将通过抽签选出。

2) 기술 발전에 의한 우리 삶의 변화에 대해 이야기해 봅시다.
   让我们来讲一下技术进步给我们生活带来的变化。

3) 가: 인공 지능 스피커 기능 중에서 전등하고 커튼 조작 기능은 꽤 괜찮아.
   在人工智能语音功能中，电灯和窗帘的操作功能还是挺不错的。

   나: 누가 생각해 냈는지는 모르겠지만 저한테는 꼭 필요한 기능 같아요.
   虽然不知道是谁想出来的，但这个功能对我来说是非常需要的。

4) 가: 요즘 20대들은 직장을 선택할 때 연봉을 제일 중요하게 생각한대요.
   听说现在20多岁年轻人在选择工作的时候最看重的是年薪。

   나: 그래요? 워라밸이 제일 중요하다고 생각할 줄 알았는데, 의외네요.
   是吗？我还以为他们会看中工作与生活的平衡，真是出乎意料。

핵심 어휘

名词
로봇 机器人

动词

출력하다 打印	조작하다 操作

词组

가상 현실 虚拟现实	기술을 활용하다 运用技术	음성 명령 声控，语音命令
인공 지능 人工智能	자율 주행 자동차 无人驾驶汽车	3D 프린팅 3D打印

자기 평가

能够完成吗？	需再次复习	进入下一课！	
		良好	优秀
能讨论与高新科技相关的内容吗？	无法完成	可以完成	非常好
能说出多少与科学技术相关的单词或词组？	0~4个	5~8个	9个以上
能灵活运用本课所学的语法吗？	无法完成	可以完成	非常好

AI 기술이 악용될 가능성도 있지 않을까 싶어요

目标：能围绕与科技相关的主题进行讨论
语法：谓词 지 않을까 싶다, 谓词 (으)ㄴ 나머지, 谓词 (으)ㄴ/는 만큼(2)
词汇：与讨论相关的句型

自动化技术会减少就业吗?

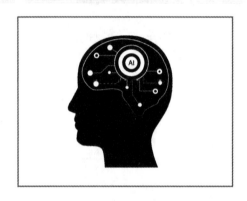

　　随着人工智能、自动化技术的发展，机器人是否会逐渐取代人类的工作呢？针对这一问题，人们持两种观点：一部分人消极地认为新技术的发展可能会导致一些工作岗位的消失；另一部分人则认为虽然某些工作岗位可能会被淘汰，但是更多的新兴职业也会随之产生。

　　人工智能、物联网(IoT)、大数据、虚拟现实(VR)、3D打印机、无人机等新技术改变了人们现有的工作方式，也减少了一些人工岗位的需求。例如，很多地方都安装了自动取款机，人们还可以通过手机App办理银行业务，所以银行营业厅和银行职员正在逐渐减少。但是，随着第四次产业革命的兴起，也出现了很多新兴职业。如人工智能工程师、元宇宙创作者、无人机工程师、大数据管理及分析师、机器人工程师等。未来我们的社会究竟会发生怎样的变化呢？

이야기해 봅시다

1. 우리 주변에 사람이 하던 일들 중 자동화된 것들이 뭐가 있어요?

2. 여러분은 과학 기술의 발달이 우리에게 어떤 영향을 미칠 거라고 생각해요?

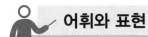 **어휘와 표현**

 与讨论相关的句型

1. 토론자 讨论者

1) 表达自己的见解时

> 저는 ··· –(는/ㄴ)다고 생각합니다/봅니다. 我认为······

저는 로봇이 낸 사고에 대한 책임은 로봇 주인에게 있다고 생각합니다/봅니다.
我认为机器人引发的事故，责任在于机器人的主人。

> 저는 ··· –(는/ㄴ)다고 생각하지 않습니다/보지 않습니다. 我不认为······

저는 로봇이 낸 사고에 대한 책임이 로봇 주인에게 있다고 생각하지 않습니다/보지
않습니다.
我不认为机器人引发的事故，责任在于机器人的主人。

> 저는 ···에 동의합니다/반대합니다. 我同意/反对······

저는 로봇이 낸 사고에 대해 로봇 주인이 책임 지는 것에 동의합니다/반대합니다.
我同意/反对机器人引发的事故，责任在于机器人的主人。

> (왜냐하면) ··· –기 때문입니다. (为何这样说呢？) 是因为······

(왜냐하면) 주인에게는 관리에 대한 책임도 있기 때문입니다.
（为何这样说呢？）是因为主人有管理的责任。

2) 反驳对方的意见时

> ··· –(는/ㄴ)다고 하셨는데, ··· –(으)ㄹ 수 있습니다/ –(으)ㄹ 것입니다.
> 虽说是······，但也可能······

로봇 관리에 대한 책임이 주인에게 있다고 하셨는데 로봇을 만든 회사에도 책임이 있을
수 있습니다.
您说管理机器人的责任在于机器人的主人，但是制作机器人的公司也可能有责任。
이에 대해서는 어떻게 생각하십니까? 对此您怎么看？

3) 同意或反对对方的部分意见时

> ··· –(는/ㄴ)다는 점에서는 저도 동의합니다. 我同意······这一点。

로봇 관리에 대한 책임이 일부 주인에게 있다는 점에서는 저도 동의합니다.
机器人的主人对于管理机器人负有部分责任，这一点我同意。

> ··· –(는/ㄴ)다는 의견에 (저는) 동의하지 않습니다. 我不同意······意见。
> ··· –(는/ㄴ)다는 의견에 (저는) 동의하기 어렵습니다. 我很难认同······意见。

로봇이 낸 사고에 대해 로봇 주인이 100% 책임을 져야 한다는 의견에 (저는) 동의하지 않습니다/동의하기 어렵습니다.

对于机器人引发的事故应全部由机器人的主人来承担的建议，我不同意/我很难认同。

2. 사회자 主持人

1) 开始讨论

오늘은 '···'라는 주제로 토론을 진행하겠습니다.

我们今天以 "……" 为主题进行讨论。

오늘은 '로봇이 낸 사고의 책임은 누구에게 있나?'라는 주제로 토론을 진행하겠습니다.

我们今天以 "机器人引发的事故由谁承担责任？" 为主题进行讨论。

2) 听取意见的时候

(···에 대한) 양측 의견을 들어 보겠습니다. 먼저 찬성 측/반대 측 말씀해 주세요.

（就……）我们听一听双方的意见。首先请正方/反方先说一下。

로봇 사고 책임에 대한 양측 의견을 들어 보겠습니다. 먼저 찬성 측/반대 측 말씀해 주세요.

让我们听听正反两方对机器人事故责任认定的意见。首先请正方/反方先说。

3) 结束讨论

양측 의견 잘 들었습니다. 感谢双方的意见陈述。

찬성 측에서는 ··· ‑(는/ㄴ)다는 의견을 주셨고, 반대 측에서는 ··· ‑(는/ㄴ)다는 의견을 주셨습니다. 正方提出了……的意见，反方提出了……的意见。

이것으로 토론을 마치겠습니다. 今天的讨论到此结束。

찬성 측에서는 로봇의 주인이 그 관리에 대한 책임도 있기 때문에 로봇이 낸 사고의 책임은 주인이 져야 한다는 의견을 주셨고, 반대 측에서는 로봇 회사에도 책임이 있기 때문에 로봇의 주인이 100% 사고에 대한 책임을 지는 것은 맞지 않다는 의견을 주셨습니다. 이것으로 토론을 마치겠습니다.

正方认为机器人的主人对其负有管理责任，因此机器人引发的事故应由机器人的主人承担。而反方则认为机器人公司也有责任，因此机器人的主人对事故负全责是不对的。

今天的讨论到此结束。

어휘와 표현 연습

> 주제: 학생들은 AI를 활용해 과제나 논문 작성을 하거나 시험을 볼 수 있다.
> 찬성 근거: 이미 교육 현장에서 AI를 다양하게 활용하고 있음.
>   AI를 활용하는 것 또한 학생의 능력으로 볼 수 있음.
> 반대 근거: AI가 잘못된 정보를 활용하여 내용을 생성할 수 있음.
>   AI가 생성한 내용이 학생이 알고 있는 내용이라고 볼 수 없어 평가가 어려움.

1 **아래의 표현을 사용하여 위의 주제에 대한 견해를 말해 보십시오.**

1) 저는 … –(는/ㄴ)다고 생각합니다/봅니다.

2) 저는 … –(는/ㄴ)다고 생각하지 않습니다/보지 않습니다.

3) 저는 …에 동의합니다/반대합니다.

2 **위의 주제에 대해 아래의 표현을 사용하여 상대의 일부 의견에 동의하고 반박해 보십시오.**

1) –(는/ㄴ)다고 하셨는데, … –(으)ㄹ 수 있습니다/–(으)ㄹ 것입니다.

2) … –(는/ㄴ)다는 점에서는 저도 동의합니다.

3) –(는/ㄴ)다는 의견에 (저는) 동의하지 않습니다/동의하기 어렵습니다.

3 **위의 주제에 대해 아래의 표현을 사용하여 사회자로서 토론의 시작과 진행, 마무리를 해 보십시오.**

1) 오늘은 '…'라는 주제로 토론을 진행하겠습니다.

2) (…에 대한) 양측 의견을 들어 보겠습니다. 먼저 찬성 측/반대 측 말씀해 주세요.

3) 양측 의견 잘 들었습니다. 찬성 측에서는 … –(는/ㄴ)다는 의견을 주셨고, 반대 측에서는 … –(는/ㄴ)다는 의견을 주셨습니다. 이것으로 토론을 마치겠습니다.

✏ 생성하다 [动] 生成, 产生

 대화 🎧

1 이준호와 왕린이 함께 뉴스를 보고 있습니다. 두 사람은 무슨 이야기를 할까요?

> **이준호:** 왕린 씨, 그거 알아요? 저 앵커는 AI 영상 합성 기술로 만들어진 거래요.
>
> **왕린:** 와, 정말요? AI 기술이 많이 발전했다는 이야기는 들었는데, 이 정도일 줄은 몰랐어요. 그럼 지금 인공 지능 컴퓨터가 앵커를 따라 하는 건가요?
>
> **이준호:** 네, 맞아요. AI 컴퓨터가 충분한 시간 동안 앵커 영상을 분석하면 앵커의 목소리는 물론 발음, 억양, 입 모양, 표정까지 모두 학습할 수 있대요. 그리고 새로운 내용을 읽게 하면 저렇게 진짜 앵커가 읽는 것처럼 똑같이 할 수 있는 거죠.
>
> **왕린:** 저 기술을 활용하면 앵커들이 확실히 편해지겠네요. AI 앵커가 일을 분담해 줄 수 있잖아요. 하지만 저런 기술은 악용될 가능성도 있지 않을까 싶어요.
>
> **이준호:** 악용될 가능성요? 어떤 점에서요?
>
> **왕린:** 저 기술을 활용하면 얼굴과 목소리가 저와 똑같은 AI도 영상으로 만들 수 있는 거잖아요. 그 AI가 나쁜 말을 하고 다닌다면, 사람들이 저를 오해할 수 있을 것 같아요. 생각만 해도 끔찍한데요?
>
> **이준호:** 아, 그렇겠네요. 먼저 기술을 어떻게 활용할지에 대한 사회적 합의가 필요하겠네요. 기술 발전만 추구한 나머지 이로 인해 발생할 수 있는 사회적 문제들을 외면해서는 안 되겠죠?

- AI 영상 합성 기술의 원리는 뭐예요?
- AI 영상 합성 기술은 어떤 악용 가능성이 있어요?

📝 합성 [名] 合成　　앵커 [名] 主持人，主播　　억양 [名] 语调　　분담하다 [动] 分担
악용되다 [动] 被恶意利用　　끔찍하다 [形] 可怕　　합의 [名] 达成一致，协商
추구하다 [动] 追求　　외면하다 [动] 回避

2 두 토론자는 어떤 주제에 대해 어떤 의견을 가지고 있을까요?

> **사회자:** 최근 로봇 기술이 급속도로 발전하고 있는데요. 오늘은 토론자 두 분을 모시고 '로봇은 인간의 일자리를 대체할 것인가?'라는 주제로 토론을 진행해 보겠습니다. 먼저 첫 번째 토론자 분의 의견을 들어 보겠습니다.
>
> **토론자1:** 저는 로봇이 인간의 일자리를 대체할 것이라고 봅니다. 로봇이 사람보다 더 빠르고 정확하게 일을 할 수 있는 만큼 많은 회사들은 일의 효율성을 개선하기 위해 직원 대신 로봇을 고용하려고 할 것이기 때문입니다.
>
> **사회자:** 네. 다음 토론자 분도 의견 말씀해 주시죠.
>
> **토론자2:** 저는 로봇이 인간의 일자리를 대체할 것이라고 생각하지 않습니다. 로봇의 도입으로 일의 효율성이 높아지면 사회 발전에도 긍정적 영향을 미쳐 더 많은 일자리가 만들어질 수 있기 때문입니다. 그리고 단순하고 반복적인 업무는 로봇이 사람을 대체할 수 있지만, 로봇을 관리하거나 통제하는 일 등 로봇 관련 일자리는 오히려 더욱 많아질 것이라고 봅니다.
>
> **토론자1:** 로봇은 벌써 통역이나 음식 서빙, 호텔 룸서비스 등 다양한 분야에 활용되고 있습니다. 로봇 관련 일자리가 늘어날 것이라고 하셨는데, 이러한 업종의 실업자들은 로봇 관련 지식이나 기술이 부족하기 때문에 로봇 관련 일자리에 취직하기 어려울 것입니다. 이에 대해서는 어떻게 생각하십니까?
>
> **토론자2:** 직종을 바꾸는 것이 어렵다는 점에 대해서는 저도 동의합니다. 따라서 사람들에게 미래 직업에 대해 교육하는 것이 중요하다고 생각합니다. 이러한 교육이 잘 이루어진다면 인간의 일자리는 더욱 세분화되고 전문화될 것이라고 봅니다.
>
> **사회자:** 네, 두 분 의견 잘 들었습니다. 로봇이 인간의 일자리를 대체할 것인지에 대해 많은 생각을 할 수 있는 시간이었습니다. 이것으로 토론을 마치겠습니다.

• 여자가 로봇이 인간의 일자리를 대체하지 않을 것이라고 생각하는 근거는 뭐예요?

• 두 토론자가 모두 동의하고 있는 견해 두 가지는 뭐예요?

대체하다 [动] 取代，替代　　효율성 [名] 效率　　고용하다 [动] 雇佣

도입 [名] 引进，引入　　실업자 [名] 失业者，失业人员

대화 후 활동

1 대화2의 토론을 다시 읽고, 내용을 표로 정리해 봅시다.

	주장	근거
토론자1	로봇은 인간의 일자리를 대체할 것이다.	1) 많은 회사들이 일의 효율성을 높이기 위해 직원 대신 로봇을 고용하려고 할 것이다. 2)
토론자2		1) 2) 3)

2 아래 토론 주제에 대한 두 가지 견해 중 하나를 선택하여 이야기해 보십시오.

토론 주제: AI가 생성한 그림을 예술 작품으로 인정해야 하나		
	주장	근거
견해1	AI가 생성한 그림은 예술 작품으로 인정할 수 없다.	1) AI는 기존의 이미지를 활용하여 그림을 생성한다. 2)
견해2	AI가 생성한 그림도 하나의 창작물로 봐야 한다.	1) AI가 그림을 생성하도록 하기 위해서는 사람이 이미지화 하고 싶은 설명을 입력해야 한다. 2)

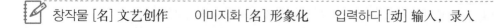
창작물 [名] 文艺创作　　이미지화 [名] 形象化　　입력하다 [动] 输入，录入

 **문법**

1. 谓词 지 않을까 싶다

"–지 않을까 싶다"是惯用型，用于谓词词干后，表示不确定地推测或委婉地提出建议。"–지 않을까 싶다"可与 "–지 않을까 하다" 替换使用。名词后接 "–이/가 아닐까 싶다"。

 보기

이 외투는 생각보다 얇아서 겨울에 입기에는 좀 춥**지 않을까 싶**어요.

这件外套比想象的薄，冬天穿可能会有点儿冷。

좀 더 빠르**지 않을까 해**서 택시를 탄 건데 시간이 오히려 더 걸렸네요.

我以为坐出租车会更快一点儿，结果却花了更长时间。

집 보증금이 조금 비싼데, 월세를 조금 높이면 보증금을 낮출 수 있**지 않을까 싶**네요.

房子的押金有点儿贵，我在想如果把月租金提高一点儿，是否能降低押金呢？

아무리 바쁘더라도 가끔은 쉬었다 갈 필요도 있**지 않을까 싶**습니다.

无论有多忙，偶尔也需要休息一下吧。

날씨가 별로 좋지 않으니 행사를 연기하는 게 더 낫**지 않을까 합**니다.

天气不太好，活动延期举行是不是更好些？

저출산이 한국 사회의 가장 시급한 문제**가 아닐까 싶**습니다.

低出生率应该是韩国社会最紧迫的问题吧。

가: 이번에 하이난다오 여행 다녀왔다면서요? 스쿠버다이빙도 했어요?

听说你这次去海南旅行了？去潜水了吗？

나: 아니요. 스쿠버다이빙은 위험하**지 않을까 싶**어서 그냥 바닷가에서 수영만 했어요.

没有，我怕潜水有危险，就只在海边游泳了。

가: 음식이 좀 적어 보이는데요. 더 주문하는 게 어때요?

菜看起来有点儿少。再点些怎么样？

나: 그래요? 이 정도면 충분하**지 않을까 했**는데 부족할까요?

是吗？感觉这些应该够了，不够吗？

보증금 [名] 押金，保证金　　저출산 [名] 低出生 (率)

2. 谓词 (으)ㄴ 나머지

"-(으)ㄴ 나머지"是惯用型，用于谓词词干后，表示因前半句所述行为或情况超过了某种程度而导致了后面的结果。前半句是后半句的原因，后半句通常是不好的结果。有收音的谓词词干后接"-은 나머지"，无收音或收音为"ㄹ"的谓词词干后接"-ㄴ 나머지"。"-(으)ㄴ 나머지"主要用于书面语。

천둥 소리에 아이는 겁을 먹**은 나머지** 이불을 뒤집어 쓴 채로 몸을 덜덜 떨었다.
孩子太害怕打雷声了，蒙着被子瑟瑟发抖。

게임에 열중**한 나머지** 저녁 시간이 다 된 것도 알지 못했다.
我由于太专注于玩儿游戏，都没发现已经到了晚饭时间。

아버지는 흥분**한 나머지** 큰 소리를 치며 방을 나가 버리셨다.
爸爸因为情绪太过激动，大喊着走出了房间。

기차에서 아이들이 너무 시끄럽게 떠**든 나머지** 한숨도 못 잤어요.
因为火车上孩子们太吵了，我完全没睡着。

신인 배우는 긴장**한 나머지** 대사를 모두 잊어 버렸다.
新人演员由于太紧张，把台词都忘了。

시험을 마친 동생은 너무 기**쁜 나머지** 콧노래를 부르며 시험장을 나왔다.
弟弟考完试太高兴了，哼着歌就走出了考场。

가: 이 드라마 어때? 요즘 인기 많은 것 같던데.
这部电视剧如何？最近好像很受欢迎。

나: 꼭 봐. 진짜 재미있어. 나도 저번 주말에 봤는데, 너무 집중**한 나머지** 하루가 다 가는 줄도 몰랐다니까?
一定要看，真的很有趣。我上个周末也看了，由于过于专注，我都没意识到一整天都过去了。

가: 참! 준호 씨, 어제 면접 봤죠? 잘 봤어요?
对了！俊浩，昨天去面试了吧？顺利吗？

나: 아니요, 완전 망쳤어요. 어려운 질문을 몇 개 받았는데, 당황**한 나머지** 한 마디도 못 했어요.
不顺利，彻底完了。被问了几个很难的问题，我慌张得一句话也没说出来。

겁을 먹다 [词组] 害怕　　뒤집어쓰다 [动] 蒙，套　　열중하다 [动] 热衷，专心
콧노래 [名] 哼歌，哼唱

3. 谓词 (으)ㄴ/는 만큼(2)

"-(으)ㄴ/는 만큼"是惯用型，用于谓词词干后，表示前半句是后半句的理由或根据。动词词干后，现在时态接 "-는 만큼"，过去时态接 "-(으)ㄴ 만큼"。形容词词干后接 "-(으)ㄴ 만큼"，"名词＋이다" 后接 "-ㄴ 만큼"。

농촌에 일손이 부족**한 만큼** 로봇 등 자동화 기술 보급이 시급합니다.
由于农村人手不足，所以迫切需要普及机器人等自动化技术。

메타버스가 무한한 가능성을 가지고 있**는 만큼** 많은 기업들이 적극적으로 투자하고 있다.
由于元宇宙具有无限的可能性，很多企业正在积极地对该领域进行投资。

자율 주행 자동차의 문제가 많이 개선**된 만큼** 곧 상용화가 될 것으로 기대하고 있습니다.
目前无人驾驶汽车的问题得到了很大的改善，其商业化的实现指日可待。

세계적인 금융 위기**인 만큼** 일자리 구하기가 점점 더 어려워지고 있습니다.
世界性金融危机导致就业变得越来越困难。

첫 월급도 받**은 만큼** 부모님께 선물을 사 드리려고요.
我收到了上班后的第一笔工资，所以想给父母买个礼物。

유력한 용의자가 밝혀**진 만큼** 수사는 곧 마무리될 것으로 보입니다.
由于发现了主要嫌疑人，调查应该很快就能结束。

가: 왕린, 아직도 발표 준비하고 있어? 벌써 새벽 한 시야.
王琳，你还在准备演讲内容吗? 已经凌晨1点了。

나: 좀만 더 하고 자려고. 학생들도 많이 오**는 만큼** 완벽하게 준비하고 싶어서.
我再准备一会儿就睡。来听的学生很多，我想准备得充分些。

가: 장웨이 씨, 곧 여름 휴가시죠? 어디 놀러 안 가세요?
张伟，马上就要到暑假了吧? 不去哪里玩玩吗?

나: 글쎄요. 아직 고민 중이긴 한데 모처럼 긴 휴가**인 만큼** 멀리 다녀오려고요.
这个嘛，我还在考虑。好不容易才有长假，所以想去远一点儿的地方。

일손 [名] 人手，劳动力　　　무한하다 [形] 无限　　　개선되다 [动] 改善
상용화 [名] 商业化　　　금융 위기 [词组] 金融危机　　　유력하다 [形] 强有力
용의자 [名] 嫌疑人

 **문법 연습**

1 〈보기〉와 같이 대화를 완성하십시오.

보기

가: 와, 이 책 진짜 괜찮은데요? 이걸로 공부하면 일본어 진짜 잘할 수 있을 것 같아요.

나: 한달 전에 일본어 교재 하나 샀잖아요. 그거부터 <u>공부하는 게 좋지 않을까 싶어요</u>. (공부하다, 좋다)

1) 가: 점심 먹고 어디 갈까요? 커피숍에 들렀다가 영화 보는 거 어때요?

　　나: 음, 영화 곧 시작할 것 같아요. _____.

　　　(영화부터 보다, 낫다)

2) 가: 오늘 5명이 온다고 했으니까 이 정도면 음식 양이 충분하겠지?

　　나: 그 중에 3명이 잘 먹는 사람들이니까 _____.

　　　(간단한 걸로 하나 더 준비하다, 좋다)

3) 가: 요즘 일이 너무 힘들어. 나 그냥 퇴사할까?

　　나: 글쎄. 퇴사 후에 뭐 할지 계획은 있어? 그럴 때는 _____.

　　　(계획을 먼저 세우다, 좋다)

4) 가: 1분기 제품 실적이 많이 떨어졌다고 합니다. SNS 홍보 등 대책이 필요할 것 같습니다.

　　나: 글쎄요. 최근 우리 제품의 가격이 너무 비싸다는 의견이 많습니다. 홍보보다는 _____. (할인 행사를 하다, 필요하다)

2 〈보기〉와 같이 알맞은 것을 골라 문장을 완성하십시오.

기쁘다　　(긴장하다)　　속상하다　　열중하다　　깜짝 놀라다

보기 첫 면접을 볼 때는 너무 <u>긴장한</u> 나머지 손에서 땀이 났다.

1) 갑자기 난 '쾅' 소리에 _____ 그 자리에 주저앉았다.

2) 친구하고 말다툼을 하고 나서 너무 _____ 잠도 잘 못 잤다.

3) 그는 일에 너무 _____ 옆에서 자기를 부르는 소리도 듣지 못했다.

4) 응원하던 팀의 짜릿한 역전승에 너무_____ 옆에 있던 모르는 사람과 껴안았다.

📝　주저앉다 [动] 瘫坐，无力坐下　　　짜릿하다 [形] 刺激，麻酥酥的
　　역전승 [名] 反败为胜，翻盘　　　껴안다 [动] 拥抱，搂住

3 〈보기〉와 같이 알맞은 것을 연결하고 문장을 쓰십시오.

보기 오랜만에 가는 휴가이다 • • ① 잘 준비해야 한다

1) 요즘 일교차가 크다 • • ② 감기 조심하시기 바랍니다

2) 이번 발표는 성적에 40%나 반영되다 • • ③ 가족 사진을 찍을 계획이다

3) 휴게실은 모두가 함께 사용하는 • • ④ 휴양지에 가서 푹 쉬다 오려고 해
  공간이다

4) 이번 명절에는 오랜만에 가족이 • • ⑤ 깨끗하게 이용해 주시기 바랍니다
  모두 모이다

> 보기 오랜만에 가는 휴가인 만큼 휴양지에 가서 푹 쉬다 오려고 해.

1) _____

2) _____

3) _____

4) _____

4 다음을 듣고 물음에 답하십시오.

1) 남자의 생각으로 알맞지 <u>않은</u> 것을 고르십시오.

　① AI는 다양한 분야에 도입되어야 한다.

　② AI는 많이 사용되어야 발전할 수 있다.

　③ AI는 사람보다 공정하게 면접을 볼 것이다.

　④ AI는 안정적이므로 면접에 도입해도 문제가 없다.

2) 여자의 생각으로 알맞은 것을 고르십시오.

　① AI는 면접에 절대 도입해서는 안 된다.

　② AI 면접의 정확성은 아직 검증되지 않았다.

　③ AI의 발전을 위해 다양한 시도가 필요하다.

　④ AI보다 사람이 면접을 더 정확히 볼 수 있다.

3) 들은 내용과 같은 것을 고르십시오.

　① 남자는 AI 면접을 본 경험이 없다.

　② 여자는 AI 면접에 대한 준비를 했다.

　③ AI 면접은 많은 실험을 거쳐 도입되었다.

　④ 공공기관은 아직 AI 면접 도입에 부정적이다.

반영되다 [动] 反映　　휴양지 [名] 度假胜地　　버벅거리다 [动] 结巴

검증 [名] 验证，检验　　시행착오 [名] 试错　　거치다 [动] 经过　　실전 [名] 实战

5 다음을 읽고 물음에 답하십시오.

> 4차 산업의 대표 주자인 자율 주행차의 상용화에 대해서는 아직 논란이 있다. 자율주행차를 개발, 생산하고 있는 관계자들은 긍정적인 가치를 알리는 데 힘쓰고 있다. 자율 주행차가 상용화되면 장애인, 노인, 어린이까지도 운전할 수 있으며 무엇보다도 운전자에게 갑자기 문제가 발생했을 때도 사고를 막아줄 수 있다는 이유에서이다. (㉠) 그들은 교통사고와 혼잡을 획기적으로 줄일 수 있다고 주장한다. 하지만 아직 자율 주행차의 실제 도로 주행 중 시스템 착오로 종종 사고가 발생하고 있고, 그 결과 탑승자가 사망하는 경우도 있다. 또 윤리적 판단이 필요한 상황에 대한 알고리즘이 확정되지 않은 상태이다. 그렇기 때문인지 자율 주행차를 적극 개발하고 있는 미국 사회에서도 자율 주행차를 타겠다는 사람은 아직 50%를 넘지 못하고 있다. 자율 주행차의 상용화를 서두르기보다는 사람의 생명과 관련된 일인 만큼 먼저 기술의 안정성 확인과 관련 제도가 마련되어야 하는 게 아닐까 싶다.

1) 글의 주제로 알맞은 것을 고르십시오.
  ① 자율 주행차의 가치
  ② 자율 주행차의 개발
  ③ 자율 주행차의 문제점
  ④ 자율 주행차의 상용화

2) ㉠에 들어갈 알맞은 것을 고르십시오.
  ① 특히   ② 게다가   ③ 반면에   ④ 그럼에도

3) 이 글의 내용과 같은 것을 고르십시오.
  ① 자율 주행차로 인해 교통사고가 나기도 한다.
  ② 대부분의 미국 사람들은 자율 주행차를 타고 싶어 한다.
  ③ 자율 주행차의 상용화 이전부터 관련 제도는 마련되어 있다.
  ④ 교통사고 발생을 줄이기 위해 자율 주행차 개발을 늦추고 있다.

📝 대표 주자 [词组] 代表，领头羊　　　논란 [名] 争论，争议　　　관계자 [名] 相关人员
획기적 [名] 划时代的，重大的　　　주행 [名] 行驶　　　탑승자 [名] 乘客
윤리적 [名] 伦理的　　　알고리즘 [名] 算法，运算法则

쓰기

1 다음 문법을 사용해서 제시된 표현을 한 문장으로 써 보십시오. 단, 제시된 표현의 순서는 바꾸지 마십시오.

> –아서/어서   –(으)ㄴ 나머지   –(으)ㄴ/는 만큼
> –(ㄴ/는)다는/(이)라는   –게 되다   –지 않을까 싶다

1) 그 동안 너무 무리하다 / 건강이 안 좋아지다 / 휴직을 하다

  ➡ _____

2) 그가 이번 사건의 범인이다 / 증거가 거의 확실하다 / 수사가 빨리 마무리 되다

  ➡ _____

2 다음을 읽고 빈칸에 들어갈 알맞은 것을 골라 쓰십시오.

> 　로봇과 인공지능이 인간의 일자리를 상당수 대체할 것이라고 예측되기 시작하면서 로봇세 논쟁이 시작되었다. 로봇에 세금을 부과하면 급속한 자동화 속도를 늦추면서 복지 기금도 마련할 수 있다는 주장이다. 즉, 과학화, 기계화, 자동화 과정에서 (　㉠　) 많아지는 만큼 그들을 위한 재원 마련이 필요하다는 것이다. 하지만 탑승권 발급 기계나 모바일 뱅킹, 현금자동입출금기(ATM) 같은 시스템으로 일자리가 줄어들었어도 이런 기술에 세금을 부과하지는 않았고 인류의 혁신과 기술 발전에 세금을 내라고 할 수 없기에 반대하는 사람들도 있다. 세금을 부과할 것이 아니라 오히려 로봇이라는 신기술에 대해서는 장려 정책을 펴는 것이 더 맞다는 주장도 만만치 않다.

㉠ _____

기금 [名] 基金，筹备款　　　재원 [名] 资金来源　　　탑승권 [名] 登机牌
부과하다 [动] 征收　　　인류 [名] 人类　　　혁신 [名] 革新，改革
장려 [名] 奖励，鼓励　　　만만하다 [形] 不在话下，好对付

정리하기

이것만은 꼭 외웁시다! 🎧

1) 가: 이 기술을 활용하면 앵커들이 확실히 편해지겠네요. AI 앵커가 일을 분담해 줄 수 있잖아요. 使用AI技术，主持人的工作可能会减轻，AI主持人可以帮助分担工作。

　　나: 하지만 저런 기술은 악용될 가능성도 있지 않을까 싶어요.
　　　 但是我觉得这种技术可能会被恶意利用。

2) 가: 먼저 기술을 어떻게 활용할지에 대한 사회적 합의가 필요하겠네요.
　　　 对于如何使用AI技术，首先需要达成社会共识。

　　나: 맞아요. 기술 발전만 추구한 나머지 이로 인해 발생할 수 있는 사회적 문제들을 외면해서는 안 되죠.
　　　 对。不能只追求技术发展，而忽视由此可能引发的社会问题。

3) 가: 준호 씨, 어제 면접 봤죠? 잘 봤어요? 俊浩，昨天去面试了吧? 顺利吗?

　　나: 아니요. 어려운 질문을 몇 개 받았는데, 당황한 나머지 한 마디도 못 했어요.
　　　 不顺利，彻底完了。被问了几个很难的问题，我慌张得一句话也没说出来。

4) 가: 저는 로봇이 인간의 일자리를 대체할 것이라고 봅니다.
　　　 我认为机器人将取代人类的工作。

　　나: 저도 그 말에 동의합니다. 로봇이 사람보다 더 빠르고 정확하게 일을 할 수 있는 만큼 많은 회사들은 일의 효율성을 개선하기 위해 직원 대신 로봇을 고용하려고 할 겁니다.
　　　 我也同意您的观点。机器人可以比人更快、更准确地工作，因此很多公司为了提高工作效率，更愿意使用机器人。

핵심 어휘

…에 동의합니다/반대합니다 同意/反对……

…에 동의하지 않습니다/동의하기 어렵습니다 不同意/难以认同……

양측 의견을 들어 보겠습니다/양측 의견 잘 들었습니다.
我们来听一听双方的意见/感谢双方的意见陈述。

찬성 측/반대 측 말씀해 주세요. 请正方/反方发言。

찬성 측에서는 … −(는/ㄴ)다는 의견을 주셨고, 반대 측에서는 … −(는/ㄴ)다는 의견을 주셨습니다. 正方提出了……意见，反方提出了……意见。

자기 평가

能够完成吗？	需再次复习	进入下一课！	
		良好	优秀
能围绕与科技相关的主题进行讨论吗？	无法完成	可以完成	非常好
能说出多少与讨论相关的句型？	0~2 个	3~5个	6个以上
能灵活运用本课所学的语法吗？	无法完成	可以完成	非常好

词汇索引

2차	[词组]	第二场，第二轮	13
3D 프린팅	[词组]	3D打印	23
4차 산업 혁명	[词组]	第四次工业革命	13
AS 센터	[词组]	售后服务中心	11
CCTV	[名]	监控	17
GPS	[词组]	全球定位系统	23
IT 개발자	[词组]	IT研发人员	2
MBTI	[名]	迈尔斯–布里格斯性格类型指标	1
MZ 세대	[词组]	MZ世代	2

ㄱ

가계부	[名]	家庭收支账簿	13
가공	[名]	加工	9
가꾸다	[动]	养，种植	16
가두다	[动]	关，关押	1
가래떡	[名]	长条糯米糕	14
가로수	[名]	路边树，林荫树	23
가리다	[动]	遮挡，遮住	15
가리키다	[动]	指，表示	11
가뭄	[名]	干旱	6
가뭄이 지속되다	[词组]	持续干旱	20
가상 공간	[词组]	虚拟空间，信息空间	22
가상 현실	[词组]	虚拟现实	2
가상 화폐	[词组]	虚拟货币	13
가성비	[名]	性价比	6
가속화되다	[动]	加快，加速	20
가스레인지	[名]	煤气灶	11
가습기	[名]	加湿器	4
가장자리	[名]	边缘，周围	18
가죽	[名]	皮，皮革	20
가치	[名]	价值	6
가해자	[名]	加害者，攻击者	21
각광	[名]	注目，关注	9
각도	[名]	角度	12
각오	[名]	思想准备，觉悟	12
간	[依名]	间，之间	12
간밤	[名]	昨夜，昨晚	11
간편식	[名]	方便食品	12
간편화	[名]	简易化	17
감당하다	[动]	承担	21
감상하다	[动]	欣赏，赏玩	8
감성적	[名]	感性的	1
감소하다	[动]	减少	8
감시	[名]	监视	4
감싸다	[动]	袒护，包庇	22
감정	[名]	感情，情感	12
감쪽같다	[形]	以假乱真，出神入化	9
감추다	[动]	藏，隐藏	10
갑작스럽다	[形]	突然，意外	10
강도	[名]	强度	3
강수량	[名]	降水量	20
강연	[名]	演讲	9
강제하다	[动]	强制，强迫	8
강조하다	[动]	强调	10
강추위	[名]	严寒，酷寒	10
강풍 주의보가 내리다	[词组]	发布强风警报	20
개관	[名]	开馆	8
개그	[名]	搞笑	18
개방적	[名]	开放的	1
개별화	[名]	个性化，个别化	17
개선	[名]	改善	19
개선되다	[动]	改善	24
개인 정보	[词组]	个人信息	4
개최되다	[动]	举行，召开	10
개최하다	[动]	举办，举行	4
객관적	[名]	客观的	1
거두다	[动]	获得	13
거래	[名]	买卖，交易	14
거르다	[动]	落下，跳过	4
거부감	[名]	反感	5
거북이	[名]	乌龟	10
거실	[名]	客厅	16
거절당하다	[动]	被拒绝，遭到拒绝	9
거치다	[动]	经过	24
거치대	[名]	置物架	4
걱정스럽다	[形]	令人担心	18
건	[名]	事项	19
건강식품	[名]	保健食品	4
건설	[名]	建设	2
건전하다	[形]	健全	21
건조하다	[形]	干燥	20

건축업계	[名]	建筑行业	23	고급스럽다	[形]	高级	18
걷히다	[动]	收	23	고깃집	[名]	烤肉店	12
검색	[名]	检索，搜索	7	고대	[名]	古代	2
검색어를 입력하다				고려하다	[动]	考虑	14
	[词组]	输入检索词	21	고령자	[名]	老年人，高龄者	19
검색창	[名]	搜索框	21	고령화	[名]	老龄化	14
검증	[名]	验证，检验	24	고무	[名]	橡胶	20
검지	[名]	食指	10	고사장	[名]	考场	18
검토하다	[动]	研究，探讨	19	고생스럽다	[形]	受苦	18
겁을 먹다	[词组]	害怕	24	고용 형태	[词组]	聘用形式	3
겉면	[名]	表面，外层	11	고용하다	[动]	雇佣	24
게스트	[名]	嘉宾	10	고진감래	[名]	苦尽甘来	22
게시판	[名]	公告栏	21	고통스럽다	[形]	痛苦	18
겨울철	[名]	冬季	15	곧잘	[副]	经常，时常	15
격세지감	[名]	恍如隔世	22	골	[名]	进球	16
견학	[名]	观摩，参观学习	1	곰팡이	[名]	霉	20
결론을 내리다	[词组]	下结论	10	공간·지각 능력	[词组]	空间感知能力	1
결승전	[名]	决赛	3	공감 능력	[词组]	共情能力	1
결실	[名]	成果，果实	8	공개	[名]	公开	2
결제 방법	[词组]	结算方法	4	공개되다	[动]	公开，公布	14
결제 정보	[词组]	结算信息	4	공공 임대 아파트	[词组]	公共出租公寓	19
겹치다	[动]	重合	3	공공기관	[名]	公共机构	14
경	[名]	经，经书	22	공략하다	[动]	征服，攻克	11
경계	[名]	界限	3	공모전	[名]	大奖赛，作品征集大赛	12
경계하다	[动]	警觉，警惕	11	공유 경제	[词组]	共享经济	7
경기	[名]	经济状况	6	공유하다	[动]	共享，共有	7
경기 침체	[词组]	经济衰退	8	공익적	[名]	公益性的	9
경리팀	[名]	财务组	19	공지하다	[动]	通知，公告	11
경보기	[名]	报警器	21	공학자	[名]	工程师	2
경비실	[名]	警卫室，保安室	5	과소비	[名]	过度消费	13
경쟁률	[名]	竞争率	13	과시 소비	[词组]	炫耀性消费	6
경쟁작	[名]	竞争作品	14	과하다	[形]	过度，过分	3
경제적	[名]	经济的	6	과학기술	[名]	科技	22
경조사비	[名]	礼金	3	과학적	[名]	科学的	11
경향	[名]	倾向	17	관계자	[名]	相关人员	2
경향성	[名]	倾向性	22	관광객	[名]	游客	8
계약	[名]	合同	15	관광하다	[动]	观光，游览	8
계약을 맺다	[词组]	签订合同	12	관람객	[名]	参观者，观众	8
계약직	[名]	合同工	3	관람하다	[动]	观看	8
계약하다	[动]	签约	17	관리비	[名]	(物业)管理费	16
계좌 이체	[词组]	转账	4	관전하다	[动]	观战	8
계획 소비	[词组]	计划消费	6	관점	[名]	观点	3
고개를 숙이다	[词组]	低头	12	관제사	[名]	调度员	1
고궁	[名]	故宫	8	광고홍보학과	[名]	广告宣传系	14

광활하다	[形]	广阔	23
괜히	[副]	无故地，白白地，徒劳地	11
교육부	[名]	（韩国）教育部	2
교육하다	[动]	训练，教育	16
교체하다	[动]	更换	17
교통사고	[名]	交通事故	10
구경꾼	[名]	看客，看热闹的人	8
구경하다	[动]	观看，观赏	8
구독 경제	[词组]	订阅经济	7
구독료	[名]	订阅费	7
구독하다	[动]	订阅	7
구매자	[名]	买家，购买人	5
구별하다	[动]	区分，辨别	9
구성원	[名]	成员	3
구조	[名]	结构，构造	16
구호 활동	[词组]	救援活动	21
국가 대표 팀	[词组]	国家代表队	13
국립 중앙 박물관	[词组]	（韩国）国立中央博物馆	8
국숫집	[名]	面条馆	1
국제화	[名]	国际化	17
군데	[依名]	处，地方	16
굳다	[形]	坚定，坚决	22
굳이	[副]	非要，一定	10
궁궐	[名]	宫殿，宫阙	8
권리	[名]	权利	6
권하다	[动]	劝	15
규모	[名]	规模	8
그대로	[名]	原样	4
그램	[依名]	克	14
그저	[副]	只是	18
극복하다	[动]	克服，战胜	12
근대	[名]	近代	8
근로자	[名]	劳动者	19
근무 시간	[词组]	上班时间	3
근무 제도	[词组]	工作制度	3
근무 형태	[词组]	工作方式	3
근소하다	[形]	很少，极少	2
근심	[名]	忧愁，忧虑	12
근절 대책	[词组]	根治措施，根除措施	9
글로벌화	[名]	全球化	17
긁히다	[动]	划伤	14
금강산도 식후경	[俗]	民以食为天	18
금고	[名]	金库，保险箱	20
금기	[名]	禁忌	11
금기시하다	[动]	看作忌讳	11
금세	[副]	马上，立刻	20
금융	[名]	金融	22
금융 위기	[词组]	金融危机	24
금전적	[名]	金钱的	14
급격히	[副]	急剧地	19
급속도	[名]	急速	19
급여	[名]	工资	3
급작스럽다	[形]	突然的，突如其来的	20
급증하다	[动]	激增，急剧增加	12
기가바이트	[依名]	吉字节	14
기금	[名]	基金，筹备款	24
기기	[名]	机器	23
기다	[动]	爬，爬行	10
기대다	[动]	倚靠	11
기대를 건다	[词组]	寄予希望	19
기름	[名]	油	12
기법	[名]	技巧，技法	9
기본적	[名]	基本的	14
기부하다	[动]	捐献	6
기사	[名]	新闻报道	9
기상청	[名]	气象局	2
기성세대	[名]	老一代	3
기술력	[名]	技术实力	10
기억 상실증	[词组]	失忆症	23
기억나다	[动]	想起	15
기업 문화	[词组]	企业文化	3
기온	[名]	气温	20
기온이 높다	[词组]	气温高	20
기존	[名]	现存，现有	3
기초적	[名]	基础的	14
길몽	[名]	好梦，吉梦	11
길이	[名]	长度	14
길하다	[形]	吉利，吉祥	11
깊다	[形]	深，深沉	10
까불다	[动]	调皮，放肆	13
까지다	[动]	脱落，磨破	5
깔끔하다	[形]	干净，清爽	8
깔다	[动]	铺，下载	7
깨닫다	[动]	领悟，领会	12
깨우다	[动]	唤醒，弄醒	5
깨지다	[动]	碎，裂	11
껑충	[副]	蹦蹦跳跳	10

껴안다	[动]	拥抱，搂住	24
꼬르륵	[副]	咕噜咕噜	10
꼴등	[名]	倒数第一	14
꼽히다	[动]	被选为	2
꽁꽁	[副]	（冻得）硬邦邦	10
꽃가루	[名]	花粉	23
꾸벅꾸벅	[副]	打盹儿，打瞌睡	10
꿀팁	[名]	妙招，秘诀	7
끌리다	[动]	吸引	17
끓이다	[动]	煮，烧	5
끔찍하다	[形]	可怕	24
끝맺다	[动]	结束，收尾	12
끼	[名]	顿	12
끼니	[名]	顿	12

ㄴ

나날이	[副]	日益	15
나뉘다	[动]	被分成	17
나르다	[动]	搬运，运输	10
나머지	[名]	余下的	14
나무	[名]	木头	20
나빠지다	[动]	变坏	13
낙	[名]	乐，乐趣	22
낚싯배	[名]	渔船	1
난리	[名]	乱成一团，混乱	9
난방비	[名]	取暖费	15
난방용품	[名]	取暖用品	20
날카롭다	[形]	敏锐，敏感	1
남부	[名]	南部	10
낭비	[名]	浪费	6
낮추다	[动]	降低，压低	5
낯이 익다	[词组]	面熟，眼熟	22
내놓다	[动]	拿出，交出	19
내려받다	[动]	下载	21
내세우다	[动]	推出，打出	8
내외빈	[名]	国内外来宾	8
내의	[名]	内衣	15
내한	[名]	访韩，赴韩	22
냉동실	[名]	冷冻室	10
냉방비	[名]	冷气费	15
너네	[代]	你们	21
넉넉하다	[形]	宽裕，富足	15
넓이	[依名]	面积	14

넘치다	[动]	充满，溢出	9
네이밍 마케팅(naming marketing)			
	[词组]	商品命名营销法	10
노년 플래너	[词组]	养老规划师	2
노인 복지	[词组]	老人福利	19
노인 심리 상담사	[词组]	老年人心理咨询师	2
노크	[名]	敲门	10
노후 대비	[词组]	养老准备	7
녹다	[动]	融化	10
녹음	[名]	录音	9
녹화	[名]	录像	9
논란	[名]	争论，争议	24
논리적	[名]	有逻辑的	1
논의	[名]	讨论	16
놀랍다	[形]	惊奇	13
농담	[名]	玩笑	12
농민	[名]	农民	14
농사를 짓다	[词组]	种庄稼	15
농작물	[名]	农作物，庄稼	9
높아지다	[动]	变高	13
누리꾼	[名]	网友	21
눈앞	[名]	眼前	11
눈짓	[名]	使眼神，递眼色	12
뉴스레터	[名]	新闻简讯	7
느려지다	[动]	变慢	13
늑장을 부리다	[词组]	磨蹭，拖拉	9
늦추다	[动]	推迟，延后	5

ㄷ

다가오다	[动]	临近	15
다루다	[动]	办理，处理	14
다방면	[名]	多方面	9
다양화	[名]	多样化	17
다용도실	[名]	多功能房	16
다운로드하다	[动]	下载	21
다큐멘터리	[名]	纪录片	20
다행스럽다	[形]	庆幸	18
단백질	[名]	蛋白质	19
단종되다	[动]	停产	21
단지	[名]	园区	17
단축하다	[动]	缩短	23
단층	[名]	平层	16
달려들다	[动]	扑过来，冲上去	5

달콤하다	[形]	甜蜜，香甜	10
닭갈비	[名]	辣炒鸡排	12
닭볶음탕	[名]	辣炖鸡块	12
담	[名]	墙	18
답변	[名]	答复，回答	5
답장	[名]	回信，答复	11
당분간	[名]	暂时	17
당시	[名]	当时	12
당첨자	[名]	中奖者	23
당황스럽다	[形]	惊慌失措	12
대	[依名]	比	14
대기만성	[名]	大器晚成	22
대기석	[名]	等待席	7
대기업	[名]	大企业	17
대나무	[名]	竹子	11
대리 만족	[词组]	感应式满足，替代性满足	23
내박이 나다	[词组]	火爆，受欢迎	21
대비하다	[动]	应对	10
대여	[名]	出借，租赁	7
대여소	[名]	租借处	7
대응하다	[动]	对应，应对	9
대입	[名]	大学入学	1
대접하다	[动]	招待	22
대중성	[名]	大众性	16
대책	[名]	对策	14
대처하다	[动]	应对，对待	9
대체로	[副]	基本上，大体上	10
대체육	[名]	替代肉	6
대체하다	[动]	取代，替代	24
대표 주자	[词组]	代表，领头羊	24
대피하다	[动]	暂避，躲避	14
대학 수학 능력 시험	[词组]	韩国高考	2
대행사	[名]	代理公司	14
대형	[名]	大型	16
댓글을 달다	[词组]	留言	21
더위	[名]	暑热，暑气	20
덜그럭덜그럭	[副]	咯噔咯噔	8
덧나다	[动]	发炎	13
덮치다	[动]	凑在一起	22
데이터 분석가	[词组]	数据分析师	2
데이터양	[名]	存储容量	14
도구	[名]	工具，道具	8
도로 교통법	[词组]	道路交通法	2
도슨트	[名]	讲解员	8
도시 계획 기사	[词组]	城市规划师	1
도시화	[名]	城镇化	17
도심 항공 모빌리티 전문가	[词组]	城市空中交通专家	2
도용	[名]	盗用	4
도우미	[名]	帮手，讲解员	8
도입	[名]	引进，引入	24
도입하다	[动]	引进，引入	22
도저히	[副]	实在	18
도전적	[名]	挑战的	1
도착 예정일	[词组]	预计到达日期	5
독거 노인	[词组]	独居老人	19
독립되다	[动]	独立	16
돌담	[名]	石墙	18
돌파하다	[动]	突破	14
동기	[名]	同期入职的同事	15
동반	[名]	伴随，共同	8
동양인	[名]	东方人	10
동양화	[名]	东方画	12
동영상	[名]	视频	9
동의하다	[动]	同意	11
동일하다	[形]	一样，相同	12
동작	[名]	动作	10
동참	[名]	参加，参与	20
동참하다	[动]	共同参与	16
동화	[名]	童话	8
되돌리다	[动]	退回	5
되팔다	[动]	转卖	13
두드리다	[动]	敲，打	10
두들기다	[动]	拍打	23
둘러보다	[动]	参观	16
둘러싸이다	[动]	围	18
뒤꿈치	[名]	脚后跟	5
뒤따라오다	[动]	跟着	3
뒤집어쓰다	[动]	蒙，套	24
드러나다	[动]	露出	18
드러내다	[动]	露出，呈现	10
드레스룸	[名]	衣帽间	16
드론 조종사	[词组]	无人机操作员	2
드론	[名]	无人机	1
든든히	[副]	饱，踏实	20
들여다보다	[动]	往里看，探视	18
등교 시간	[词组]	上学时间	5

등하교	[名]	上下学	17
디디다	[动]	落脚	17
디스크	[名]	椎间盘突出	13
디지털 장의사	[词组]	数字信息处理员	2
디지털	[名]	数字	2
따끔하다	[形]	刺痛	21
따지다	[动]	考虑，注重	16
딱딱하다	[形]	硬，生硬	11
딴	[冠]	其他，别的	12
땀자국	[名]	汗渍	7
땅	[名]	地，陆地	20
때	[名]	污垢	7
때로	[副]	有时候	16
때를 밀다	[词组]	搓澡	2
때우다	[动]	充饥，打发	18
땡볕	[名]	骄阳，烈日	20
떠다니다	[动]	漂浮，飘动	23
떠돌다	[动]	流传，传出	9
떨리다	[动]	颤抖	19
떨어트리다	[动]	弄掉	15
떼다	[动]	撕，摘	23
똑똑	[副]	咚咚	10
뛰어나다	[形]	出众，卓越	7
뜯다	[动]	拆，撕	12
뜻하다	[动]	意味着	11
띠다	[动]	带着	10

ㄹ

라이브 커머스 크리에이터			
	[词组]	电商直播主播	2
라이브	[名]	现场，实况	22
라틴어	[名]	拉丁语	8
랜선 집들이	[词组]	线上乔迁宴	22
레몬즙	[名]	柠檬汁	7
레시피	[名]	食谱	21
레이더	[名]	雷达	23
레이저 광선	[词组]	激光射线	23
로고	[名]	标识，商标	14
로그아웃하다	[动]	退出	21
로그인하다	[动]	登录	21
루브르	[名]	卢浮宫	8
룸	[名]	房间	17
르네상스	[名]	文艺复兴	8

리모컨	[名]	遥控器	23
리터	[依名]	升	14
린스	[名]	护发素	7
링크	[名]	链接	7
링크를 공유하다	[词组]	分享链接	7

ㅁ

마감하다	[动]	做完，结束	18
마구	[副]	大肆，厉害	9
마당	[名]	庭院	16
마련	[名]	准备	14
마련하다	[动]	准备，筹备	5
마루	[名]		
		（韩式房屋的）地板，廊檐	16
마비되다	[动]	瘫痪，麻痹	5
마우스를 클릭하다			
	[词组]	点击鼠标	21
마음먹다	[动]	下决心	14
마음을 먹다	[词组]	下定决心	10
마음이 들다	[词组]	有心意	13
마주치다	[动]	相遇，遇到	5
마침내	[副]	终于，总算	12
마케팅	[名]	市场营销	14
막	[副]	随意	13
막내	[名]	（年龄）最小的	15
막내아들	[名]	小儿子	17
막대기	[名]	木棍	23
막막하다	[形]	茫然	8
막상	[副]	实际上，真要	1
막을 내리다	[词组]	谢幕，落下帷幕	11
만만하다	[形]	不在话下，好对付	24
만족도	[名]	满意度	5
만족스럽다	[形]	满意	18
말다	[动]	泡（饭）	12
말없이	[副]		
		默默无语地，不言不语地	12
말투	[名]	语气	14
맛보다	[动]	尝	13
망가뜨리다	[动]	弄坏	13
망가지다	[动]	坏掉，毁坏	5
맞춤형	[名]	针对性	1
맞히다	[动]	答对	18
맡기다	[动]	委托（"맡다"的使动形）	13

매립하다	[动]	填，填埋	20
매사	[名]	每件事，事事	11
매이다	[动]	被束缚，被限制	11
매체	[名]	媒体	14
매출	[名]	销售，销量	8
매콤하다	[形]	微辣	12
머그잔	[名]	马克杯	7
머리를 맞대다	[词组]	面对面探讨问题	19
머릿결	[名]	发质	20
머릿속	[名]	头脑里，脑海中	9
머지않다	[形]	很快，不远	23
먹거리	[名]	餐食，小吃	14
먹물	[名]	墨汁	11
먹이다	[动]	喂	5
먹통이 되다	[词组]	失灵	5
먼지	[名]	灰尘	17
멀쩡하다	[形]	健全，完好	4
멋스럽다	[形]	漂亮，好看	16
멍멍	[副]	汪汪	10
메가바이트	[依名]	字节	14
메타버스	[名]	元宇宙	22
메트로폴리탄	[名]	大城市，大都会	8
면	[名]	棉	20
면역력	[名]	免疫力	1
멸종	[名]	灭绝，绝种	12
명예 훼손	[词组]	损害名誉，诽谤	9
명의	[名]	名义	4
명확하다	[形]	明确	18
모금	[依名]	(一)口(水)	5
모델	[名]	型号，款式	13
모방 소비	[词组]	模仿消费	6
모범	[名]	模范，榜样	8
모범생	[名]	模范生	1
모범적	[名]	表率，模范	4
모솔	[名]	单身	23
모처럼	[副]	难得，好不容易	10
목격자	[名]	目击者	2
목격자	[名]	目击者	23
목돈	[名]	巨款，大笔钱	13
목례를 하다	[词组]	行注目礼	12
목숨	[名]	命	23
목이 터지다	[词组]	声嘶力竭地喊叫	19
목조 주택	[词组]	木质结构住宅	16
몫	[名]	份	15
몸조리	[名]	调养身体	19
몸짓 언어	[词组]	肢体语言	10
무감각	[名]	麻木	23
무게	[名]	重量	14
무공해	[名]	无公害	23
무관심	[名]	漠不关心	23
무대	[名]	舞台	22
무더위	[名]	酷暑，酷热	12
무뚝뚝하다	[形]	木讷，生硬	18
무리	[名]	超负荷，吃不消	8
무반응	[名]	无反应	23
무이자	[名]	无息，免息	4
무인	[名]	无人	22
무인도	[名]	荒岛，无人岛	8
무제한	[名]	无限，不限制	7
무질서	[名]	无秩序	23
무차별적	[名]	无差别的	21
무책임	[名]	不负责任	23
무통장 입금	[词组]	无折存款	4
무한하다	[形]	无限	24
문득	[副]	顿时，忽然	10
문지르다	[动]	揉，搓	7
문턱	[名]	门槛	19
문화권	[名]	文化圈	10
문화부	[名]	(韩国)文化部	8
문화유산	[名]	文化遗产	23
묻히다	[动]	沾上	7
물가	[名]	物价	14
물들다	[动]	染上，沾染上	8
물때	[名]	水垢，水锈	7
물량	[名]	数量，分量	2
물류	[名]	物流	23
물어뜯다	[动]	咬，咬掉	22
물티슈	[名]	湿巾	20
물파스	[名]	(消炎)药水	7
미	[名]	美	12
미디어	[名]	媒体，传媒	9
미백	[名]	美白	7
미성숙하다	[形]	不成熟	21
미세 먼지	[词组]	雾霾，微尘	4
미세 먼지가 심하다			
	[词组]	雾霾严重	20
미신	[名]	迷信	11
미터	[依名]	米	14

민간단체	[名]	民间团体	7
민망하다	[形]	尴尬	16
밀리그램	[依名]	毫克	14
밀리리터	[依名]	毫升	14
밀어닥치다	[动]	涌入	20
밀폐되다	[动]	被密封	4

ㅂ

바람직하다	[形]	值得期待	1
바로잡다	[动]	纠正，整治	12
바이럴 마케팅	[词组]	病毒式营销	14
바이오 플라스틱	[词组]	(可分解)生物塑料	23
바이트	[依名]	字节	14
바퀴	[名]	车轮，轮子	20
박람회	[名]	博览会	1
반고흐전	[名]	凡·高展	8
반납	[名]	交还，退回	7
반려동물	[名]	宠物	16
반박하다	[动]	反驳	21
반발	[名]	反对	23
반영되다	[动]	反映	24
반죽	[名]	和面	23
반짝반짝	[副]	闪烁，亮晶晶	10
반차	[名]	半天假	8
받아들이다	[动]	接受	17
받치다	[动]	托，支，举	10
발걸음	[名]	脚步，步伐	4
발달	[名]	发达	22
발전	[名]	发展	22
발짓	[名]	脚上的动作	10
발행	[名]	发行	9
발행하다	[动]	发行	15
발효 식품	[词组]	发酵食品	12
발휘하다	[动]	发挥	9
밝혀지다	[动]	被查明，真相大白	9
밤새	[名]	整晚，整夜	22
밥심	[名]	吃米饭后获得的力量(表示韩国人对米饭的喜爱)	12
방	[名]	卧室	16
방문객	[名]	访客	7
방식	[名]	方式	17
방안	[名]	方案	19
방음	[名]	隔音	16
방지하다	[动]	防止	15
방콕	[名]	宅在家	23
배	[名]	梨	11
배	[名]	倍	13
배송지	[名]	收货地址	5
배수구	[名]	排水口	7
배역	[名]	角色	22
배출	[名]	排出，排放	6
배출량	[名]	排放量	20
배포되다	[动]	发行，分发	7
버려지다	[动]	被扔掉，被抛弃	7
버벅거리다	[动]	结巴	24
버티다	[动]	撑，坚持	15
번거롭다	[形]	麻烦，复杂	12
번지다	[动]	蔓延	13
벌금	[名]	罚款	4
범람하다	[动]	泛滥，充斥	9
범인	[名]	犯人	23
베란다	[名]	阳台	16
벽지	[名]	壁纸，墙纸	16
변덕스럽다	[形]	善变	18
변심	[名]	变心，改变心意	23
별다르다	[形]	特别	4
병행하다	[动]	并行	3
보건	[名]	保健	2
보급	[名]	普及	16
보도	[名]	报道	9
보도하다	[动]	报道	17
보상	[名]	赔偿	3
보안	[名]	保密，安保	4
보완하다	[动]	完善，弥补	1
보일러실	[名]	锅炉房	16
보장하다	[动]	保障，保证	4
보전	[名]	保护，保全	19
보존하다	[动]	保存	8
보증금	[名]	押金，保证金	24
보편적	[名]	普遍的	12
복구	[名]	重建，修复	2
복제 인간	[词组]	克隆人	9
복지 제도	[词组]	福利制度	3
복지 주택	[词组]	福利住房	19
복층	[名]	复式	16
본선	[名]	决赛	2
볼을 맞대다	[词组]	贴脸	12

볼일을 보다	[词组]	上洗手间，解手	21
부과하다	[动]	征收	24
부담	[名]	负担	13
부담스럽다	[形]	负担	18
부당하다	[形]	不当，不妥	18
부동산	[名]	不动产	13
부서지다	[动]	破碎，破裂	20
부스	[名]	展台，展位	1
부식되다	[动]	腐蚀，腐烂	20
부위	[名]	部位	9
부작용	[名]	副作用	14
부주의	[名]	疏忽，不小心	13
부쩍	[副]	猛然，一下子	8
부피	[依名]	容量	14
분담하다	[动]	分担	24
분리하다	[动]	隔开，分离	16
분석	[名]	分析	1
분야	[名]	领域，方面	8
분유	[名]	奶粉	19
분주하다	[动]	奔走，忙碌	10
불구하다	[动]	不顾，不管	13
불길하다	[形]	不吉利，不吉	11
불꽃 축제	[词组]	烟花节	10
불신	[名]	不信任	14
불안감	[名]	不安	13
불안정하다	[形]	不稳定	13
불운	[名]	不走运	11
불티나다	[动]	畅销	13
불평	[名]	不满，不平	8
불행	[名]	不幸	11
불확실하다	[形]	不确定，不明确	11
브랜드	[名]	品牌，商标	6
브런치	[名]	早午餐	15
블로그	[名]	博客	21
블로그를 구독하다			
	[词组]	订阅博客	21
블로그를 방문하다			
	[词组]	访问博客	21
블로그를 탈퇴하다			
	[词组]	注销博客	21
블로그에 가입하다			
	[词组]	注册博客	21
비과학적	[名]	不科学的	11
비교적	[名]	比较，相对	15

비난	[名]	责难，指责	22
비닐	[名]	塑料	4
비대면	[名]	非面对面	2
비대면화하다	[动]	无接触	22
비록	[副]	虽然，尽管	22
비밀번호	[名]	密码	4
비방하다	[动]	诽谤	21
비빔국수	[名]	拌面	12
비속어	[名]	脏话	21
비우다	[动]	空着，空出	9
비위생적	[名]	不卫生的	6
비윤리적	[名]	不道德的	11
비율	[名]	比例	14
비이성적	[名]	不理性的	11
비접촉	[名]	无接触	22
비중	[名]	比重	2
비추다	[动]	审视	1
비치되다	[动]	摆放，安置	7
비트	[依名]	比特	14
비합리적	[名]	不合理的	11
빙하	[名]	冰川，冰河	20
빙하가 녹다	[词组]	冰川融化	20
빚	[名]	债	13
빠뜨리다	[动]	落，丢	18
빠지다	[动]	落下，遗漏	12
뻗치다	[动]	延伸	16
뻘뻘	[副]	哗哗（流汗）	10
뽁뽁이	[名]	气泡膜	6
뿌듯하다	[形]	满足	22
뿔	[名]	（动物的）角	10

ㅅ

사교성	[名]	社交能力	11
사내	[名]	公司内部，公司里	9
사라지다	[动]	消失	9
사랑스럽다	[形]	可爱	18
사망자	[名]	死亡人数	2
사물 인터넷(IoT)	[词组]	物联网	23
사상가	[名]	思想家	2
사생활	[名]	私生活	17
사시사철	[名]	四季	20
사연	[名]	缘由，故事	13

사육하다	[动]	饲养，喂养	6	서민	[名]	市民，百姓	2
사은품	[名]	赠品	14	서버	[名]	服务器	5
사이버 공간	[词组]	网络空间，虚拟空间	22	서양사	[名]	西方史	8
사이버 범죄	[词组]	网络犯罪	21	서양인	[名]	西方人	10
사이버 보안 전문가				서운하다	[形]	舍不得，可惜	17
	[词组]	网络安全专家	2	서울 역사 박물관	[词组]	首尔历史博物馆	8
사전 등록	[词组]	提前注册	8	서재	[名]	书房	16
사치	[名]	奢侈	13	선	[名]	线，范围	8
사태	[名]	事态	19	선명하다	[形]	鲜明，清晰	22
사항	[名]	事项	8	선보이다	[动]	展示，亮相	6
사회성	[名]	社会性	5	설계되다	[动]	设计	16
사회성이 있다	[词组]	有社交能力	1	설레다	[动]	激动	1
사회적	[名]	社会的	6	설상가상	[名]	雪上加霜	22
사회적 관습	[词组]	社会风俗	11	섬세하다	[形]	细腻，纤细	10
삭제하다	[动]	删除	21	섬유 유연제	[词组]	衣物柔顺剂	7
산불	[名]	山火	13	섭씨	[依名]	摄氏度	14
살리다	[动]	救活	5	섭취	[名]	摄取，摄入	19
살아남다	[动]	生存下来	9	섭취하다	[动]	摄取，吸入	20
삼각김밥	[名]	三角饭团	22	성과급	[名]	绩效工资	3
삼겹살집	[名]	烤五花肉店	12	성능	[名]	功能	17
삼키다	[动]	吞咽	19	성실히	[副]	认真地	14
삼행시	[名]	三行诗	14	성원	[名]	鼓舞，激励	8
상당히	[副]	相当地，非常	11	성적표	[名]	成绩单	13
상반기	[名]	上半年	14	성향	[名]	倾向	13
상부상조	[名]	相辅相成	22	세계화	[名]	全球化	17
상업적	[名]	商业性的	9	세균	[名]	细菌	7
상용화	[名]	商业化	24	세대 갈등	[词组]	代沟	19
상위권	[名]	上游	2	세대	[名]	代，辈	20
상의하다	[动]	商量	16	세미나	[名]	研讨会	14
상징	[名]	象征	11	세분화	[名]	细分，细化	1
상품 금액	[词组]	商品金额	4	세안하다	[动]	洗脸	7
상품 정보	[词组]	商品信息	4	세척	[名]	清洗，洗	12
상황 판단 능력	[词组]	状况判断能力	1	세탁실	[名]	洗衣房	16
새것	[名]	新东西	13	센티미터	[依名]	厘米	14
색감	[名]	色感	11	셀카	[名]	自拍	19
색다르다	[形]	特别，不同	17	셀프 인테리어	[词组]	自助室内装修	22
생각없이	[副]	没想法	17	셀프	[名]	自助	22
생김새	[名]	长相，相貌	12	소각	[名]	销毁	2
생동감	[名]	生动，动感	10	소다	[名]	苏打，碱	11
생명 과학자	[词组]	生命科学家	2	소도시	[名]	小城市	7
생산 가능 인구	[词组]	有生产力的人口	19	소동	[名]	骚乱，骚动	21
생산성	[名]	生产效率	3	소득	[名]	所得	13
생생하다	[形]	生动，鲜明	8	소매	[名]	袖子，衣袖	5
생성하다	[动]	生成，产生	24	소문이 확산되다	[词组]	传闻扩散	9

소믈리에	[名]	品酒师	2
소방차	[名]	消防车	8
소비 성향	[词组]	消费倾向	6
소비가 감소하다	[词组]	消费减少	6
소비가 늘다	[词组]	消费增加	6
소비가 줄다	[词组]	消费减少	6
소비가 증가하다	[词组]	消费增加	6
소비를 늘리다	[词组]	提高消费	6
소비를 줄이다	[词组]	降低消费	6
소비자	[名]	消费者	6
소비자 가격	[词组]	零售价	6
소비자 물가	[词组]	消费者物价	6
소비자 보호	[词组]	消费者保护	6
소비자의 권리	[词组]	消费者权利	6
소속	[名]	所属，所在	3
소액	[名]	小额	13
소외	[名]	疏离，疏远	19
소위	[副]	所谓	13
소음	[名]	噪音	4
소지하다	[动]	携带	18
소통	[名]	沟通	1
소통하다	[动]	交流，沟通	8
소품	[名]	小物件	22
속도	[名]	速度	14
속마음	[名]	内心	17
속을 썩이다	[词组]	不省心，费心	17
손가락	[名]	手指	10
손꼽다	[动]	掰手指（算数）	22
손쉽다	[形]	容易	23
손짓	[名]	手势	10
손톱	[名]	手指甲	22
손해	[名]	损失	14
솔깃하다	[形]	有趣，感兴趣	23
수거하다	[动]	回收，收回	5
수납장	[名]	收纳柜	16
수동적	[名]	被动的	13
수리 능력	[词组]	数理能力	1
수리공	[名]	修理工	20
수명	[名]	使用年限，寿命	16
수법	[名]	手法	21
수사	[名]	调查	17
수상	[名]	获奖	23
수석	[名]	第一名	22
수압	[名]	水压	16
수여하다	[动]	授予，颁发	8
수익	[名]	收益	13
수입	[名]	收入	13
수저통	[名]	餐具盒	12
수준	[名]	水准，水平	12
수집하다	[动]	收集	8
수칙	[名]	守则	21
수확량	[名]	产量，收成	9
순수하다	[形]	单纯，纯粹	2
순환	[名]	循环	15
숨	[名]	呼吸	9
숯	[名]	炭，木炭	11
스마트	[名]	智慧，智能	23
스마트 시티(smart city)	[词组]	智慧城市	23
스마트 팜(smart farm)	[词组]	智慧农场	23
스탠드	[名]	台灯	22
스트리밍	[名]	流媒体	7
스티로폼	[名]	泡沫塑料	6
스티커	[名]	贴纸	23
스펙	[名]	履历，资历	12
스피커	[名]	扬声器	23
습도	[名]	湿度	20
습하다	[形]	潮湿	20
시각적	[名]	视觉上的	10
시간제	[名]	钟点工	3
시급	[名]	时薪	3
시급하다	[形]	紧急，紧迫	9
시도	[名]	试图，尝试	11
시사회	[名]	首映式	8
시선	[名]	视线	10
시선을 끌다	[词组]	醒目，抢眼	17
시절	[名]	时期，岁月	22
시차	[名]	时差	14
시행착오	[名]	试错	24
시행하다	[动]	实施，施行	7
식감	[名]	口感	6
식기세척기	[名]	洗碗机	4
식다	[动]	（食物）凉了	15
식문화	[名]	饮食文化	12
식비	[名]	伙食费，餐饮费	15
식생활	[名]	饮食生活	15
식순	[名]	仪式顺序	21

식욕	[名]	食欲	11
식음료	[名]	饮料	7
식중독	[名]	食物中毒	11
식품업계	[名]	食品行业	23
식히다	[动]	冷却	5
신뢰	[名]	信赖，信任	12
신뢰성	[名]	可靠性，可信性	9
신문사	[名]	报社	9
신문지	[名]	报纸	9
신세대	[名]	新一代	14
신앙	[名]	信仰	11
신약	[名]	新药	4
신용 카드	[词组]	信用卡	4
신재생에너지 전문가			
	[词组]	新能源专家	2
신조어	[名]	新词	13
신체적	[名]	身体上的	12
실리다	[动]	装	15
실망스럽다	[形]	失望	18
실무	[名]	实际工作	3
실습	[名]	练习，实习	9
실시하다	[动]	实施	13
실업	[名]	失业	9
실업자	[名]	失业者，失业人员	24
실온	[名]	室温	11
실용성	[名]	实用性	6
실적	[名]	业绩	3
실전	[名]	实战	24
실제	[名]	实际	14
실종	[名]	失踪	9
실컷	[副]	尽情，充分	12
실험	[名]	试验	4
실현	[名]	实现	22
싫증이 나다	[词组]	厌烦，厌倦	17
심각성	[名]	严重性	19
심리적	[名]	心理的	13
심리학	[名]	心理学	14
심리학자	[名]	心理学家	9
심사	[名]	审核	16
심상치 않다	[词组]	不对，不妙	22
심장	[名]	心脏	3
심지어	[副]	甚至	7
싱싱하다	[形]	新鲜	10
싱크대	[名]	厨房水槽	7

싸움이 나다	[词组]	吵架	22
쌈	[名]	包饭	14
쏘이다	[动]	被蜇	21
쓸쓸하다	[形]	凑合，还可以	8
쑥쑥	[副]	嗖嗖地，噌噌地	10
쓰다	[形]	苦	10
쓰러지다	[动]	昏倒，晕倒	9
쓸데없이	[副]	无谓地，徒然	13
씻기다	[动]	被洗掉，被洗干净	5

ㅇ

아기자기하다	[形]	小巧玲珑	22
아늑하다	[形]	温馨，温暖	17
아니 땐 굴뚝에 연기 나랴?			
	[句]	无风不起浪	6
아동 수당	[词组]	幼儿津贴，儿童补助	19
아무튼	[副]	总之，反正	11
아바타	[名]	虚拟形象，头像，图标	22
아예	[副]	根本，完全	7
아이디	[名]	用户名	21
아이를 갖다	[词组]	怀孕	19
아이를 기르다	[词组]	养育孩子	19
아이를 낳다	[词组]	生孩子	19
아이를 돌보다	[词组]	照顾孩子	19
아이를 씻기다	[词组]	给孩子洗澡	19
아이를 재우다	[词组]	哄孩子睡觉	19
아이를 키우다	[词组]	抚养孩子	19
악몽	[名]	噩梦	11
악물다	[动]	紧紧咬住，咬紧	22
악수를 하다	[词组]	握手	12
악용	[名]	恶意利用	9
악용되다	[动]	被恶意利用	24
악취	[名]	臭味	20
악플 테러	[词组]	恶意回帖攻击	21
악플	[名]	恶意回帖	21
악플러	[名]	恶意留言者	21
악화	[名]	恶化	22
안방	[名]	主卧	16
안심시키다	[动]	使安心	17
안전성	[名]	安全性	9
안전장치	[名]	保险装置，防护装置	11
안정되다	[动]	稳定	14
안정성	[名]	稳定性	3

알고리즘	[名]	算法，运算法则	24
알뜰	[名]	精打细算	15
알려지다	[动]	传开，得知，出名	9
알루미늄	[名]	铝	20
암	[名]	癌症	12
앞두다	[动]	眼前	2
애교	[名]	撒娇	2
애도	[名]	悼念，哀悼	11
애정	[名]	情感	8
액자	[名]	相框，画框	15
앵커	[名]	主持人，主播	24
야생	[名]	野生	12
야옹	[副]	喵喵	10
약화되다	[动]	减弱，变弱	19
얄밉다	[形]	可恶，讨厌	12
양	[名]	量，分量	12
양극화되다	[动]	两极化	6
양손을 모으다	[词组]	双手合拢	12
양식	[名]	西餐	12
어부지리	[名]	渔翁之利	22
어수선하다	[形]	杂乱无章	6
어지럽다	[形]	头晕	19
어쩌면	[副]	也许，或许	11
어쩐지	[副]	不知怎的，怪不得	22
어패류	[名]	鱼类和贝类	20
억양	[名]	语调	24
억제하다	[动]	抑制，控制	11
언급하다	[动]	谈到，提及	12
언론	[名]	媒体，舆论	9
언어 능력	[词组]	语言能力	1
얼굴 인식	[词组]	人脸识别	23
얼룩	[名]	污渍	15
얼어붙다	[动]	冻，冻结	10
엄습하다	[动]	突袭	20
엄지	[名]	拇指	10
엄청나다	[形]	特别，过于	20
업다	[名]	背	19
업로드하다	[动]	上传	16
업무량	[名]	工作量	3
업체	[名]	企业	4
엉금엉금	[副]	慢吞吞	10
엉뚱하다	[形]	毫不相关，离谱	5
엉엉	[副]	哇哇，呜呜	10
엎치다	[动]	打翻，弄洒	22
에잇	[叹]	哎	15
에취	[副]	阿嚏	10
에코백	[名]	环保袋	6
여건	[名]	条件	20
여론	[名]	舆论	21
여름철	[名]	夏季，夏天	11
역무원	[名]	站务员	9
역전 골	[词组]	逆转球	23
역전승	[名]	反败为胜，翻盘	24
역전하다	[动]	逆转，反转	22
연구	[名]	研究	9
연봉	[名]	年薪	2
연상하다	[动]	联想	10
연인	[名]	恋人	11
연장되다	[动]	延长	10
연주회	[名]	演奏会	8
연탄	[名]	煤饼，蜂窝煤	10
열정적	[名]	热情	3
열중하다	[动]	热衷，专心	24
엿보다	[动]	看出，揣测	13
영상	[名]	图像，影像	9
영상미	[名]	画面美感，影像美	17
영유아	[名]	婴幼儿	19
영향력	[名]	影响力	6
영향을 미치다	[词组]	产生影响	14
옆자리	[名]	邻座，旁边的位置	10
예고	[名]	预告	20
예금	[名]	存款	13
예민하다	[形]	敏感	17
예산	[名]	预算	16
예술성	[名]	艺术性	16
예술의 전당	[词组]	艺术的殿堂	8
예의에 어긋나다	[词组]	违背礼节，失礼	12
예절	[名]	礼节，礼仪	12
옛말	[名]	古语，老话	12
오랜	[冠]	长，久	22
오류	[名]	故障，错误	23
오물	[名]	垃圾，污物	6
오배송	[名]	配送错误	5
오비이락	[名]	瓜田李下	22
오징어	[名]	鱿鱼	11
오징어볶음	[名]	辣炒鱿鱼	12
오프라인	[名]	线下	22
오해	[名]	误会，误解	13

온도	[名]	温度	14
온라인	[名]	线上	22
온라인 숍	[词组]	网店	21
온스	[依名]	盎司	14
온실가스	[名]	温室气体	6
올리다	[动]	上传	21
올림픽	[名]	奥运会	10
옳다	[形]	正确，对	11
옵션	[名]	选项	5
와이파이(Wi-Fi)	[名]	无线网络	23
완벽주의	[名]	完美主义	1
완성도	[名]	制作水平，完成度	11
외면하다	[动]	回避	24
외부인	[名]	外部人员	17
외장형 하드	[词组]	移动硬盘	21
요구	[名]	要求	12
요소	[名]	要素，元素	11
요양 보호사	[词组]	养老护理员	2
요청	[名]	要求	4
요청 사항	[词组]	配送要求	5
욕(을) 먹다	[词组]	挨骂	9
욕구	[名]	欲望，欲求	9
욕실	[名]	浴室	16
용도	[名]	用途	12
용의자	[名]	嫌疑人	24
우기다	[动]	硬要，硬来	7
우려	[名]	忧虑，担心	11
우려하다	[动]	担忧，顾虑	2
우박	[名]	冰雹	20
우비	[名]	雨衣	5
우선시하다	[动]	优先考虑	16
우선적	[名]	优先	17
우연	[名]	偶然	11
우열을 따지다	[词组]	论高低，计较优劣	12
우울증	[名]	抑郁症	11
우유팩	[名]	牛奶盒	20
우이독경	[名]	对牛弹琴	22
우주	[名]	宇宙	11
우주 과학	[词组]	航天科学	23
우중충하다	[形]	阴沉，阴暗	22
운송장 번호	[词组]	快递单号	5
운이 나쁘다	[词组]	运气不好	11
운이 좋다	[词组]	运气好	11
운전대	[名]	方向盘	23

운항하다	[动]	航运，航海	1
울리다	[动]	弄哭	5
웃기다	[动]	逗笑，可笑	5
워라밸	[名]	工作与生活的平衡	3
원 플러스 원	[词组]	买一送一	14
원금	[名]	本金	13
원리	[名]	原理	15
원재료	[名]	原材料	20
월급	[名]	月薪	3
웹툰	[名]	网络漫画	17
위기에 처하다	[词组]	处于危机之中	12
위암	[名]	胃癌	4
위치	[名]	位置	3
위험성	[名]	危险性	10
유가	[名]	油价	14
유기견	[名]	流浪狗	6
유력하다	[形]	强有力	24
유례	[名]	先例	19
유리	[名]	玻璃	20
유망	[名]	有希望，有发展	2
유비무환	[名]	有备无患	22
유비쿼터스(Ubiquitous)			
	[名]	普遍存在	23
유산	[名]	遗产	8
유산균	[名]	乳酸菌	4
유연 근무제	[词组]	弹性工作制	3
유전자	[名]	基因	11
유지	[名]	维持	19
유창하다	[形]	流利	17
유출	[名]	泄露	4
유통	[名]	流通	22
유통기한	[名]	保质期	14
유통업계	[名]	商品流通企业	11
유포하다	[动]	散布，流传	9
유학원	[名]	留学中介	14
유행어	[名]	流行语	10
유행을 타다	[词组]	赶潮流	22
육개장	[名]	辣牛肉汤	12
육아 휴직을 신청하다			
	[词组]	申请育儿停职	19
윤리적	[名]	伦理的	24
윤리적 소비	[词组]	伦理消费	6
음성 인식	[词组]	语音识别	23
음향	[名]	音响	22

응답자	[名]	应答者	2
응답하다	[动]	回答	13
의뢰하다	[动]	委托	2
의료계	[名]	医学界	23
의류 건조기	[词组]	衣物烘干机	4
의문	[名]	疑问，疑点	9
의사소통	[名]	沟通，交流	10
의심스럽다	[形]	可疑，令人怀疑	11
의외	[名]	意外，出乎意料	23
의외로	[副]	意外地，出人意料地	7
의욕	[名]	意志，欲望	2
이랬다저랬다	[缩]	一会这样，一会那样	18
이론	[名]	理论	14
이롭다	[形]	有利，有帮助	10
이미지화	[名]	形象化	24
이산화 탄소	[词组]	二氧化碳	20
이삿짐센터	[名]	搬家公司	18
이상 기후	[词组]	气候异常	20
이색적	[名]	独特，特色	11
이성적	[名]	理性的	11
이어지다	[动]	接上	12
이왕	[副]	既然	10
이왕이면	[副]	既然如此	4
이용권	[名]	使用券	7
이용률	[名]	使用率	5
이유식	[名]	辅食	19
이적료	[名]	转会费	14
이적하다	[动]	转会	14
이제야	[副]	现在才，这才	22
이직	[名]	离职	3
이직하다	[动]	离职	4
이집트전	[名]	埃及展	8
이쯤	[名]	这时	12
이해관계	[名]	利害关系	9
익다	[动]	熟，（做）熟	11
인공	[名]	人工	23
인공 지능	[词组]	人工智能	2
인공육	[名]	人造肉	6
인과 관계	[词组]	因果关系	11
인구	[名]	人口	2
인구 절벽	[词组]	人口悬崖，人口峭壁	19
인구 주택 총조사	[词组]	人口住宅总调查	2
인권	[名]	人权	21
인내심이 강하다	[词组]	很有耐心	1
인류	[名]	人类	24
인사말	[名]	问候语	12
인사팀	[名]	人事部	11
인쇄	[名]	印刷	14
인식	[名]	认识	3
인식되다	[动]	认识到，被认为	22
인용하다	[动]	引用	9
인정하다	[动]	认可，承认	11
인증	[名]	认证	4
인체	[名]	人体	20
인치	[依名]	英寸	14
인터넷 뱅킹	[词组]	网络银行	22
인터뷰	[名]	采访	12
인테리어	[名]	装修	16
인프라	[名]	基础设施	2
인화하다	[动]	冲洗（照片）	5
일교차	[名]	昼夜温差	19
일반화	[名]	普及化，普遍化	17
일부러	[副]	故意	18
일석이조	[名]	一箭双雕	6
일손	[名]	人手，劳动力	24
일자리	[名]	工作岗位	13
임신을 하다	[词组]	怀孕	19
입국하다	[动]	入境，回国	10
입력하다	[动]	输入，录入	24
입맛을 맞추다	[词组]	迎合口味	11
입주	[名]	入住	19
입주민	[名]	居民	5
입체적	[名]	立体	16
입히다	[动]	给……穿	5
잇따르다	[动]	跟随，跟着	20

ㅈ

자가용	[名]	私家车	16
자극적	[名]	刺激性的，挑逗性的	9
자금	[名]	资金	13
자기 계발	[词组]	自我提升	3
자동화	[名]	自动化	17
자라다	[动]	生长	23
자랑스럽다	[形]	（值得）骄傲	18
자리(를) 잡다	[词组]	占有地位，占据位置	10
자리를 비우다	[词组]	不在，离开	11

자본	[名]	资本	10	재택근무	[名]	居家办公	3
자세	[名]	姿势，姿态	10	재테크	[名]	理财	13
자식	[名]	子女	15	재현하다	[动]	再现，重现	6
자연스럽다	[形]	自然	18	재활용 기술자	[词组]	再生资源回收利用工程师	2
자연재해	[名]	自然灾害	10	저금	[名]	存款	13
자원	[名]	资源	6	저소득	[名]	低收入	19
자원봉사자	[名]	志愿服务者	10	저수지	[名]	蓄水池，水库	8
자율 주행 자동차	[词组]	无人驾驶汽车	23	저작권	[名]	著作权	13
자율 주행차 기술자				저장 식품	[词组]	贮存食品	12
	[词组]	自动驾驶工程师	2	저장하다	[动]	保存	21
자율 출근제	[词组]	自由上班制	19	저축	[名]	储蓄	13
자재	[名]	材料	16	저출산	[名]	低出生（率）	24
자존심	[名]	自尊，自尊心	22	저출산 시대	[词组]	低生育率时代	19
작동하다	[动]	运转，启动	17	저탄소	[名]	低碳	20
작업실	[名]	工作室	8	적응력	[名]	适应力	1
작품성	[名]	作品的艺术性	14	적절하다	[形]	合适，恰当	7
잔바람	[名]	微风	21	전구	[名]	电灯泡	6
잔치국수	[名]	喜面	12	전기	[名]	电	13
잘나다	[动]	了不起，出众	12	전기 코드	[词组]	电源，插头	20
잠금 해제	[词组]	密码解锁	23	전달되다	[动]	传开，传播	9
장관	[名]	部长，长官	8	전동	[名]	电动	23
장기	[名]	器官	23	전략	[名]	策略，战略	6
장려	[名]	奖励，鼓励	24	전망	[名]	展望，前景	2
장려하다	[动]	奖励，鼓励	19	전면	[名]	首位，前面	8
장밋빛	[名]	玫瑰色	3	전문점	[名]	专卖店，专营店	10
장바구니	[名]	购物车	4	전반	[名]	全部，整体	19
장염	[名]	肠炎	20	전승하다	[动]	传承，继承	8
장화	[名]	雨靴	20	전시물	[名]	展品，展览品	8
재고	[名]	库存	14	전시회	[名]	展示会	8
재고용	[名]	再聘用	19	전염병	[名]	传染病	2
재관람객	[名]	再次参观者，再次观看者	8	전용	[名]	专用	8
재관람하다	[动]	再观看	8	전원주택	[名]	田园住宅	16
재료비	[名]	食材费	15	전자 제품	[词组]	电子产品	10
재물	[名]	财务，钱财	11	전체적	[名]	整体上	14
재사용하다	[动]	再用，重新利用	7	전파	[名]	传播	9
재산	[名]	财产	13	전파되다	[动]	传播，传入	9
재생	[名]	再生，重生	20	전화위복	[名]	因祸得福	22
재생 에너지	[词组]	再生能源	23	전환	[名]	转换	7
재수가 없다	[词组]	倒霉	11	절대적	[名]	绝对的	12
재수가 있다	[词组]	走运	11	절반	[名]	一半	16
재원	[名]	资金来源	24	절약	[名]	节约	13
재정비	[名]	再整顿	2	절약하다	[动]	节省	13
재촉하다	[动]	催促	21	젊은이	[名]	年轻人	14
재취업	[名]	再就业	19	점	[名]	点	14

점검	[名]	检查	16
점진적	[名]	逐渐的，渐渐的	19
접근	[名]	接近	5
접근성	[名]	便利性，接近性	6
접다	[动]	折，叠，收起	10
접수	[名]	受理	18
접촉	[名]	接触，触碰	12
접촉 사고	[词组]	剐蹭事故	19
접하다	[动]	接触到，得到	9
정규직	[名]	正式员工	3
정기 배송	[词组]	定期配送	4
정년	[名]	退休年龄	3
정년 연장	[词组]	延长法定退休年龄	19
정보 시스템 운영자			
	[词组]	信息系统运营人员	2
정보가 다양하다	[词组]	信息多样	7
정보가 새롭나	[词组]	信息很新	7
정보가 유용하다	[词组]	信息有益	7
정보를 공유하다	[词组]	分享信息	7
정보를 얻다	[词组]	获得信息	7
정보를 제공하다	[词组]	提供信息	7
정보를 찾다	[词组]	查找信息	7
정보화	[名]	信息化	17
정부	[名]	政府	2
정상	[名]	山顶	3
정서	[名]	情绪	14
정수기	[名]	净水机	4
정신 건강 의학과	[词组]	精神健康医学科	1
정원	[名]	庭院	16
정전	[名]	停电	13
정중하게 인사하다			
	[词组]	郑重地行礼	12
정중하다	[形]	郑重	18
정착되다	[动]	安定，固定	3
정책	[名]	政策	7
정체성	[名]	本质，本性	3
제각각	[名]	各自，各个	12
제거하다	[动]	去除	4
제곱미터	[依名]	平方米	14
제곱킬로미터	[依名]	平方公里	14
제공하다	[动]	提供	7
제때	[名]	及时	15
제빵사	[名]	面包师	3
제약	[名]	制约，限制	22
제육볶음	[名]	辣炒猪肉	12
제정하다	[动]	制定	8
제조업	[名]	制造业	23
제철	[名]	应季，当季	7
제치다	[动]	超过	2
제한	[名]	限制	7
조례	[名]	条款，规定	8
조르다	[动]	纠缠	18
조리 있다	[词组]	有条理	15
조명	[名]	照明	16
조별 과제	[词组]	小组作业	12
조심스럽다	[形]	小心	18
조원	[名]	组员	12
조작하다	[动]	操作，操纵	9
조직	[名]	组织	3
조카	[名]	侄子，侄女	15
존재	[名]	存在	11
존중	[名]	尊重	5
존중하다	[动]	尊重	12
졸음	[名]	困	23
종료하다	[动]	结束，终了	12
종이	[名]	纸	20
주가	[名]	股价	5
주간지	[名]	周刊，周报	7
주거	[名]	居住	17
주거비	[名]	住宿费	15
주고받다	[动]	收送（物品）	11
주되다	[动]	为主，主要	14
주머니	[名]	口袋，腰包	17
주먹	[名]	拳头	16
주목	[名]	瞩目	4
주목을 받다	[词组]	受关注	4
주방	[名]	厨房	16
주식	[名]	主食	12
주재료	[名]	主材料	16
주저앉다	[动]	瘫坐，无力坐下	24
주행	[名]	行驶	24
줄임말	[名]	缩写，简称	21
중개	[名]	中介	13
중부	[名]	中部	10
중세	[名]	中世纪	8
중순	[名]	中旬	10
중요시하다	[动]	重视，看重	16
쥐꼬리	[名]	老鼠尾巴	16

즉석 식품	[词组]	即食食品	12
증강 현실	[词组]	增强现实	2
증거	[名]	证据	10
지구 온난화	[词组]	全球气候变暖	20
지급하다	[动]	支付，付给	19
지문 인식	[词组]	指纹识别	23
지불하다	[动]	支付	7
지속 가능한 소비	[词组]	可持续消费	6
지속되다	[动]	持续	10
지속적	[名]	持续的	4
지연되다	[动]	延迟	5
지위	[名]	地位	6
지저분하다	[形]	乱七八糟	6
지정하다	[动]	指定	21
지출	[名]	支出	13
지켜보다	[动]	留意	15
직관적	[名]	直观的	1
직무	[名]	职务	1
직종	[名]	工种，职务种类	2
진입하다	[动]	进入	19
진정성	[名]	真诚	12
진출	[名]	进入	2
진학하다	[动]	升学	1
진화	[名]	进化	21
진흥원	[名]	振兴院	23
질리다	[动]	惊恐，害怕	5
집밥	[名]	家常饭	12
집중 호우	[词组]	局部地区暴雨	20
집중 호우가 내리다			
	[词组]	局部地区有暴雨	20
집중적	[名]	集中的	4
징크스	[名]	霉运，倒霉事	11
짖다	[动]	叫，吠	10
짙다	[形]	(颜色)深	11
짜릿하다	[形]	刺激，麻酥酥的	24
짜증스럽다	[形]	厌烦	18
짝수	[名]	双数	11
쪽	[名]	页	15
찌들다	[动]	浸渍，浸染	7
찝찝하다	[形]	心里不舒服，感觉不对劲	11

ㅊ

차근차근	[副]	稳步地，有条不紊地	12

차리다	[动]	准备，做	12
차멀미	[名]	晕车	18
차분하다	[形]	冷静	1
차선	[名]	车道	23
차원	[名]	层面，维度	9
차이	[名]	差异，区别	13
차지하다	[动]	占据	2
착오	[名]	错误，失误	5
찰칵	[副]	咔嚓	10
참가	[名]	参加	22
참관인	[名]	参观人	8
참관하다	[动]	参观，观摩	8
참다못하다	[动]	忍无可忍	21
참을성이 강하다	[词组]	忍耐力很强	1
참조하다	[动]	抄送	21
창구	[名]	窗口	21
창업	[名]	创业	9
창업하다	[动]	创业	14
창의력	[名]	创造儿	1
창작물	[名]	文艺创作	24
창출되다	[动]	创造	2
채식주의자	[名]	素食主义者	20
채용	[名]	招聘	1
채팅창	[名]	对话框	4
책임감이 강하다	[词组]	责任心很强	1
책임을 다하다	[词组]	尽责	12
처벌	[名]	处罚，处分	21
처분하다	[动]	处理	21
천지개벽	[名]	天翻地覆	22
철	[名]	铁	20
철이 들다	[词组]	懂事	21
철저히	[副]	彻底	17
철학적	[名]	哲学的	11
첨부 파일	[词组]	附件	21
첫눈에 반하다	[词组]	一见钟情	18
청결하다	[形]	洁净，干净	12
청구서	[名]	缴费通知单	12
청첩장	[名]	请帖，请柬	8
청취자	[名]	听众	18
체감 온도	[词组]	体感温度	20
체질	[名]	体质	2
체크 카드	[词组]	借记卡	4
체험	[名]	体验	14
쳐다보다	[动]	看，仰望	10

초두 효과	[词组]	首因效应	14
초인종	[名]	门铃	5
촌스럽다	[形]	土气	18
총액	[名]	总额	3
최고급	[名]	最高级	23
최고치	[名]	最高值	6
최단기	[名]	最短时间	23
최소화하다	[动]	使最小化	6
최신형	[名]	最新型	23
최우수	[名]	最优秀	23
최저	[名]	最低	4
최정상	[名]	最高峰	23
최첨단	[名]	最先进，最尖端	8
추구하다	[动]	追求	24
추리	[名]	推理	1
추리닝	[名]	运动休闲服	20
추세	[名]	趋势	9
추이	[名]	发展，变化	23
추첨	[名]	抽奖，抽签	14
추측하다	[动]	推测，猜测	11
축사	[名]	祝词，贺词	8
축산업	[名]	畜牧业	20
출고	[名]	出货	17
출력하다	[动]	打印	23
출산 장려금	[词组]	生育津贴	19
출산 휴가	[词组]	产假	19
출산율	[名]	出生率	19
출산하다	[动]	生产，分娩	19
출생자	[名]	出生人数	2
출연하다	[动]	出演，扮演	9
출입문	[名]	出入口，门	11
출전	[名]	出战	2
출전하다	[动]	参赛	13
출처	[名]	出处，来源	9
충격	[名]	冲击	12
충동 소비	[词组]	冲动消费	6
충동구매	[名]	冲动消费	13
치료법	[名]	疗法，治疗方法	12
치료제	[名]	药剂，治疗剂	4
치열하다	[形]	激烈	1
친환경	[名]	环保	6
친환경 주택	[词组]	绿色环保住宅	16
침실	[名]	卧室	16
침착하다	[形]	沉稳	1

ㅋ

카펫	[名]	地毯	17
칼로리	[名]	卡路里	6
캐릭터	[名]	人物	17
캐치프레이즈	[名]	广告语，标语	14
커튼	[名]	窗帘	23
컨디션	[名]	身体状态，健康状况	17
코드	[名]	电源，电线	4
코딩	[名]	编程	2
코앞에 다가오다	[词组]	近在眼前	19
코인 노래방	[词组]	投币式KTV	22
콘센트	[名]	插座，插孔	11
콘텐츠 기획자	[词组]	内容策划员	2
콜록콜록	[副]	咳咳	10
콧노래	[名]	哼歌，哼唱	24
콩국수	[名]	豆汁面	12
쾌감	[名]	快感	9
쿠폰	[名]	优惠券	14
쿵	[副]	哐	10
크리에이터	[名]	网络主播	2
크림	[名]	奶油	11
큰돈	[名]	巨款	13
클렌징크림	[名]	卸妆膏	23
키오스크	[名]	自助服务机	22
키우다	[动]	养大，培养	5
킬로그램	[依名]	公斤	14
킬로미터	[依名]	公里	14
킬로바이트	[依名]	千字节	14

ㅌ

타	[冠]	其他	12
타산지석	[名]	他山之石	22
타인	[名]	他人，别人	8
탄산음료	[名]	碳酸饮料	6
탄소 배출 관리자	[词组]	碳排放管理员	2
탄소 중립	[词组]	碳中和	2
탐사	[名]	探索	23
탐색	[名]	摸索，探索	1
탑승	[名]	乘坐	11
탑승권	[名]	登机牌	24
탑승자	[名]	乘客	24
태교를 하다	[词组]	进行胎教	19

태도	[名]	态度	12
태양광	[名]	太阳光，太阳能	16
태풍	[名]	台风	20
태풍이 오다	[词组]	台风来了	20
태풍이 지나가다	[词组]	台风经过	20
택배 보관함	[词组]	快递保管箱	5
터전	[名]	基地，家园	20
텀블러	[名]	保温杯	6
테라스	[名]	阳台	16
테이블	[名]	桌子	22
토끼	[名]	兔子	7
토크 콘서트	[词组]	脱口秀	1
톤	[依名]	吨	14
통계청	[名]	统计局	2
통과하다	[动]	通过	3
통솔력	[名]	领导力	1
통제되다	[动]	管制	5
통제하다	[动]	掌控，控制	11
투자	[名]	投资	7
트렁크	[名]	后备厢	15
트렌드	[名]	趋势，倾向	7
트로피	[名]	奖杯，奖牌	10
특수하다	[形]	特殊	17
특유	[名]	特有	12
특혜	[名]	特惠	8
틀	[名]	框架	1
틈	[名]	缝隙	17
티켓팅	[名]	售票，抢票	5
팁	[名]	窍门，建议	7

ㅍ

파손되다	[动]	破损	18
파일을 공유하다	[词组]	共享文件	21
파일을 첨부하다	[词组]	添加附件	21
파전	[名]	葱煎饼	22
판매자	[名]	卖家	4
팔로워	[名]	关注用户	14
팔월대보름	[名]	八月十五（中秋节）	22
팔짱을 끼다	[词组]	两手交叉放在胸前	10
팝업창을 차단하다			
	[词组]	拦截弹窗	21
팝업창이 뜨다	[词组]	出现弹窗	21
패러글라이딩	[名]	滑翔伞	20

패러디하다	[动]	模仿	8
패턴	[名]	（手机锁屏）手势图案	23
패티	[名]	肉饼	11
퍼뜨리다	[动]	散布	9
퍼붓다	[动]	痛骂，破口大骂	22
퍼센트	[名]	百分之	14
퍼지다	[动]	传开，扩散	9
펀드	[名]	基金	13
펀드 매니저	[词组]	基金经理	2
펑	[副]	砰	10
펫	[名]	宠物	8
편의	[名]	方便，便利	5
편의 시설	[词组]	便利设施	21
펼쳐지다	[动]	展现，展开	12
평	[依名]	坪	14
평가	[名]	评价	16
평가를 내리다	[词组]	作出评价	12
평균	[名]	平均	13
평면도	[名]	平面图	16
평생	[名]	一辈子	13
평화롭다	[形]	平和，安宁	17
폐기물 처리 기사			
	[词组]	固体废物处理工程师	2
폐기물	[名]	废弃物	6
포근하다	[形]	暖和	13
포인트 적립	[词组]	积分积累	4
포장지	[名]	包装纸	6
포함하다	[动]	包括，包含	22
폭설	[名]	暴雪	20
폭염	[名]	酷热	20
폭우	[名]	暴雨	5
폭우가 쏟아지다	[词组]	下暴雨	20
폭주하다	[动]	集中，聚集	5
폭탄	[名]	炸弹	13
폴더에 넣다	[词组]	放入文件夹	21
표시하다	[动]	表示，表达	11
표정	[名]	表情	10
푸르다	[形]	蓝蓝的	12
푼	[依名]	分	6
풀장	[名]	游泳池	8
품목	[名]	品种，种类	4
품에 안다	[词组]	抱在怀里	19
품절	[名]	售罄	4
프로 게이머	[词组]	电竞选手	2

프로그래밍	[名]	编程	12
프리랜서	[名]	自由职业者	3
플라스틱	[名]	塑料	20
플래시	[名]	闪光灯	8
플리 마켓	[词组]	跳蚤市场	6
피다	[动]	(花)开，绽放	10
피라미드	[名]	金字塔	8
피싱	[名]	网络诈骗	4
피해자	[名]	受害者，受害人	21
필름	[名]	薄膜	15
필수	[名]	必须，必要	17
필터	[名]	滤芯	4
핑계	[名]	借口	23

ㅎ

하니하니	[名]	一个一个	10
하락	[名]	下跌	2
하락하다	[动]	下落，下降	9
하루하루	[名]	一天天	12
하반기	[名]	下半年	14
하필	[副]	偏偏	15
학비	[名]	学费	15
한꺼번에	[副]	一下子	16
한눈팔다	[动]	走神，东张西望	20
한때	[副]	一时，一度	10
한잔하다	[动]	喝一杯	12
한정	[名]	限量	13
한정적	[名]	限定的，有限的	7
한집	[名]	一栋房；一家人	10
한턱내다	[动]	请客	13
한파	[名]	寒流	20
한편	[名]	一方面，一边	16
할부 기간	[词组]	分期付款期限	4
할인 쿠폰	[词组]	折扣券	4
할인가	[名]	折扣价	4
함부로	[副]	随便地，胡乱地	12
합리적	[名]	合理的	5
합리적 소비	[词组]	合理消费	13
합성	[名]	合成	24
합성하다	[动]	合成	9
합의	[名]	达成一致，协商	24
합하다	[动]	合成	13
해당	[名]	相关，有关	4

해산물	[名]	海鲜，海产品	10
해킹	[名]	黑客	4
행복	[名]	幸福	11
행운	[名]	幸运	11
허겁지겁	[副]	慌慌张张，狼吞虎咽	10
허다하다	[形]	许多，很多	9
허리를 굽히다	[词组]	弯腰，躬身	12
허리를 숙이다	[词组]	弯腰，躬身	12
허위 댓글	[词组]	虚假回复，虚假评论	9
허전하다	[形]	空虚，空落落	1
헬멧	[名]	安全帽，头盔	2
혁신	[名]	革新，改革	24
현관	[名]	玄关	16
현관문	[名]	玄关门	9
현대	[名]	现代	8
현대식	[名]	现代式	16
현실	[名]	现实	9
현장	[名]	现场	9
현장감	[名]	现场感	22
현황	[名]	现状	14
형성하다	[动]	形成	14
형편	[名]	(生活)状况	15
혜택	[名]	优惠	4
호기심이 많다	[词组]	很有好奇心	1
호빵	[名]	蒸包	11
혹은	[副]	或者	9
혼잡	[名]	混乱，杂乱	8
혼잡하다	[形]	拥挤，混乱	9
홀로그램	[名]	全息图	1
홀수	[名]	单数	11
홈 쇼핑	[词组]	电视购物	4
홈페이지	[名]	网页	21
홍보하다	[动]	宣传	14
홍수	[名]	洪水	20
홍수가 나다	[词组]	发洪水	20
화단	[名]	花坛	16
화면	[名]	画面，屏幕	9
화면을 캡처하다	[词组]	截图	21
화사하다	[形]	奢华	16
화석 연료	[词组]	化石燃料	20
화씨	[依名]	华氏度	14
화장	[名]	化妆	10
화장실	[名]	卫生间	16
화재	[名]	火灾	9

화제	[名]	话题	4
화질	[名]	画质	22
화초	[名]	花草	9
화폐	[名]	货币	15
확	[副]	一下子	13
확대되다	[动]	扩大	7
확대하다	[动]	扩大	14
확률	[名]	概率，可能性	10
확보	[名]	确保	17
확보하다	[动]	确保	3
확산되다	[动]	扩散	22
환경 생태적	[词组]	生态环境	20
환경친화적	[名]	绿色环保	16
환절기	[名]	换季期	13
활발히	[副]	活跃	14
활성화	[名]	激活，促进	15
활짝	[副]	舒展，张开	10
황사	[名]	沙尘暴	20
회원 가입	[词组]	注册会员	21
획기적	[名]	划时代的，重大的	24
횟수	[名]	次数	7
효도	[名]	孝道	15
효율성	[名]	效率	24
후기	[名]	评价	4
후식	[名]	饭后甜点	12
후원하다	[动]	后援，支援	7
후회스럽다	[形]	后悔	18
훈련	[名]	训练	10
훔치다	[动]	偷	12
훼손하다	[动]	损坏，破坏	8
휩쓸리다	[动]	被……左右	1
휴양지	[名]	度假胜地	24
흉몽	[名]	凶梦	11
흐름	[名]	潮流	22
흔히	[副]	常常，经常	10
흠	[名]	(划)痕	18
흥건하다	[形]	湿漉漉的，湿湿的	22
흥분되다	[动]	兴奋	1

语法索引

–기에는	1
–든(지)	1
–기 마련이다	1
–치고	2
–에 따라(서)	2
–에 따르면	2
双重否定	3
–더라도	3
–기만 하다	3
–(으)ㄹ 리가 없다	4
만에	4
–고 해서	4
–(으)ㄴ지/는지	5
–는 바람에	5
使动表达	5
–다(가) 보면	6
–(으)ㄹ 만하다	6
–(으)ㄴ/는 데다가	6
间接引用的缩略形式	7
–(으)ㄴ/는 셈 치다	7
–(으)면서도	7
아무 –도	8
–다시피	8
–(으)므로	8
–(으)ㄴ/는 탓에	9
–조차	9
–에 관해(서)	9
–(으)ㄴ 채(로)	10
–(으)ㄴ/는 김에	10
–(으)나	10
–(으)려던 참이다	11
–(으)ㄹ지도 모르다	11
–는다거나/ㄴ다거나/다거나	11
–(으)ㄴ/는 척하다	12
–고자	12
–듯(이)	12
–다가는	13
–더니	13
–(으)로 인해(서)	13
–을/를 통해(서)	14
–(으)ㄴ/는 셈이다	14
–에 달리다	14
–(으)ㄹ 겸 (해서)	15
–(으)ㄴ/는 법이다	15
–고말고(요)	15
–(으)ㄴ 가/는가 하면	16
–만 하다	16
–기 나름이다	16
–ㄴ다고/는다고 해도	17
–아서인지/어서인지	17
–마저	17
–고서	18
–길래	18
–는다니요/ㄴ다니요/다니요	18
–(으)ㄹ 정도로	19
–(으)ㄹ걸(요)	19
–(으)ㄹ수록	19
–아/어 버리다	20
–았더라면/었더라면	20
–는 한	20
–은커녕/는커녕	21
–기는커녕	21
–(으)ㄴ 데도/는데도	21
–는 통에	21
–더라니	22
–곤 하다	22
–(으)ㄹ지라도	22
–아/어 내다	23
–에 의해서	23
–(으)ㄹ 줄 알았다/몰랐다	23
–지 않을까 싶다	24
–(으)ㄴ 나머지	24
–(으)ㄴ/는 만큼(2)	24

参考答案

1 직업

제1과

어휘와 표현 연습

1
1) ④   2) ①   3) ②   4) ③

2
1) 개방적   2) 논리적   3) 도전적   4) 감성적

3
1) 침착하게   2) 호기심이 많아서
3) 책임감이 강한   4) 인내심이 강한

대화

1
· 진로/취업에 대한 고민
· MBTI 검사를 받아보든지 취업 박람회에 가 보든지 하라고 조언해 줬다.

2
· 공무원
· 주변 사람들 말이나 사회 분위기에 휩쓸려 직업을 선택하지 말고 자신이 신나고 설레는 일이 무엇인지 생각해 보라고 조언했다.

대화 후 활동

1
가: 왕린 씨, 무슨 고민 있어요?
나: 아직 내가 안정적인 일과 재미있는 일 중 어떤 걸 하면 좋을지 몰라서 고민이에요.
가: 그럼 왕린 씨, 인턴 활동에 한번 지원해 보는 건 어때요? 저도 해 봤는데 진로를 정하는 데 도움이 됐어요.

2
　김연지 씨는 처음에 대기업 직원이 됐습니다. 하지만 전부터 웹툰을 많이 봤고 회사 스트레스를 풀기 위해 취미로 시작한 만화 그리기에 매료되어서 웹툰 작가로 진로를 바꿨습니다. 김연지 씨는 자신의 적성을 찾아 진로를 바꿔 즐거운 인생을 살고 있습니다.

　이형수 씨는 처음에 매니저가 됐습니다. 하지만 담당 배우가 연습할 때 상대 역할을 해 주다가 연기의 재미를 알게 되어서 배우로 진로를 바꿨습니다. 이형수 씨는 자신의 적성을 찾아 진로를 바꿔 즐거운 인생을 살고 있습니다.

문법 연습

1
1) ⑤ 어르신이 사시기에는 계단이 많아 적당하지 않은 집이다.
2) ④ 자기 사업을 하기에는 경험이 아직 부족하다.
3) ① 이 떡볶이는 아이가 먹기에는 너무 맵다.
4) ② 그 선수는 내가 상대하기에는 너무 강한 선수이다.

2
1) 미루든지 취소하든지   2) 작든지 크든지
3) 물어보든지   4) 갔든지

3
1) 떨어지기 마련이다   2) 당황하기 마련이다
3) 싫어지기 마련이다   4) 생각나기 마련이다

4
1) ③   2) ②   3) ④

5
1) ②   2) ②   3) ④

쓰기

1
1) 비 온 뒤에 땅이 굳는다고 사람이 어려운 일을 겪고 나면 더 단단해지기 마련이다.
2) 외국어는 어릴 때 배우는 것이 좋다고 하지만 초등학생은 유학을 가기에 너무 어리다.

2
㉠ 구분할 수 없기 때문이다/구분하기 힘들기 때문이다.

제2과

어휘와 표현 연습

1
환경: 재활용 기술자, 신재생에너지 전문가
디지털: 데이터 분석가, 정보 시스템 운영자

2
1) 크리에이터 　　　 2) 탄소 배출 관리사
3) 사이버 보안 전문가 　 4) 노년 플래너

3
1) 요양 보호사가 　　 2) 디지털 장의사에게
3) 드론 조종사가 　　 4) 폐기물 처리 기사가

대화

1
· 공무원
· 적성에 맞지 않아서

2
· 운동선수, 의사, 교사
· 초등학생들은 세계적인 전염병의 영향으로 보건, 의료 분야에 관심이 많아져 의사를 희망하여 희망 직업 2위가 되었고 고등학생들의 희망 직업으로는 컴퓨터 프로그래머가 새롭게 상위권에 올랐는데 이는 AI나 로봇 관심이 커지면서 미래 유망 직종으로 꼽히고 있기 때문이다.

대화 후 활동

1
가: 직업을 선택할 때 중요하게 생각하는 게 뭐예요?
나: 저는 돈이 가장 중요하다고 생각해요.
가: 그렇다면 대기업 직원이나 펀드 매니저 같은 직업이 좋겠네요.

2
　대학생들에게 인기 있는 직업은 공무원입니다. 어떤 상황에서도 안정적으로 정년까지 일자리와 수입이 보장되기 때문에에요.

문법 연습

1
1) 직장인치고 퇴근 시간을 기다리지 않는 사람은 없다.
2) 현대인치고 스트레스를 받지 않는 사람은 없다.
3) 꾸준히 운동하는 사람치고 건강하지 않은 사람은 없다.
4) 졸업을 앞둔 학생치고 진로에 대해 고민하지 않는 사람은 없다.

2
1) 하는 일에 따라서 　 2) 재료에 따라서
3) 검사 결과에 따라서 　 4) 가는 장소에 따라서

3
1) ③ 통계청 자료에 따르면 모바일 쇼핑 거래가 작년에 비해 16% 증가했다고 한다.
2) ① 목격자 진술에 따르면 범인은 30대로 보이는 키가 큰 남성이라고 한다.
3) ⑤ 설문조사 결과에 따르면 응답자의 84%가 직업을 바꾸고 싶어하는 것으로 나타났다 한다.
4) ④ 우체국 관계자에 따르면 명절을 앞두고 택배 물량이 평소 대비 60% 이상 늘었다고 한다.

4
1) ②　2) ③　3) ③

5
1) ①　2) ①　3) ④

쓰기

1
1) 오늘 경기 결과에 따라서 온 국민이 바라던 우리 나라의 월드컵 본선 진출이 결정된다.
2) 이 회사 관계자에 따르면 유명 대기업치고는 올해 공개 채용 경쟁률이 낮은 편이라고 한다.

2
㉠ 한국에만 있는 특이 직업이

제3과

어휘와 표현 연습

1
1) 계약직 　　　　　 2) 정규직
3) 프리랜서 　　　　 4) 시간제

2
1) 업무량이 　　　　 2) 복지 제도가
3) 근무 시간이 　　 4) 기업 문화가

3
1) ③　2) ④　3) ②　4) ①

대화

1
· 취업할 회사를 고르는 기준에 대해 고민하고 있다.
· 전공을 살려서 일할 수 있으면서 워라밸이 좋은 회사

- 10년 전에는 연봉이 가장 중요했는데 현재는 워라 밸과 복지, 근무 환경을 중요하게 생각한다.
- 일보다 개인 생활이 중요한 MZ 세대들이 입사한 회사에 만족하지 못했기 때문이다.

대화 후 활동

1

저는 규모가 큰 곳보다는 작아도 분위기가 자유로운 회사에 다니고 싶어요.

2

가: 이 회사는 승진이 힘들어서 다른 회사로 이직을 고민 중이야.

나: 승진도 중요하지만 안정적인 회사인지도 중요하 니까 잘 알아봐.

문법 연습

1

1) 흐리기만 해요　　　 2) 자기만 했어요

3) 많기만 하면 돼요　　 4) 통과하기만 하면 돼요

2

1) 접수하지 않으면 안 돼요

2) 꾸준히 운동하지 않으면 안 돼요/운동을 꾸준히 하지 않으면 안 돼요

3) 아껴 쓰지 않으면 안 돼요/아끼지 않으면 안 돼요

4) 가게 문을 열지 않으면 안 돼요

3

1) 실패하더라도　　　 2) 있더라도

3) 걸리더라도　　　　 4) 맡더라도

4

1) ④　2) ②　3) ③

5

1) ④　2) ②　3) ③

쓰기

1

1) 그 선수는 계속 뛰고 싶어했지만 다리 상태가 좋 지 않아서 말리지 않을 수 없었다.

2) 예상하지 못한 일이 생기더라도 정신을 차리고 있 기만 하면 된다.

㉠ 일과 사생활 사이에/직장과 개인의 삶 사이에

2 소비 생활

제4과

어휘와 표현 연습

1

1) ④　2) ②　3) ③　4)①

2

1) 적립이　　　　　　 2) 장바구니가

3) 혜택이　　　　　　 4) 판매자에게

3

1) 식기세척기는　　　 2) 가습기를

3) 무선 청소기를　　　 4) 의류 건조기를

대화

1

- 하얀색 공기청정기를 샀어요.
- 무이자 할부가 되는 카드로 결제했어요.

2

- 일반적인 생활 환경과 다른 밀폐된 공간에서 실험 을 했어요.
- 광고 내용을 수정할 것을 요청했어요.

대화 후 활동

1

1) 음성 인식 기능이 있다

2) (예시) 무선 청소기

　가볍다, 충전이 빨리 된다, 배터리가 오래 간다, 흡 입력이 좋다, 디자인이 예쁘다

2

(예시)

가: 무선 청소기 사려고 하는데 뭘로 주문해야 할지 모르겠어. 한번 봐 줄래?

나: 이 모델은 어때? 아주 가볍대.

가: 그래? 근데 후기를 보니까 충전이 빨리 되는 대 신에 배터리가 금방 닳는다고 하네.

나: 배터리가 오래 가야 청소하기가 편한데. 그럼 이 건 어떨까? 디자인도 괜찮고 흡입력도 좋대.

문법 연습

1

1) 합격할 리가 없다　　2) 제거할 리가 없다
3) 가벼울 리가 없다　　4) 멀쩡할 리가 없다

2

1) 4년 만에 세계 태권도 대회를 개최했다.
2) 유명 배우 이형수 씨가 6년 만에 방송에 나왔다.
3) 이 반찬은 요리법이 간단해서 10분 만에 만들 수 있다.
4) 뮤지컬이 인기가 많아서 1분 만에 표가 매진됐다.

3

1) ② 청소기가 오래됐고 유선인 것도 불편하고 해서 이번 기회에 무선 청소기로 바꾸려고 한다.
2) ⑤ 길도 복잡하고 약속 시간에도 늦고 해서 택시를 타려고 한다.
3) ③ 비도 오고 정상까지 아직 멀고 해서 그만 포기하고 내려가기로 했다.
4) ④ 오랜만에 연휴이고 해서 해외여행을 갈까 한다.

4

1) ①　2) ④　3) 비타민, 유산균, 직접 만든 술

5

1) ④　2) ②　3) ③

쓰기

1

1) 운동을 가려다가 밖에 비도 오고 해서 오늘은 쉴까 한다.
2) 지난번처럼 택배를 잘못 보낼까 봐 주소를 두세 번씩 확인했기 때문에 잘못 썼을 리가 없다.

2

㉠ 소통을 할 수 있다

제5과

어휘와 표현 연습

1

1) 늦추다　2) 살리다　3) 씻기다　4) 깨우다

2

1) 입히면　　　　　2) 낮출까요
3) 끓여서　　　　　4) 먹이려고는

3

1) 배송지를　　　　　2) 도착 예정일이
3) 택배 보관함에　　　4) 요청 사항에

대화

1

- 지난주부터 주문이 폭주해서 배송이 많이 지연된 상태이기 때문에 늦게 도착해요.
- 빨간색 컵 하나를 노란색으로 바꿨어요.

2

- 얼음물과 간식이 있어요.
- 택배 기사님들에게 감사한 마음을 전하고 싶어서 만들었어요.

대화 후 활동

1

2) 주소를 잘못 적었는데 이떻게 해요?
3) 택배가 안 와요. / 택배가 언제 도착해요?
가: 배송지 주소를 잘못 적어서 전화를 드렸는데요.
나: 성함하고 주문 번호 좀 불러 주시겠어요?
가: 이준호이고 010-1234-5678입니다. 주소를 다시 불러 드리면 될까요?
나: 네. 잠시만요.

2

(예시)

　소방관분들에게 고마운 마음을 전하고 싶습니다. 아무리 직업이라고 해도 불 속으로 들어가는 일은 쉽지 않을 것 같습니다. 시민들을 위해 위험한 현장에 뛰어드는 소방관분들에게 감사합니다.

문법 연습

1

1) ⑤ 옆집에서 파티라도 하는지 밤새 시끄러워서 잠을 한숨도 못 잤어요.
2) ④ 장웨이 씨가 무슨 안 좋은 일이라도 있는지 기운이 없네요.
3) ③ 집에 아무도 안 계시는지 초인종을 눌러도 대답이 없더라고요.
4) ① 새로 산 신발이 사이즈가 좀 작은지 발 뒤꿈치가 다 까졌어요.

2

1) ⑤ 갑자기 손님들이 너무 많이 오는 바람에 물 한 모금도 못 마시고 바쁘게 일했다.

2) ② 면접관이 생각지도 못한 질문을 하는 바람에 당황해서 아무런 대답도 못했다.
3) ③ 폭우로 다리가 물에 잠기는 바람에 도로가 통제돼서 차가 엄청나게 밀리고 있다.
4) ④ 영화를 보다가 깜빡 조는 바람에 가장 중요한 장면을 놓쳤다.

3
1) 울렸다   2) 보여   3) 감긴다   4) 식히려고

4
1) ③   2) ①   3) ①

5
1) ③   2) ②   3) ③

쓰기

1
1) 어제 밤에 날씨가 많이 추웠는지 수도가 어는 바람에 세수도 못 했어요.
2) 실제로 경험하지 않아도 아이에게 책을 많이 읽히면 사회성 발달에 도움이 된다고 해요.

2

	(1)
이메일	juno@shin.net
유형	배송 확인/배송 지연/⟨반품 확인⟩/반품 지연/오배송/칭찬/불친절/기타
물품명	운동화
제목	반품이 제대로 된 건가요?
내용	이번에 주문한 신발이 사이즈가 맞지 않아서 반품 신청을 했습니다. 안내해 주신 대로 택배 상자에 운동화를 넣고 다시 포장한 다음 상자 위에 '반품'이라고 크게 적어 두었습니다. 택배 기사님이 가져가신 것 같은데 반품이 잘 된 게 맞나요?

제6과

어휘와 표현 연습

1
1) 소비되는   2) 소비하는지
3) 줄일 수 밖에 없다   4) 늘었다

2
1) 소비자의 권리   2) 소비자 가격도

3) 소비자 물가가   4) 소비자 보호

3
1) 모방 소비   2) 계획 소비
3) 지속 가능한 소비   4) 과시 소비

대화

1
· 전구를 샀어요.
· 요즘 소비자들은 그 제품이 사회적으로 어떤 의미가 있는지도 신경을 쓰기 때문이에요.

2
· 단순히 필요한 물건을 사는 행위에서 벗어나 환경, 이웃, 세계, 지역 등 다양한 사회적 가치를 고려한 소비를 의미해요.
· 신발 한 켤레를 구입하면 다른 한 켤레를 어려운 환경의 아이들에게 기부할 수 있는 브랜드의 신발을 사는 것을 윤리적 소비라고 할 수 있어요.

대화 후 활동

1
(예시)
　바지를 구매할 때는 실제 사이즈를 잘 확인해야 한다. 마음에 드는 바지의 허리 둘레, 허벅지 둘레, 전체 길이 등을 미리 재 보고 이것과 비교하며 쇼핑하면 잘 맞는 바지를 살 수 있다.

2
(예시)
　어떤 상품은 구매한 이익의 일부가 자동으로 기부가 된다. 내가 필요한 물건을 사는 것만으로도 좋은 일을 할 수 있어서 조금 비싸더라도 기부가 되는 상품을 구매한다.

문법 연습

1
1) ③ 해결이 안 될 것 같은 일도 생각하다가 보면 방법이 보이기도 한다.
2) ② 돈을 아무 계획 없이 쓰다가 보면 한 푼도 모으지 못할 것이다.
3) ⑤ 여기저기 여행을 다니다가 보면 숨겨진 명소를 찾을 때가 종종 있다.
4) ④ 집중해서 책을 읽다가 보면 주변 소리가 안 들릴 때가 있다.

2

1) 대접할 만하다　　　2) 삼을 만한

3) 만족할 만한　　　　4) 날 만한

3

1) ① 바로호텔은 시내와 가까워서 접근성이 좋은 데다가 가성비도 나쁘지 않다.

2) ⑤ 면허를 딴 지 얼마 안 돼서 운전이 서툰 데다가 날도 어두워서 예상보다 더 늦게 집에 도착했다.

3) ③ 학교 앞 빵집에서 파는 빵은 설탕이 적게 들어가는 데다가 칼로리도 낮아서 찾는 사람들이 많다.

4) ④ 회사가 어려운 시기인데다가 팀장님도 그만둬서 분위기가 어수선하다.

4

1) ④　2) ④　3) ④

5

1) ①　2) ②　3) ④

쓰기

1

1) 매일 가계부를 쓰다가 보면 어디에 돈을 많이 썼는지 알 수 있으니까 돈을 절약하기에 좋아요.

2) 이 식당은 다른 가게보다 가격도 싼 데다가 색다른 메뉴가 있어서 한번쯤 가 볼 만해요.

2

㉠ 조금 비싸더라도

3 정보

제7과

어휘와 표현 연습

1

1) 꿀팁이　　2) 링크가　　3) 검색　　　4) 정보화

2

공유 경제: 대여, 반납, 공유하다, 제공하다

구독 경제: 구독료, 무제한, 구독하다, 지불하다

3

1) 제공하는　　　　　2) 유익한

3) 얻고　　　　　　　4) 공유해 주세요

대화

1

· 린스

· 린스나 치약을 묻혀서 닦는 것이 좋다.

2

· 정부나 지역 내 민간단체가 대여와 반납 체계를 갖춰 해당 지역의 주민 또는 방문객에게 빌려주는 자전거이다.

· 앱을 설치하고 회원 가입한 후에 이용권을 구매해서 사용하면 된다.

대화 후 활동

2

1)

가: 아침마다 얼굴이 왜 이렇게 붓는지 모르겠어.

나: 그럴 때는 냉수와 온수를 번갈아 가며 세안하면 좋대.

가: 그래? 효과가 있을까?

나: 내가 해 봤는데 효과가 있더라고. 속는 셈 치고 한번 해 봐.

2)

가: 스마트폰으로 음악을 자주 듣는데 소리가 너무 작아.

나: 머그잔에 스마트폰을 넣고 음악을 들으면 소리가 크게 들린대.

가: 그래? 효과가 있을까?

나: 내가 해 봤는데 효과가 있더라고. 속는 셈 치고 한번 해 봐.

문법 연습

1

1) 직원이 저쪽에 있는 대기석에서 기다려 달래요.

2) 동생이 지금 좀 바쁘니까 나중에 다시 통화하재요.

3) 왕린이 미리 모임 날짜는 정하는 건 어떠냬요.

4) 의사 선생님이 이 회복 속도면 다음 주에 퇴원할 수 있대요.

2

1) 없는 셈 치고　　　　2) 기부하는 셈 치고

3) 속는 셈 치고　　　　4) 배우는 셈 치고

3

1) ③ 여자 친구는 옷이 많으면서도 늘 입을 옷이 없다고 해요.

2) ⑤ 엄마가 부르는 소리를 들었으면서도 못 들은 척하고 대답을 안 했어요.

3) ② 제 친구는 먹는 걸 좋아하면서도 요리에는 통 관심이 없어요.

4) ① 운동이 건강에 좋다는 걸 알면서도 바빠서 안 하게 돼요.

4
1) ④   2) ③   3) ②

5
1) ①   2) ④   3) ②

쓰기

1
1) 요즘 사람들을 보면 친구나 가족과 함께 있으면서도 휴대폰을 보는 경우가 많아요.

2) 월급의 10%는 없는 셈 치고 투자를 해야 노후 대비를 할 수 있대요.

2
㉠ 정책뿐만 아니라

제8과

어휘와 표현 연습

1
1) 관전하느라고   2) 구경하는
3) 참관했는데   4) 관람할

2
1) 관람객이   2) 박람회가
3) 관광객이   4) 시사회

3
고대, 중세, 근대, 현대

대화

1
· 최첨단 드론과 드론 쇼를 볼 수 있다.
· 사전 등록을 해야 한다.

2
· 도시 서울의 조선 시대부터 현대까지의 역사를 담고 있는 박물관이다.
· 개관 20주년이기 때문이다.

대화 후 활동

2
1)
가: 다음달에 국립 중앙 박물관에서 〈이집트전〉을 한다는데 같이 갈래?

나: 글쎄. 너도 알다시피 나는 그런 쪽에 별로 관심이 없어서.

가: 잘 몰라도 피라미드는 알잖아. 보고 싶었던 전시회라서 꼭 가 보고 싶어.

나: 알았어. 그럼 같이 가.

문법 연습

1
1) 아무도   2) 아무 소리도
3) 아무것도   4) 아무 데도

2
1) 알다시피   2) 들었다시피
3) 새우디시피   4) 만나나시피

3
1) ④ 이웃집에 피해를 주므로 저녁에는 청소기를 돌리지 마십시오.

2) ⑤ 중국에서는 빨간색이 행운을 뜻하므로 축하의 마음을 전할 때 빨간색 봉투를 사용합니다.

3) ① 과한 운동은 몸에 무리를 주므로 적당히 하는 것이 좋습니다.

4) ③ 폭설로 인해 교통 혼잡이 예상되므로 대중교통을 이용하시기 바랍니다.

4
1) ③   2) ③   3) ②

5
1) ③   2) ③   3) ④

쓰기

1
1) 보시다시피 이 그림은 누구나 아는 유명한 그림을 패러디한 것입니다.

2) 이 역은 승강장과 열차 사이가 넓으므로 내리고 타실 때 조심하시기 바랍니다.

2
㉠ 관람하는 것이

제9과

1
1) ④ 2) ③ 3) ① 4) ②

2
1) 인용할   2) 조작한
3) 구별하는   4) 알려진

3
넘치는, 유포되고, 허위, 확산은

대화

1
· 지하철에서 여자가 쓰러졌는데 아무도 안 도와줬다는 뉴스가 있었다.
· 내용이 너무 자극적이거나 SNS랑 동영상 사이트로만 전달되는 뉴스는 의심해 봐야 하고 출처가 분명한지도 확인해야 한다.

2
· 가짜 뉴스를 만들어 보는 실습을 하고 있다.
· 정보들에 관해서 의문을 갖고 미디어를 읽어 내는 능력이다.

대화 후 활동

2
1) 가: 요즘 연예인과 관련된 소문이 정말 많은 것 같아. 대체 그런 소문은 왜 만드는 걸까?
   나: 주목 받고 싶은 욕구가 있기 때문이래.
   가: 요즘은 그런 소문에도 명예 훼손으로 대응하는 경우가 많으니 조심해야 할 것 같아.

문법 연습

1
1) ③ 시험 준비 기간이 짧은 탓에 합격할 수 있을지 모르겠어요.
2) ① 강연에 대한 기대가 큰 탓에 실망도 컸어요.
3) ② 여행 일정이 너무 빡빡한 탓에 쇼핑을 전혀 하지 못했어요.
4) ④ 환율이 지속적으로 하락하는 탓에 수출 감소 현상이 계속되고 있어요.

2
1) 출처조차   2) 원인조차
3) 시간조차   4) 상상조차

3
1) 대책에 관해서   2) 주의사항에 관해서
3) 주식에 관해서   4) 문제에 관해서

4
1) ① 2) ③ 3) ④

5
1) ① 2) ④ 3) ③

쓰기

1
1) 창업에 관해서 더 많은 정보를 얻고 싶다면 박람회에 가 보는 것도 좋습니다.
2) 해외 여행을 다녀오느라고 집을 오래 비운 탓에 화초들이 다 죽어 버렸어요.

2
㉠ 심리에 관해서는

4 문화 차이

제10과

어휘와 표현 연습

1
1) ③ 2) ② 3) ① 4) ④

2
1) 활짝   2) 똑똑   3) 꽁꽁   4) 뻘뻘

3
1) 손짓을   2) 표정을   3) 발짓   4) 시선을

대화

1
· 상대방이랑 집에 같이 사는 것도 아닌데 '우리 집'이라고 말하는 것이 이상했어요.
· 한국 사람이 왜 '우리'를 많이 사용하는지 인터넷에서 찾아볼 거예요.

2
· 대화할 때 상대방의 말뿐만 아니라 시각적인 정보를 얻기 위해서 상대방을 쳐다봐요.
· 동양인에게는 상대방과 눈을 마주치지 않는 것이 자연스럽지만 서양인에게는 그렇지 않아요.

대화 후 활동

1

1) 강아지가 짖는 소리는 '왕왕', 고양이가 우는 소리는 '먀오'라고 한다.
2) 검지만 편 채로 끝을 약간 구부린다.
3) 화가 났을 때 사용하는 몸짓 언어는 특별히 없다.

2

(예시)

    나라마다 동물의 소리는 다양합니다. 예를 들어 한국에서는 강아지가 짖는 소리를 '멍멍', 고양이가 우는 소리를 '야옹'이라고 합니다. 하지만 중국에서는 강아지의 소리는 '왕왕', 고양이의 소리는 '먀오'라고 합니다.

문법 연습

1

1) 옷이 젖은 채로
2) 불을 끈 채로
3) 신발을 신은 채로
4) 언 채로

2

1) 나가는 김에
2) 늦은 김에
3) 나온 김에
4) 구입하시는 김에

3

1) ① 장학금 신청 기간이 이미 지났으나 신청자가 부족하면 기간이 연장될 것이다.
2) ② 이 책은 조금 어렵기는 하나 몰랐던 사실을 많이 알게 돼서 재미있다.
3) ③ 당분간 강추위가 지속되겠으나 주말부터 기온이 오를 것으로 예상된다.
4) ⑤ 매출 증가를 위해 종일 회의를 했으나 만족스러운 결론을 내리지 못했다.

4

1) ④   2) ②   3) ③

5

1) ④   2) ①   3) ②

쓰기

1

1) 어제 추운 날씨에도 웃음을 띤 채 자원봉사자들이 분주하게 연탄을 날랐다.
2) 질병 치료의 목적으로 입국한 김에 관광도 즐기는 외국인 방문객이 꾸준히 늘고 있다.

2

㉠ 작고 가벼운 느낌을
㉡ 크고 무거운 물건에

제11과

어휘와 표현 연습

1

1) 미신
2) 우연
3) 금기
4) 사회적 관습

2

긍정적 의미: 길몽, 행복, 합리적, 재수가 있다
부정적 의미: 불운, 흉몽, 불길하다, 비이성적

3

1) 악몽을
2) 행운을
3) 이성적으로
4) 상징이기

대화

1

- 이 대리 결혼식에 축의금을 전달해 달라고 부탁했어요.
- 한국에서는 보통 축의금을 낼 때 흰색 봉투를 사용하지만 중국에서는 빨간색 봉투를 사용해요.

2

- 숫자 4의 발음이 죽음을 의미하는 한자와 발음이 똑같기 때문이에요.
- 한국에서는 막힌 공간에서 선풍기를 켠 채로 자면 죽을지도 모른다는 미신이 있어요.

대화 후 활동

1

1) 악수를 세게 하면 안 되고 상대방의 손을 살짝 잡는 것이 예의이다.
2) 배나 우산은 이별의 의미를 가지고 있어서 선물을 하지 않는다.

2

(예시)

    악수는 전 세계적으로 가장 보편적인 인사법 중의 하나입니다. 보통 악수를 하고 두세 번 정도 손을 흔든 후에 손을 놓습니다. 특별히 상대방에게 반가움을 표시하거나 깊은 인상을 남기기 위해 한국에서는 악수를 세게 하기도 합니다. 하지만 중국에서는 악수를 세게 하면 실례가 되며 상대방의 손을 살짝 잡는 것이 예의입니다.

문법 연습

1
1) 걸으려던 참이었어
2) 쓰려던 참이었습니다
3) 바꾸려던 참이었거든
4) 공지하려던 참이었습니다

2
1) 사용될지도 모른다는
2) 불가능할지도 모른다
3) 들릴지도 모를
4) 좋았을지도 모르겠다

3
1) 기구가 완전히 멈추기 전에 안전장치를 푼다거나 떨어질 수 있는 물건을 가지고 탄다거나 하면 안 된다.
2) 가스레인지를 켜 둔 채 자리를 비운다거나 하나의 콘센트에 전자 제품을 많이 연결한다거나 하면 안 된다.
3) 조리한 음식을 실온에 오랫동안 둔다거나 여름철에 해산물이 충분히 익기 전에 먹는다거나 하면 안 된다.
4) 의심스러운 이메일의 첨부 파일을 연다거나 다른 사람이 추측하기 쉬운 비밀번호를 사용한다거나 하면 안 된다.

4
1) ② 2) ④ 3) ①

5
1) ④ 2) ④ 3) ①

쓰기

1
1) 눈앞의 현실에 매여서 꿈을 포기하려던 참에 인생을 바꾼 책을 만났다.
2) 성장 환경이 다른 부부가 같이 살면서 갈등을 경험하는 것은 어쩌면 당연한 일일지도 모른다.

2
㉠ 선물하는 것을 피한다
㉡ 불쾌한 선물이 될지도 모른다는

제12과

어휘와 표현 연습

1
1) 악수했다　　　　　2) 숙이고
3) 모으고　　　　　　4) 맞대는

2
1) 후식으로　　　　　2) 주식으로
3) 즉석 식품을　　　　4) 발효 식품으로

3
1) ③ 2) ① 3) ④ 4) ②

대화

1
- 이 대리를 못 본 척하고 그냥 지나가면 실례인 거 같아서 여러 번 인사했어요.
- 보통 같은 사람을 하루에 여러 번 만난다거나 화장실에서 마주친다거나 할 때 해요.

2
- 한국인은 밥심으로 산다는 표현이에요.
- 찌개와 함께 밥을 먹는다거나 남은 기름으로 볶음밥을 만들어서 먹는다거나 해요.

대화 후 활동

1

구분	한국	중국
인사 문화	• 아침과 점심, 저녁에 하는 인사말이 따로 없다. • 식사 전과 후에 하는 인사말이 있다 (잘 먹겠습니다, 잘 먹었습니다).	• 아침과 점심, 저녁에 하는 인사가 다르다. • 식사 전과 후에 인사말을 하는 편이 아니다.
식문화	• 고기를 구워 먹은 후에 그 기름으로 볶음밥을 만들어서 먹는다. • 숟가락은 국뿐만 아니라 밥을 먹을 때에도 사용한다. • 국에 밥을 말아 먹는다.	• 고기를 구워 먹고 볶음밥까지 만들어서 먹지는 않는다. • 밥을 먹을 때 숟가락을 쓰지 않는다. • 국에 밥을 말아 먹지 않는다.

2

(예시)

　지금부터 한국과 중국의 식문화를 비교하고자 합니다. 한국에서는 보통 식당에서 고기를 구워 먹은 후에 그 기름으로 볶음밥을 만들어서 먹습니다. 하지만 중국에서는 고기를 구워 먹은 후에 볶음밥까지 만들어 먹지는 않습니다.

문법 연습

1

1) 일하는 척하는　　　2) 있는 척하는
3) 못하는 척하는　　　4) 아닌 척하는

2

1) 다가가고자　　　2) 극복하고자
3) 바로잡고자　　　4) 끝맺고자

3

1) 눈 녹듯이　　　2) 물 쓰듯이
3) 손바닥 뒤집듯이　　4) 강 건너 불 보듯이

4

1) ③　2) ④　3) ①

5

1) ④　2) ④　3) ③

쓰기

1

1) 취업 실패로 속상하지만 가족에게 약한 모습을 보이기 싫어서 괜찮은 척했다.
2) 멸종 위기에 처한 야생 동물을 보호하고자 많은 사람들이 관심을 기울이고 있다.

2

㉠ 시간을 아끼고자
㉡ 갈수록 다양해지고 있다

5 경제

제13과

어휘와 표현 연습

1

☺ 절약, 합리적 소비
☹ 빚, 낭비, 과소비, 충동구매

2

1) ④　2) ③　3) ②　4) ①

3

1) 자금으로　2) 사치　　3) 재테크　　4) 투자로

대화

1

· 좋아하는 회사의 신제품이 나와서 휴대폰을 바꿨어요.
· 쓰던 휴대폰을 팔면 되니까 돈이 부족하지 않다고 했어요.

2

· 집안에 필요 없는 물건들이 쌓여서 가족들이 싫어하기 때문에 후회해요.
· 그 물건이 정말 필요한지 딱 일주일만 기다려 보라고 했어요.

대화 후 활동

1

(예시)

물건 이름	구입 시기	구입 가격/ 희망 가격	비고
가방	지난달	10만 원/ 5만 원	· 사고 한 번도 사용하지 않음 · 주머니가 많아서 편리함

2

(예시)

 지난달에 구입한 가방을 팝니다. 저는 이 가방을 10만 원에 구매하였고 5만 원에 판매하려고 합니다. 지난달에 샀지만 그동안 한 번도 사용하지 않아서 새것이나 마찬가지입니다. 이 가방은 물건을 넣을 수 있는 주머니가 많아서 챙길 물건이 많을 때 아주 편리하게 사용할 수 있습니다. 이 가방에 관심이 있으신 분은 연락해 주세요.

문법 연습

1

1) 계속 거짓말을 하다가는 나중에는 아무도 너를 믿

지 않을지도 몰라.

2) 아무 계획 없이 살다가는 나중에 크게 후회할지도 몰라.

3) 휴대폰을 보면서 걸어가다가는 넘어지거나 다른 사람과 부딪칠지도 몰라.

4) 아픈데 참고 병원에 가지 않다가는 큰 병이 생길 지도 몰라.

2

1) 점점 느려지더니　　2) 돈을 모으더니

3) 덥지 않더니　　　　4) 열이 안 내리더니

3

1) ④ 다리 부상으로 인해서 마라톤 경기에 출전하지 못했다.

2) ③ 문화 치이로 인해서 오해를 하게 되는 경우가 있었다.

3) ⑤ 독특한 디자인으로 인해서 비싼 가격에도 불티 나게 팔렸다.

4) ② 갑작스러운 정전으로 인해서 냉동실의 음식이 다 녹았다.

4

1) ②　2) ②　3) ①

5

1) ④　2) ②　3) ④

쓰기

1

1) 돈을 아낀다고 아픈데도 병원에 가지 않다가는 큰 병이 생길지도 모른다.

2) 친구가 예전에는 연락을 자주 하더니 취업하고 나 서 연락이 잘 안 된다.

2

㉠ 돈을 버는 방법

㉡ 다양해지고 있다

제14과

어휘와 표현 연습

1

길이: 미터, 인치, 센티미터

넓이: 평, 제곱미터

무게: 톤　그램　킬로그램

2

1) 이십 제곱킬로미터

2) 오백 밀리리터

3) 섭씨 십오 도

4) 천이십사 킬로바이트

3

1) 킬로미터　　　　　2) 기가바이트

3) 리터　　　　　　　4) 퍼센트

대화

1

・ 편의점에서 원 플러스 원 행사를 하고 있어서 친구 들하고 나눠 마시려고 여러 개 샀어요.

・ 신제품이 나오면 소비자들의 반응을 살펴보기 위 해서 해요.

2

・ 세계적인 경기 침체로 실적이 감소하였어요.

・ 바이럴 마케팅이 증가함에 따라서 소비자들의 불 신이 커졌기 때문이에요.

대화 후 활동

1

(예시)

날짜	5월 20일
이름	520 (우얼링)
이유	중국어 '520'의 발음이 '사랑해(我爱你)'와 비슷하다.
하는 일	좋아하는 사람에게 고백한다. 연인이나 부모님에게 꽃이나 선물을 준다. 이날에 결혼하는 사람도 많다.

2

(예시)

　중국에서 5월 20일은 '우얼링'이라고 합니다. 숫자 '520'은 중국어로 '우얼링'이라고 읽는데, 이것이 중 국어로 '사랑해(워아이니)'라고 말하는 것과 발음이 비슷합니다. 그래서 이날에는 좋아하는 사람에게 고 백하거나 연인에게 선물을 합니다. 또 사랑하는 부모 님께 선물을 드리기도 합니다. 그리고 이날에 결혼을 하는 사람도 많다고 합니다.

문법 연습

1

1) 추첨을 통해서　　　　2) 엘리베이터를 통해서
3) 게임을 통해서　　　　4) 세미나를 통해서

2

1) ③ 일 년에 영화를 열 편 정도 보니까 달마다 하
　　나씩 보는 셈이다.
2) ② 월급이 올랐지만 물가도 똑같이 올랐으니까 수
　　입에 변화가 없는 셈이다.
3) ⑤ 기말고사를 망쳐서 20명 중에 18등이니까 꼴
　　등이나 마찬가지인 셈이다.
4) ④ 5분 후에 비행기가 인천국제공항에 도착하니
　　까 한국에 거의 다 온 셈이다.

3

1) 제시하느냐　　　　2) 개봉하느냐
3) 안정되느냐　　　　4) 세우느냐

4

1) ②　2) ④　3) ④

5

1) ①　2) ④　3) ①

쓰기

1

1) 삼겹살 300그램을 사면 300그램을 더 주니까 반
　　값에 사는 셈이다.
2) 하반기 매출은 이번 행사를 통해서 공개되는 신제
　　품의 인기에 달려 있다.

2

㉠ 매체를 통해서
㉡ 졸업한 후에는

제15과

어휘와 표현 연습

1

1) 걸음　　　2) 말　　　3) 약　　　4) 떡

2

1) ②　2) ③　3) ④　4) ①

3

1) ③　2) ④　3) ①　4) ②

대화

1

· 생활비가 부족해서 식비를 줄여 보려고 도시락을
　싸 왔어요.
· 재료비가 생각보다 많이 들어서 많이 절약하지 못
　했어요.

2

· 뽁뽁이를 창문에 붙여서 난방비를 절약하는 방법
　을 소개했어요.
· 내의를 입는 것과 비슷한 효과가 있어요.

대화 후 활동

1

(예시)

	1위	2위	3위
나	식비	통신비	교통비

　　저는 회사에서 일해서 생활비를 벌어요. 부모님과
함께 살아서 주거비는 들지 않아요. 한 달 생활비를
식비에 가장 많이 써요. 그다음으로 통신비, 교통비
순으로 많이 써요.

2

(예시)

1) 식당에서 사 먹는 대신에 도시락을 싸서 먹는다.
2) 택시보다는 지하철이나 버스를 이용한다.
3) 사용하지 않는 방의 불은 끈다.
4) 쓰지 않는 물건은 중고 거래를 이용해서 판매한다.

문법 연습

1

1) ④⑤ 용돈도 벌 겸 커피도 실컷 마실 겸 카페에서
　　아르바이트를 한다.
2) ③③ 방도 꾸밀 겸 얼룩도 가릴 겸 그림 액자를
　　걸어 두었다.
3) ⑤④ 요리도 배울 겸 한국 문화도 배울 겸 한국
　　요리 학원에 다닌다.
4) ②② 추억도 만들 겸 효도도 할 겸 가족 여행을
　　갈까 한다.

2

1) 적절할까/적절하고말고
2) 충분할까/충분하고말고
3) 부를까/부르고말고

4) 도움이 될까/도움이 되고말고

3
1) 하나를 보면 열을 아는 법이라고
2) 매도 먼저 맞는 게 나은 법이라고
3) 윗물이 맑아야 아랫물도 맑은 법이라고
4) 말 한마디로 천 냥 빚을 갚는 법이라고

4
1) ④   2) ①   3) ③

5
1) ②   2) ①   3) ②

쓰기

1
1) 빵도 사고 오랜만에 친구도 만날 겸 해서 친구가
하는 가게에 들렀다.
2) 유가가 오르면 재료를 운반하는 비용이 증가하는
만큼 물가도 비싸지는 법이다.

2
㉠ 계절에 따라서
㉡ 어려울 때도 있는 법이다

6 주거 생활

제16과

어휘와 표현 연습

1
1) 현관   2) 서재   3) 복층   4) 드레스룸

2
1) 목조 주택   2) 다용도실
3) 테라스   4) 친환경 주택

3
(예시)
　저는 친환경 주택에서 살아 보고 싶습니다. 특히
목조 주택에 살고 싶습니다. 지금 살고 있는 집에는
테라스가 없습니다. 그래서 넓은 테라스가 있으면 가
족과 함께 차를 마실 수 있는 공간으로 사용하고 싶
습니다. 그리고 화단 옆에 다용도실을 만들어서 취미
생활을 하면 좋을 것 같습니다.

대화

1
• 아들이 다닐 학교가 멀지 않은 곳에 가고 싶어해
요. 그리고 환경친화적으로 건축된 주택에 가고 싶
어해요.
• 아파트에 비해 관리가 어려워서 만족하지 못한다
고 했어요.

2
• 내부 구조가 현대식이에요. 거실이 넓고 마루가 멋스
러워요. 방 5개, 화장실 2개가 있고 정원이 있어요.
• 친환경 자재로만 지었어요. 여러 용도로 사용할 수
있는 다용도 공간이 지하에 넓게 있는 것이 특징이
에요.

대화 후 활동

1
(예시)
1) 집 전망이 좋은가요?
2) 관리비는 얼마인가요?
3) 수압이 센가요?

2
1)
(예시)
　우리 집은 방이 3개, 화장실이 2개 있어요. 주방이
조금 좁지만 발코니가 아주 넓어요. 안방과 거실에
연결된 큰 발코니부터 작은 방에 연결된 발코니까지
있어요. 거실이 넓고 방도 커서 가족 모두 편해요.

문법 연습

1
1) 어떤 사람은 시간에 딱 맞춰 가는가 하면 어떤 사
람은 조금 늦게 도착해요.
2) 어떤 사람은 유행을 중요시하는가 하면 어떤 사람
은 실용성을 생각해요.
3) 어떤 사람은 사람들을 많이 만나는가 하면 어떤
사람은 그냥 자요.
4) 어떤 사람은 친해지는 데 오래 걸리는가 하면 어
떤 사람은 금방 친해져요.

2
1) ⑤ 손바닥만 해서   2) ④ 쥐꼬리만 해요
3) ① 주먹만 해요   4) ③ 운동장만 해서

3
1) 시도하기 나름이야　　2) 열심히 하기 나름이야
3) 교육하기 나름입니다　4) 마음먹기 나름이에요

4
1) ④　2) ④　3) ②

5
1) ③　2) ③　3) ②

쓰기

1
1) 사무실을 이전하게 되어서 기대를 많이 했는데 사무실 크기가 손바닥만 해요.
2) 회의를 할 때 어떤 때는 동료들과 의견이 잘 맞는가 하면 어떤 때는 생각이 다르기도 해요.

2
㉠ 태양광 발전 시설을 설치할 경우/태양광 발전 시설을 설치하면

제17과

어휘와 표현 연습

1
1) 일반화　　2) 자동화　　3) 개별화　　4) 세계화

2
1) 국제화　　2) 자동화　　3) 간편화　　4) 다양화

3
1) 도시화　　2) 정보화　　3) 개별화　　4) 일반화

대화

1
· 장점은 구조도 효율적이고 아늑한 분위기가 있는 것이에요. 그리고 주차 공간이 넓고 정원에 나무가 많아요. 학교도 가깝고 공원이 있어요. 단점은 마트가 먼 것이에요.
· 두 번째 집으로 결정을 할 거예요.

2
· 주변 시설이 부족하고 교통마저 불편하다는 단점 때문에 전원 주택으로 이사를 망설였어요.
· 주택 단지가 개발되어 편의 시설이 잘 마련되고 교통도 편리해졌어요.

대화 후 활동

1
(예시)
1) 전원 수백은 정원과 화단이 있어 집을 예쁘게 가꿀 수 있어요.
2) 복층 주택은 단층 주택에 비해 공간을 더 넓게 사용할 수 있을 뿐만 아니라 분리해서 사용할 수도 있어요.
3) 아파트는 여러 사람들이 한 건물에서 많이 살지만 관리가 편하고 안전한 편이에요.
4) 원룸은 집이 조금 작지만 필요한 것만 있어서 청소하기 편할 뿐만 아니라 실용적이에요.

2
(예시)
검색한 곳: 인터넷 블로그
⇒ 중국의 도시에는 아파트가 많이 있는데 복도식 아파트는 거의 없고 한 층에 두세 가족이 사는 곳이 많아요. 실내 인테리어는 보통 직접 하는 편이고 난방은 온풍기를 많이 사용해요.

문법 연습

1
1) ④ 값이 싸다고 해도 성능이 나쁘면 안 살 거예요.
2) ③ 아무리 바빠도 내일 모임에는 꼭 갈 거예요.
3) ② 부모님이 반대해도 그 사람과 결혼할 거예요.
4) ⑤ 그 사람의 행동이 달라졌다고 해도 속마음까지 변하지는 않았을 거예요.

2
1) 막내여서인지/막내이라서 그런지
2) 먹어서인지/먹어서 그런지
3) 깜짝 놀라서인지/놀라서 그런지
4) 연습해서인지/연습해서 그런지

3
1) 왕밍마저　　　　　　　2) CCTV조차
3) 오늘마저　　　　　　　4) 틈조차

4
1) ①　2) ②　3) 산, 시장, 병원, 약국

5
1) ③　2) ④　3) ①

쓰기

1

1) 발표를 성공적으로 마쳤다고 해도 아직 사업이 끝난 것이 아니니까 조금 더 힘냅시다.
2) 친구가 처음에는 저 옷이 더 좋다고 하더니 색깔이 예뻐서인지 이 옷을 샀더라.

2

(예시)

　　내가 집을 구하게 된다면 주변 환경이 제일 중요할 것 같다. 아무리 집이 넓고 가격이 좋다고 해도 주변에 편의 시설이 없으면 불편할 것 같기 때문이다. 그리고 나는 교통편도 아주 중요하게 생각한다. 운전하기보다는 대중교통을 이용할 생각이라서 교통이 편리한 곳 우선적으로 알아볼 것이다.

제18과

어휘와 표현 연습

1

1) ④　2) ①　3) ②　4) ③

2

1) 고통스러운 듯했다　　2) 걱정스러운
3) 조심스럽게　　　　　4) 다행스러웠다

3

1) 실망스럽네요　　　　2) 짜증스러운
3) 갑작스러웠어　　　　4) 자랑스러워요

대화

1

· 제 시간에 도착하지 않았어요.
· 이사 후에 바닥이 긁혀 있고 책상 다리 부분이 깨져 있었어요.

2

· 책을 모두 다시 빼서 정리하고 있어서 마음에 안 든다고 생각했어요.
· 일기장과 중국어 숙제 공책을 버리지 않기로 했어요.

대화 후 활동

1

(예시)

1) 물건을 옮기는 사람들이 제가 말한 곳에 물건을 잘 놓지 않았어요.
2) 새로운 집에서 물건을 정리할 때 미리 생각해 놓지 않아서 불편했어요.

2

(예시)

· 상황: 약속 시간 늦음
· 문제에 대한 설명: 원래 이사할 때 오전 8시까지 와 주시기로 했어요. 그런데 10분이 넘어도 전화 연결이 안 되어서 정말 걱정을 했어요. 30분이 지나서 도착하셨는데 미리 연락을 주지 않으셔서 답답했어요.
· 상황: 이사 후 청소가 잘 안 됨
· 문제에 대한 설명: 이사 온 후에 전체적으로 청소를 해 주시기로 했는데 화장실 창문 쪽 청소가 하나도 안 되어 있었어요. 그 부분만 다시 서비스를 받을 수 있을까요? 확인해 주시기 바랍니다.

문법 연습

1

1) 결혼하고서　　　　　2) 읽고서
3) 소지하고서　　　　　4) 마주치고서

2

1) 금지하길래　　　　　2) 생겼길래
3) 나오길래　　　　　　4) 사연이길래

3

1) 쉬웠다니요　　　　　2) 좁다니요
3) 넘었다니요　　　　　4) 결혼한다니요

4

1) ③　2) ③　3) ①

5

1) ②　2) ③　3) ①

쓰기

1

1) 집에 아무도 없다고 하길래 밖에서 저녁을 때우고 들어왔는데 엄마가 있었다.
2) 넘어뜨린 자전거를 수리해 준다고 하고서 연락이 안 되니까 당황스럽네요.

2

㉠ 이사를 가는/사는 곳을 옮기는/새로운 곳을 찾아보는

7 사회 문제

제19과

어휘와 표현 연습

1
1) 임신을 하다
2) 태교를 하다
3) 아이를 낳다
4) 아이를 돌보다

2
1) ② 2) ① 3) ④ 4) ③

3
1) 생산 가능 인구
2) 출산
3) 산후조리원
4) 재취업

대화

1
· 정은이가 출산했다는 이야기를 듣고 안부 인사를 하려고 전화를 했어요.
· 한국에서 출산한 가정에 특별 혜택을 주는 이유는 출산을 장려를 하기 위해서예요.

2
· 노년기가 되면 빈곤, 질병, 고독 등의 문제가 나타날 수 있어요.
· '고령자 복지 주택' 저층에는 사회 복지 시설과 의료 시설이 있어서 노인들이 건강 관리를 할 수 있고 취미 활동도 할 수 있어요. 또 매일 점심도 무료로 제공하고 있어요.

대화 후 활동

1
(예시)
1) 아이가 많으면 양육비가 많이 드니까 양육 보조금이 있었으면 좋겠어요.
2) 회사 안에 유아원과 유치원이 있었으면 좋겠어요.
3) 육아 휴직을 회사 눈치 안 보고 할 수 있었으면 좋겠어요.

2
(예시)
1) 노인이 되면 질병에 걸리기 쉬운데 건강 상태를 자주 확인할 수 있게 노인 전문 병원이 많이 만들면 좋을 것 같아요.

2) 배우자가 없이 혼자 사는 노인은 외로움 때문에 우울하게 지낼 수 있는데 집 근처에 취미 활동이나 친구들을 만들 수 있는 공간이 마련되면 좋을 것 같아요.
3) 나이가 많은 사람과 젊은 사람들 사이에 문화적, 사회적으로 세대 갈등이 생길 수 있는데 서로가 서로를 이해할 수 있는 사회적 분위기가 조성되면 좋을 것 같아요.

문법 연습

1
1) ③ 눈물이 날 정도로 슬픈 영화를 봤어요.
2) ④ 목이 터질 정도로 우리 팀을 응원했어요.
3) ⑤ 모르는 게 없을 정도로 컴퓨터에 대해 잘 알았어요.
4) ① 입에서 불이 날 정도로 음식이 매웠어요.

2
1) 칠걸요
2) 살걸요
3) 탈걸요
4) 연장될걸요

3
1) 날씨가 건조해질수록 산불이 더 자주 나는 것 같아요
2) 건조할수록 안약을 자주 넣는 것이 좋아요
3) 생각할수록 화가 나요
4) 나이가 들수록 힘이 없어서

4
1) ③ 2) ③ 3) ① × ② × ③ ○

5
1) ② 2) ② 3) ④

쓰기

1
1) 음식에 소금을 더 넣었더니 너무 짜서 못 먹을 정도이다.
2) 자율 출퇴근제를 실시하면 늦게 출근하려고 하는 사람들이 많을걸요.

2
㉠ 출산율이 낮아질수록

제20과

어휘와 표현 연습

1
1) 습도가 낮아서　　　2) 빙하가 녹아서
3) 강풍 주의보가 내린　4) 미세 먼지가 심하

2
1) 한파로　2) 산불의　3) 홍수　4) 가뭄

3
고무: 장화, 지우개, 자전거 바퀴
플라스틱: 치약, 비닐봉지
종이: 신문, 우유팩, 택배 상자

대화

1
· 광고에서 면으로 만든 친환경 제품이라고 잘못 홍보하고 있기 때문이에요.
· 물티슈를 아무 생각없이 함부로 썼기 때문이에요.

2
· 과거의 여름과 겨울에 나타나는 날씨의 특징은 사라지고 여름과 겨울에 이상 기후 현상이 발생하게 되었어요.
· 지구 온난화가 지속된다면 한국의 아름다운 사계절은 없어질 수 있어요.

대화 후 활동

1
1) 커피나 차를 마실 때 플라스틱 컵을 많이 사용하는데 플라스틱 컵 대신에 텀블러나 컵을 사용하면 좋을 것 같아요.
2) 시장에서 물건을 살 때 비닐봉지를 많이 사용하는데 비닐봉지 대신에 장바구니나 장바구니 가방을 사용하면 좋을 것 같아요.

2
1) 평소 전기 절약을 위해 안 쓰는 전기 코드를 뽑아 두거나 실내 온도가 너무 덥거나 춥지 않게 적정 온도를 유지하는 거예요.
2) 요리할 때 우리 지역 농산물을 이용하거나 식사할 때 육식보다는 채식을 하면 좋아요.

문법 연습

1
1) 빼 버렸다　　　2) 말해 버렸다
3) 사 버렸다　　　4) 도망쳐 버렸다

2
1) 염색을 자주 하지 않았더라면 머릿결이 상하지 않았을 거예요.
2) 새로 산 구두를 신고 다니지 않았더라면 다리가 아프지 않았을 거예요.
3) 영어를 할 줄 알았더라면 외국인을 만났을 때 당황하지 않았을 거예요.
4) 지하철에 가방을 놓고 내리지 않았더라면 찾느라고 고생하지 않았을 거예요.

3
1) ⑤ 경제적 여건이 되는 한 아이가 원하는 꿈을 지원해 주고 싶다.
2) ③ 자세를 교정하지 않는 한 허리 통증은 나아지지 않을 것이다.
3) ① 서로 예의를 갖춰 이야기하는 한 다툼은 없다.
4) ④ 화석 연료 사용을 자제하지 않는 한 지구 온난화 현상은 가속화될 것이다.

4
1) ②　2) ④　3) ④

5
1) ②　2) ①　3) ②

쓰기

1
1) 세일이 어제까지인 걸 알았더라면 싸게 살 수 있었을 텐데 아쉽다.
2) 금고 비밀번호를 잊어버려서 열쇠 수리공을 부르지 않는 한 안에 있는 귀중품을 꺼낼 수 없다.

2
㉠ 어패류를 섭취하게 되면서
㉡ 배출되지만

제21과

어휘와 표현 연습

1
1) 파일을 저장하다　　2) 파일을 올리다

3) 비밀번호를 입력하다   4) 댓글을 달다

2

1) 가입하고   2) 클릭해서
3) 입력하면   4) 참조했습니다

3

1) 삭제해도   2) 방문하면
3) 첨부했습니다   4) 내려받을 수 있다

대화

1

· 준호가 온라인 중고 시장에서 사려고 하는 것은 판매자의 사정으로 매우 싼 가격에 내놓은 게임기예요.
· 중고 시장에서 물건을 살 때에는 안전한 거래인지 잘 확인해 봐야 해요.

2

· 사실 여부와 상관없이 인터넷을 통해 무차별적으로 퍼져 나가는 악플의 특징 때문에 피해자들이 큰 고통을 겪게 됩니다.
· 악플러의 처벌을 원한다면 반드시 경찰에 신고하여 처벌 의사를 명확하게 밝혀야 해요. 그리고 신고 전에 받은 악플을 증거 자료로 캡처해 놓아야 해요.

대화 후 활동

1

1) 나: 단종돼서 구하기 어려운 물건도 구입할 수 있으니까요.
2) 나: 물건 상태가 좋다고 속이는 사람들이 있어서요.

2

1) 나: 줄임 말이나 비속어를 사용하는 것이 아니라 바른 언어를 사용해야 합니다.
2) 나: 악플 다는 것을 개인의 자유로 생각하는 것이 아니라 악플로 인해 고통 받는 사람들이 있다는 것을 인식해야 합니다.

문법 연습

1

1) 편의 시설은커녕   2) 오르기는커녕
3) 나기는커녕   4) 풀리기는커녕

2

1) ③ 시력이 나쁜데도 안경을 쓰지 않으려고 한다.
2) ① 돈을 많이 버는데도 통장에 돈이 안 모인다.

3) ⑤ 내일이 시험인데도 동생은 휴대 전화만 보고 있다.
4) ④ 레시피대로 요리하는데도 엄마가 만든 그 맛이 안 난다.

3

1) 짖는 통에   2) 듣는 통에
3) 조르는 통에   4) 재촉하는 통에

4

1) ④   2) ①   3) ③

5

1) ②   2) ④   3) ①

쓰기

1

1) 다음 달에 여행을 가는데도 아직까지 숙소 예약은커녕 비행기표도 예약하지 못했다.
2) 학생들이 계속 질문을 하는 통에 대답을 해 수느라고 보통 제시간에 교실을 떠나지 못한다.

2

㉠ 성숙해지기는커녕

8 과학 기술

제22과

어휘와 표현 연습

1

1) 온라인   2) 발달에   3) 가상   4) 아바타를

2

1) 어부지리로   2) 상부상조
3) 유비무환이라는   4) 전화위복이다

3

1) ③   2) ①   3) ④   4) ②

대화

1

· 좋아하는 외국 가수가 내한하지 않아도 공연을 볼 수 있다는 장점이 있어요.
· 온라인 콘서트가 아무리 실제 콘서트 같다고 해도 직접 콘서트를 보는 것이 더 좋다고 생각해요.

2
- 외래어 '메타'와 '유니버스'의 합성어로 3차원 가상 공간을 의미해요.
- 시간과 공간의 제약을 뛰어넘을 수 있다는 장점이 있어요.

대화 후 활동

1
(예시)

활동	장점	단점
온라인 콘서트	1) 외국 팬들도 관람할 수 있다. 2) 실제 콘서트보다 예매하기 쉽다.	1) 분위기가 실제 콘서트만 못하다. 2) 인터넷 환경이 좋지 않으면 중간에 멈추는 경우도 종종 있다.
온라인 수업	1) 학교에 가지 않아도 수업을 들을 수 있어서 교통비를 아낄 수 있다. 2) 다양한 콘텐츠를 활용하는 수업을 들을 수 있다.	1) 수업을 듣기 위한 장비가 필요하다. 2) 지나치게 편한 환경이라서 집중력이 떨어질 수 있다.

2
(예시)

가: 요즘 대부분의 학교가 온라인 수업을 하지요? 학교에 가지 않아도 수업을 들을 수 있어서 교통비도 아낄 수 있고 좋다고 생각해요.

나: 그래도 지나치게 편한 환경이라서 집중력이 떨어질 것 같은데요.

문법 연습

1
1) 저렴하더라니　　2) 우중충하더라니
3) 되더라니　　4) 피곤해 보이더라니

2
1) 떠오르곤 해요　　2) 이야기하곤 해요
3) 때우곤 해요　　4) 흥건해지곤 해요

3
1) ② 아무리 일이 바쁠지라도 부모님께 연락을 드려야 한다.
2) ④ 다른 사람들은 비난을 퍼부을지라도 가족은 나

를 감싸 줄 것이라 믿는다.
3) ⑤ 상대 팀과 점수 차이가 크게 날지라도 끝까지 포기하지 않으면 역전할 기회를 얻을 수 있다.
4) ③ 내일 기상 악화로 비행기가 취소될지라도 일단 공항에 가서 기다려 볼 것이다.

4
1) ③　2) ③　3) ④

5
1) ③　2) ②
3) ① 영상 기술과 인터넷이 발달해서.
　　② '집'이라는 공간의 가치가 높아져서.

쓰기

1
1) 친구들과 교실에서 장난을 치다가 보면 싸움이 날 때가 있는데 그때마다 선생님께서는 우리에게 벽을 보고 서 있게 하곤 하셨다.
2) 고진감래라는 말이 있듯이 목표를 이루는 과정이 아무리 힘들지라도 잘 버티면 좋은 결과가 있을 거라고 믿는다.

2
㉠ 직접 방문하거나
㉡ 만나지 않고도

제23과

어휘와 표현 연습

1
1) 지문 인식　　2) 재생 에너지
3) 우주 과학　　4) 인공 지능

2
1) ④　2) ①　3) ②　4) ③

3
무: 무인, 무감각, 무관심, 무반응
최: 최고급, 최단기, 최신형, 최첨단

대화

1
- 준호는 날씨를 물어볼 때나 음악 들을 때 사용해요.
- 스마트 전구와 전동 커튼 기능을 추천하고 있어요.

2
- 자율 주행 자동차는 기존의 카메라 기술, 레이더 기술을 바탕으로 새롭게 레이저 광선을 발사하는 장치를 활용합니다.
- 아직 불가능합니다. 기기에 오류가 발생하면 큰 사고를 일으킬 수 있기 때문입니다.

대화 후 활동

1
1) 인공 지능 스피커에 전등을 연결해 놨더니 음성 명령으로 전등을 켜고 끌 수 있어요.
2) 인공 지능 스피커에 오늘의 날씨를 알려 달라고 하면 날씨를 알 수 있어요.

2
　　최근 핸드폰에는 얼굴 인식 기능이 있는데 이 장치 때문에 비밀번호나 패턴을 사용하여 잠금 해제를 하는 것보다 안전하대요.

문법 연습

1
1) 지워 냈다　　　　2) 구해 냈다
3) 쏟아 냈다　　　　4) 잘라 냈다

2
1) 컴퓨터에 의해서　　2) 기술에 의해서
3) 사고에 의해서　　　4) 신고에 의해서

3
1) 전: 미용 시간이 오래 걸릴 줄 알았어요
　　후: 이렇게 금방 끝날 줄 몰랐어요
2) 전: 유선 전화기를 사용할 줄 알았어요
　　후: 유선 전화기가 사라질 줄 몰랐어요
3) 전: 와이파이 속도가 느려 불편할 줄 알았어요
　　후: 빠르고 편하게 와이파이를 사용할 줄 몰랐어요
4) 전: 영화가 재미있을 줄 알았어요
　　후: 영화가 이렇게 별로일 줄 몰랐어요

4
1) ②　2) ③　3) ②

5
1) ②　2) ③　3) ②

쓰기

1
1) 적성에 맞아서 이 직업을 선택했는데 이렇게 힘들 줄 몰랐나.
2) 플라스틱 쓰레기 문제를 극복하기 위해서 자연적으로 분해가 되는 바이오 플라스틱을 개발해 냈다.

2
㉠ 가정용 서비스 로봇 시장이 가장 눈에 띄게 성장할 것으로
㉡ 의료, 교육/개인용, 물류

제24과

어휘와 표현 연습

1
1) 저는 학생들이 AI를 활용해 과제나 논문 작성을 하거나 시험을 볼 수 있다고 생각합니다/봅니다.
2) 저는 학생들이 AI를 활용해 과제나 논문 작성을 하거나 시험을 볼 수 있다고 생각하지 않습니다/보지 않습니다.
3) 저는 학생들이 AI를 활용해 과제나 논문 작성을 하거나 시험을 보는 것에 동의합니다/반대합니다.

2
1) 학생들이 AI를 활용해 과제나 논문 작성을 하거나 시험을 볼 수 있다고 하셨는데, AI가 잘못된 정보를 활용하여 내용을 생성할 수도 있습니다.
2) 이미 교육 현장에서 AI를 다양하게 활용하고 있다는 점에서는 저도 동의합니다.
3) AI를 활용하는 것 또한 학생의 능력으로 볼 수 있다는 의견에 저는 동의하지 않습니다/동의하기 어렵습니다.

3
1) 오늘은 '학생들이 AI를 활용해 과제나 논문 작성을 하거나 시험을 볼 수 있다'라는 주제로 토론을 진행하겠습니다.
2) 학생들이 AI를 과제나 논문 작성, 시험 볼 때 활용하는 것에 대한 양측 의견을 들어 보겠습니다. 먼저 찬성 측 말씀해 주세요.
3) 양측 의견 잘 들었습니다. 찬성 측에서는 이미 교육 현장에서 AI를 다양하게 활용하고 있고 AI를 활용하는 것 또한 학생의 능력으로 볼 수 있기 때문에

AI를 과제나 논문 작성, 시험 볼 때 활용할 수 있다는 의견을 주셨고, 반대 측에서는 AI가 잘못된 정보를 활용하여 내용을 생성할 수 있고 AI가 생성한 내용이 학생이 알고 있는 내용이라고 볼 수 없어 평가가 어렵기 때문에 안 된다는 의견을 주셨습니다. 이것으로 토론을 마치겠습니다.

대화

1
· AI 컴퓨터가 충분한 시간 동안 영상을 분석하여 그 사람과 목소리, 발음, 억양, 입 모양, 표정까지 모두 학습한다.
· 악용될 수 있다. (얼굴과 목소리가 똑같은 AI가 나쁜 일을 하고 다닐 수 있다)

2
· 로봇 도입으로 일의 효율성이 높아지면 사회 발전에도 긍정적인 영향을 미쳐 많은 일자리가 만들어질 수 있다. 또한 로봇을 관리하거나 통제하는 일 등 로봇 관련 일자리도 많아질 것이다.
· 로봇의 도입으로 일의 효율성이 높아진다.
  사람들이 로봇 관련 업종으로 직종을 바꾸는 것은 어렵다.

대화 후 활동
(예시)

	주장	근거
토론자1	로봇은 인간의 일자리를 대체할 것이다.	2) 로봇은 벌써 통역이나 음식 서빙, 호텔 룸서비스 등 다양한 분야에 활용되고 있다.
토론자2	로봇이 인간의 일자리를 대체하지 않을 것이다.	1) 로봇의 도입으로 일의 효율성이 높아지면 사회 발전에도 긍정적 영향을 미쳐 더 많은 일자리가 만들어질 것이다. 2) 로봇을 관리하거나 통제하는 일 등 로봇 관련일자리가 더욱 많아질 것이다. 3) 사람들에게 미래 직업에 대해 교육한다면 일자리는 더욱 세분화되고 전문화될 것이다.

2
(예시)
2) AI가 생성한 그림은 예술 작품으로 인정할 수 없습니다. AI는 기존의 이미지를 활용하여 그림을 생성하기 때문에 이를 창작 활동으로 볼 수 없다고 생각합니다.
2) AI가 생성한 그림도 하나의 창작물로 봐야 합니다. AI가 그림을 생성하도록 하기 위해서는 사람이 이미지화 하고 싶은 설명을 입력해야 하기 때문에 이 또한 창작 활동으로 봐야 한다고 생각합니다.

문법 연습

1
1) 영화부터 보는 게 낫지 않을까 싶어요
2) 간단한 걸로 하나 더 준비하는 게 좋지 않을까 싶어
3) 계획을 먼저 세우는 게 좋지 않을까 싶어
4) 할인 행사를 하는 게 필요하지 않을까 싶습니다

2
1) 깜짝 놀란 나머지   2) 속상한 나머지
3) 열중한 나머지   4) 기쁜 나머지

3
1) ② 일교차가 큰 만큼 감기 조심하시기 바랍니다.
2) ① 이번 발표는 성적에 40%나 반영되는 만큼 잘 준비해야 한다.
3) ⑤ 휴게실은 모두가 함께 사용하는 공간인 만큼 깨끗하게 이용해 주시기 바랍니다.
4) ③ 이번 명절에는 오랜만에 가족이 모두 모이는 만큼 가족 사진을 찍을 계획이다.

4
1) ④   2) ②   3) ①

5
1) ③   2) ②   3) ④

쓰기

1
1) 그 동안 너무 무리한 나머지 건강이 안 좋아져서 휴직을 하게 됐다.
2) 그가 이번 사건의 범인이라는 증거가 거의 확실한 만큼 수사가 빨리 마무리 되지 않을까 싶다.

2
㉠ 일자리를 잃게 되는 사람들이